Curso de programación con Rust

Manual Imprescindible

Curso de programación con Rust

Eliezer López Rodríguez

Manual Imprescindible

Montaje de cubierta: Celia Antón Santos
Diseño de maqueta: Laura Apolonio Guerra
Revisión: Lidia Señarís Cejas
Maquetación: Claudia Valdés-Miranda Cros
Responsable editorial: Eugenio Tuya Feijoó

Imágenes © Eliezer López Rodríguez
Imágenes no aportadas por el autor: Copyright © 2004-2024 Shutterstock, Inc.

Edición española:

© EDICIONES ANAYA MULTIMEDIA (GRUPO ANAYA, S.A.U.), 2024
Valentín Beato, 21
28037 Madrid.
www.anayamultimedia.es

PAPEL DE FIBRA
CERTIFICADA

Depósito legal: M-6562-2024
ISBN: 978-84-415-4909-8
Printed in Spain

*A la Escuela Superior de Ingeniería de la Universidad de Cádiz,
por su calidez humana y su sólida base de enseñanza, fundamentales en mi formación.
Su esencia impregna cada página de este libro.*

Eliezer López Rodríguez

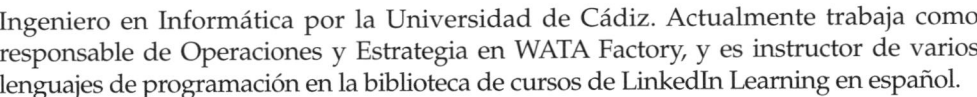

SOBRE EL AUTOR

Ingeniero en Informática por la Universidad de Cádiz. Actualmente trabaja como responsable de Operaciones y Estrategia en WATA Factory, y es instructor de varios lenguajes de programación en la biblioteca de cursos de LinkedIn Learning en español.

Para Eliezer, la digitalización es un punto clave en la transformación y avance del sector empresarial de nuestra sociedad; una transformación que pasa por la tecnología en general y el desarrollo de software en particular.

Con más de diez años de experiencia en la gestión de equipos en el sector IT y en la impartición de formación, el autor transmite de forma sencilla los aspectos técnicos más complejos, y consigue alinear las capas de negocio, gestión y desarrollo.

Contacto:

- X/Threads/LinkedIn: @EliezerLopez
- Correo electrónico: contacto@eliezerlopez.com
- Sitio web: eliezerlopez.com

gracias

En primer lugar, a mis padres, a quienes debo mi vida. A mi madre, Concepción, porque siempre fue la persona que me dio el empuje y el coraje necesario para estudiar Ingeniería Informática. Siempre supo guiarme en el camino correcto. A mi padre, Luis, porque su ejemplo de esfuerzo y trabajo diario fue, y continúa siendo, una referencia sólida de fortaleza y constancia.

A Ekaterina, mi mejor amiga, esposa y ayuda idónea. La vida a su lado es mucho más bonita, y su amor y apoyo incondicional me motivan cada día a ser la persona que merece que sea.

A José Luis, mi pastor, por enseñarme a vivir una vida sana, equilibrada, y fundamentada sobre la roca.

A Jesucristo, mi señor y salvador, por su amor y su fidelidad. Su diestra siempre me ha sostenido.

A Diego, por su incansable dedicación y compromiso con la comunidad de desarrolladores. Fue él quien me introdujo en este maravilloso lenguaje y ha contribuido con el prólogo de este libro. Diego es un referente excepcional, tanto en el ámbito profesional como en el personal. Y un artista de los pies a la cabeza.

A Sócrates, Pedro, Luisda, y Ana, que junto a Diego han revisado cada capítulo de este manual con entusiasmo y curiosidad. Sus comentarios y correcciones han aportado diversión al proceso, y sus ideas y contribuciones han enriquecido significativamente el contenido de este trabajo, ayudando a convertirlo en una obra más completa y rigurosa.

A Carlos, por ficharme como instructor en LinkedIn Learning para los lenguajes C, C++ y Rust, y por enseñarme tanto sobre gestión y productividad.

A Mariona, autora del libro Curso de programación Java, por ser mi punto de referencia durante todo el proceso creativo.

A Eugenio, por darme la oportunidad de escribir este libro, así como las pautas necesarias para hacerlo realidad.

A Lidia, por corregir una y otra vez los errores, erratas y despistes en los textos originales.

A Claudia, por su impecable trabajo de maquetación y su inquebrantable dedicación.

A Celia, por su magnífica elaboración de la portada.

Y, por supuesto, a todo el equipo de Anaya Multimedia y a cada persona que ha contribuido directa o indirectamente a este maravilloso proyecto.

ndice de contenidos

Prólogo

Llevo tecleando código en un ordenador desde 1988. En aquellos comienzos, los dinosaurios dominaban la tierra y escribíamos código en tablas de barro con un punzón hecho del hueso de un ave. Bueno, no exactamente, pero casi. Yo copiaba programas que apenas comprendía en BASIC, de revistas (en papel) que compraba en un quiosco. La Internet que conocemos hoy en día no existía. Grababa mis programas en una cinta de casete. No sabía lo que era un ratón y nunca había visto un disco duro. Pero quedé enganchado a esto de escribir aplicaciones desde que leí el manual de mi AMSTRAD CPC (en aquellos tiempos los ordenadores se vendían con un manual; un libro que te enseñaba a usar el ordenador y a programar).

El resto, como dicen, es historia: escribí mucho código en BASIC. Y luego aprendí nuevos lenguajes de programación: GW-BASIC, Pascal, Clipper, C y C++ (estos dos fueron mis lenguajes favoritos durante los 90), Java, JavaScript ya en los 2000, y Objective-C, Swift o Kotlin en los 2010. Siempre he utilizado JavaScript, pero me considero un iletrado en él.

Ya sea por necesidad en el trabajo o por gusto, aprender un nuevo lenguaje siempre ha sido parte de mi vida como programador. Escribir código con un lenguaje nuevo siempre es más sencillo cuando lo comparas con lo que ya sabes, porque aunque las sintaxis cambian, los conceptos permanecen. Y ya soy suficientemente viejo para haber abandonado la búsqueda de esa «bala de plata», «el lenguaje que me servirá para todo y eliminará la necesidad de aprender uno nuevo nunca más»: siempre tendrás que aprender alguno nuevo más adelante.

Y eso es lo que me ocurrió tras unirme a MongoDB en el equipo de Relaciones con los Desarrolladores. Me encargaba de los ejemplos para aplicaciones móviles, pero quería volver a desarrollar en el backend. Y Jorge Ortiz, mi compañero de podcast (el difunto UNICODE U+00D1) y otras aventuras, estaba entusiasmado con Rust. Fue tan insistente que empecé a probarlo. Y me convenció.

Rust es un lenguaje moderno, y se nota. Tiene un sistema muy potente de inferencia de código, que le permite ser fuertemente tipado y comprobar los tipos en tiempo de compilación sin ser verboso. El compilador tiene los mejores errores que he visto nunca en ninguno de los lenguajes que he utilizado, y te muestra incluso una ayuda para enseñarte cómo programar. Viene con un conjunto de herramientas completo: para generar documentación, construir aplicaciones, gestionar tus dependencias, crear y contribuir bibliotecas de código a la comunidad, correr test de unidad, formatear tu código… Es un lenguaje seguro, capaz de comprobar en tiempo de compilación problemas con la gestión de la memoria o concurrencia de tu código. Funciona de maravilla con un amplio número de editores de código sin forzarte a usar ninguno…

Siempre digo que hay dos tipos de programadores: los que cuando se levantan por la mañana lo primero que deben hacer es la cama y los que dicen «bueno, ya la arreglaré cuando me levante de la siesta». Los primeros quieren que todo esté en su sitio y organizado: genéricos, lenguajes fuertemente tipados, un compilador con varias pasadas que haga análisis estático de su código. Estos quieren lenguajes como Java, C++, C#, etc. Los segundos disfrutan con la flexibilidad de lenguajes dinámicos como Ruby, Python o JavaScript. «Yo lo pongo todo en este array que yo ya sé que el primer elemento es un número y el segundo un objeto». Un sistema de tipos les resulta asfixiante y con muchas menos líneas de código consiguen lo mismo que sus compañeros «tipadistas». Siendo una persona que necesita hacer la cama por la mañana, Rust enseguida me atrapó y empecé a hablar de Rust a cualquiera que quisiera escucharme: a mis hijos, a mi mujer, al cajero del supermercado, a desconocidos por la calle. Me convertí en el equivalente del practicante de Cross Fit cuarentón para programadores: no podía cerrar la boca sobre lo bueno que era Rust.

Y en un evento en Jerez con Eliezer, instructor de C y C++, le conté por qué debería al menos echarle un ojo a Rust. Y juzgando por lo que he tenido el placer y el honor de leer en estas páginas, parece que le infecté con el mismo virus, pero mutado y mejorado. Porque Eliezer ha escrito un libro completo sobre Rust que te servirá tanto para aprender las bases del lenguaje como para servirte de referencia. Porque te encontrarás, inevitablemente, con momentos en los que el compilador no entiende lo que quieres hacer, aunque tú sí que lo sepas y te desesperes con el sistema de tipos y los errores de sintaxis mientras escuchas a lo lejos a los programadores no-tipadistas tecleando felices sus nuevos errores en tiempo de ejecución sin ser interrumpidos por nadie…

Si es tu primera vez con Rust ¡bienvenido a la comunidad de «rustáceos»!. Pronto estarás escribiendo código en Rust y resolviendo problemas en un lenguaje que, como todos, tiene su curva inicial de aprendizaje pero que elimina montones de problemas que después nos hacen perder días de nuestras vidas solucionando bugs que el diseño del lenguaje no debería permitir en primera instancia. Te animo a leer página a página, copiando el código y probando los ejemplos, haciendo cambios, aceptando los retos y ejercicios, cometiendo errores, leyendo los mensajes del compilador pero, sobre todo, disfrutando del camino. Porque nunca se es un experto en ningún lenguaje: solo has cometido más errores que otros y has conseguido recordarlos. Aprende a programar programando.

Así que enciende tu ordenador, ponte tu bebida favorita y música si te ayuda a concentrarte, y enseñemos juntos a esos programadores que no creen en los chequeos del compilador lo equivocados que están.

O a lo mejor no ;-)

—Diego Freniche Brito.

Cómo usar
este libro

El enfoque

Rust es un lenguaje fascinante y práctico, pero no es el más adecuado como primer lenguaje de programación. Incluso si ya tienes experiencia con otras tecnologías, aterrizar en Rust puede implicar atravesar turbulencias. Por esta razón encontrarás dos ritmos de aprendizaje a lo largo de este manual.

El primero es pausado, y enfatiza aquellos conceptos y aspectos técnicos fundamentales en esta tecnología. Para alinear el punto de vista de los diferentes lectores, el libro asume que ya posees conocimientos básicos de programación, así como experiencia en los paradigmas de la programación estructurada y la programación orientada a objetos. Cuando te encuentres con un concepto aparentemente simple o que ya conoces, presta más atención que nunca. La instrucción más sencilla puede esconder características complejas que se interrelacionan.

Pronto notarás cómo el ritmo se acelera: sin darte cuenta, estarás aplicando el conocimiento adquirido en nuevos contextos e implementaciones. No te preocupes si tienes que volver atrás y refrescar lo que ya has aprendido, pues en Rust ocurre con frecuencia. Este hábito te permitirá asentar con solidez los conocimientos. Además, cada uno de los capítulos de esta obra se fundamenta sobre sus precedentes. Este enfoque permite cubrir ordenadamente tanto los aspectos críticos del lenguaje como otros más avanzados.

Lectura práctica

Dentro de cada capítulo encontrarás ejemplos prácticos que te permitirán asentar los conocimientos expuestos. Es de vital importancia que tu lectura sea práctica, de lo contrario, puede que rápidamente te veas perdido, desbordado de información y de conceptos nuevos que no sabrás aplicar. Te invito a copiar cada ejemplo en tu entorno de desarrollo favorito para seguir las explicaciones.

Solo aprenderás Rust si te enfrentas al compilador y aprendes a aplicar cada uno de los conceptos propios del lenguaje. Por eso he decidido, a la manera clásica de los libros técnicos, proporcionar un enorme listado de ejercicios sin sus soluciones, instándote así a trabajar a fondo cada uno de ellos, depurando y comprendiendo su código con la ayuda del compilador. Encontrarás este listado de ejercicios en el repositorio que he preparado para ti en eliezerlopez.rs. No obstante, es importante compartir diferentes enfoques en las soluciones. Por ello, en este mismo repositorio, otros lectores como tú pueden subir sus soluciones y compartirlas. En esta dirección también encontrarás cursos, newsletters y otro tipo de ayuda para mantenerte al día y mejorar tus conocimientos en el lenguaje.

Contacta conmigo

Valoro enormemente cualquier sugerencia, comentario o corrección que puedas tener, pues las considero una fuente de crecimiento personal y de mejora en los contenidos que ofrezco. Puedes escribirme a contacto@eliezerlopez.com y haré cuanto esté en mi mano para responder. También puedes seguirme en X, Threads , LinkedIn y otras redes sociales (@EliezerLopez).

Rust, el lenguaje de programación

En este capítulo aprenderás:

- Qué es Rust.
- Cómo se origina este lenguaje.
- Cuáles son las principales características de Rust.
- Por qué Rust está siendo ampliamente adoptado.

Introducción

Rust es un lenguaje realmente impresionante. Al finalizar este capítulo habrás entendido qué es Rust: de dónde viene, cuáles son sus principales características, y los motivos por los que Rust está siendo ampliamente adoptado en la industria.

Antecedentes de Rust

La historia de Rust se entiende mejor cuando se aborda desde el prisma de los lenguajes de programación C y C++, pues son estos lenguajes los que indirectamente han establecido las bases para su creación, y la razón por la que Rust existe.

El lenguaje de programación C fue diseñado por Dennis Ritchie –hace más de medio siglo– en los Laboratorios Bell. Su desarrollo fue el resultado de varios años de pruebas e investigación, en la búsqueda de un lenguaje que permitiera la reescritura y mejora del sistema operativo UNIX (hasta entonces escrito en lenguaje ensamblador). C permitió que UNIX fuera portado a diferentes tipos de dispositivos más fácilmente, una de las principales razones del éxito de C y de su amplia adopción hasta la actualidad.

C destaca como lenguaje de programación eficiente y de alto rendimiento porque proporciona a los desarrolladores la capacidad de controlar los recursos físicos de los sistemas a muy bajo nivel. Sin embargo, a pesar de que el lenguaje C ofrece numerosas ventajas –y se posiciona como la mejor opción en una amplia gama de contextos–, no es la solución más adecuada para ciertos tipos de desarrollo.

Como respuesta a esta necesidad, Bjarne Stroustrup diseña C++ en la década de 1980, un lenguaje de programación que mantiene las características de C, pero aporta los beneficios de la abstracción y de la reutilización de código, gracias a la implementación del paradigma de la orientación a objetos. De este modo, C++ se presenta como un lenguaje sumamente eficiente, idóneo para proyectos de gran magnitud y capaz de simplificar significativamente el mantenimiento del software desarrollado a lo largo del tiempo, lo cual impulsa su adopción en distintas industrias hasta nuestros días.

En la actualidad, los lenguajes C y C++ constituyen la base de prácticamente cualquier tecnología que puedas imaginar. Sistemas operativos como Windows, macOS o Linux, compiladores, sistemas de gestión de bases de datos, aplicaciones móviles, programas de escritorio, simuladores de vuelo, motores de videojuegos y entornos de manufactura son solo algunos ejemplos. Incluso muchos lenguajes de programación ampliamente utilizados en la actualidad han sido influenciados por C y C++, y han incorporado características o estilos de sintaxis similares.

A lo largo de los años, muchos lenguajes de programación han desafiado la posición de liderazgo de C y C++, intentando superarlos y reemplazarlos. Sin embargo, ninguno ha logrado este objetivo. Constantemente surge alguna limitación que les impide a estos lenguajes emergentes establecerse como verdaderas alternativas en la práctica, y los condena a ser adoptados únicamente en contextos específicos o lo que es peor: a caer en el olvido. El desafío radica en desarrollar un lenguaje que, además de ofrecer las ventajas de un lenguaje de programación de alto nivel, también maneje de forma eficiente los recursos del sistema y resuelva los problemas más complejos presentes en C y C++.[1]

Rust, el lenguaje de programación

Rust es un lenguaje de programación de código abierto con un claro enfoque en seguridad, velocidad y concurrencia. Soporta varios paradigmas de programación y mantiene un delicado equilibrio entre la capa técnica y la experiencia de desarrollo. A continuación exploraremos sus orígenes, abordaremos sus principales características y entenderemos sus puntos fuertes y limitaciones.

El nacimiento de Rust

Graydon Hoare inició el desarrollo de Rust como un proyecto personal en 2006, mientras trabajaba como desarrollador de software en Mozilla. En una entrevista realizada por el *MIT Technology Review*,[2] Hoare reveló que la inspiración para crear Rust provino de un ascensor averiado en el edificio de apartamentos en el que entonces vivía. Identificó que el fallo se debía a un error en el software del sistema operativo del ascensor, y todo apuntaba a un problema común asociado a un manejo ineficiente de la memoria.

Habitualmente, el software desarrollado para este tipo de equipos está escrito en C o C++. Ambos lenguajes exigen una gestión manual de la memoria, tarea que el lenguaje delega en los programadores. Esta responsabilidad, si no se maneja adecuadamente, puede llevar a errores que podrían desestabilizar los sistemas. El objetivo era crear un lenguaje de programación robusto y libre de errores de memoria.

Varios años después, en 2009, Hoare presentó sus avances a uno de sus supervisores en Mozilla. Este encuentro derivó en el patrocinio de Mozilla para su proyecto, y marcó el primer hito significativo en la historia del lenguaje. La organización adoptó Rust como parte de una iniciativa estratégica a largo plazo, con el objetivo de integrar este lenguaje en el desarrollo de un motor de navegador web experimental.

En mayo de 2015, la Fundación Mozilla lanzó la versión 1.0 de Rust. Por primera vez, el lenguaje alcanzaba un estado de madurez y estabilidad suficiente, al punto de que los desarrolladores lo consideraran como una tecnología sólida sobre la cual desarrollar software apto para un entorno de producción.

---

[1] Visita eliezerlopez.rs y conviértete en un verdadero experto/a con mis cursos de programación en C y C++, publicados en LinkedIn Learning.

[2] Publicación de medios de comunicación propiedad del MIT (*Massachusetts Institute of Technology*), reconocida por identificar nuevas tendencias tecnológicas.

En la actualidad Rust se encuentra respaldado por la Fundación Rust, una institución independiente compuesta por diferentes empresas y organizaciones ampliamente reconocidas (como Microsoft, Amazon Web Services y Google entre otros), garantes del desarrollo de Rust y de su ecosistema, su constante evolución, y en definitiva, de la existencia a largo plazo del lenguaje.

Principales características

De acuerdo con su documentación oficial, Rust es un lenguaje diseñado para el desarrollo de software «confiable y eficiente». A partir de esta afirmación, tiene sentido cuestionarse cuáles son esas características que convierten a Rust en un lenguaje tan único y destacado. A continuación, profundizaremos en algunos de esos aspectos que hacen de Rust un lenguaje diferente.

Gestión de la memoria

C y C++ delegan en los programadores la difícil tarea de gestionar la memoria. Esto quiere decir que el programador es responsable, tanto de reservar memoria para un recurso, como de liberar la memoria reservada cuando dicho recurso ya no la necesita. La existencia de punteros, referencias y contextos dificulta aún más esta labor, de modo que, conforme los programas crecen y se llevan a diferentes tipos de dispositivos, comienzan a producirse las temidas fugas de memoria.

Una fuga de memoria es un tipo de error que ocurre en el momento en que un programa reserva memoria, pero no la libera adecuadamente. Cuando un programa presenta una fuga, no devuelve la memoria que ha terminado de usar al sistema, lo cual conduce a una reducción progresiva de la memoria disponible para otros programas y procesos. La memoria «fugada» generalmente se vuelve inaccesible, y no puede utilizarse efectivamente.

En la práctica, gestionar correctamente la memoria es muy difícil (incluso un ascensor puede fallar por este motivo). Por ello, durante años lenguajes como Java o Python han tratado de facilitar esta labor mediante la implementación de lo que se conoce como un «recolector de basura». Un recolector de basura es un mecanismo mediante el cual muchos lenguajes consiguen identificar y liberar la memoria reservada que no está siendo utilizada –en algunos casos a través de un proceso que se ejecuta en paralelo al código implementado, y en otros, a través de una pausa periódica–. Implementar un recolector de basura en un lenguaje beneficia a los programadores, pero afecta negativamente al rendimiento del lenguaje.

En este sentido, Rust ofrece una solución innovadora a través de un sistema de «propiedad única», una alternativa de peso al clásico recolector de basura. En esta propuesta, la memoria reservada tendrá –en todo momento– un único propietario, es decir, una única manera en la que un recurso puede acceder a ella. Cuando el recurso deja de existir, la memoria queda liberada automáticamente. Sumado a esto, al tratarse de un lenguaje compilado, Rust puede incorporar comprobaciones en tiempo de compilación para evitar futuros errores.

Optimizaciones en tiempo de compilación

El compilador de Rust realiza extensas optimizaciones en tiempo de compilación, incluidas la eliminación de código muerto, la mejora de bucles, el refinamiento en algunos tipos de datos y la inserción de funciones en línea, entre otras.

Concurrencia segura

La concurrencia permite que un sistema pueda manejar múltiples tareas al mismo tiempo. En este sentido, Rust facilita la escritura segura de programas concurrentes. Su sistema de tipos y de propiedad previene problemas comunes derivados de la concurrencia (por ejemplo, condiciones de carrera) sin incurrir en el sobrecoste de bloqueo asociado, y permite aprovechar al máximo las características del hardware moderno (como los procesadores multinúcleo).

Gestión de errores

Rust adopta un modelo avanzado de manejo de errores diseñado para prevenir excepciones inesperadas y que obliga a que los errores se aborden o se propaguen de manera explícita. Este enfoque se complementa con una extensa documentación, así como por la presentación de mensajes de error detallados y comprensibles, capaces de orientar a los desarrolladores en la identificación y solución de problemas.

Ecosistema

Rust brinda una amplia gana de beneficios significativos, tanto en el ámbito técnico como en torno a su comunidad. A continuación, veremos algunas características del lenguaje que facilitan su adopción en un gran número de industrias e incrementan su productividad.

- **Integración con otros lenguajes.** Rust puede ser utilizado en sistemas donde se requiere una integración con componentes existentes. Esta integración toma especial protagonismo en sistemas embebidos y de alto rendimiento, donde Rust puede usarse para las partes críticas en cuanto a eficiencia y velocidad.

- **Comunidad activa.** La comunidad de Rust ofrece especial apoyo a los nuevos usuarios, a quienes facilita el aprendizaje y la adopción del lenguaje a través de recursos educativos y documentación. Además, la evolución del propio lenguaje se beneficia de un desarrollo impulsado por la propia comunidad, pues las decisiones son discutidas y determinadas con la participación activa de su base de usuarios.

- **Herramienta Cargo.** Se trata de una herramienta clave dentro del ecosistema Rust, diseñada para automatizar una variedad de tareas esenciales en el desarrollo de software. Al proporcionar una estructura estable para comenzar, Cargo facilita la creación de nuevos proyectos en Rust. Además, gestiona eficientemente las dependencias de las bibliotecas (conocidas como *crates*), e incluso, no solo simplifica la compilación de proyectos complejos, sino que también permite ejecutar pruebas y generar documentación de manera sencilla, entre otras funcionalidades.

- **crates.io** es el registro oficial de las bibliotecas para Rust, conocidas como *crates*. Esta plataforma facilita el uso y descubrimiento de librerías externas de amplia adopción para diferentes propósitos, desde el desarrollo web hasta la computación científica. De este modo se fomenta la reutilización de código y la colaboración entre desarrolladores.
- **Clippy**. Es una herramienta de análisis de código fuente para el lenguaje de programación Rust, que promueve el desarrollo de proyectos robustos, eficientes y mantenibles. Analiza el código escrito en Rust en busca de patrones comunes susceptibles de mejora, identifica prácticas no recomendadas, y ayuda a prevenir errores difíciles de detectar y de depurar, entre otras utilidades.

Adopción de Rust en la industria

En los últimos años, la comunidad de Rust ha hecho un enorme esfuerzo para conseguir que Rust sea un lenguaje útil para diferentes disciplinas y ramas de la programación, así como apto para su uso en diferentes industrias. Mientras que la hoja de ruta de Rust para 2015 se centraba en hacer de Rust un lenguaje estable, la línea de trabajo para 2018 puso el foco en demostrar la productividad de Rust en una serie de dominios específicos: redes, aplicaciones de línea de comandos, *WebAssembly* y sistemas embebidos.

- **Redes**. Debido al alto volumen de datos y conexiones que se realizan en servicios de red, Rust es un lenguaje idóneo para manejar multitud de conexiones y flujos de datos simultáneamente, con un rendimiento cercano a C y C++, pero con mayores garantías de seguridad. Miembros de la comunidad Rust, organizaciones sin ánimo de lucro y empresas están utilizando Rust para implementar *proxies*, balanceadores de carga, *firewalls*, sistemas de protección de intrusos y sistemas de comunicaciones en tiempo real, entre otras aplicaciones prácticas.
- **Aplicaciones de línea de comandos**. Gracias a las características del lenguaje en términos de eficiencia, seguridad y ecosistema, Rust es ideal para crear herramientas de desarrollo, *scripts* de automatización y utilidades de sistema y monitoreo entre otros usos relevantes. Por ejemplo, Cargo es en sí mismo una aplicación de línea de comandos escrita en Rust, y empresas como Dropbox, Meta o Microsoft ya están adoptando el lenguaje.
- *WebAssembly* es una tecnología que permite ejecutar código a alta velocidad en un navegador web, y convierte a Rust en un lenguaje interesante para el desarrollo web gracias a su integración con diversas tecnologías. En este sentido, compañías como Mozilla, Figma, 1Password o Shopify están incluyendo Rust en sus productos web para conseguir mejoras de rendimiento, en aspectos que van desde el desarrollo de juegos online hasta billeteras de criptomonedas o plataformas de trading, pasando por procesamiento de imágenes y vídeos o aplicaciones de gráficos y diseño.
- **Sistemas embebidos**. Un sistema embebido es un conjunto de componentes electrónicos especializados que se integra dentro de un dispositivo más grande, y se utiliza para realizar ciertas tareas específicas. Los sistemas embebidos se encuentran

comúnmente en móviles, electrodomésticos, automóviles y dispositivos médicos (entre otros), y a menudo, también incluyen conectividad para comunicarse con otros dispositivos debido al auge del internet de las cosas. Actualmente, multinacionales como Intel y ARM están utilizando Rust, principalmente en partes concretas de los componentes donde la seguridad juega un papel crítico.

Además de los esfuerzos de la Fundación Rust por crear un lenguaje eficiente y apto para distintas áreas especializadas, es importante recordar que Rust fue diseñado inicialmente como una alternativa más segura a C y C++. Considerando que C y C++ han sido utilizados para desarrollar software durante más de 50 años en diferentes continentes, el alcance actual de Rust ya es significativo y, mirando hacia el futuro, su potencial de uso resulta aún más prometedor. Esta intención, sumada a la capacidad de Rust para integrarse con otros lenguajes, facilita la sustitución de código escrito en C y C++ por Rust, al tiempo que se asegura la continuidad y funcionamiento del software existente durante la transición.

Finalmente, la popularidad de Rust se ha disparado desde el lanzamiento de la versión 1.0 del lenguaje en el año 2015. Durante ocho años consecutivos, Rust se ha coronado como el «lenguaje de programación más deseado» por los desarrolladores en la encuesta anual de desarrolladores realizada por *Stack Overflow*. Este reconocimiento constante no solo indica que Rust es el lenguaje de programación más popular de prácticamente la última década, sino que también refleja el creciente interés de la industria en sus potenciales aplicaciones y perspectivas de futuro. Según una encuesta realizada por *SlashData*, se estima que en 2023 hay aproximadamente 2,8 millones de desarrolladores de Rust en todo el mundo, una cifra que casi se ha triplicado en los dos últimos años.

Ventajas y desventajas

Como cualquier otra tecnología, Rust también tiene sus luces y sus sombras. A continuación, abordaremos tanto las ventajas de Rust como algunos inconvenientes que deberíamos tener en cuenta.

Ventajas

Además de su probada eficiencia, Rust presenta importantes ventajas:

- **Flexibilidad y escalabilidad**. Rust ofrece una gran flexibilidad en cuando a la forma en la que es posible organizar el código. Puedes comenzar con un solo archivo y, a medida que necesites más funciones, refactorizarlo en múltiples archivos. El proyecto crecerá contigo y Rust se adaptará a tus necesidades.
- **Soporta varios paradigmas**. Rust soporta múltiples paradigmas, lo cual potencia su versatilidad y adaptabilidad a diferentes necesidades de programación. Los paradigmas soportados son: programación imperativa, programación orientada a objetos y programación funcional.

- **Programación moderna**. Al empezar a aprender Rust, los desarrolladores encuentran inicialmente ciertas similitudes con otros lenguajes modernos que facilitan su adopción gracias a una sensación de familiaridad. Además, Rust se complementa con herramientas esenciales para proyectos actuales de desarrollo, tales como un gestor de dependencias, un sistema para la ejecución de pruebas unitarias o un gestor de versiones.

- **C y C++ dirigen el mundo**, lo cual representa una ventaja significativa para Rust frente a otros lenguajes. Si verdaderamente Rust se establece como alternativa a C y C++, se espera que el lenguaje gane terreno significativamente. Sistemas operativos, gestores de bases de datos, videojuegos, aplicaciones de escritorio, gráficos y renderizado, realidad virtual y aumentada, internet de las cosas, robótica, aplicaciones financieras... El futuro inmediato de Rust es más que prometedor.

- **Desarrollo web y aplicaciones móviles**. Rust también destaca en desarrollo web y móvil gracias a su compatibilidad con *WebAssembly* y a su integración con tecnologías móviles. Tales rasgos lo convierten en una opción adecuada para optimizar el rendimiento en ambos campos.

Desventajas

Rust también cuenta con algunos aspectos que debemos tener en cuenta a la hora de comenzar a desarrollar con este lenguaje.

- **Curva de aprendizaje elevada**. Si bien Rust es inicialmente accesible para desarrolladores de diferentes campos, el aprendizaje se dificulta cuando se profundiza en aspectos más avanzados el lenguaje. Su enfoque en seguridad y eficiencia, así como sus características únicas, exigen una comprensión detallada, en ocasiones difícil de abordar.

- **Menor velocidad de desarrollo inicial**. Rust introduce conceptos únicos, como el sistema de propiedad y préstamos (*Ownership* y *Borrowing* en inglés), cuyo aprendizaje y correcta aplicación puede requerir tiempo. Además, se trata de un lenguaje estricto: el programa no compilará hasta que el código esté escrito siguiendo los estándares de calidad establecidos.

- **Complejidad en la integración de algunas tecnologías**. Rust presenta mecanismos que difieren de otros lenguajes a la hora de gestionar recursos o implementar ciertas abstracciones. Por este motivo, algunas integraciones con otras tecnologías pueden suponer un esfuerzo mayor de lo esperado, al existir problemas difíciles de resolver.

A medida que avances en la lectura de este libro, te adentrarás en el aprendizaje de nuevos conceptos que aplicarás a través de ejercicios prácticos. Durante este camino experimentarás momentos de asombro y, en ocasiones, también de desesperación. No te preocupes, es completamente normal. Si bien Rust aporta multitud de beneficios, también exige una compresión rigurosa y profunda de ciertos conceptos que pueden ser desafiantes. Mi consejo es que mantengas la calma en esos momentos de posible frustración y perseveres en el camino. Con el tiempo, valorarás enormemente el esfuerzo.

Algunas curiosidades

El nombre

El nombre Rust fue elegido por Graydon Hoare –su creador– por razones personales y creativas. Al parecer, el proyecto recibe su nombre en honor a un hongo de la familia de la roya, un tipo de hongo particularmente robusto, diseñado para sobrevivir y caracterizado por su rápida y eficiente propagación. Además, se cree que a Hoare le atrajo el juego de palabras que se forma con el nombre Rust (óxido, en inglés), relacionado con términos como *robust* (robusto), *trust* (confiable), *frustrating* (frustrante), *rustic* (rústico) y *thrust* (empuje).

El logo

El logo oficial de Rust es el siguiente:

Figura 1.1. Logotipo oficial de Rust – Lenguaje de programación.

Ferris, la mascota no oficial

La mascota no oficial de Rust se llama Ferris. Su nombre hace referencia a un juego de palabras derivado de *ferrous*, una referencia al hierro, un elemento químico que se oxida para formar óxido (*rust* en inglés). Por otro lado, se cree que la mascota es un cangrejo, pues su nombre en inglés (*crab*) suena similar a Rust.

Figura 1.2. Ferris, mascota no oficial de la comunidad de Rust.

La comunidad

La comunidad de Rust es conocida cariñosamente como «Rustáceos» (*rustaceans*), un juego de palabras que combina Rust y crustáceos. Esta comunidad incluye tanto a programadores experimentados como a principiantes, y se caracteriza por ser particularmente dedicada, acogedora y colaborativa.

Entorno de desarrollo

En este capítulo aprenderás:

- Los pasos fundamentales para instalar Rust en diversos sistemas operativos (incluidos Windows y macOS).
- Herramientas adicionales que enriquecerán tu día a día al programar en Rust.
- Los editores de código más recomendados para el desarrollo en Rust.
- Los canales de distribución disponibles para Rust.

Introducción

Podría extenderme en definir qué es un entorno de desarrollo y explicar todos y cada uno de los matices de este concepto, sin embargo, ya me irás conociendo: prefiero que las cosas sean sencillas y funcionen. Cuando aterrizas en un lenguaje, hay tantos conceptos por aprender que la acción de simplificar se convierte en un trampolín impulsor de tu aprendizaje.

Durante este capítulo prepararemos nuestro ordenador para escribir código Rust. Para ello, introduciremos conceptos que nos resultarán útiles a lo largo de todo el libro, instalaremos las herramientas necesarias para trabajar con Rust y prestaremos atención a todo tipo de detalles.

Tanto si trabajas con Windows como con macOS o Linux, el proceso de instalación de Rust se compone de pasos comunes a cualquier sistema operativo. Si comprendes cuáles son dichos pasos, serás capaz de solucionar en el futuro potenciales problemas de instalación, independientemente del entorno en el que estés trabajando. Por este motivo, abordaremos en primer lugar la instalación de Rust en un sistema operativo basado en Unix (macOS y Linux principalmente), y posteriormente, atenderemos aquellas peculiaridades propias del sistema operativo Windows.

Instalación de Rust

La forma más sencilla de instalar Rust en un sistema operativo basado en Unix es a través de rustup, la herramienta oficial recomendada para instalar y gestionar las versiones del lenguaje de programación Rust, así como sus herramientas y componentes complementarios. Entre otras ventajas, rustup te permitirá instalar y cambiar entre diferentes versiones de Rust –también actualizarlas–, instalar componentes adicionales (como rustfmt para formatear el código, o clippy para identificar problemas comunes en el código), y gestionar las herramientas necesarias para configurar proyectos y compilar código para diferentes plataformas (Windows, Linux, macOS).

En macOS/Linux

Para instalar rustup, abre una nueva ventana de la terminal de tu ordenador.

- En macOS, dirígete a Aplicaciones>Utilidades>Terminal.

TRUCO:

Pulsa la combinación de teclas ⌘-Espacio, y escribe en el buscador «Terminal» para acceder rápidamente.

- En Linux, a pesar de que existen numerosas distribuciones, generalmente la encontrarás en Aplicaciones>Accesorios>Terminal.

Y escribe el siguiente comando.

```
curl --proto '=https' --tlsv1.2 -sSf https://sh.rustup.rs | sh
```

TRUCO:

Accede al sitio web oficial de rustup (rustup.rs) para copiar de forma rápida y sencilla este comando.

Antes de pulsar la tecla Enter, vamos a detenernos un momento para entender lo que va a ocurrir.

- curl es una herramienta de línea de comandos que permite hacer peticiones a una dirección web.
- --proto '=https' indica a curl (como medida de seguridad) que solo debe utilizar el protocolo HTTPS. De este modo, nos aseguraremos de que no se utilicen otros protocolos potencialmente inseguros.
- --tlsv1.2 especifica que curl debe usar la versión 1.2 de TLS, un protocolo de seguridad diseñado para proporcionar comunicaciones seguras a través de una red (en este caso, internet), protegiendo la integridad y privacidad de los datos entre el cliente y el servidor.
- -s es una opción que configura curl en modo silencioso, suprimiendo la visualización del progreso y los mensajes de error.
- -S, sin embargo, es una opción que insta a curl a mostrar errores si estos suceden. En combinación con la opción anterior (-sS), se consigue eliminar la visualización del progreso sin prescindir de la notificación de errores en caso de que se produzcan.
- -f configura a curl para que falle silenciosamente. Esto quiere decir que los mensajes de error se mostrarán de forma reducida, mostrando (por ejemplo) un código de error, en lugar de todo el mensaje de error completo.
- https://sh.rustup.rs es la dirección web a la que curl hace la petición. Esta dirección contiene un script proporcionado por el equipo de Rust para instalar rustup en nuestro ordenador.
- **La línea vertical** | toma la salida del comando curl (que es el script descargado) y la pasa al siguiente comando.
- sh es un intérprete de comandos. Toma el script descargado y lo ejecuta, iniciando la instalación de rustup en nuestra máquina, incluyendo también el lenguaje de programación Rust.

Ahora sí, pulsa la tecla Enter. Unos segundos más tarde, veremos un mensaje en la terminal en el que se nos preguntará qué tipo de instalación deseamos realizar. Indicaremos que deseamos ejecutar una instalación por defecto (opción 1).

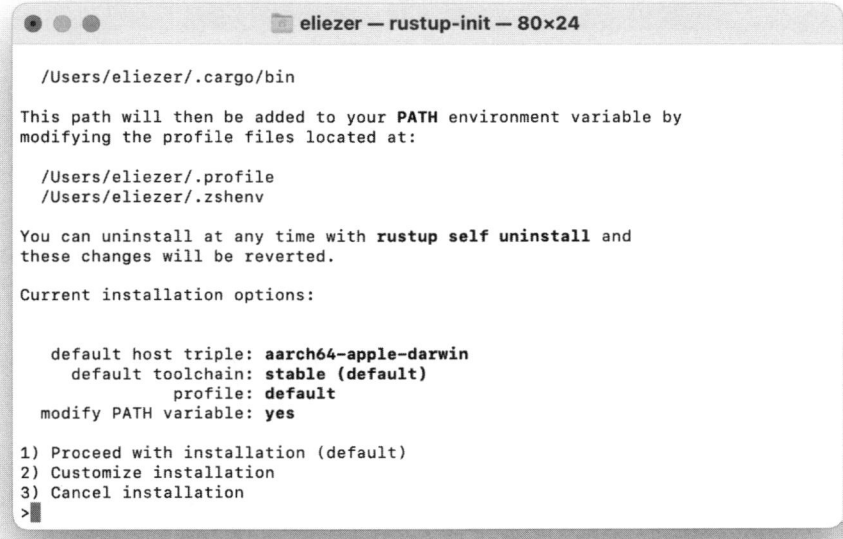

Figura 2.1. Tipo de instalación a elegir durante el proceso de instalación.

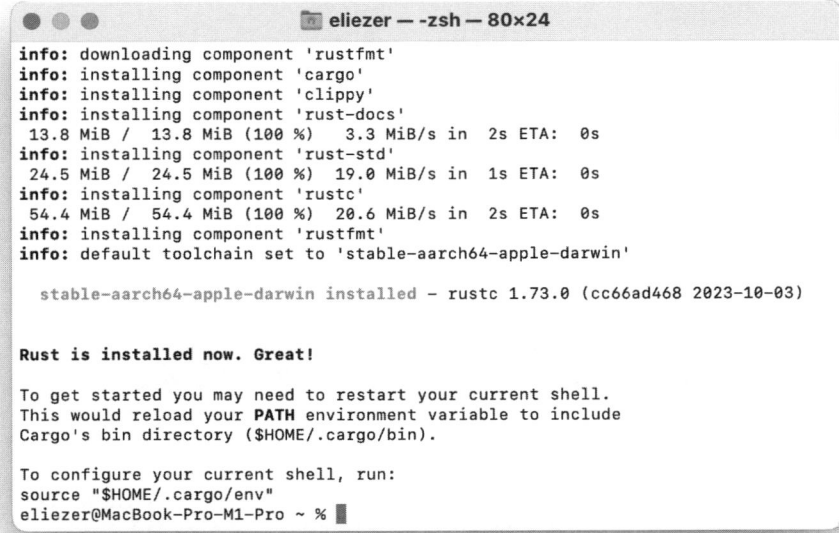

Figura 2.2. Instalación exitosa.

En apenas unos instantes, el script habrá descargado e instalado en tu ordenador la herramienta rustup y el lenguaje de programación Rust, acompañado de una serie de complementos que examinaremos más adelante.

Instalación de Rust a través de rustup en Windows

Instalar Rust en Windows puede parecer más simple, pero incluye pasos adicionales no requeridos en macOS o Linux y que añaden una capa de complejidad, bajo mi punto de vista, innecesaria.

Si has saltado directamente a esta sección sin leer la anterior, te invito a dar un paso atrás y entender el proceso de instalación en sistemas operativos Unix, porque te servirá como base para comprender nuestros próximos pasos.

Para instalar el lenguaje de programación Rust en Windows también necesitas rustup. Accede al sitio web oficial de la herramienta[1] y descarga su instalador para Windows.

To install Rust, download and run
rustup-init.exe
then follow the onscreen instructions.

You may also need the Visual Studio prerequistes.

If you're a Windows Subsystem for Linux user run the following in your terminal, then follow the onscreen instructions to install Rust.

```
$ curl --proto '=https' --tlsv1.2 -sSf https://sh.rustup.rs | sh
```

You appear to be running Windows 64-bit. If not, display all supported installers.

Figura 2.3. Información mostrada en el sitio web rustup.rs cuando se accede desde un ordenador con Windows.

---

[1] Sitio web oficial de rustup: rustup.rs.

Como podrás comprobar, tras iniciar el ejecutable descargado, la información que te aparece en pantalla es muy similar a la que aparece cuando se ejecuta el comando curl --proto '=https' --tlsv1.2 -sSf https://sh.rustup.rs | sh en sistemas operativos Unix.

En la terminal se nos preguntará qué tipo de instalación deseamos realizar. Indicaremos que deseamos ejecutar una instalación por defecto (opción 1). Unos segundos más tarde, el instalador habrá descargado e instalado en tu ordenador la herramienta rustup y el lenguaje de programación Rust, acompañado de una serie de complementos que abordaremos más adelante.

Comprueba que Rust está correctamente instalado

Para comprobar que Rust está correctamente instalado, escribe y ejecuta el siguiente comando en una nueva terminal: rustc --version. Deberías obtener una salida similar a la que te muestro en la figura 2.4 (la versión y la fecha pueden variar).

En caso contrario, cierra por completo la terminal y vuelve a escribir de nuevo dicho comando. Si el problema persiste, reinicia tu ordenador. En caso de que el error no se resuelva, podría ocurrir que Rust no se haya instalado correctamente, o que las variables de entorno del sistema no se hayan configurado con éxito.

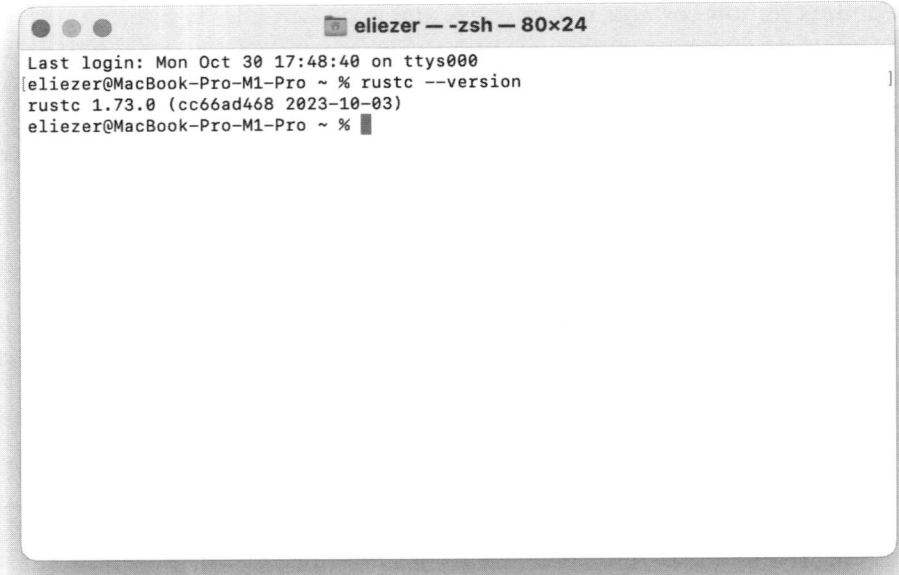

Figura 2.4. Ejecución del comando rustc --version.

Instalación de Visual Studio Code

Visual Studio Code es un editor de código fuente desarrollado por Microsoft que te ayudará a empezar a desarrollar código en Rust de forma muy sencilla, y te permitirá centrarte en lo realmente importante: la programación.

Si prefieres utilizar algún otro editor de código fuente con el que ya te sientas familiarizado, adelante. Existen muchas otras herramientas con las que podrás escribir código en Rust[2]. Sin embargo, si es la primera vez que escribes código en Rust, te invito a elegir Visual Studio Code para estos primeros pasos. Su interfaz es realmente sencilla, y su amplia variedad de extensiones te permitirán ir añadiendo funcionalidades conforme las necesites. En resumen, es una herramienta que crecerá a tu propio ritmo de aprendizaje.

Para descargar Visual Studio Code accede al sitio web oficial de Visual Studio Code.[3] En esta página quizá encuentres diferentes productos y herramientas superinteresantes,

---

[2] Algunos ejemplos son: Sublime Text, Emacs y RustRover.
[3] Sitio web oficial de Visual Studio Code: code.visualstudio.com.

entre las que se encuentran Visual Studio y Visual Studio Code. Como podrás comprobar, los nombres de ambas herramientas son muy parecidos, pero se trata de productos diferentes. Localiza el enlace para descargar Visual Studio Code y haz clic sobre él. Si el sitio web no detecta automáticamente cuál es el sistema operativo desde el que estás accediendo, selecciona el instalador adecuado (.exe para Windows, .dmg para macOS, .deb y .rpm para diferentes distribuciones de Linux). En unos instantes la descarga comenzará.

Instalación en macOS

Salvo que tengas configurada otra carpeta por defecto, podrás localizar el archivo descargado en la carpeta Descargas. Se trata de una carpeta comprimida con extensión .zip que podrás descomprimir haciendo doble clic sobre ella. A continuación, la aplicación de Visual Studio Code aparecerá en la carpeta Descargas. Arrastra esta aplicación a la carpeta Aplicaciones y el proceso de instalación habrá finalizado.

Para confirmar que la aplicación está correctamente instalada, haz doble clic sobre el icono de Visual Studio Code en la carpeta Aplicaciones y el programa se iniciará. Si al ejecutar Visual Studio Code por primera vez te aparece un aviso de seguridad, no te preocupes: macOS detecta que se trata de una aplicación que no ha sido instalada desde la Mac App Store y te avisa de ello. Concede los permisos correspondientes y la aplicación funcionará sin ningún tipo de problema.

Instalación en Windows

Tras finalizar la descarga de Visual Studio Code, Windows quizá te pregunte si deseas ejecutar el instalador. Confirma si es así; en caso contrario, dirígete a la ruta en la que hayas descargado el archivo e inícialo. A continuación, te aparecerá en pantalla el típico asistente de instalación, con sus acuerdos de licencia y diferentes ventanas en las que puedes clicar sobre el botón Siguiente. Continúa el proceso, y si lo deseas, selecciona la opción Crear un acceso directo en el Escritorio. Esto te permitirá localizar rápidamente Visual Studio Code una vez este se encuentre instalado. Al terminar el proceso de instalación, reinicia tu equipo.

Extensiones útiles para Visual Studio Code

Como te comentaba anteriormente, Visual Studio Code es una herramienta adaptable que evoluciona según tus necesidades. Esta evolución se realiza principalmente mediante extensiones. A continuación, te presentaré algunas que te ayudarán a introducirte en el ecosistema Rust de manera más eficiente.

Para instalarlas, solo tienes que abrir Visual Studio Code, localizar la sección Extensiones en el lateral izquierdo de la ventana y realizar ahí una búsqueda con el nombre de la extensión que quieras instalar.

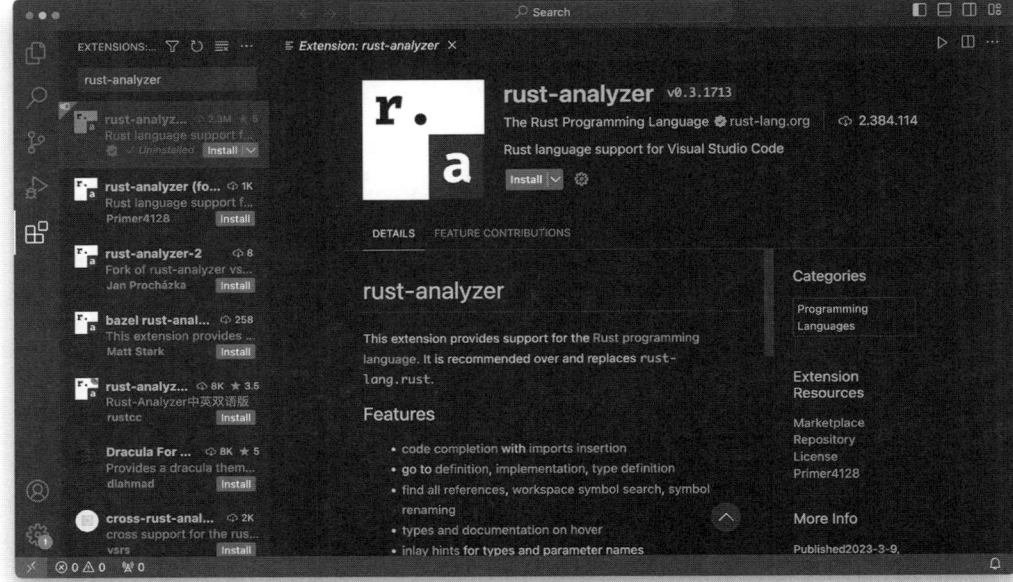

Figura 2.5. Extensión rust-analyzer para Visual Studio Code.

Clica sobre el resultado deseado y verás el botón Instalar.

- **Rust-analyzer**: proporciona funcionalidades como autocompletado inteligente, resaltado semántico y detección de errores y advertencias en tiempo real, entre otros.[4]

- **Even Better TOML**: suministra formateo y validación de sintaxis para los archivos con extensión .toml. Más adelante utilizarás este tipo de archivos para configurar tus proyectos.

- **Code Runner:** permite ejecutar rápidamente fragmentos de código en varios lenguajes de programación, incluido Rust.

---

[4] Mientras haces esta búsqueda puede que encuentres el denominado: *Rust Extension Pack*. Se trata de un conjunto de extensiones que contiene todo lo necesario para programar en Rust, incluyendo, entre otras extensiones, Rust-analyzer y Even Better TOML. Puedes instalar este pack, pero debes saber que incluye otras herramientas que por el momento no vas a necesitar. Más adelante te indicaré cuándo instalar este pack o algunas de sus extensiones.

Conforme vayas avanzando en la lectura de este libro, te iré recomendando más extensiones que mejorarán tu ritmo de trabajo con Rust.

Cómo actualizar Rust

Para actualizar el lenguaje de programación Rust a su última versión disponible, inicia la Terminal y ejecuta el comando rustup update.

Canales de distribución de Rust

Rust tiene un proceso de liberación único que incluye varios canales que representan diferentes niveles de estabilidad y frecuencia de liberación.

- *Stable*. Versión estable de Rust y con la que trabajaremos a lo largo de este libro. Se libera aproximadamente cada seis semanas tras un extenso proceso de pruebas. Los cambios introducidos en esta versión están bien documentados y supuestamente preparados para su adopción en proyectos reales.

- *Beta*. Antes de que una versión de Rust alcance su versión estable atraviesa una fase beta. Se trata de una vista preliminar de la próxima versión estable, y se utiliza para identificar y corregir fallos. También se libera cada seis semanas, pero está un ciclo por delante de la versión estable.

- *Nightly*. Se trata de la versión más reciente y en desarrollo de Rust, liberada diariamente a partir del código fuente más actual. Aún no ha pasado por todas las pruebas recomendadas y se caracteriza por ser inestable. La versión *nightly* es interesante para aquellas personas a quienes les gusta experimentar con las características más recientes del lenguaje, o contribuir al desarrollo de Rust.

Además de estos tres canales principales, existen ediciones de Rust específicamente diseñadas para ciertas arquitecturas y sistemas operativos, así como variantes que incluyen herramientas adicionales o ajustes personalizados.

Conforme vayas profundizando en la adopción de Rust, puede que te encuentres características que solo están disponibles en alguno de los canales o ediciones previamente mencionados.

Rust Playground

Rust Playground es una herramienta online que te permite escribir, compilar y ejecutar código Rust directamente desde tu navegador, sin necesidad de instalar ninguna herramienta adicional en tu equipo. Si no has podido instalar Rust en tu equipo, Rust Playground puede ser una alternativa interesante para acompañar tu progreso durante las primeras lecciones de este libro, porque te permitirá probar el código sin necesidad de invertir ni un solo segundo en preparar tu ordenador para escribir código Rust en él. Puedes acceder a esta herramienta a través de play.rust-lang.org. Por defecto, el editor se configurará con la última versión estable del lenguaje.

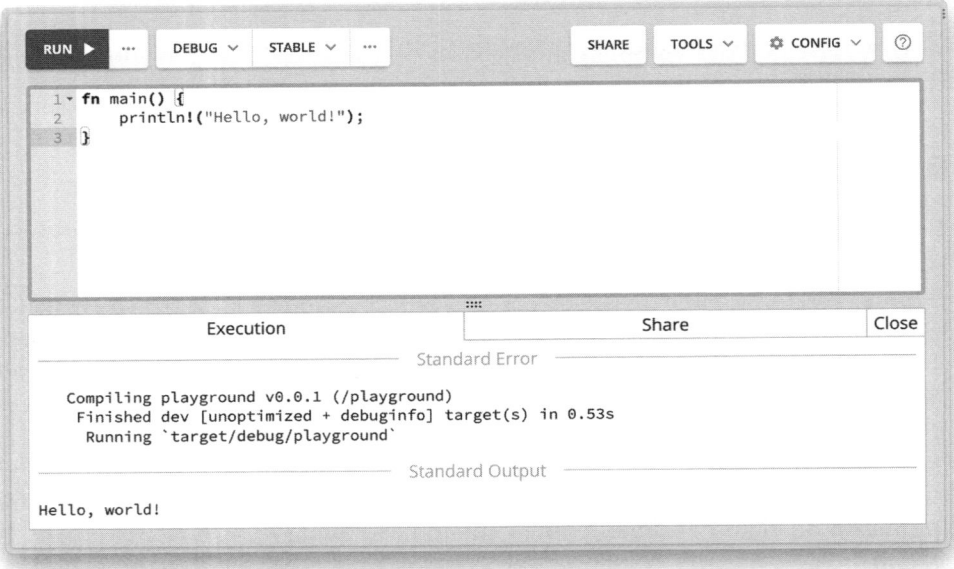

Figura 2.6. Rust PlagrounId.

Rust Playground es fácil de usar, está integrado con la documentación de Rust, permite compartir código de forma sencilla y cuenta con variedad de herramientas ya implementadas. Sin embargo, aunque pueda parecer apetecible, debes saber que este editor también cuenta con algunas limitaciones en términos de ejecución y rendimiento. Además, sería inviable desarrollar un proyecto de mayor envergadura, así que te animo a seguir los próximos capítulos desde tu propio entorno de desarrollo correctamente configurado.

3

Primer programa

- Comprender qué es un archivo fuente.
- Identificar el punto de entrada de un programa.
- Escribir tu primer programa en Rust.
- Entender el funcionamiento del proceso de compilación.
- Ejecutar tu primer programa.

Introducción

Con Visual Studio Code instalado y configurado en tu equipo, ya tienes todo lo necesario para escribir tu primer programa en Rust. A lo largo de este capítulo te guiaré, paso a paso, en la creación de tu primer programa. Este programa mostrará en pantalla el mensaje «¡Hola, Mundo!» y te ayudará a entender aspectos fundamentales del lenguaje.

Archivo fuente

Un archivo fuente en Rust es un archivo de texto que contiene código escrito en el lenguaje de programación Rust, y donde implementarás el comportamiento de tus programas. Los archivos fuente en Rust son fácilmente reconocibles, pues su título siempre viene acompañado de la extensión .rs, tan característica del lenguaje.

Crea un archivo llamado main.rs en el directorio que prefieras y ábrelo con el editor que hayas elegido para escribir código en él[1]. En muchos proyectos escritos en Rust, el archivo main.rs sirve como punto de partida para el programa desarrollado, y contiene en su interior la función principal main(). Si bien esta es una práctica común (incluso de obligado cumplimiento en algunos lenguajes), Rust no obliga a llamar main al archivo que contiene la función principal del programa. Por el momento, y mientras estés adentrándote en el lenguaje, te sugiero que mantengas esta práctica para evitar posibles confusiones y facilitar la comprensión de tu código a otros programadores.

Función principal

La función principal main(), de la cual hemos hablado unas líneas atrás, constituye el punto de entrada del programa. Es decir, se trata de la primera función[2] que se ejecuta en cualquier programa de Rust estándar.

La función principal main() se representa con la siguiente estructura.

```
fn main(){
    // Aquí escribirás parte del código de tu programa
}
```

Escribe este fragmento de código en tu archivo fuente, y a continuación, presta atención a las siguientes partes fundamentales.

* **fn** es una abreviatura de la palabra *function* (función, en inglés), e indica que acto seguido se definirá una función.

---

[1] Si utilizas Rust Playground no podrás trabajar con archivos en local.

[2] ¿El concepto de función no te resulta familiar? No te preocupes, profundizaremos más adelante.

- **main()** es el nombre de la función. Debes saber que *main* es una palabra reservada dentro del lenguaje, y no podrás utilizarla en otros contextos. A partir de esta línea, el programa comenzará con su ejecución. Los paréntesis, por el momento, los dejaremos para más adelante.
- Las **llaves** delimitan el cuerpo de la función, es decir, el código que se ejecutará cuando se «llame» a la función para su ejecución. Todo lo que escribas dentro de estas llaves quedará englobado en el ámbito de la función.

A continuación, escribe la siguiente instrucción en el cuerpo de la función principal main():
println!("¡Hola, Mundo!");, de la siguiente forma:

```
fn main(){
    println!("¡Hola, Mundo!");
}
```

Si observas con detenimiento, verás que el código escrito en el cuerpo de la función principal (es decir, dentro del ámbito de main()) está ligeramente desplazado hacia la derecha. Esta práctica de desplazar el código cuando se abre un ámbito nuevo se llama indentación, y no solo mejora la legibilidad del código, sino que a efectos prácticos facilita su mantenimiento. El acuerdo ampliamente aceptado entre miembros de la comunidad de Rust es indentar con 4 espacios (en lugar de una tabulación) por cada ámbito nuevo que se abra, para asegurar de este modo que el código se vea igual en diferentes editores y plataformas.

TRUCO:

Si necesitas reducir al extremo el peso de tus archivos fuente, utiliza tabulaciones en lugar de espacios. La explicación es muy sencilla: mientras que cuatro espacios necesitarán cuatro direcciones de memoria (una por cada espacio), un tabulador necesitará una única dirección de memoria para almacenar la misma información.

Esta línea de código que acabas de escribir contiene internamente las instrucciones necesarias para mostrar en pantalla la información que se encuentra entre las comillas dobles ("¡Hola, Mundo!").

Antes de continuar, guarda los cambios que has realizado en tu archivo y haz una pausa por un instante para entender en qué consiste el proceso de compilación.

TRUCO:

Guarda los cambios pulsando la combinación de teclas: Control + S en Windows o ⌘ + S en macOS.

Proceso de compilación

El proceso de compilación consiste en una serie de pasos a través de los cuales el código fuente –en este caso, escrito en Rust– se convierte en un programa ejecutable. El responsable de realizar esta labor es el compilador, una herramienta que en Rust se encuentra disponible bajo el nombre de «rustc».

Si recuerdas, en anteriores capítulos te conté que Rust es un lenguaje compilado, y también te hablé de las características que hacían de Rust un lenguaje seguro y confiable. Pues bien, «rustc» –el compilador– desempeña un rol fundamental en este aspecto, porque su objetivo es verificar minuciosamente todos los elementos que potencialmente podrían causar fallos o inseguridades en el programa. Por lo tanto, cada vez que intentes compilar, imagina que hay un «mentor» que revisa tu trabajo. Este mentor es el compilador, y te mostrará tantos mensajes de error como sean necesarios para ayudarte a perfeccionar tu código hasta que cumpla con los estándares de calidad establecidos. El proceso de compilación constituye una etapa crucial, pues es en esta etapa donde muchas de las características esenciales del lenguaje se aplican y se comprueban.

Una vez que todas las comprobaciones se han realizado, el proceso de compilación da como resultado un archivo binario ejecutable listo para ser ejecutado por el sistema operativo para el que fue compilado. Un mismo código debe ser compilado para cada sistema operativo en el que vaya a utilizarse, de modo que el código pueda ser optimizado por el compilador correctamente.

Decimos que todas estas comprobaciones se realizan en «tiempo de compilación», mientras que aquellas tareas llevadas a cabo mientras que el programa (el archivo binario) se ejecuta, se realizan en «tiempo de ejecución».

Compilar un archivo fuente en Rust

Para compilar el código que acabas de escribir y generar un programa ejecutable que pueda utilizar un usuario cualquiera, deberás usar «rustc», el compilador oficial para el lenguaje de programación Rust.

Abre la terminal y navega a través de ella hasta el directorio en el que tengas tu archivo fuente[3]. A continuación, escribe rustc main.rs y pulsa la tecla Enter. Tu código fuente será compilado, y en el mismo directorio en el que se encuentra el código fuente, verás que se ha generado un nuevo archivo ejecutable. Haz doble clic sobre dicho programa ejecutable y el mensaje «¡Hola, Mundo!» se mostrará impreso en una ventana de terminal.

---

[3] Se asume un mínimo manejo de la terminal por parte del lector.

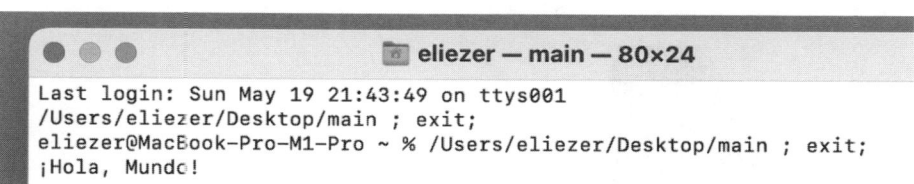

Figura 3.1. Programa "¡Hola, Mundo!" en funcionamiento.

NOTA:

Si utilizas Visual Studio Code, Rust Playground o cualquier otro IDE[4], también puedes localizar el botón Play ▶ y hacer clic sobre él. Generalmente, este botón está configurado para compilar y ejecutar en una sola acción, de modo que si clicas sobre él, el compilador realizará el proceso de compilación, y si finaliza con éxito, generará y ejecutará automáticamente.

Nombrado de archivos de código fuente

En Rust, el nombrado de archivos suele seguir el estilo *snake_case*, es decir, palabras en minúsculas separadas por guiones bajos.

Conclusiones

Si has llegado hasta aquí, significa que has implementado, compilado y ejecutado tu primer programa en Rust. ¡Enhorabuena! En eliezerlopez.rs encontrarás un par de ejercicios que te ayudarán a afianzar los conocimientos aprendidos.

---

[4]   Entorno de desarrollo integrado

Concepto de variable, tipos de datos simples y constantes

- El concepto de variable.
- Los tipos de datos primitivos simples.
- Las constantes.

Introducción

Los datos simples, también conocidos como datos primitivos, son fundamentales para la construcción de programas. Gracias a ellos es posible realizar operaciones básicas y manipular información de forma directa y controlada, pues sustentan los cimientos de estructuras más complejas en programación.

A lo largo de este capítulo abordaremos el concepto de variable, así como los tipos de datos simples y las constantes. Utilizaremos esta base para dar paso, en el siguiente capítulo, a conceptos mucho más avanzados y propios del lenguaje.

Concepto de variable

Si bien una variable es un espacio en memoria que puede ser localizado a través de un identificador, me gusta transmitir el concepto de variable recurriendo a la idea de una simple caja, pues se trata de un elemento de la vida cotidiana fácilmente reconocible.

Conceptualmente, una variable no es más que una caja a la que llamamos de una determinada forma, y en la que almacenamos una cierta cantidad de información.

Figura 4.1. Modelo conceptual de caja.

Cada caja permitirá almacenar una cantidad de objetos en función de sus dimensiones. Una caja grande almacenará más objetos que una caja pequeña, y exactamente lo mismo ocurre con las variables. Cada variable tendrá un determinado tamaño, y este tamaño vendrá determinado por su tipo. De modo que una variable tendrá un nombre, un tipo (que definirá su tamaño), y podrá almacenar un determinado contenido.

Tipos de datos primitivos

Los tipos de datos primitivos en Rust son principalmente cinco:

- Entero.
- Real.
- Carácter.
- Booleano.
- Unidad.

Existen otros tipos de datos, como las tuplas y los arrays, que podrían considerarse primitivos e incluirse en esta categoría debido a su cercanía al bajo nivel. Sin embargo, si bien son tipos más simples que otros existentes en el lenguaje, también es importante destacar que se trata de tipos de datos «compuestos», con un nivel de abstracción ligeramente superior a los cinco mencionados anteriormente.

Números enteros

Son aquellos que permiten modelar valores enteros (sin coma decimal), tanto positivos como negativos: uno, dos, tres, menos quince, cuarenta y dos… Rust divide los números enteros en dos grupos: enteros sin signo y enteros con signo (+ ó −).

Enteros sin signo

Los enteros sin signo, representados en Rust como u8, u16, u32, u64 y u128, almacenan únicamente valores no negativos (0 y positivos). La letra 'u' corresponde a la palabra unsigned,[1] y el número que procede indica la cantidad de bits de cada tipo, lo que a su vez define el rango de valores que puede almacenar. Cuantos más bits tenga el tipo, mayor será el rango de valores que puede contener.

Tabla 4.1. Tipos de enteros sin signo en Rust.

Tipo	Tamaño en bits	Rango de valores
u8	8	0 a 255
u16	16	0 a 65 535
u32	32	0 a 4 294 967 295
u64	64	0 a 18 446 744 073 709 551 61
u128	128	0 a 340 282 366 920 938 463 463 374 607 431 768 211 455

---

[1] *Unsigned* significa sin signo en inglés.

A diferencia de otros lenguajes, en los que el tamaño y rango de los tipos de datos enteros puede variar en función del compilador y de la arquitectura de la máquina que ejecuta el código,[2] Rust define estos tamaños y rangos de manera estándar y explícita en su especificación. La estandarización en estos tamaños y rangos es fundamental para garantizar la portabilidad del código a diferentes plataformas.

Enteros con signo

Los enteros con signo, representados en Rust como `i8`, `i16`, `i32`, `i64` e `i128`, almacenan valores tanto positivos como negativos (+ ó −). La letra 'i' corresponde a la palabra *integer*,[3] y el número que le sigue indica la cantidad de bits de cada tipo, lo que también define el rango de valores que puede almacenar, pero en este caso, teniendo también en cuenta los valores negativos.

Tabla 4.2. Tipos de enteros con signo en Rust.

Tipo	Tamaño en bits	Rango de valores
i8	8	-128 a 127
i16	16	-32 768 a 32 767
i32	32	-2 147 483 648 a 2 147 483 647
i64	64	-9 223 372 036 854 775 808 a 9 223 372 036 854 775 807
i128	128	-170 141 183 460 469 231 731 687 303 715 884 105 728 a 170 141 183 460 469 231 731 687 303 715 884 105 727

Declaración y definición de enteros

Supongamos que deseamos modelar en código la edad de una persona. En Rust, las variables se declaran y definen con la siguiente sintaxis:[4]

```
let nombre_variable: tipo = valor;
```

La edad de una persona suele estar entre los 0 años y los 120 años, así que se para almacenar este valor recurriremos al tipo `u8`. Para el ejemplo, suponemos que la persona tiene 30 años.

```
fn main(){
    let edad: u8 = 30;
}
```

---

[2]   32 bits vs 64 bits.

[3]   *Integer* significa Entero, y es la representación más fiel de un valor entero (con signo).

[4]   Recuerda que puedes compilar el código que escribas con el comando rustc. Si aún no has instalado Rust en tu máquina, vuelve al capítulo 2.

Como puedes observar, declaramos variables con la palabra reservada `let`, indicamos a continuación el nombre de la variable, especificamos su tipo y le asignamos un valor. Las declaraciones y definiciones en Rust terminan generalmente en el carácter punto y coma `;`.

NOTA:

La palabra reservada let «construye» una caja de tamaño adecuado para almacenar un valor de tipo u8, y el operador de asignación = la llena.

Echemos un vistazo a otro ejemplo. Supongamos que deseamos modelar en código la planta de un edificio en la que se encuentra un determinado ascensor. El edificio tiene plantas que van de la 0 a la 25, así como 3 plantas subterráneas dedicadas a aparcamientos de coches. Parece que el tipo `i8` sería viable para modelar esta situación así que la declaración y definición de la variable es muy sencilla:

```
fn main(){
    let planta_ascensor: i8 = -1;
}
```

Números reales

Los números reales en Rust permite representar valores de coma flotante (aquellos que tienen una coma decimal), tanto positivos como negativos. Rust establece dos tipos: `f32` para números de coma flotante de precisión simple, y `f64` para números de coma flotante de precisión doble, con tamaños de 32 bits y 64 bits respectivamente.

La elección entre valores de tipo `f32` y `f64` depende de las necesidades de precisión y rendimiento necesarios. Por tanto, la decisión de optar por un tipo u otro no es precisamente trivial. Por ejemplo, en arquitecturas de 64 bits, el tipo `f64` ofrece mayor precisión y rango, pero consume más memoria que el tipo `f32` y puede ser más lento en operaciones de cálculo.

Declaración y definición de números reales

Supongamos que deseamos modelar el sueldo bruto anual de un empleado, así que escribimos la palabra reservada `let`, a continuación, indicamos el nombre que recibirá la variable, también su tipo, y finalmente le asignamos un valor.

```
fn main(){
    let sueldo_bruto_anual: f64 = 50_000.00;
}
```

En este caso, el sueldo bruto anual puede ser representado con el tipo `f32`. Sin embargo, como estamos tratando con valores monetarios, donde la precisión es crucial, es casi obligatorio considerar los posibles efectos de redondeo a la hora de realizar operaciones. Así que, por razones de precaución, optaremos por un tipo de dato que pueda manejar más decimales, minimizando en consecuencia el riesgo de errores.[5] Como digo, se trata de una elección personal. Tú puedes elegir el tipo que mejor se adapte a las necesidades de tu proyecto.

En cuanto al valor asignado a la variable `sueldo_bruto_anual`,[6] `50_000.00`, existen dos aspectos muy interesantes que tener en cuenta:

- La coma, en realidad, es un punto. Aunque hablemos de «valores en coma flotante», a la hora de indicar los valores de los decimales, debemos utilizar un punto en lugar de una coma.

- El signo _ permite mejorar la legibilidad en un número sin afectar a su valor. De este modo, podemos leer fácilmente que se trata de un sueldo bruto anual de «cincuenta mil euros» sin necesidad de contar uno a uno los ceros. Escribir o no el signo _ no debería alterar el resultado del programa, ni tampoco de ninguna operación en la que dicho dato se vea envuelta.

TRUCO:

Cuando el valor carece de parte decimal pero es de tipo real, puedes indicarlo simplemente con un punto . sin ceros a la derecha. Rust es un lenguaje fuertemente tipado, y si no indicas también la parte decimal, el compilador entenderá que estás intentando asignar un valor de tipo entero a una variable de tipo real, y te mostrará un error de compilación. Ej. let sueldo_bruto_anual: f64 = 50_000.;.

Booleanos

Los valores booleanos son cruciales para dirigir el flujo de un programa, y toman protagonismo a la hora de realizar tanto comparaciones entre dos expresiones como operaciones propiamente booleanas (AND, OR y NOT). Rust implementa el tipo de dato `bool` para modelar los dos únicos valores posibles para este tipo de variables: `true` y `false`, y al igual que ocurre con otros datos primitivos, `bool` también tiene un tamaño fijo (1 byte).

Declaración y definición de booleanos

Por ejemplo, supongamos que queremos indicar, haciendo uso de una variable, si un empleado debe tener acceso a una determinada sala de servidores. Asignaríamos `true` a la variable `acceso_a_sala_de_servidores` en caso de que el empleado deba tener acceso:

---

[5] Para algunas aplicaciones especiales existen librerías que ofrecen un nivel arbitrario de precisión en la representación de los decimales de un número, frente a los tipos de punto flotante en los que siempre existirá un mínimo error de redondeo.

[6] Escribimos el nombre de las variables en minúsculas, y separadas por guion bajo_.

```
fn main(){
    let acceso_a_sala_de_servidores: bool = true;
}
```

Y false en caso contrario:

```
fn main(){
    let acceso_a_sala_de_servidores: bool = false;
}
```

Caracteres

Los caracteres en Rust se modelan a través del tipo char. Cada variable de tipo char ocupa 4 bytes en memoria, y permite almacenar un único carácter. El rango de valores aceptados es realmente amplio, e incluye caracteres comunes para el lenguaje español, también para otros alfabetos como el árabe, mandarín o japones, e incluso caracteres especiales y emoticonos.

Declaración y definición de caracteres

Declarar y definir un carácter en Rust es similar a como se declara y define un valor entero, con la peculiaridad de que el carácter a almacenar debe ser escribirse entre comillas simples.

Supongamos que deseamos crear una variable que almacena la primera letra de un nombre. Pues bien, la letra E debe escribirse entre comillas simples:

```
fn main(){
    let primera_letra_nombre: char = 'E';
}
```

Tipo Unidad

El tipo unidad en Rust es un tipo especial que representa la ausencia de un valor útil y concreto. Se representa con un par de paréntesis vacíos (), y es similar al tipo void en otros lenguajes de programación.

Declaración y definición de variables de tipo unidad

Aunque pueda parecer innecesario, vamos a declarar y a definir una variable de tipo Unidad que carece de valor, y que llamaremos variable_ausente.

```
fn main(){
    let variable_ausente: () = ();
}
```

El tipo unidad tomará protagonismo en próximos capítulos, en los que abordaremos aspectos más avanzados del lenguaje.

Constantes

Una constante en un mecanismo proporcionado por el lenguaje, que permite almacenar un valor que no cambiará durante la ejecución del programa.

Por ejemplo, supongamos que necesitamos implementar una serie de operaciones matemáticas, y para ello debemos trabajar con el valor PI.[7] Este valor siempre se mantendrá constante y no cambiará durante la ejecución del programa, así que es un perfecto candidato para ser modelado en Rust como constante.

Para declarar y definir una constante, escribimos la palabra reservada `const`, a continuación indicamos el nombre de la constante, también su tipo, y le asignamos un valor.

```
fn main(){
    const PI: f32 = 3.141598;
}
```

Las constantes se declaran y definen de manera similar a las variables, pero su funcionamiento interno es muy diferente. Hablaremos más sobre variables y constantes en el Capítulo 5, cuando ahondemos en las características propias del lenguaje.

Mención a los tipos usize e isize

Los tipos `usize` e `isize` también son tipos de datos enteros, pero están específicamente diseñados para utilizarlos en contextos que involucran indexación, o incluso, operaciones de dimensionamiento, redimensionamiento o alineación en memoria. Como imaginarás, el tipo `usize` solo puede representar valores no negativos, y el tipo `isize`, valores tanto positivos como negativos.

Abordaremos los tipos `usize` e `isize` en más profundidad en próximos capítulos, cuando nos adentremos en los tipos de datos complejos y conforme estos tipos de datos vayan siendo necesarios.

---

[7] Constante matemática que representa la relación entre la circunferencia de un círculo y su diámetro.

5

Características propias del lenguaje

- Inferencia de tipos.
- Mutabilidad e inmutabilidad.
- Ámbitos y subámbitos.
- Shadowing.
- Sistema de propiedad única.
- Sistema de préstamos.

Introducción

Rust está especialmente diseñado desde las bases para ofrecer seguridad, concurrencia y control de memoria sin sacrificar rendimiento. Este diseño se caracteriza por la implementación de mecanismos y sistemas únicos, significativamente diferentes de los encontrados en otros lenguajes de programación. A lo largo de este capítulo nos introduciremos en conceptos como la inferencia de tipos, la mutabilidad, el sombreado y los sistemas de propiedad única y préstamos, y aunque trabajemos los conceptos con herramientas sencillas como variables y tipos de datos simples, es importante tener presente que estas características se aplican en todos los niveles del lenguaje.

Inferencia de tipos

La inferencia de tipos en Rust es un mecanismo que permite al compilador deducir de forma automática el tipo de las variables y expresiones cuando el tipo no se declara explícitamente. Es importante destacar que la inferencia de tipos funciona solo en tiempo de compilación, no de ejecución. Rust es un lenguaje fuertemente tipado, y el compilador debe conocer (o adivinar) el tipo que tendrá cada variable o expresión para generar el archivo ejecutable.

Volvamos a tomar como ejemplo nuestra variable edad.

```
fn main(){
    let edad: u8 = 30;
}
```

En este fragmento de código estamos declarando y definiendo la variable edad en una sola línea de código. Declaramos una variable y declaramos su tipo cuando la creamos (let edad: u8;) y la definimos cuando le asignamos un valor (edad = 30). También podríamos abordar la declaración y definición de la variable edad en dos pasos:

```
fn main(){
    let edad: u8;
    edad = 30;
}
```

La inferencia de tipos entra en juego cuando no indicamos el tipo de dato de la variable en el momento de la declaración, pero le asignamos en algún momento un valor. Gracias a este valor, el compilador adivinará el tipo de la variable en cuestión, sin importar si declaramos y definimos en una sola línea de código, o en diferentes puntos del programa.

```
fn main(){
    let edad;
    edad = 30;
}
```

Y también podemos declarar e instanciar la variable en la misma línea.

```
fn main(){
    let edad = 30;
}
```

No obstante, el compilador no es perfecto: no puede saber que la edad de una persona suele encontrarse en un rango de valores entre 0 y 120 años. Por defecto asignará el tipo i32 para las variables de tipo entero, y f64 para las de tipo real.

Rust infiere una serie de tipos por defecto, y hace lo que está en su mano para intentar conseguir una compilación exitosa y producir un programa ejecutable, pero su elección no tiene por qué ser la más adecuada. Como podemos observar, en el caso de la edad, nuestra elección como programadores sería más adecuada que la elección del compilador. Por ello, te recomiendo encarecidamente que siempre especifiques el tipo de la variable en el momento de su declaración, y por supuesto, ten en cuenta que el valor asignado siempre debe coincidir con el tipo indicado.

Mutabilidad e inmutabilidad

Por defecto, las variables en Rust son inmutables. Esto quiere decir que una vez asignas un valor a una variable, este nunca cambiará durante la ejecución del programa. Si utilizamos como ejemplo nuestra variable edad, al definirla estamos indicando que su valor, a lo largo del programa, siempre será 30.

```
fn main(){
    let edad: u8 = 30;
}
```

Si intentamos modificar de nuevo su valor, e intentamos compilar, obtendremos un error de compilación:

```
fn main(){
    let edad: u8 = 30;
    edad = 31;
}
```

Error de compilación:

```
error[E0384]: cannot assign twice to immutable variable 'edad'
 --> src/main.rs:3:2
```

La inmutabilidad no entra en juego únicamente cuando declaramos y definimos una variable en una sola línea de código. Podemos declarar la variable edad, y definirla más adelante. El comportamiento de la inmutabilidad sigue siendo el mismo. Si intentamos redefinir su contenido obtendremos nuevamente un error de compilación.

```
fn main(){
    let edad: u8
    edad = 30;
    edad = 31;
}
```

La inmutabilidad forma parte del sistema de tipos del lenguaje y de su modelo de seguridad de memoria. Se trata de una característica diseñada para proporcionar más control sobre el acceso a los datos, y previene errores en tiempo de ejecución como condiciones de carrera[1] o corrupción de datos. La inmutabilidad ayuda a escribir programas más predecibles y seguros, porque reduce los efectos secundarios y facilita el razonamiento sobre el estado del programa en cualquier momento. Además, si los datos no van a cambiar, permite generar un programa que se ejecute más rápido y con mayor eficiencia.

Sin embargo, existen ocasiones en las que sí podríamos necesitar redefinir el contenido de una variable. Supongamos que un empleado hace muy bien su trabajo y merece una subida de sueldo: la variable sueldo_bruto_anual tendrá inicialmente un valor, y más adelante cambiará.

```
fn main(){
    let sueldo_bruto_anual: f64 = 50_000.00;
}
```

Para este tipo de situaciones, la variable debe ser declarada explícitamente como mutable, añadiendo la palabra reservada mut en el momento de su declaración:

```
fn main(){
    let mut sueldo_bruto_anual: f64 = 50_000.00;
}
```

Gracias a mut, el contenido de la variable sueldo_bruto_anual podrá cambiar a lo largo de la ejecución del programa:

```
fn main(){
    let mut sueldo_bruto_anual: f64 = 50_000.00;
    sueldo_bruto_anual = 56_000.12;
}
```

---

[1] Problema típico derivado de la concurrencia.

Las variables inmutables y las constantes son conceptos diferentes. Mientras una variable inmutable puede ser definida tanto en tiempo de compilación como de ejecución, el valor de las constantes debe ser conocido siempre en tiempo de compilación.

Ámbitos

Un ámbito es una región de código, generalmente delimitada por llaves { }, donde una variable es válida y accesible. En el siguiente programa, vemos que la variable `numero` pertenece al ámbito de la función principal `main()`.

```
fn main(){
    let numero: u32;
}
```

La variable numero existe desde el momento en el que se declara dentro del ámbito, hasta que el ámbito se cierre con la llave de cierre }. Una vez el ámbito termina, la variable es destruida, y su memoria liberada al instante.[2] Los ámbitos son fundamentales para entender cómo el lenguaje maneja la memoria y la seguridad en el acceso a datos, y están estrechamente relacionados con los aspectos propios del lenguaje que estamos abordando en este capítulo.

Ámbitos anidados

Cada bloque de código en Rust, delimitado por llaves {}, crea un ámbito nuevo. En el siguiente ejemplo, la variable `edad` se encuentra en el ámbito de la función `main()`, y la variable `sueldo_bruto_anual` pertenece al subámbito que se crea en la línea 3.

```
1 fn main(){
2     let edad: u32 = 30;
3     {
4         let sueldo_bruto_anual: f64;
5     }
6 }
```

En el subámbito, la variable `edad` también existe, pero en el ámbito de la función principal `main()`, la variable `sueldo_bruto_anual` no: las variables declaradas en un ámbito superior son visibles y accesibles en los ámbitos inferiores, pero no al contrario.

---

[2] A diferencia de cómo funcionan los lenguajes con recolector de basura.

El razonamiento es muy sencillo: si tratamos de utilizar la variable edad en un ámbito en el que dicho identificador no se encuentra, el compilador intentará localizarlo en ámbitos superiores, lo que nos lleva a plantearnos la siguiente pregunta: ¿qué ocurre si declaramos una nueva variable edad dentro del subámbito?

```
1 fn main(){
2     let edad: u32 = 30;
3     {
4         let edad: u32 = 35;
5         let sueldo_bruto_anual: f64;
6     }
7 }
```

La respuesta es sencilla: el compilador localizará dentro del subámbito la variable edad y no seguirá buscando en ámbitos superiores. Ambas variables existen, pero en ámbitos diferentes. El compilador siempre intentará localizar la variable en el ámbito en el que se encuentra, o en su defecto, en el ámbito más cercano.

Ámbitos locales y globales

A diferencia de otros lenguajes, Rust no cuenta con un ámbito global en el sentido tradicional, donde es posible declarar variables que sean accesibles desde cualquier parte del programa y sin restricción alguna. Todos los ámbitos son locales, y vienen delimitados por las llaves de apertura y de cierre.

El ámbito que más se asemeja a un ámbito global propiamente dicho es el de módulo, sin embargo, no deja de tratarse de un ámbito local que viene delimitado por el ámbito del módulo.[3]

Por otro lado, existe un tipo de variable especial que permite conseguir una funcionalidad similar a la de las variables globales en términos de duración y persistencia: static. El valor de una variable estática persiste a lo largo de la duración del programa, pero cuenta con un control mucho más estricto en cuanto a visibilidad y acceso,[4] especialmente en entornos de concurrencia.

Sombreado (Shadowing)

El sombreado (también conocido como *Shadowing*, por su término en inglés) permite declarar una variable en un determinado ámbito (en un ámbito anidado) utilizando el identificador de otra variable ya existente.

---

[3] Más sobre módulos en el capítulo 17.

[4] Más información sobre variable estáticas en el capítulo 17.

Imagina que hemos desarrollado un sistema para monitorear la temperatura (en grados Celsius) de una zona específica, y esta temperatura se almacena en una variable de tipo flotante.

```
fn main(){
    let temperatura_cadiz_hoy: f32 = 25.8;
}
```

Si necesitamos trabajar solo con la parte entera de la temperatura para ciertos cálculos, podemos convertir el valor flotante a un entero utilizando la palabra reservada as.[5] El sombreado nos permitirá reutilizar el identificador original en una nueva variable, sin afectar a la variable original.

```
1 fn main(){
2     let temperatura_cadiz_hoy: f32 = 25.8;
3     let temperatura_cadiz_hoy: i8 = temperatura_cadiz_hoy as i8;
4 }
```

ADVERTENCIA:

En esta conversión de tipos se produce una pérdida controlada de información. En este ejemplo hacemos un esfuerzo de simplificación para facilitar la claridad del código y evitar añadir complejidad innecesaria. Ten cuidado a la hora de realizar conversiones de tipo similares.

Gracias al sombreado, nuestro programa declara dos variables diferentes con un mismo identificador: la primera, tipo f32 en la línea 2, y la segunda, de tipo i8 en la línea 3. La segunda variable temperatura_cadiz_hoy reutiliza el identificador de la variable entera original para la creación de una nueva variable con el mismo nombre pero diferente tipo[6]. En el momento en el que el sombreado entra en juego «oculta» la variable original manteniéndola en memoria pero inaccesible. En el ejemplo anterior el valor de tipo f32 nunca volverá a ser accesible, pero en el ejemplo siguiente veremos cómo el valor queda temporalmente sombreado y más tarde podremos volver a utilizarlo.

Los beneficios del sombreado son más que evidentes: además de permitir reutilizar el identificador de una variable que ya existe, evita la necesidad de hacer mutable una variable que solo tendrá un único cambio de valor, respetando los mecanismos de seguridad promovidos por el propio lenguaje.

---

[5] Rust no realiza conversiones automáticas. Todas las conversiones deben ser explícitas.

[6] Es posible realizar shadowing también para variables del mismo tipo.

Comportamiento del sombreado en ámbitos anidados

Imagina que abrimos un ámbito nuevo para la realización de los cálculos mencionados en los que solo vamos a necesitar la parte entera de la temperatura, y utilizamos el sombreado para la reutilización del identificador `temperatura_cadiz_hoy`:

```
1 fn main(){
2     let mut temperatura_cadiz_hoy: f32 = 25.8;
3     {
4         let parte_entera: i8 = temperatura_cadiz_hoy as i8;
5         let temperatura_cadiz_hoy: i8 = parte_entera;
6     }
7     temperatura_cadiz_hoy = 26.9;
8 }
```

En este nuevo ejemplo, el comportamiento del sombreado es el siguiente:

1. En la línea 4 la variable `temperatura_cadiz_hoy` es la creada en el ámbito superior. Se utiliza el valor real para realizar la conversión, y se asigna el resultado de dicha conversión a una nueva variable llamada `parte_entera`.

2. En la línea 5 se declara una nueva variable, de tipo entero, que reutiliza el identificador `temperatura_cadiz_hoy`. En este punto del programa es cuando el sombreado entra en juego, y la nueva variable oculta a la variable creada en el ámbito superior (solo para este ámbito).

3. En el momento en el que el subámbito se cierra (línea 6), las variables creadas en su interior (`parte_entera` y `temperatura_cadiz_hoy` de tipo entero) son eliminadas. En la línea 7, la variable `temperatura_cadiz_hoy` original vuelve a ser la única variable existente.

Sistema de propiedad única

El sistema de propiedad única establece que cada valor en Rust tiene una variable llamada «su propietario». En el siguiente ejemplo, la variable `primera_letra_nombre` es propietaria del valor `'E'`.

```
1 fn main(){
2     let primera_letra_nombre: char = 'E';
3 }
```

Cuando un ámbito termina, cada propietario es responsable de eliminar su valor. Así que en la línea 3, `primera_letra_nombre` será la variable responsable de destruir el valor `'E'` de la memoria.

La propiedad de un valor puede ser transferida de una variable. Cuando esto ocurre, el propietario original ya no tiene acceso al valor, de forma que se garantiza que solo una variable pueda manipular dicho valor en cualquier momento.

```
1 fn main(){
2     let primera_letra_nombre: char = 'E';
3     let inicial: char = primera_letra_nombre;
4 }
```

En la línea 4 de este ejemplo, la propiedad sobre el valor `'E'` pasaría de la variable `primera_letra_nombre` a la variable `inicial`. Si tratáramos de acceder a la variable `primera_letra_nombre` a partir de la línea 3 en adelante, obtendríamos un error de compilación con un mensaje similar a este: `error[E0382]: borrow of moved value: 'primera_letra_nombre'`.[7]

Sistema de préstamos

Además de la transferencia de propiedad, Rust permite el préstamo de valores haciendo uso de referencias[8]. La combinación de propiedad y préstamos hace que Rust sea excepcionalmente bueno para manejar la gestión de memoria de forma eficiente y segura, y contribuye al desarrollo de aplicaciones más robustas y seguras. Como la comprensión del sistema de préstamos implica conocimientos más avanzados sobre referencias, abordaremos el sistema de préstamos en el próximo capítulo.

---

[7] En realidad, este ejemplo es puramente didáctico y no tiene razón de ser en la vida real. Con tipos de datos primitivos, la propiedad sobre el valor no se transfiere, sino que los valores son directamente copiados. La transferencia de propiedad se produce con tipos más avanzados del lenguaje.

[8] Sistema de referencias (capítulo 6).

Sistema de referencias

Introducción

El sistema de referencias de Rust es una característica clave dentro del lenguaje, porque facilita la gestión de la memoria y garantiza la seguridad en la ejecución del código.

A lo largo de este capítulo abordaremos el concepto de referencias, veremos los tipos que existen (mutables e inmutables) y profundizaremos en los sistemas de propiedad, referencias y préstamos.

Concepto de referencia

Para entender cómo funciona el sistema de referencias en Rust, comprender sus ventajas y de qué modo sacarle el máximo partido, es importante tener claro el concepto de referencia, sobre el cual se fundamenta todo este sistema.

Una referencia representa una dirección de memoria en la que se encuentra un valor. Rescatemos por un momento el concepto de caja mencionado en capítulos anteriores.

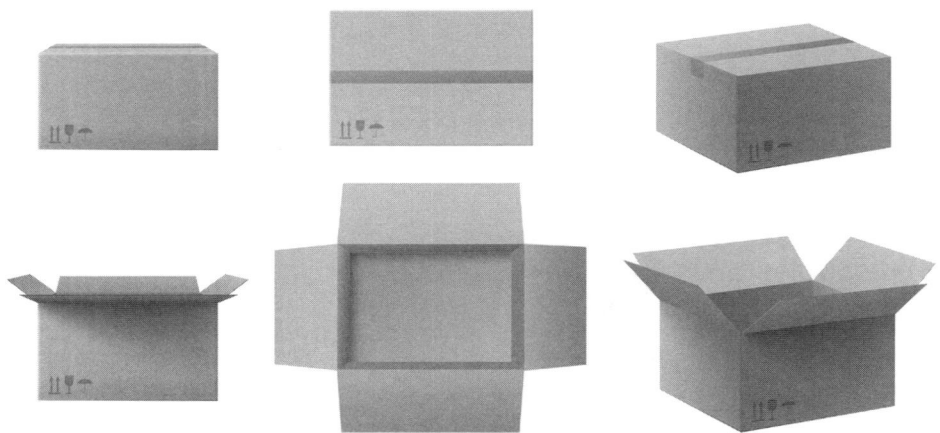

Figura 6.1. Representación del concepto de variable.

Si una variable es una especie de caja (con un tamaño determinado por su tipo, y un contenido que almacena), una referencia a esta variable sería como tener una nota con la ubicación en la que se encuentra la caja en el almacén (es decir, su localización en memoria). Esta nota permite localizar dónde se encuentra la caja que almacena el contenido.

Declaración y definición de referencias

Las referencias en Rust se declaran y definen de forma muy similar a como se declara y define una variable: mediante la escritura de la palabra reservada `let`. En realidad, una referencia es también una variable (una caja), con la peculiaridad de que el tipo de dato almacenado es una dirección de memoria que apunta a la variable que se le asigna (la nota).

Tomemos como ejemplo la variable `distancia_en_kilometros`, que modela la distancia en kilómetros entre dos ciudades cualesquiera (por ejemplo, entre Jerez de la Frontera y Madrid).

```
fn main(){
    let distancia_en_kilometros: f32 = 466.00;
}
```

Para crear una referencia a la variable `distancia_en_kilometros`, declaramos una nueva variable `distancia_ref` que recibirá como valor la dirección de memoria de la variable `distancia_en_kilometros`, haciendo uso del símbolo ampersand `&`.

```
fn main(){
    let distancia_en_kilometros: f32 = 466.00;
    let distancia_ref = &distancia_en_kilometros;
}
```

Quizá hayas observado que la variable `distancia_ref` no tiene un tipo de dato especificado explícitamente. En este caso, el compilador infiere su tipo automáticamente: en particular, `distancia_ref` es una referencia a un dato de tipo `f32` (`&f32`) porque se trata de una referencia que apunta a un valor de tipo `f32`.

NOTA:

Si la referencia apuntara a un valor de tipo entero, entonces su tipo sería & y el tipo de entero (por ejemplo, &i32), y si apuntara a un carácter su tipo sería &char. La referencia siempre incluye en su tipo el valor al que apunta.

Tipos de referencias

El sistema de referencias de Rust distingue dos tipos de referencias: inmutables y mutables.

Referencias inmutables

Las referencias son inmutables por defecto. En el ejemplo que veíamos anteriormente, la variable `distancia_ref` infiere una referencia a un dato de tipo `f32` (`&f32`) que es inmutable. Este tipo de referencias permiten acceder al contenido de la variable a la que se apunta, con acceso de solo lectura. Es decir, desde `distancia_ref` podemos utilizar el valor contenido en la variable `distancia_en_kilometros`, pero no modificarlo.

Si la variable `distancia_en_kilometros` fuera mutable, el comportamiento de `distancia_ref` sería el mismo. Desde una referencia inmutable es imposible modificar el valor de la variable a la que se apunta, sin importar si dicha variable referenciada es mutable o inmutable. Obtendríamos un error similar al que te muestro en la figura 6.2.

```
                              Execution                                    Close

error[E0594]: cannot assign to `*distancia_ref`, which is behind a `&` reference
 --> src/main.rs:4:5
  |
4 |     *distancia_ref = 815.0;
  |     ^^^^^^^^^^^^^^^^^^^^^^^ `distancia_ref` is a `&` reference, so the data it refers to cannot be written
  |
help: consider changing this to be a mutable reference
  |
3 |     let distancia_ref: &f32 = &mut distancia_en_kilometros;
  |                               +++
For more information about this error, try `rustc --explain E0594`.
warning: `playground` (bin "playground") generated 1 warning
error: could not compile `playground` (bin "playground") due to 1 previous error; 1 warning emitted
```

Figura 6.2. Error E0594 en consola.

Las referencias inmutables no tienen por qué ser inferidas: pueden ser indicadas explícitamente.

```
fn main(){
    let distancia_en_kilometros: f32 = 466.00;
    let distancia_ref: &f32 = &distancia_en_kilometros;
}
```

Para acceder al valor de la variable `distancia_en_kilometros` desde `distancia_ref` hacemos uso del operador de desreferencia, representado por el signo `*`. En el siguiente ejemplo, las líneas de código 4 y 5 mostrarán el mismo valor en pantalla: `466.00`. En la línea 4 el valor será tomado desde la variable `distancia_en_kilometros`, y en la línea 5 se accede desde `distancia_ref` a la variable distancia en kilómetros, y se toma su valor en modo lectura.

```
1 fn main(){
2   let distancia_en_kilometros: f32 = 466.00;
3   let distancia_ref: &f32 = &distancia_en_kilometros;
4   println!("Distancia entre Jerez de la Frontera y Madrid: {}",
        distancia_en_kilometros);
5   println!("Distancia desde la referencia: {}", *distancia_ref);
6 }
```

La salida que produce este código es la siguiente:

―――――――――――――――― Standard Output ――――――――――――――――

```
Distancia entre Jerez de la Frontera y Madrid: 466
Distancia desde la referencia: 466
```

Figura 6.3. Salida estándar en consola.

Referencias mutables

Como hemos dicho anteriormente, las referencias por defecto son inmutables, pero también podemos indicar explícitamente que sean mutables escribiendo la palabra reservada `mut`. Para ello, al definir la referencia escribimos `mut` entre el símbolo de ampersand `&` y el nombre de la variable a la que apunta. También podemos indicar la mutabilidad al declarar la referencia (`let distancia_ref: &mut f32`), o esperar que el compilador la infiera correctamente:

```
fn main(){
    let mut distancia_en_kilometros: f32 = 466.00;
    let distancia_ref = &mut distancia_en_kilometros;
}
```

Las referencias mutables permiten acceder al valor contenido en la variable a la que apunta con permisos de lectura y escritura, siempre y cuando la variable referenciada también sea mutable. Tiene sentido, ¿verdad? Permitir que una referencia mutable modifique el valor de una variable a la que se apunta siendo esta variable inmutable provocaría graves problemas de seguridad.

Sistema de referencias y préstamos

El sistema de referencias y préstamos de Rust (también conocido como sistema de préstamos) es otro de esos sistemas fundamentales para el modelo de gestión de memoria del lenguaje, porque garantiza la seguridad de la memoria y la concurrencia en tiempo de ejecución sin necesidad de un recolector de basura, a través del uso de reglas de propiedad y préstamo.

El sistema de préstamos entra en juego cuando creamos una referencia a un valor, e implica el cumplimiento de varias reglas que el compilador verifica con rigurosidad.

Cualquier cantidad de referencias inmutables

Dentro de un mismo ámbito pueden existir múltiples referencias inmutables a un determinado dato.

Imagina que la variable `cantidad_existencias` modela el número de unidades de un determinado producto.

```
fn main(){
    let mut cantidad_existencias = 100;
}
```

Según esta regla, podemos crear tantas referencias inmutables a dicha variable como necesitemos. Por ejemplo, podemos crear una referencia inmutable por cada uno de los proveedores que consulta dicho inventario:

```
fn main(){
    let mut cantidad_existencias = 100;
    let proveedor1 = &cantidad_existencias;
    let proveedor2 = &cantidad_existencias;
    let proveedor3 = &cantidad_existencias;
}
```

La inmutabilidad implica que todas estas referencias serán de solo lectura, y mientras estas referencias existan, no puedes modificar el dato al que apuntan ni a través de las referencias ni a través de la propia variable.

De modo que si intentamos modificar la variable `cantidad_existencias` dentro de este mismo ámbito, y acceder al valor que almacena a través de alguna de las referencias:

```
1  fn main(){
2      let mut cantidad_existencias = 100;
3      let proveedor1 = &cantidad_existencias;
4      let proveedor2 = &cantidad_existencias;
5      let proveedor3 = &cantidad_existencias;
6
7      cantidad_existencias = 101;
8
9      println!("{}", cantidad_existencias);
10     println!("{}", proveedor1);
11 }
```

Obtendríamos el siguiente error de compilación:

```
                              Execution                              Close
error[E0506]: cannot assign to `cantidad_existencias` because it is borrowed
  --> src/main.rs:7:2
   |
3  |     let proveedor1 = &cantidad_existencias;
   |                      -------------------- `cantidad_existencias` is borrowed here
...
7  |     cantidad_existencias = 101;
   |     ^^^^^^^^^^^^^^^^^^^^^^^^^^^ `cantidad_existencias` is assigned to here but it was already borrowed
...
10 |     println!("{}", proveedor1);
   |                    ---------- borrow later used here
```

Figura 6.4. Error E0506 en consola.

Una sola referencia mutable

Dentro de cada ámbito solo puede existir una única referencia mutable a un dato. De este modo se garantiza que solo una referencia podrá modificar, en un determinado contexto, el valor en cuestión.

Siguiendo con el ejemplo anterior, imagina que nuestra fábrica de confianza actualiza el número de unidades de nuestro producto a través de una referencia mutable:

```
1 fn main(){
2    let mut cantidad_existencias = 100;
3    let fabrica = &mut cantidad_existencias;
5
6    *fabrica = 150;
7    println!("{}", cantidad_existencias);
8 }
```

Según esta regla, fabrica sería la única referencia mutable que podría existir en este ámbito. Si añadiéramos nuevas fábricas como referencias mutables:

```
fn main(){
    let mut cantidad_existencias = 100;
    let fabrica1 = &mut cantidad_existencias;
    let fabrica2 = &mut cantidad_existencias;

    *fabrica1 = 150;
    println!("{}", cantidad_existencias);
}
```

Obtendríamos el siguiente error de compilación:

```
                              Execution                              Close

error[E0499]: cannot borrow `cantidad_existencias` as mutable more than once at a time
  --> src/main.rs:4:20
   |
3  |     let fabrica1 = &mut cantidad_existencias;
   |                    ------------------------ first mutable borrow occurs here
4  |     let fabrica2 = &mut cantidad_existencias;
   |                    ^^^^^^^^^^^^^^^^^^^^^^^^^^ second mutable borrow occurs here
5  |
6  |     *fabrica1 = 150;
   |     -------------- first borrow later used here
```

Figura 6.5. Error E0499 en consola.

No es posible que más de una referencia mutable tome prestada la variable `cantidad_existencias`. Solo puede existir una única referencia mutable sobre un dato en un determinado ámbito, lo que da lugar al concepto de préstamos exclusivo.

Propiedad y préstamo exclusivo

Cuando quebrantamos alguna de las reglas establecidas por el sistema de préstamos, el compilador devuelve un mensaje de error muy interesante que describe que una variable determinada no puede ser prestada como mutable o inmutable.

Al definir una referencia decimos que esta toma prestado el valor de la variable referenciada. Temporalmente, el derecho de acceso al dato contenido en la variable referenciada es cedido a la referencia.

Mientras este préstamo se encuentre vigente, no podremos utilizar la variable original, pues su acceso ha sido cedido a una referencia. Recordemos el ejemplo que modela el número de unidades existentes de un producto y trata de modificar la variable `cantidad_de_existencias`.

```
fn main(){
    let mut cantidad_existencias = 100;
    let fabrica = &mut cantidad_existencias;

    cantidad_existencias = 101;

    println!("{}", cantidad_existencias);
    println!("{}", fabrica);
}
```

Obtendrás un error de compilación que indica que no es posible modificar la variable porque su información ha sido prestada a una referencia: este préstamo se ha producido de forma exclusiva.

```
                              Execution                              Close

error[E0499]: cannot borrow `cantidad_existencias` as mutable more than once at a time
 --> src/main.rs:4:20
  |
3 |     let fabrica1 = &mut cantidad_existencias;
  |                    ------------------------- first mutable borrow occurs here
4 |     let fabrica2 = &mut cantidad_existencias;
  |                    ^^^^^^^^^^^^^^^^^^^^^^^^^ second mutable borrow occurs here
5 |
6 |     *fabrica1 = 150;
  |     -------------- first borrow later used here
```

Figura 6.6. Error E0499 en consola.

El concepto de «préstamo exclusivo» aparece cuando una variable mutable es pasada como referencia mutable a otra variable en otra parte del código. Generalmente a funciones o métodos, aunque en este apartado simplificamos en gran medida el ejemplo para que el concepto se entienda fácilmente. Cuando una variable mutable (`cantidad_existencias`) es prestada a una referencia mutable (`fabrica`), Rust garantiza que no habrá otro acceso (ni de lectura ni de escritura) a esta variable mientras la referencia mutable esté activa para evitar que se produzcan condiciones de carrera[1].

Exclusión mutua[2] entre referencias mutables e inmutables

En un determinado ámbito no es posible tener simultáneamente una referencia mutable y una o más referencias inmutables a un mismo dato.

Ya sabemos que podemos crear en un mismo ámbito tantas referencias inmutables como queramos, o una única referencia mutable. La siguiente pregunta podría ser: ¿es posible crear referencias inmutables en un mismo ámbito junto a una referencia mutable? Respondamos a esta pregunta con un nuevo ejemplo.

Imagina que nuestra fábrica de confianza (referencia mutable) actualiza el número de unidades existentes, en un determinado ámbito, mientras un proveedor (referencia inmutable) consulta en el mismo instante dicha información.

```
1 fn main(){
2    let mut cantidad_existencias = 100;
3    let fabrica = &mut cantidad_existencias;
4    let proveedor = &cantidad_existencias;
5
6    *fabrica = 150;
7    println!("{}", proveedor);
8 }
```

Este fragmento de código provocaría el siguiente error:

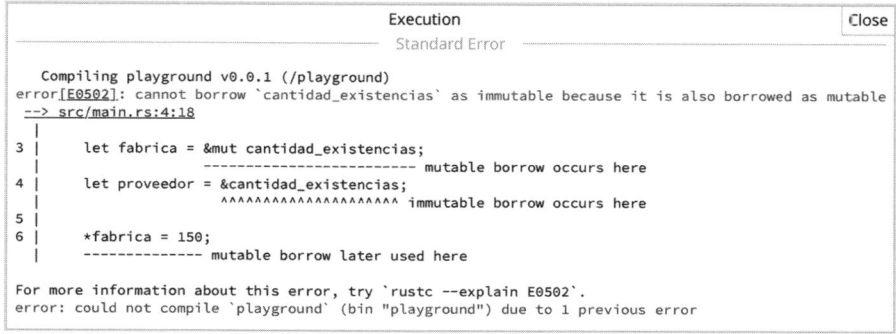

Figura 6.7. Error E0502 en consola.

La razón es muy sencilla: si accedemos al contenido de la variable `cantidad_existencias` en el mismo ámbito en el que dicha variable se modifica, ¿cómo sabemos que estamos

---

[1]   Dos partes del programa que acceden a la vez a la misma zona de memoria.

[2]   El acceso a una región de código está controlado de manera que un único hilo o proceso puede ejecutar dicha región a la vez. La exclusión mutua ayuda a mantener la consistencia y la integridad de los datos en un entorno concurrente.

accediendo al valor correcto? El compilador también verifica si existe una referencia mutable a un valor en un determinado ámbito y que esta sea la única referencia capaz de modificar y leer en un mismo instante. No es posible contar con otras referencias en el mismo ámbito, aunque estas sean inmutables.

El código anterior quedaría resuelto respetando la regla que estamos abordando: en caso de que exista una referencia mutable a un dato en un determinado ámbito, debe ser la única existente.

```
1 fn main(){
2   let mut cantidad_existencias = 100;
3   let fabrica = &mut cantidad_existencias;
4
5   *fabrica = 150;
6   println!("{}", *fabrica);
7 }
```

Esta regla garantiza la consistencia de datos, y evita la situación en la que se pueda estar leyendo valores mientras otra parte del código los modifica.

Ciclo de vida de las referencias

Toda referencia cuenta con un tiempo de vida determinado que está vinculado al tiempo de vida del propietario del dato al que apuntan.

Yakutia es la ciudad más fría del mundo. Supongamos que deseamos modelar la temperatura más baja registrada, a través de una variable de tipo f64. Además, vamos a incluir esta variable dentro de un subámbito.

```
fn main() {
    {
        let mut temperatura_en_yakutia = -71.00;
    }
}
```

Si declaramos una referencia y la definimos con la dirección de esta variable dentro del subámbito, el tiempo de vida de dicha referencia estará vinculado al tiempo de vida de la variable a la que apunta.

```
fn main(){
    {
        let mut temperatura_en_yakutia = -71.0;
        let referencia_temperatura = &mut temperatura_en_yakutia;
    }
}
```

Es imposible que esta referencia sobreviva a la variable original. Cuando la variable original sea destruida, las referencias que apuntan a ellas también dejarán de existir, y la memoria reservada tanto para la variable original como para las referencias será liberada.

De hecho, si tratamos de modificar la variable `temperatura_en_yakutia` desde el ámbito de la función `main()` a través de `referencia_temperatura`, podremos comprobar que efectivamente la referencia no puede ser localizada por el compilador:

```
fn main() {
    {
        let mut temperatura_en_yakutia = -71.0;
        let referencia_temperatura = &mut temperatura_en_yakutia;
    }
    *referencia_temperatura = 30.0;
}
```

Este programa muestra el siguiente mensaje de error:

```
                              Execution                          Close
    Compiling playground v0.0.1 (/playground)
error[E0425]: cannot find value `referencia_temperatura` in this scope
 --> src/main.rs:6:2
   |
6  |   *referencia_temperatura = 30.0;
   |    ^^^^^^^^^^^^^^^^^^^^^^^
   |
```

Figura 6.8. Error E0425 en consola.

Los ciclos de vida de las referencias toman especial protagonismo en la definición de tipos de datos más complejos y funciones, cuando el comportamiento por defecto no es suficiente y el compilador no es capaz de inferir los ciclos de vida de las referencias definidas. En el capítulo 20 veremos cómo abordar este tipo de situaciones más complejas mediante anotaciones explícitas que indicarán al compilador cuánto tiempo debe durar una determinada referencia.

Modificación de datos

No es posible modificar un valor que ha sido referenciado (o transferir su propiedad a otra variable) hasta que todas las referencias a dicho valor hayan terminado su trabajo.

El compilador realiza muchas comprobaciones de seguridad en tiempo de compilación para garantizar que las referencias no se cuelguen al apuntar a datos que ya no son válidos. Muchos errores que en otros lenguajes solo podrían detectarse en tiempo de ejecución son capturados por el compilador de Rust, lo cual mejora la seguridad y robustez del programa.

De este modo, Rust garantiza que las referencias no se cuelguen al apuntar a datos que ya no son válidos.

Tipos de datos compuestos

En este capítulo aprenderás:

- Cuáles son los tipos de datos primitivos compuestos y qué beneficios ofrecen respecto a los tipos primitivos simples.
- Qué es una tupla, cómo se declara y define, cuál es el mecanismo para acceder a sus elementos y modificarlos y en qué consiste la desestructuración parcial y completa de tuplas.
- Qué son y cómo se declaran y definen los arrays unidimensionales y multidimensionales, cómo se acceden a sus elementos para modificarlos y la creación de slices.
- Qué son las cadenas de caracteres de bajo nivel de tipo str, para qué sirven y cómo se implementan.

Introducción

En el capítulo 4 se abordaron los tipos de datos simples –aquellos tipos primitivos de tamaño fijo y conocido en tiempo de compilación– que sirven como fundamento para construir tipos de datos y estructuras más complejas. A lo largo de este capítulo continuaremos trabajando con datos que podríamos considerar primitivos, pero que presentan un nivel de abstracción ligeramente mayor.

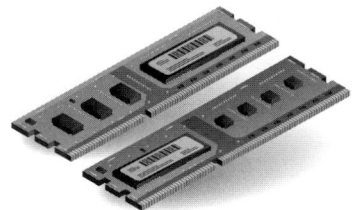

Figura 7.1. Memoria RAM.

Por tipo de dato compuesto entendemos a aquel tipo primitivo (cercano al bajo nivel) cuya estructura interna permite agrupar un conjunto de valores bajo un mismo identificador, sin alejarse demasiado de la eficiencia del hardware. Nos referimos a las tuplas, los arreglos o *arrays* (por su nombre en inglés) y las cadenas de caracteres de bajo nivel.

Tuplas

Mientras que los enteros, los números en punto flotante[1], los booleanos y los caracteres son capaces de almacenar un solo valor por cada variable, las tuplas nos permiten agrupar todo un conjunto de datos bajo un mismo identificador.

Figura 7.2. Conjunto de cajas (variables) agrupadas.

---

[1]   Comúnmente conocidos como números reales.

Declaración y definición

Supongamos que almacenamos información de un empleado en diferentes variables: la edad, el sueldo bruto anual y la primera letra de su nombre.

```
fn main(){
    let edad = 30;
    let sueldo_bruto_anual = 65_000.0;
    let inicial_nombre = 'E';
}
```

Todos estos valores son relativos al mismo empleado, así que podría tener sentido agruparlos bajo un mismo conjunto de datos. Las tuplas nos permiten dar solución a esta necesidad. Para declarar y definir una tupla, escribimos la palabra reservada let, indicamos el nombre que tendrá la tupla, y le asignamos el conjunto de datos, entre paréntesis y separados por comas.

```
let identificador = (valor1, valor2, valor3, … );
```

De modo que todos los valores relativos al empleado podrían quedar agrupados bajo la tupla empleado:

```
fn main(){
    let empleado = (30, 65_000.0, 'E');
}
```

Acceso y modificación de elementos

Para acceder a los elementos de una tupla, utilizar sus valores o modificarlos recurrimos a la indexación. Toda tupla cuenta con un número de elementos que se determina en el momento de su definición.

Acceso

La tupla empleado, declarada anteriormente, cuenta con 3 elementos. Cuando la tupla es creada, cada elemento se posiciona en un índice concreto que va desde 0 hasta el número de elementos de la tupla menos uno. La edad se encuentra en el índice 0, el sueldo bruto anual en el índice 1 y la letra inicial en el índice 2.

Podemos acceder a cada uno de los elementos escribiendo el nombre de la tupla, seguido de un punto y el índice del valor en cuestión.

```
fn main(){
    let empleado = (30, 65_000.0, 'E');

    let edad = empleado.0;
    println!("Edad: {}", edad);
    println!("Sueldo bruto anual: {}", empleado.1);
    println!("Primera letra del nombre: {}", empleado.2);
}
```

Este programa imprime el siguiente mensaje en pantalla:

```
                        Execution                              Close

    Compiling playground v0.0.1 (/playground)
     Finished `dev` profile [unoptimized + debuginfo] target(s) in 0.44s
      Running `target/debug/playground`
  ───────────────────────── Standard Output ─────────────────────────

  Edad: 30
  Sueldo bruto anual: 65000
  Primera letra del nombre: E
```

Figura 7.3. Contenido de la tupla impreso en pantalla.

Si intentas acceder a un índice que no existe (por ejemplo, `empleado.3`), el programa no compilará y obtendrás un error de compilación.

```
                        Execution                              Close
  ───────────────────────────── Errors ──────────────────────────────

  Exited with status 101
  ────────────────────────── Standard Error ─────────────────────────

    Compiling playground v0.0.1 (/playground)
  error[E0609]: no field `3` on type `({integer}, {float}, char)`
   --> src/main.rs:7:54
    |
  7 |        println!("¿Qué hay en este índice? {}", empleado.3);
    |                                                          ^ unknown field

  For more information about this error, try `rustc --explain E0609`.
  error: could not compile `playground` (bin "playground") due to 1 previous error
```

Figura 7.4. Error E0609 en consola.

Modificación

Para modificar una tupla tras su declaración y definición inicial, debes tener en cuenta los siguientes puntos:

- Las tuplas son inmutables por defecto. Una tupla debe ser declarada como mutable para que sus valores puedan ser modificados posteriormente.

- El conjunto de datos que recibe la tupla inicialmente marca el número de elementos que esta contiene y el tipo de dato que se almacena en cada posición. La tupla empleado (aunque sea mutable) agrupará siempre 3 elementos hasta el momento de su destrucción, en la posición 0 siempre almacenará un valor de tipo entero, en la posición 1 siempre almacenará un valor de tipo real, y en la posición 2 siempre almacenará un carácter.

Por tanto, la tupla empleado debe ser mutable, y las modificaciones que se realicen deben respetar en todo momento los tipos de datos de los valores originales.

```
fn main(){
    let mut empleado = (30, 65_000.0, 'E');

    empleado.0 = 45;
    empleado.1 = 70_000.00;
    empleado.2 = 'L';
}
```

Desestructuración

La desestructuración consiste en separar los valores de una tupla en diferentes variables. Supongamos que disponemos de información de un empleado modelada inicialmente bajo una tupla (let empleado = (30, 65_000.0, 'E');) y deseamos organizar cada elemento en una variable.

Para desestructurar la tupla empleado, escribimos la palabra reservada let, a continuación los nombres que recibirá cada una de las variables (entre paréntesis y separados por comas), seguido del símbolo = y finalmente el nombre de la tupla a desestructurar.

```
fn main(){
    let empleado = (30, 65_000.0, 'E');
    let (edad, sueldo_bruto_anual, inicial) = empleado;
}
```

A partir de la desestructuración es posible utilizar los valores de la tupla por medio de las variables declaradas, sin necesidad de recurrir a la indexación.

```
fn main(){
    let empleado = (30, 65_000.0, 'E');
    let (edad, sueldo_bruto_anual, inicial) = empleado;

    println!("Edad: {}", edad);
    println!("Sueldo bruto anual: {}", sueldo_bruto_anual);
    println!("Primera letra del nombre: {}", inicial);
}
```

Es importante destacar que la desestructuración no destruye la tupla original, solo hace una copia de los valores de la tupla en nuevas variables. Por ejemplo, modificar la variable edad no implica modificar el primer valor de la tupla empleado.

Desestructuración parcial

La desestructuración de tuplas no tiene por qué ser completa. Podemos tomar solo aquellos valores que más nos interesen. Para desestructurar parcialmente una tupla, escribimos el símbolo de guion bajo _ en aquellos campos que queramos ignorar.

Por ejemplo, supongamos que solo necesitamos tomar los valores situados en los índices 0 y 2 de la tupla empleado:

```
fn main(){
    let empleado = (30, 65_000.0, 'E');
    let (edad, _, inicial) = empleado;
}
```

Tuplas unitarias

Las tuplas unitarias constituyen un caso especial de tuplas que contienen exactamente un único elemento. La sintaxis es muy peculiar, porque la definición de la tupla con un único elemento implica la escritura del valor en sí, seguido de una coma , dentro de los paréntesis.

```
let identificador = (valor,);
```

Por ejemplo, para definir la tupla edad con un único elemento, escribiríamos la siguiente línea de código:

```
let edad = (30,);
```

Podríamos pensar, incluso, que esta definición debe arrojar un error de compilación. Sin embargo, funciona perfectamente. ¿Cuál crees que es el motivo?

Para responder a esta pregunta es importante tener en consideración que los paréntesis (al igual que en otros lenguajes de programación) también indican el compilador con qué prioridad debe considerar ciertas operaciones dentro de una expresión.[2]

En este caso, let edad = (30);, el compilador entenderá que la línea de código contiene unos paréntesis que debe priorizar. El compilador echará un vistazo al interior de los paréntesis y encontrará un valor de tipo entero. Como los paréntesis devuelven un dato de tipo entero, el compilador entenderá en consecuencia que edad es una variable de tipo entero y no una tupla.[3] De esta manera, la coma , permite indicar que se trata de una tupla y no de un entero entre paréntesis. Como curiosidad, otros lenguajes de programación también utilizan esta convención para expresar tuplas de un solo elemento.

Tipo Unidad

¿Recuerdas el tipo Unidad? Aquel tipo introducido en el capítulo 4, y que permite modelar la ausencia de valor mediante el uso de los paréntesis de apertura y cierre ().

---

[2]   Aprenderemos más sobre cómo establecer prioridades con paréntesis en el capítulo 8.
[3]   Entra en juego la inferencia de tipos.

Figura 7.5. Caja vacía en representación de la ausencia de valor.

¡Sorpresa! El tipo Unidad no es más que una tupla vacía.

Arrays

Un arreglo o array es un conjunto de elementos de un mismo tipo, posicionados de forma consecutiva en memoria[4] y agrupados bajo un mismo identificador. El tamaño de un array es fijo y debe indicarse en tiempo de compilación: una vez se define el array, su tamaño no puede cambiar.

Declaración y definición

Para declarar y definir un array utilizamos una estructura similar a la de una variable: `let nombre_identificador: tipo = valor;` Sin embargo, cuando se trata de arrays el tipo debe incluir la cantidad de elementos que el array contendrá, ambos valores indicados entre corchetes y separados por el signo `;` En el área de asignación del valor, se especifican todos los elementos que se almacenarán en el array, también entre corchetes pero separados por comas `,`

```
let nombre_array: [tipo; tamaño] = [valor1, valor2, ...];
```

Considera el diseño de un programa destinado a gestionar nóminas de empleados. Supón que el salario de un empleado típico cambia mensualmente según sus ventas, y deseamos almacenar los salarios de todo un año. Todos los valores serán de tipo real y, dado que un año siempre cuenta con 12 meses, la cantidad de elementos no cambiará. Por lo tanto, modelar esta información con un array parece ser una opción acertada.

```
fn main(){
    let sueldos_mensuales: [f64; 12] = [
                        1200.32, 932.91, 2500.43,
                        1243.94, 3698.26, 1923.20,
                        2225.9, 335.90, 1359.02,
                        1792.43, 1980.54, 1785.65
                        ];
}
```

---

[4] La disposición consecutiva de elementos en memoria es un aspecto relevante en términos de eficiencia.

También podríamos crear el array `sueldo_mensuales` con 12 elementos inicializados a 0, y asignar los valores posteriormente (en consecuencia, el array debe ser mutable). Podemos inicializar un array con un valor predeterminado para cada elemento utilizando la sintaxis `[valor; tamaño]`, donde valor es el valor predeterminado, y tamaño el número de elementos que se inicializarán[5].

```
fn main(){
    let mut sueldos_mensuales: [f64; 12] = [0.0; 12];
}
```

Conceptualmente, el array `sueldos_mensuales` se almacenaría inicialmente en memoria de la siguiente forma.

Tabla 7.1. Representación consecutiva de los elementos de un array en memoria RAM.

0.0	0.0	0.0	0.0	0.0	0.0	0.0	0.0	0.0	0.0	0.0	0.0
0	1	2	3	4	5	6	7	8	9	10	11

Acceso y modificación de elementos

Para acceder a los elementos de un array, utilizar sus valores o modificarlos recurrimos a la indexación. Todo array cuenta con un número de elementos que se determina en el momento de su definición.

Acceso

El array `sueldos_mensuales` declarado anteriormente cuenta con 12 elementos. Cuando se crea un array, cada elemento se posiciona en un índice concreto que va desde 0 hasta el número de elementos del array menos uno.

Para acceder a un elemento del array (e incluso tomar su valor) escribimos el nombre del array, y entre corchetes indicamos el índice del valor en cuestión. Por ejemplo, podríamos acceder al sueldo mensual del mes de marzo accediendo a la posición 3 del vector, localizada en el índice 2.

```
1 fn main(){
2     let sueldos_mensuales: [f64; 12] = [
3                            1200.32, 932.91, 2500.43,
4                            1243.94, 3698.26, 1923.20,
5                            2225.9, 335.90, 1359.02,
6                            1792.43, 1980.54, 1785.65
7                            ];
8
9     let sueldo_marzo = sueldos_mensuales[2];
10 }
```

---

[5] Técnicamente no es posible dejar un array complemente sin definir, debido a las garantías de seguridad de Rust. De este modo, aseguramos la inicialización aunque no tengamos toda la información en el momento de la declaración.

Intenta compilar este código y obtendrás un mensaje que indica que la variable sueldo_marzo no está siendo utilizada. El compilador te avisa para que elimines el código no usado, y por tanto, inservible. Puedes indicar al compilador que sabes que una variable no está siendo utilizada añadiendo un guion bajo al comienzo de su identificador en la declaración. Sustituye sueldo_marzo por _sueldo_marzo en la línea 9 y vuelve a compilar. Verás que ahora no te aparece ningún aviso en pantalla.

En tiempo de compilación, si intentas acceder a un índice fuera de los límites del array, Rust generará el siguiente error de pánico, evitando así el acceso a memoria no asignada.

```
                              Execution                              Close
error: this operation will panic at runtime
 --> src/main.rs:3:24
  |
3 |     let sueldo_marzo = sueldos_mensuales[12];
  |                        ^^^^^^^^^^^^^^^^^^^^^^ index out of bounds: the length is 12 but the index is 12
  |
  = note: `#[deny(unconditional_panic)]` on by default

warning: `playground` (bin "playground") generated 1 warning
error: could not compile `playground` (bin "playground") due to 1 previous error; 1 warning emitted
```

Figura 7.6. Mensaje de error this operation will panic at runtime.

Al acceder a un elemento de forma directa mediante la anotación de corchetes, Rust comprueba automáticamente si el índice se encuentra fuera de los límites del array. En caso de que en tiempo de ejecución se tratara de acceder a un índice fuera de estos límites, el programa también entrará en estado de `panic!` y finalizará inmediatamente.

Modificación

Ya sabes acceder a cualquier elemento de un array haciendo uso de corchetes [], así que su modificación es inmediata siempre y cuando el array haya sido declarado como mutable.

```
1  fn main(){
2      let mut sueldos_mensuales: [f64; 12] = [
3                              1200.32, 932.91, 2500.43,
4                              1243.94, 3698.26, 1923.20,
5                              2225.9, 335.90, 1359.02,
6                              1792.43, 1980.54, 1785.65
7                              ];
8
9      sueldos_mensuales[9] = 1329.91;
10 }
```

Slices

Los slices son especialmente útiles para trabajar con partes de arrays, pues son una forma de referirse a una secuencia contigua de elementos de una colección, pero sin tomar propiedad de ella.

Supongamos que solo queremos trabajar con los sueldos de un empleado, correspondientes a los meses de junio, julio y agosto. Para hacer esto, podemos utilizar un slice en Rust. Un slice nos permite seleccionar un segmento de un array existente, especificando un rango entre dos posiciones. Al hacerlo, accedemos a los valores deseados mediante una referencia, lo cual no implica tomar propiedad del array original. Esto facilita el manejo de los datos sin alterar el array completo.

```
1 fn main(){
2     let mut sueldos_mensuales: [f64; 12] = [
3                             1200.32, 932.91, 2500.43,
4                             1243.94, 3698.26, 1923.20,
5                             2225.9, 335.90, 1359.02,
6                             1792.43, 1980.54, 1785.65
7                             ];
8
9     let sueldos_verano = &sueldos_mensuales[5..8];
10 }
```

El rango [5..8] incluye los índices 5, 6 y 7. Tomamos la referencia (esto es, la dirección de memoria) a este rango a través del ampersand y se la asignamos al slice sueldos_verano.

Métodos útiles

Aunque los arrays en sí mismos no tienen muchos métodos,[6] cuando los conviertes a slices tienes acceso a muchas operaciones proporcionadas por la biblioteca estándar del lenguaje, tales como la búsqueda de elementos, ordenamiento y acceso iterativel 7.[7]

Convertir un array completo en un slice es muy sencillo: simplemente crea un slice cuyo rango sea el mismo que el de todo el array. Irónicamente, esta anotación se realiza obviando los valores de inicio y fin.

```
1 fn main(){
2     let mut sueldos_mensuales: [f64; 12] = [
3                             1200.32, 932.91, 2500.43,
4                             1243.94, 3698.26, 1923.20,
5                             2225.9, 335.90, 1359.02,
6                             1792.43, 1980.54, 1785.65
7                             ];
8
9     let slice = &mut sueldos_mensuales[..];
10 }
```

Algunos métodos útiles de la biblioteca estándar son:

---

6   Comportamientos implementados para un tipo determinado..

7   Algunas operaciones modifican el array original. Para poder utilizarlas, tanto el array original como el slice deben ser mutables.

- **len():** devuelve la longitud del array. Ej. `let longitud = slice.len();`
- **is_empty():** comprueba si el array está vacío. Devuelve `true` si está vacío, y `false` en caso contrario. Ej. `let esta_vacio = slice.is_empty();`
- **first():** devuelve un valor opcional[8] con el primer elemento. Ej. `let primero = slice.first();`
- **last():** devuelve un valor opcional con el último elemento. Ej. `let ultimo = slice.last();`
- **sort():** ordena el array de menor a mayor. El slice debe ser mutable. Ej. `slice.sort();`

> **TRUCO:**
>
> *Estos métodos también pueden ser llamados directamente desde el array sin necesidad de crear un slice (Ej. let longitud = sueldos_mensuales.len();). Esto se debe a que los arrays son internamente convertidos a slices de manera automática.*

Existen otros métodos que te ayudarán a ser más productivo a la hora de trabajar con arrays y slices. Conforme vayas avanzando en aspectos más avanzados de lenguaje, verás cómo las diferentes características que Rust proporciona se combinan en pos de la productividad.

Arrays multidimensionales

Los arrays unidimensionales permiten almacenar elementos del mismo tipo de forma consecutiva. Conceptualmente, un array se asemeja a un vector unidimensional, donde la fila representa los meses de un empleado, y las columnas representan los sueldos mensuales para cada mes.

Tabla 7.2. Estructura conceptual de un vector unidimensional.

Sueldo Enero	Sueldo Febrero	Sueldo Marzo	Sueldo Abril	Sueldo Mayo	Sueldo Junio	Sueldo Julio	Sueldo Agosto	Sueldo Sept.	Sueldo Oct.	Sueldo Nov.	Sueldo Dic.
0	1	2	3	4	5	6	7	8	9	10	11

Imagina que, en lugar de almacenar información de un solo empleado, necesitas almacenar información de 2 empleados. Crear un segundo array podría ser una opción viable pero cortoplacista: si necesitas ampliar considerablemente el número de empleados y almacenar sus sueldos mensuales, tendrías que crear tantos arrays como empleados tengas. Existe una solución que escala mejor: los arrays multidimensionales.

---

[8] Un opcional en Rust (tipo `Option`) es un tipo que representa un valor que puede estar presente o ausente. Lo veremos en más detalle en el capítulo 10.

Un array multidimensional es un array con más de una dimensión. Para almacenar los sueldos mensuales de 2 empleados a lo largo de un año podemos recurrir a un vector bidimensional, semejante a una matriz.

Tabla 7.3. Estructura conceptual de un vector bidimensional con 2 filas y 12 columnas.

Sueldo Enero	Sueldo Febrero	Sueldo Marzo	Sueldo Abril	Sueldo Mayo	Sueldo Junio	Sueldo Julio	Sueldo Agosto	Sueldo Sept.	Sueldo Oct.	Sueldo Nov.	Sueldo Dic.
Sueldo Enero	Sueldo Febrero	Sueldo Marzo	Sueldo Abril	Sueldo Mayo	Sueldo Junio	Sueldo Julio	Sueldo Agosto	Sueldo Sept.	Sueldo Oct.	Sueldo Nov.	Sueldo Dic.
0	1	2	3	4	5	6	7	8	9	10	11

Donde la primera fila (fila 0) almacenará los salarios mensuales del primer empleado, y la segunda fila (fila 1) almacenará los sueldos mensuales del empleado 2. Para añadir información de un nuevo empleado, basta con crear una matriz bidimensional con 3 filas (una para cada empleado) y 12 columnas (una para cada mes).

Tabla 7.4. Estructura conceptual de un vector bidimensional con 3 filas y 12 columnas.

Sueldo Enero	Sueldo Febrero	Sueldo Marzo	Sueldo Abril	Sueldo Mayo	Sueldo Junio	Sueldo Julio	Sueldo Agosto	Sueldo Sept.	Sueldo Oct.	Sueldo Nov.	Sueldo Dic.
Sueldo Enero	Sueldo Febrero	Sueldo Marzo	Sueldo Abril	Sueldo Mayo	Sueldo Junio	Sueldo Julio	Sueldo Agosto	Sueldo Sept.	Sueldo Oct.	Sueldo Nov.	Sueldo Dic.
Sueldo Enero	Sueldo Febrero	Sueldo Marzo	Sueldo Abril	Sueldo Mayo	Sueldo Junio	Sueldo Julio	Sueldo Agosto	Sueldo Sept.	Sueldo Oct.	Sueldo Nov.	Sueldo Dic.
0	1	2	3	4	5	6	7	8	9	10	11

Declaración y definición de arrays multidimensionales

Un array multidimensional es simplemente un array de arrays, cada uno encerrado entre corchetes y separados por comas. Todos los elementos son del mismo tipo y el tamaño del array multidimensional también se define en tiempo de compilación.

Imagina que debemos desarrollar un programa que gestione el cambio de sábanas de las camas de 3 habitaciones de un pequeño hotel, teniendo en cuenta que cada habitación tiene 2 camas. Un array bidimensional de booleanos nos permitiría modelar esta situación, donde true representa que las sábanas de la cama han sido cambiadas, y false que las sábanas aún están pendientes de cambiar.

```
fn main() {
    let mut habitaciones: [[bool; 2]; 3] = [
        [false, false],
        [false, true],
        [true, false],
```

```
    ];
}
```

Si te fijas, en primer lugar especificamos el tipo y el número de elementos de un primer array [bool; 2], y a continuación, especificamos el número de veces que se repetirá esta estructura (3 veces). Conceptualmente, estamos creando una matriz de 3 filas y 2 columnas.

El array puede crecer en dimensiones tanto como queramos. Imagina que nuestro software debe representar el inventario de un pequeño negocio, localizado en 3 almacenes, en los que hay 2 estantes por almacén y 4 tipos de productos por estante.

```
1  fn main() {
2
3     let mut inventario: [[[i32; 4]; 2]; 3] = [
4         [
5             [150, 200, 50, 25],
6             [100, 120, 30, 45],
7         ],
8         [
9             [130, 80, 60, 35],
10            [90, 110, 40, 55],
11        ],
12        [
13            [120, 140, 70, 50],
14            [85, 95, 45, 65],
15        ]
16    ];
17 }
```

En este ejemplo:

- La fila 5 representa el inventario de 4 tipos de productos en el primer estante del primer almacén.
- La fila 6 representa el inventario de 4 tipos de productos en el segundo estante del primer almacén.
- La fila 9 representa el inventario de 4 tipos de productos en el primer estante del segundo almacén.
- La fila 10 representa el inventario de 4 tipos de productos en el segundo estante del segundo almacén.
- Y así sucesivamente.

Conforme añadas dimensiones al array, su complejidad aumentará y te resultará más difícil su representación conceptual.

Acceso y modificación de elementos

El acceso y modificación de elementos en un array multidimensional implica trabajar con la indexación para cada una de las dimensiones.

Acceso

Para acceder a un elemento específico, escribimos el nombre del array seguido de los índices entre corchetes y separados por comas. Cada par de corchetes profundiza en las diferentes dimensiones del array.

Por ejemplo, para comprobar cuántas unidades hay del producto tipo 2, localizado en el segundo estante del tercer almacén, lo resolveríamos del siguiente modo:

- `inventario[2]` accede al tercer almacén
- `inventario[2][1]` selecciona el segundo estante del tercer almacén.
- `inventario[2][1][1]` accede a la cantidad específica de productos tipo 2, del segundo estante del tercer almacén.

```
1  fn main(){
2
3    let inventario: [[[i32; 4]; 2]; 3] = [
4        [
5                [150, 200, 50, 25],
6                [100, 120, 30, 45],
7        ],
8        [
9                [130, 80, 60, 35],
10               [90, 110, 40, 55],
11       ],
12       [
13               [120, 140, 70, 50],
14               [85, 95, 45, 65],
15       ]
16   ];
17   let unidades = inventario[2][1][1];
18 }
```

De modo que `inventario[2][1][1]` devolvería el valor 95.

Modificación de elementos

Para modificar los elementos de un array multidimensional, accede al elemento en cuestión profundizando a través de los diferentes niveles, y asigna el valor deseado. El array multidimensional debe ser mutable.

```
fn main(){
    let mut inventario: [[[i32; 4]; 2]; 3] = [
        [
                [150, 200, 50, 25],
                [100, 120, 30, 45],
        ],
        [
                [130, 80, 60, 35],
                [90, 110, 40, 55],
```

```
    ],
    [
        [120, 140, 70, 50],
        [85, 95, 45, 65],
    ]
    ];
    inventario[2][1][1] = 190;
}
```

Los arrays multidimensionales admiten cierta flexibilidad a la hora de modificar varios valores con una misma instrucción. Por ejemplo, si inicializamos con 0 una matriz de 2 dimensiones, podremos asignar una nueva fila completa con nuevos valores directamente, pero no una columna.[9]

```
fn main(){
    let mut matriz: [[i32; 4]; 3] = [
        [0, 0, 0, 0],
        [0, 0, 0, 0],
        [0, 0, 0, 0],
        ];
    matriz[2] = [1, 1, 1, 1];
}
```

Cadenas de caracteres de bajo nivel

También conocidas como «cadenas literales de bajo nivel»[10], el tipo str representa una secuencia inmutable de caracteres Unicode. Mientras que el tipo char permite almacenar un solo carácter, el tipo str permite almacenar una secuencia de caracteres. Imagina estas cadenas literales de bajo nivel como una especie de array unidimensional que solo permite almacenar caracteres, y cuyo tamaño y valores permanecen en todo momento inalterables.

ADVERTENCIA:

Tamaño y número de elementos son conceptos diferentes. El tamaño es cantidad de espacio de memoria ocupado por la cadena.

A diferencia de los arrays, el tipo str no tiene tamaño fijo y solo almacena una referencia al segmento de la colección. No obstante, una vez instanciado, su longitud tampoco puede variar. A efectos prácticos podemos afirmar que las cadenas de caracteres de bajo nivel también presentan un tamaño fijo.

---

[9] La modificación de columnas se realiza a través bucles, tal y como aprenderemos más adelante.

[10] Se realiza un esfuerzo de simplificación para facilitar el aprendizaje. En realidad, el tipo str no se considera comúnmente una cadena de caracteres de bajo nivel en el sentido tradicional que podría esperarse de lenguajes como C. Sin embargo, se trata de una estructura cercana al bajo nivel que, a efectos prácticos, modela una cadena de caracteres.

Para declarar una cadena de caracteres de bajo nivel escribimos la cadena de caracteres entre comillas dobles, y la asignamos a la variable deseada.

```
fn main(){
    let nombre_de_usuario = "@EliezerLopez";
}
```

En este fragmento de código, el compilador infiere automáticamente `&str` como tipo de la variable `nombre_de_usuario`. Este tipo en realidad es una referencia inmutable a un slice de la cadena literal `"@EliezerLopez"`, es decir, representa un préstamo inmutable de una secuencia de caracteres UTF-8. De hecho, el tipo `str` también se conoce como *string slice*.

Acceder a los elementos de una cadena de caracteres de tipo `str` requiere comprender que –debido a la codificación UTF-8– cada carácter puede ocupar entre 1 y 4 bytes, por lo que el acceso a los elementos individuales se complica en comparación con otros lenguajes que utilizan una codificación de caracteres de tamaño fijo, y cuyo acceso en esos casos se asemeja a los de un array unidimensional.

En consecuencia, el acceso a los elementos debería gestionarse a nivel de bytes o a través de un iterador que permita recorrer los caracteres de la cadena. Ambos aspectos requieren profundizar en conceptos más avanzados del lenguaje, y a efectos prácticos, si necesitas acceder a los caracteres de una cadena te recomiendo utilizar el tipo `String`, que veremos más adelante.

ADVERTENCIA:

Ten cuidado con el uso de comillas simples y comillas dobles. Las comillas simples se utilizan para modelar un solo carácter, y las comillas dobles para modelar una cadena de caracteres. Mientras que let letra = 'a'; modela un solo carácter, let letra = "a"; modela una secuencia de caracteres compuesta por una sola letra.

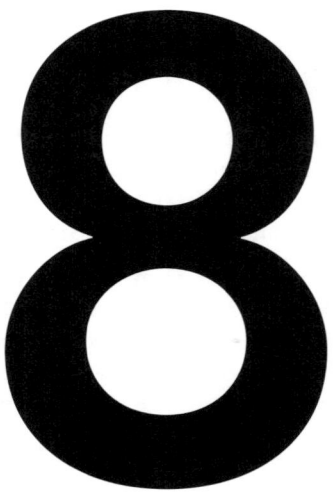

Tipos de operaciones

- Cómo implementar sumas, restas, multiplicaciones y divisiones (enteras y reales).
- Qué son los operadores compuestos de asignación y para qué se utilizan.
- Cómo realizar conversiones entre tipos numéricos.
- Para qué sirven los operadores relacionales y cómo implementarlos.
- Qué son los operadores lógicos, cómo se modelan y en qué se diferencian de los operadores relacionales.
- Cuál es la jerarquía de precedencia de operadores.

Introducción

Rust distingue principalmente tres tipos de operadores: aritméticos, relacionales y lógicos. Estos tipos contribuyen al desarrollo de programas complejos y útiles, al servir como base para la implementación de cálculos y toma de decisiones.

- Los operadores aritméticos son esenciales para cualquier programa que requiera manipulación de datos numéricos, permiten transformar y analizar datos de manera efectiva y son fundamentales en entornos en los que se requiere una precisión numérica.
- Los operadores relacionales, por otro lado, son esenciales para la lógica de control de flujo en los programas, se utilizan para filtrar datos en funciones de búsqueda y clasificación, y permiten validar la entrada del usuario o los datos recibidos de fuentes externas.
- Finalmente, los operadores lógicos son elementales para implementar lógica compleja en decisiones y estructuras de control, ayudan a garantizar que las condiciones para ejecutar ciertas partes del código sean estrictamente controladas y son imprescindibles para implementar algoritmos complejos.

A lo largo de este capítulo, complementaremos estos tipos con otros aspectos relacionados que se ven involucrados en operaciones del día a día: la precedencia de operadores y las conversaciones entre tipos.

Operadores aritméticos

Las operaciones aritméticas se modelan a través de los operadores de suma + , resta −, producto *, división / y módulo %.

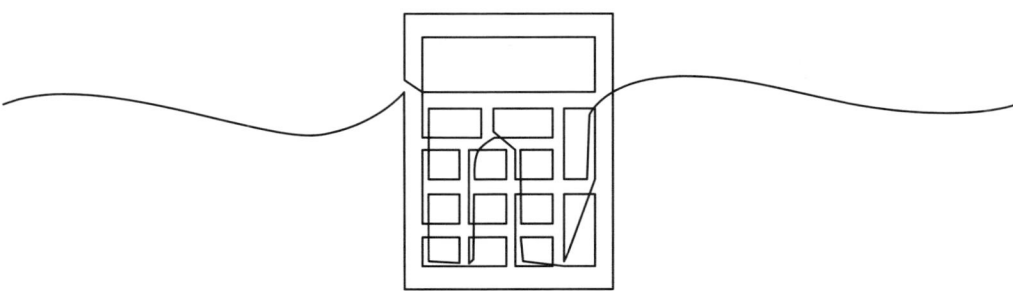

Figura 8.1. Calculadora.

A continuación, veremos cómo se implementan, cuáles son las restricciones que cada operador presenta y qué operadores derivan de (o están relacionados con) los mencionados anteriormente.

Operador +

La suma se implementa a través del operador +. Si bien el comportamiento y aplicabilidad de este operador (y del resto de operadores aritméticos) depende del tipo de los datos sobre los cuales opera[1], el operador + permite sumar dos valores en su comportamiento más primitivo. Los valores deben ser de tipo entero o en coma flotante[2].

Supongamos que nuestro programa registra los valores obtenidos al lanzar dos dados de 6 caras cada uno. Almacenamos por un lado los valores obtenidos y por otro la suma de ambos. Con el operador + sumamos ambos valores, y el resultado devuelto lo almacenamos en una nueva variable.

```
fn main(){
    let dado1 = 2;
    let dado2 = 4;
    let resultado = dado1 + dado2;
}
```

El resultado no siempre tiene por qué ser almacenado. También puede ser mostrado en pantalla, o utilizado para realizar una nueva operación: es posible concatenar varias sumas en las que el resultado de una operación se incorpora como operando de otra, e incluir valores enteros sin necesidad de almacenarlos previamente en una variable.

```
fn main(){
    let dado1 = 4;
    let dado2 = 8;
    let dado3 = 15;
    let resultado = dado1 + dado2 + 16 + dado3;
}
```

La única restricción que debes respetar es la siguiente: todos los operandos deben ser del mismo tipo. En el ejemplo anterior, todos los tipos son i32 (inferidos por defecto). Si quisiéramos sumar valores de tipo real, entonces todos los operandos deben ser de tipo f32, o todos los operandos deben ser de tipo f64.

El siguiente programa:

```
1 fn main(){
2    let precio1: f64 = 2.50;
3    let precio2: f32 = 4.90;
4    let total = precio1 + precio2;
5 }
```

Provocará un error de compilación (figura 9.2).

Si te fijas en los mensajes de error que el compilador proporciona, verás que en primer lugar el compilador trata de realizar una operación de suma (en la línea 4) entre números

---

[1]   Es posible implementar comportamientos adaptados a tipos de datos creados de forma personalizada.

[2]   Los valores en coma flotante se conocen comúnmente como valores reales.

reales de tipo f64, y encuentra que precio2 es de tipo f32. Esto se debe a que la expresión se evalúa de izquierda a derecha, y como el primer operando de la suma es de tipo f64 (precio1), el compilador espera encontrar un segundo operando del mismo tipo. En segundo lugar, se muestra el mensaje de error no implementation for 'f64 + f32 ', lo que sugiere la posibilidad de personalizar operaciones. Abordaremos la sobrecarga de operadores en el capítulo 14.

```
                         Execution                          Close

    Compiling playground v0.0.1 (/playground)
error[E0308]: mismatched types
 --> src/main.rs:4:26
   |
4  |     let total = precio1 + precio2;
   |                           ^^^^^^^ expected `f64`, found `f32`

error[E0277]: cannot add `f32` to `f64`
 --> src/main.rs:4:24
   |
4  |     let total = precio1 + precio2;
   |                         ^ no implementation for `f64 + f32`
   |
   = help: the trait `Add<f32>` is not implemented for `f64`
   = help: the following other types implement trait `Add<Rhs>`:
             <&'a f64 as Add<f64>>
             <&f64 as Add<&f64>>
             <f64 as Add<&f64>>
             <f64 as Add>
```

Figura 8.2. Errores E0308 y E0277 en consola.

Continuemos con otro ejemplo. Supongamos que nuestro programa maneja coordenadas de puntos en un sistema de tres dimensiones, y que estas coordenadas vienen representadas como tuplas.

```
fn main(){
    let punto1 = (4, 8, 15);
    let punto2 = (16, 23, 42);
}
```

Con los conocimientos que tenemos actualmente no podemos realizar directamente la suma de dos puntos con el operador + y confiar que el resultado sea el esperado. De hecho, si intentamos compilar un código similar a este:

```
fn main(){
    let punto1 = (4, 8, 15);
    let punto2 = (16, 23, 42);
    let suma = punto1 + punto2;
}
```

Obtendremos el siguiente mensaje de error.

```
                              Execution                                    Close
─────────────────────────────── Errors ───────────────────────────────
Exited with status 101
─────────────────────────── Standard Error ───────────────────────────
   Compiling playground v0.0.1 (/playground)
error[E0369]: cannot add `({integer}, {integer}, {integer})` to `({integer}, {integer}, {integer})`
 --> src/main.rs:4:23
  |
4 |     let suma = punto1 + punto2;
  |                ------ ^ ------ ({integer}, {integer}, {integer})
  |                |
  |                ({integer}, {integer}, {integer})
  |
For more information about this error, try `rustc --explain E0369`.
error: could not compile `playground` (bin "playground") due to 1 previous error
─────────────────────────── Standard Output ───────────────────────────
```

Figura 8.3. Error E0369 en consola.

Así que la solución pasa por desestructurar las tuplas para acceder a cada una de sus coordenadas.

```
fn main(){
    let punto1 = (4, 8, 15);
    let punto2 = (16, 23, 42);

    let (x1, y1, z1) = punto1;
    let (x2, y2, z2) = punto2;
}
```

Y ahora sí, tras extraer los valores individuales de las coordenadas gracias a la desestructuración podemos sumar las coordenadas de los dos puntos y crear con los resultados una tupla nueva.

```
fn main(){
    let punto1 = (4, 8, 15);
    let punto2 = (16, 23, 42);

    let (x1, y1, z1) = punto1;
    let (x2, y2, z2) = punto2;

    let suma = (x1 + x2, y1 + y2, z1 + z2);
}
```

Si cualquiera de las coordenadas de alguno de los puntos fuera de un tipo diferente al resto, obtendríamos de nuevo un error de compilación. Por ejemplo, modifica la primera coordenada de `punto1` por el valor 4.5 (figura 8.4).

Recuerda: la única restricción que debes respetar es la siguiente: todos los operandos deben ser del mismo tipo. En cuanto uno de los tipos sea diferente, el compilador devolverá un error de compilación que debe resolverse de forma explícita.

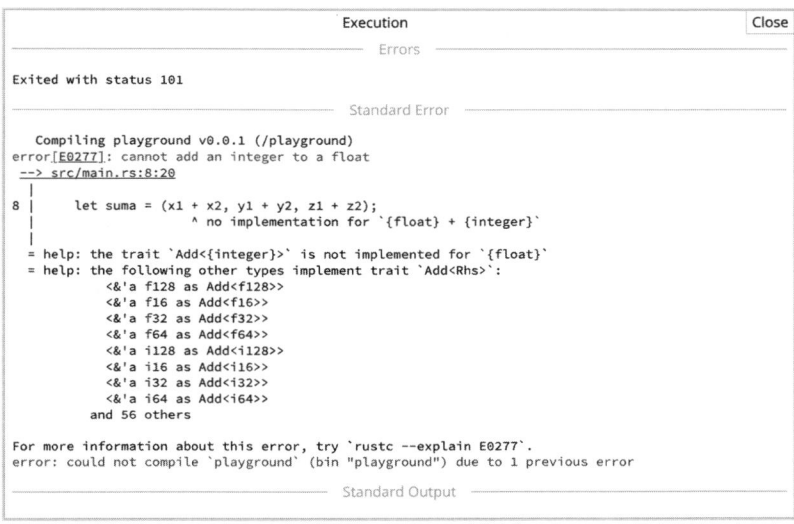

Figura 8.4. Error E0277 en consola.

Si prefieres utilizar los índices en lugar de desestructurar la tupla, he implementado para ti una solución alternativa.

```
fn main(){
    let punto1 = (4, 8, 15);
    let punto2 = (16, 23, 42);

    let suma = (punto1.0 + punto2.0, punto1.1 + punto2.1, punto1.2 +
punto2.2);
}
```

Operador +=

El operador += es un operador compuesto formado por el operador de asignación = y el operador de suma +. Se utiliza para sumar un valor a una variable, y asignar el resultado a esa misma variable.

Imagina que estás programando una aplicación para contabilizar los pasos diarios de una persona. El programa agrupa los pasos realizados durante la última hora, y periódicamente los suma al total de pasos realizados durante el último día.

Veamos en primer lugar una versión del programa que realiza la suma de la forma que ya conocemos:

```
fn main(){
    let mut pasos_ultimo_dia = 0;
    let pasos_ultima_hora = 327;
    pasos_ultimo_dia = pasos_ultimo_dia + pasos_ultima_hora;
}
```

Y una segunda versión del programa en la que se implementa el operador +=:

```
fn main(){
    let mut pasos_ultimo_dia = 0;
    let pasos_ultima_hora = 327;
    pasos_ultimo_dia += pasos_ultima_hora;
}
```

La variable `pasos_ultimo_dia` debe ser mutable para que el operador compuesto += pueda modificar su valor.

Supongamos a continuación que durante los últimos 15 días has almacenado en un array el número de pasos que has caminado.

```
fn main() {
    let pasos: [i32; 15] = [10142, 9230, 6900, 7632, 1282,
                            8752, 4323, 15390, 8312, 7716,
                            3214, 2134, 8853, 13037, 8588];
}
```

Como te gusta estudiar en detalle tu progreso, en lugar de sumar todos los pasos, prefieres analizar cuáles han sido los valores acumulados día a día. No se necesita almacenar la información, así que después de mostrar la información en pantalla para un día, se continúa con el cálculo del siguiente. En este contexto, el operador compuesto += nos permite reutilizar una misma variable una y otra vez.

```
fn main(){
    let pasos: [i32; 15] = [10142, 9230, 6900, 7632, 1282,
                            8752, 4323, 15390, 8312, 7716,
                            3214, 2134, 8853, 13037, 8588];

    let mut pasos_acumulados: i32 = 0;

    pasos_acumulados += pasos[0];
    println!("Día 1: {} pasos", pasos_acumulados);

    pasos_acumulados += pasos[1];
    println!("Día 2: {} pasos ", pasos_acumulados);

    pasos_acumulados += pasos[2];
    println!("Día 3: {} pasos", pasos_acumulados);

    pasos_acumulados += pasos[3];
    println!("Día 4: {} pasos", pasos_acumulados);

    pasos_acumulados += pasos[4];
    println!("Día 5: {} pasos", pasos_acumulados);

    pasos_acumulados += pasos[5];
    println!("Día 6: {} pasos", pasos_acumulados);
```

```
    pasos_acumulados += pasos[6];
    println!("Día 7: {} pasos", pasos_acumulados);

    pasos_acumulados += pasos[7];
    println!("Día 8: {} pasos", pasos_acumulados);

    pasos_acumulados += pasos[8];
    println!("Día 9: {} pasos", pasos_acumulados);

    pasos_acumulados += pasos[9];
    println!("Día 10: {} pasos", pasos_acumulados);

    pasos_acumulados += pasos[10];
    println!("Día 11: {} pasos", pasos_acumulados);

    pasos_acumulados += pasos[11];
    println!("Día 12: {} pasos", pasos_acumulados);

    pasos_acumulados += pasos[12];
    println!("Día 13: {} pasos", pasos_acumulados);

    pasos_acumulados += pasos[13];
    println!("Día 14: {} pasos", pasos_acumulados);

    pasos_acumulados += pasos[14];
    println!("Día 15: {} pasos", pasos_acumulados);
}
```

Cabe destacar que este operador compuesto funciona con datos enteros y reales, así como con otros tipos definidos por el usuario,[3] y consigue un código más conciso, claro, legible e incluso eficiente[4].

Operador –

La resta se implementa a través del operador –. Las operaciones se escriben de forma similar a como se codifica una suma en Rust y respetan las mismas reglas de tipado vistas anteriormente (todos los valores envueltos en una operación deben ser del mismo tipo). Sin embargo, la resta pone de manifiesto una restricción que, si bien también existe a la hora de realizar una suma, toma especial protagonismo cuando se trabaja con el operador –: nos referimos a los rangos de valores que los diferentes tipos de datos soportados por el lenguaje son capaces de almacenar.

Implementar una resta es muy sencillo. Un caso idílico podría ser el siguiente:

---

[3] Mediante la implementación del trait *AddAssign*. *Má*s sobre traits en el capítulo 14.

[4] En ocasiones, el uso de operadores compuestos permite al compilador realizar optimizaciones adicionales.

```
fn main(){
    let efectivo_entregado = 10.00;
    let total_compra = 4.90;
    let cambio = efectivo_entregado - total_compra;
}
```

Sin embargo, imagina que intentamos restar a y b (siendo a y b dos valores cualesquiera), donde b es mayor que a y ambas variables son de tipo u8 :

```
fn main(){
    let a: u8 = 4;
    let b: u8 = 8;
    let resultado: u8 = a - b;
}
```

El compilador arrojará el siguiente mensaje de error:

Execution	Close

```
error: this arithmetic operation will overflow
 --> src/main.rs:4:22
  |
4 |     let resultado: u8 = a - b;
  |                         ^^^^^ attempt to compute `4_u8 - 8_u8`, which would overflow
  |
  = note: `#[deny(arithmetic_overflow)]` on by default

warning: `playground` (bin "playground") generated 1 warning
error: could not compile `playground` (bin "playground") due to 1 previous error; 1 warning emitted
```

Figura 8.5. Mensaje de error: «this arithmetic operation will overflow».

Este error indica que se ha producido un desbordamiento. Tiene sentido: estamos tratando de asignar una variable negativa (4 - 8 da como resultado -4) a una variable que solo permite almacenar un valor entero igual a cero o mayor.

A la hora de realizar operaciones de sustracción entre valores debemos tomar en consideración los rangos permitidos por los diferentes tipos de datos[5] para asegurar que los valores obtenidos de las operaciones de resta pueden ser almacenados exitosamente.

Imagina que eres dueño de una tienda de ropa en internet, y almacenas en un array las ventas diarias que se han producido durante la última semana.

```
fn main(){
    let ventas_diarias: [u8; 7] = [10, 20, 30, 40, 50, 60, 70];
}
```

Durante esta misma semana parece que se ha producido un número considerable de devoluciones, así que decides echar un vistazo a otro array en el que se encuentra esta información, con el objetivo de calcular cuáles han sido las ventas netas diarias.

```
fn main(){
    let ventas_diarias: [u8; 7] = [10, 20, 30, 40, 50, 60, 70];
    let devoluciones_diarias: [u8; 7] = [15, 25, 35, 45, 55, 65, 75];
}
```

---

[5]   Rangos asociados a cada tipo de variable explicados en el capítulo 4.

Ambos arrays almacenan valores del mismo tipo así que parece que la resta debería funcionar. Creamos un vector `ventas_netas` y tratamos de implementar el cálculo de las ventas netas diarias. Parece sencillo, simplemente hay que restar el número de devoluciones que se han producido cada día al número de ventas diarias.

```
fn main(){

    let ventas_diarias: [u8; 7] = [10, 20, 30, 40, 50, 60, 70];
    let devoluciones_diarias: [u8; 7] = [15, 25, 35, 45, 55, 65, 75];
    let mut ventas_netas: [u8; 7] = [0; 7];

    ventas_netas[0] = ventas_diarias[0] - devoluciones_diarias[0];
    ventas_netas[1] = ventas_diarias[1] - devoluciones_diarias[1];
    ventas_netas[2] = ventas_diarias[2] - devoluciones_diarias[2];
    ventas_netas[3] = ventas_diarias[3] - devoluciones_diarias[3];
    ventas_netas[4] = ventas_diarias[4] - devoluciones_diarias[4];
    ventas_netas[5] = ventas_diarias[5] - devoluciones_diarias[5];
    ventas_netas[6] = ventas_diarias[6] - devoluciones_diarias[6];
}
```

En cambio, si intentamos compilar obtenemos un error.

Figura 8.6. Mensaje de error «this arithmetic operation will overflow».

Esta operación provoca un desbordamiento, y entonces caes en la cuenta: ¿cómo se han llegado a producir más devoluciones que ventas?

Operador −=

El operador compuesto −= se emplea para restar un determinado valor a una variable, y asignar de nuevo el resultado de la operación a la variable en cuestión. En el siguiente ejemplo se recurre al operador −= para actualizar el inventario de un producto tras una venta realizada.

```
fn main(){
    let mut inventario = 300;
    let unidades_vendidas = 2;
    inventario -= unidades_vendidas;
}
```

Sencillo, ¿verdad? Rescatemos el ejercicio anterior en el que hemos implementado la suma de 2 puntos modelados a través de tuplas.

```
fn main(){
    let punto1 = (4, 8, 15);
    let punto2 = (16, 23, 42);

    let suma = (punto1.0 + punto2.0, punto1.1 + punto2.1, punto1.2 + punto2.2);
}
```

Para implementar una resta entre ambos puntos, la adaptación más directa de esta implementación sería sustituir el símbolo + por el símbolo −, y tener cuidado con la resta para que no se produzca ningún desbordeamiento.

```
fn main(){
    let punto1 = (4, 8, 15);
    let punto2 = (16, 23, 42);

    let resta = (punto2.0 - punto1.0, punto2.1 - punto1.1, punto2.2 - punto1.2);
}
```

Esta implementación está bien, pero también podría ocurrir que el primer operando (el punto 2 en este caso) nunca más vaya a ser utilizado. Entonces, ¿para qué crear una nueva tupla, cuando podemos reutilizar una ya existente? A continuación, comparto contigo una implementación que consigue ahorrar la creación de una nueva tupla gracias al operador compuesto −=.

```
fn main(){
    let punto1 = (4, 8, 15);
    let mut punto2 = (16, 23, 42);

    punto2.0 -= punto1.0;
```

```
    punto2.1 -= punto1.1;
    punto2.2 -= punto1.2;
}
```

Este operador -= respeta las mismas normas mencionadas para el operador +=.

Operador de negación unaria –

El operador de negación unaria – (representado con el mismo símbolo utilizado para la resta) también sirve para invertir el signo de un valor numérico cuando opera sobre un único valor. A diferencia de la resta (en la que se trabaja con 2 operandos), el operador – permite negar un valor con el fin de cambiar un número de positivo a negativo y viceversa.

Para aplicar la negación unaria a una variable o a un literal numérico, simplemente coloca el operador – antes del valor (- valor). Copia el siguiente programa de ejemplo en tu editor de código favorito y comprueba que la negación se muestra correctamente en pantalla.[6]

```
fn main(){
    let valor_entero = -4;
    let valor_real = 8.0;

    println!("Valor entero negado: {}", valor_entero);
    println!("Valor real negado: {}", -valor_real);
}
```

Deberías ver en pantalla una salida similar a la que te muestro en la figura 8.7.

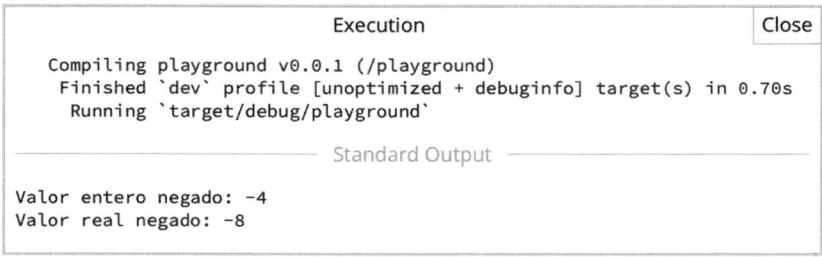

Figura 8.7. Salida esperada (programa de ejemplo con negación).

Como imaginarás, el operador unario no es aplicable a tipos sin signo: u8, u16, u32, u64, u128 y usize.

Operador *

El producto entre valores enteros y entre valores reales se implementa a través del operador *. Después de aprender cómo se implementa tanto la suma como la resta, estoy

---

[6]   Se implementa el operador de negación unaria en ambos casos: para la negación de un valor literal y para la negación de una variable a la hora de mostrar la información en pantalla. La negación de la variable valor_real no modifica su contenido.

seguro de que ya imaginas cuál es la sintaxis de una multiplicación en Rust, y qué reglas debe cumplir: la multiplicación implicará 2 valores del mismo tipo y separados por el operador *.

```
fn main(){
    println!("Resultado: {}", 4.8 * 15.16);
}
```

El valor devuelto puede ser almacenado en otra variable o incluso mostrado directamente en pantalla.

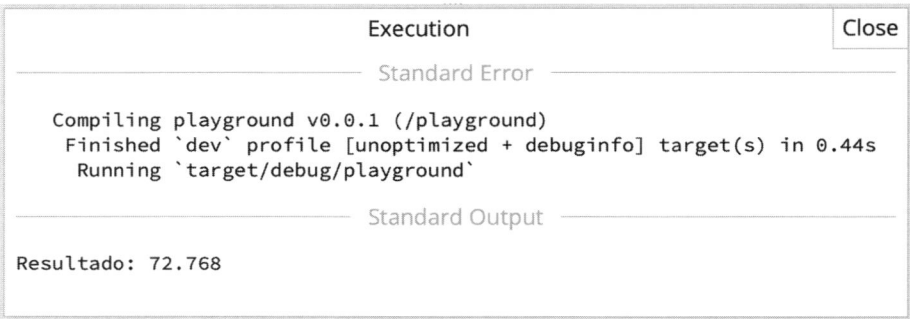

Figura 8.8. Resultado de la multiplicación.

No confundas el operador de producto (que involucra a 2 valores en la operación) con el operador * para desreferenciar. Mientras que el producto funciona sobre 2 valores de tipo entero o de tipo real, el operador de desreferenciación trabaja sobre una referencia y se utiliza para acceder al contenido al que dicha variable apunta.[7]

Imagina que cuentas con un inventario de artículos en una tienda y queremos calcular el valor total de los articulos en stock. Para modelar el inventario utilizamos un array, y para modelar la cantidad de artículos (así como el precio unitario de cada artículo) recurrimos a una tupla.

```
fn main() {

    let inventario: [(f32, u32); 3] = [
        (19.99, 10),
        (5.49, 20),
        (3.75, 15),
    ];
}
```

---

[7] Vuelve al capítulo 6 para repasar este concepto.

Desestructuramos cada una de las tuplas para calcular el valor total de cada artículo gracias al operador *, y finalmente sumamos los resultados.

```rust
fn main() {

    let inventario: [(f32, u32); 3] = [
        (19.99, 10),
        (5.49, 20),
        (3.75, 15),
    ];

    let (precio1, cantidad1) = inventario[0];
    let valor_articulo1 = precio1 * cantidad1 as f32;

    let (precio2, cantidad2) = inventario[1];
    let valor_articulo2 = precio2 * cantidad2 as f32;

    let (precio3, cantidad3) = inventario[2];
    let valor_articulo3 = precio3 * cantidad3 as f32;

    let valor_total = valor_articulo1 + valor_articulo2 + valor_articulo3;
}
```

NOTA:

¿Para qué sirve se utiliza el operador as? Analiza el código y trata de llegar a una conclusión. No te preocupes si no lo consigues, más adelante te explicaré para qué sirve este operador.

El código puede complicarse tanto como queramos. Intenta implementar una versión de este programa que almacene el resultado en la variable valor_total a través de una referencia. Cuando lo hayas conseguido, échale un vistazo a mi propuesta.

```rust
fn main() {

    let inventario: [(f32, u32); 3] = [
        (19.99, 10),
        (5.49, 20),
        (3.75, 15),
    ];

    let mut valor_total: f32 = 0.0;
    let valor_total_ref = &mut valor_total;

    let (precio1, cantidad1) = inventario[0];
    let valor_articulo1 = precio1 * cantidad1 as f32;
    *valor_total_ref += valor_articulo1;
```

```
    let (precio2, cantidad2) = inventario[1];
    let valor_articulo2 = precio2 * cantidad2 as f32;
    *valor_total_ref += valor_articulo2;

    let (precio3, cantidad3) = inventario[2];
    let valor_articulo3 = precio3 * cantidad3 as f32;
    *valor_total_ref += valor_articulo3;
}
```

Operador *=

Seguro que ya vas encontrando un patrón que se repite. Los operadores aritméticos cuentan con una versión de asignación compuesta que permiten tomar el valor de una variable, operar con ella y asignar nuevamente el valor a dicha variable. Una situación práctica en la que este operador puede ser de utilidad a la hora de abordar una conversación entre divisas.

```
fn main(){
    let mut dinero: f64 = 1000.0;
    let tipo_de_cambio: f64 = 1.10;

    dinero *= tipo_de_cambio;
}
```

Operador /

La división se implementa a través del operador / y su comportamiento varía en función del tipo de los operandos. La división puede ser entera o real.

División entera

¿Recuerdas aquellos momentos tan especiales cuando en el colegio te enseñaron cómo hacer a mano una división? Seguro que te mencionaron los términos dividendo, divisor, cociente y resto.

En Rust, cuando escribes el operador / y los operandos involucrados son ambos de tipo entero, la operación devuelve el cociente (y solo el cociente) como resultado de la división.

```
fn main(){
    let dividendo = 10;
    let divisor = 3;
    let cociente = dividendo / divisor;
    println!("Cociente: {}", cociente);
}
```

De modo que el valor almacenado en la variable cociente es 3.

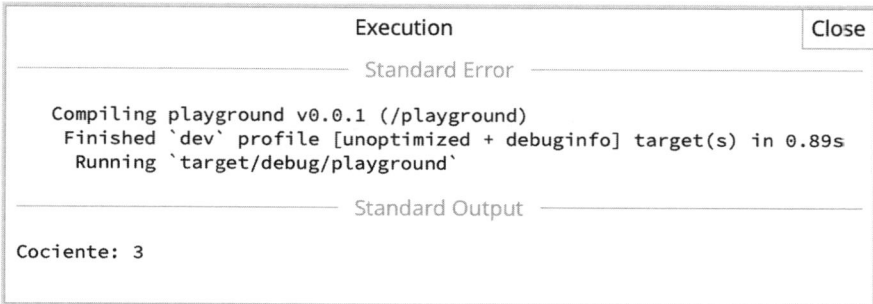

```
                    Execution                    │ Close │

  ───────────────────── Standard Error ──────────────────────

    Compiling playground v0.0.1 (/playground)
     Finished `dev` profile [unoptimized + debuginfo] target(s) in 0.89s
      Running `target/debug/playground`

  ───────────────────── Standard Output ─────────────────────

  Cociente: 3
```

Figura 8.9. Salida esperada (programa de ejemplo para el cálculo de cociente).

Probablemente ya estés preguntándote cómo obtener el resto. Hablaremos sobre su implementación un poco más adelante.

División real

Cuando ambos valores son de tipo `f32` o ambos valores son de tipo `f64`, el operador `/` proporciona una división supuestamente exacta, es decir, devuelve el cociente con decimales y sin redondeos.

```
fn main(){
    let dividendo = 10.00;
    let divisor = 3.00;
    let resultado = dividendo / divisor;
    println!("Resultado: {}", resultado);
}
```

El resultado de la operación matemática de división puede tener –y a menudo es así– un número de dígitos en su representación en coma flotante mayor que la precisión del tipo de dato utilizado para realizarla. Esta limitación incurre en un error de representación que el programador debe tener en cuenta y tiende a motivar la elección entre un tipo de dato u otro.

```
                    Execution                    │ Close │

  ───────────────────── Standard Error ──────────────────────

    Compiling playground v0.0.1 (/playground)
     Finished `dev` profile [unoptimized + debuginfo] target(s) in 0.46s
      Running `target/debug/playground`

  ───────────────────── Standard Output ─────────────────────

  Resultado: 3.3333333333333335
```

Figura 8.10. Salida esperada (programa de ejemplo para el cálculo del cociente entre números reales).

Una variable de tipo f64 será capaz de almacenar un resultado con más decimales que una variable de tipo f32.

Imagina que el pasado fin de semana hiciste una ruta en moto, y decidiste almacenar en una tupla los datos correspondientes a la distancia total recorrida (108 kilómetros) y al coste total del combustible 45 €), con la intención de calcular cuál ha sido el coste por kilómetro.

```
fn main(){
    let viaje = (108.0, 45.0);
}
```

El cálculo es muy sencillo. Basta con desestructurar la tupla e implementar la división con el operador /.

```
fn main() {
    let viaje = (108.0, 45.0);

    let (distancia, coste) = viaje;
    let coste_por_kilometro = coste / distancia;
}
```

TRUCO:

La desestructuración bien implementada aporta expresividad al indicar nombres de variables descriptivos para cada uno de los campos. Implementa la desestructuración en lugar de trabajar con índices para que tu código sea más legible.

Operador /=

Aunque menos utilizado, el operador /= permite dividir el contenido de una variable entre un valor proporcionado y almacenar el resultado en la misma variable. Como ocurre con el operador de división /, en el caso de que ambos operandos sean enteros devolverá el cociente resultante.

Imagina que debes actualizar los precios de los productos en una tienda de muebles que se encuentra en liquidación. Actualizar el precio con el operador /= simplifica el código y lo reduce a expresiones mínimas.

```
fn main(){
    let mut precio_sofa = 599.99;
    precio_sofa /= 2.0;
    println!("¡Sofá en liquidación! Llévatelo a casa por solo {}€",
                precio_sofa);
}
```

Este programa debe devolverte como resultado la siguiente salida:

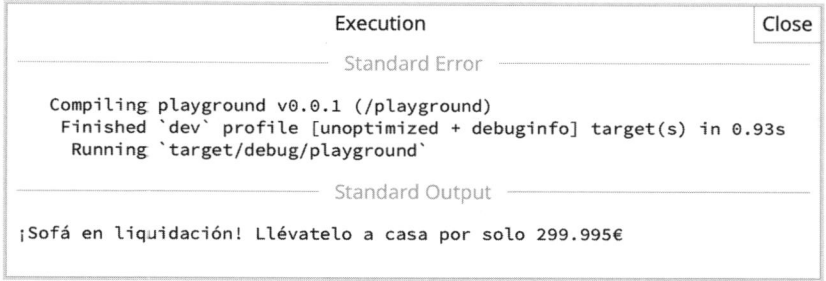

Figura 8.11. Salida esperada (programa de ejemplo con el operador /=).

Operador %

Cuando ambos operandos son de tipo entero y se necesita calcular el resto entra el juego un nuevo operador: el operador módulo % .[8]

Se trata de un operador aritmético que respeta al detalle las reglas mencionadas anteriormente: no solo en términos de tipado y sintaxis, sino también en lo relacionado a manejo de signos. Al igual que ocurre cuando realizamos una suma, una resta, un producto o una división, el manejo de signos en Rust respeta las reglas comunes de la aritmética[9] para calcular el signo del resultado. De este modo, el comportamiento del operador se vuelve predecible y consistente.

```
fn main(){
    let dividendo = 10.00;
    let divisor = 3.00;
    let cociente = dividendo / divisor;
    let resto = dividendo % divisor;
    println!("Cociente: {}", cociente);
    println!("Resto: {}", resto);
}
```

Resultado esperado:

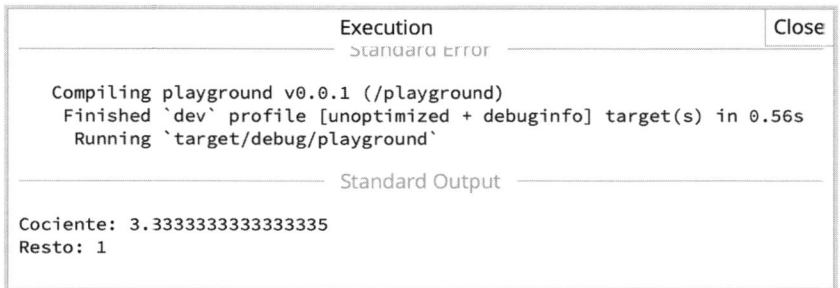

Figura 8.12. Salida esperada (programa de ejemplo para el cálculo del resto).

---

8 También conocido como operador de resto.

9 Ya sabes: menos por menos es más, menos por más es menos, más por más es más…

Un punto interesante: en otros lenguajes de programación el uso del operador % está restringido únicamente a valores enteros. En este aspecto, Rust aporta un incremento de valor significativo al permitir también dividir valores de tipo real.

El operador % está ampliamente adoptado y aporta beneficios en multitud de sectores. Desde el cálculo de posiciones en patrones repetitivos o mapeo de texturas para el desarrollo de videojuegos, hasta la implementación de algoritmos (como RSA o ECC) propios del campo de la criptografía.

Operador %=

El operador compuesto %= permite realizar operaciones de módulo y asignación de manera compacta y eficiente, y es útil en situaciones en las que solo necesitamos trabajar con el resto de una división. Por ejemplo, imagina un reloj digital en el que la variable segundos siempre debe estar en el rango de 0 a 59.

```
fn main(){
    let mut segundos = 59;
    segundos += 1;
    segundos %= 60;
}
```

El operador as

El uso más común del operador as es para convertir valores entre diferentes tipos numéricos[10]. Por ejemplo, si necesitas realizar una suma entre 2 valores de diferente tipo, puedes utilizar el operador as para convertir un valor de un tipo a otro siempre y cuando la conversión sea permitida y segura dentro de las reglas del lenguaje.

Imagina que tienes dos precios: uno modelado a través de una variable de tipo i8, y otro modelado a través del tipo f32. Puedes convertir el tipo i8 en el tipo f32 de la siguiente forma:

```
fn main(){
    let precio1: i8 = 3;
    let precio2: f32 = 4.90;
    let total = precio1 as f32 + precio2;
}
```

De modo que el valor contenido en la variable precio1 es transformado en un valor de tipo f32 para la operación en la que el valor se ve involucrada, sin afectar al valor original contenido en la variable precio1.

En el ejemplo anterior, si convertir el contenido de precio1 en un valor real implica la adición de decimales, ¿qué hubiera pasado si hubiéramos tratado de convertir precio2 en un valor de tipo entero?

---

[10] Las conversiones permitidas por defecto son: entre tipos enteros (con signo y sin signo), entre tipos reales, de enteros a reales y viceversa.

En este caso, el valor se habría redondeado hacia cero, generando 4 como valor entero equivalente y habiendo perdido 90 céntimos por el camino. Copia y compila siguiente código en tu editor de código fuente favorito para comprobar la pérdida de información.

```
fn main(){
    let precio1: i8 = 3;
    let precio2: f32 = 4.90;
    let total = precio1 + precio2 as i8;
    println!("Total: {}", total);
}
```

Peligroso, ¿verdad?

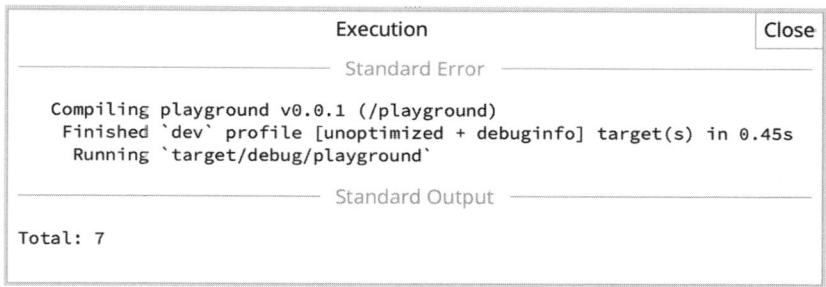

Figura 8.13. Pérdida de información con el operador as.

Realiza conversiones solo cuando sean estrictamente necesarias para evitar errores y pérdida de precisión, y verifica que los valores estén dentro de los rangos permitidos para el tipo de destino antes de realizar cualquier operación.

Operadores relacionales y lógicos

Aunque Rust diferencia entre operadores relacionales y operadores lógicos, ambos tipos devuelven expresiones lógicas. Estas expresiones son especialmente relevantes en programación porque no solo permiten construir expresiones booleanas complejas, sino también controlar con efectividad el flujo de los programas. En las próximas líneas veremos cómo se implementan y cuáles son las restricciones que cada operador presenta.

Operadores relacionales

Los operadores relacionales permiten comparar valores y determinar la relación que existe entre ellos. Rust distingue principalmente seis operadores diferentes:

- Igualdad (==).
- Desigualdad (!=).
- Mayor que (>).

- Menor que (<).
- Mayor o igual que (>=).
- Menor o igual que (<=).

Cualquier expresión en la que estos operadores estén involucrados devuelve un valor booleano (`true` o `false`). Veamos algunos ejemplos.

Con valores enteros

Imagina que estás trabajando sobre una tienda online en la que se aplica una política que limita la cantidad de un mismo artículo que un cliente puede comprar. Para verificar si un cliente ha excedido la cantidad máxima permitida podemos hacer uso del operador >. El resultado de la comparación de las variables `cantidad_actual` y `cantidad_permitida` será de tipo `bool`.

```
fn main(){
    let cantidad_actual = 16;
    let cantidad_permitida = 15;
    let cantidad_excedida = cantidad_actual > cantidad_permitida;
}
```

Con valores reales

El mismo comportamiento se da cuando estos operadores comparan valores de punto flotante.[11] Por ejemplo, supongamos la implementación de un termostato que regula la temperatura de una estufa. En un determinado momento, verificamos si la temperatura actual coincide con, o supera, la temperatura deseada para decidir si apagamos o no la estufa.

```
fn main(){
    let temperatura_actual = 35.26;
    let temperatura_deseada = 35.00;
    let apagar_estufa = (temperatura_actual >= temperatura_deseada);
}
```

Con cadenas de tipo str

Los operadores relacionales también trabajan con valores de tipo `str` para la comparación de cadenas:

- El operador == comprueba si dos cadenas son exactamente iguales. La cadena `"La Hidra" == "La Hidra"` devuelve true y la expresión `"La Flecha" == "El Cisne"` devuelve `false`.
- El operador != comprueba si dos cadenas son diferentes. `"La llama" != "La Perla"` devuelve true y `"La Perla" != "La Perla"` devuelve `false`.

---

[11] Comparar dos valores de tipo real con el operador == no siempre arroja el resultado esperado, debido a la precisión de sus decimales.

- La expresión a<b devuelve `true` si a es lexicográficamente[12] menor que b. "Bastón" < "Cisne" **devuelve** `true` y "Orquídea" < "Cisne" devuelve `false`.

- La expresión a>b devuelve `true` si a es lexicográficamente mayor que b. "Espejo" > "Poste de Luz" **retorna** `true` y "Llama" > "Cisne" devuelve `false`.

- La expresión a<=b devuelve `true` si a es lexicográficamente menor o igual que b. "Bastón" <= "Cisne" devuelve `true`, al igual que "Bastón" <= "Bastón" pero no "Cisne" <= "Bastón".

- La expresión a>=b devuelve `true` si a es lexicográficamente mayor o igual que b. "Espejo" >= "Espejo" y "Tempestad" >= "Espejo" **devuelven** `true`, pero "Llama" >= "Cisne" devuelve `false`.

Puedes probar todas estas expresiones asignándolas a la variable `comprobacion_estacion` y ejecutando el siguiente programa:

```
fn main(){
    let comprobacion_estacion = "La Flecha" == "El Cisce";
    println!("{}", comprobacion_estacion);
}
```

Operadores lógicos

Las operaciones booleanas se implementan a través de los operadores lógicos && (AND lógico), || (OR lógico) y ! (NOT lógico), especialmente relevantes en programación. Cada operador lógico implementa su respectiva tabla de verdad y sirve como fundamento para la toma de decisiones.

Operador &&

El operador AND lógico evalúa dos expresiones booleanas y devuelve `true` solo si ambas expresiones son verdaderas.

Tabla 8.1. Tabla de verdad para AND.

A	B	A && B
true	true	true
true	false	false
false	true	false
false	false	false

---

[12] Comparación de cadenas carácter a carácter según el orden en el que los caracteres aparecen en el alfabeto Unicode.

Una expresión en Rust es cualquier construcción que devuelve un valor, así que A y B pueden ser literalmente valores booleanos, o expresiones más complejas que terminan devolviendo un valor booleano.

```rust
fn main(){
    let verdadero = true && true;
    let verdadero2 = true && verdadero;
    let falso = false && (4 > 8);
}
```

Un ejemplo práctico podría ser el siguiente. Imagina que una persona solo puede acceder a un edificio si tiene una tarjeta de acceso y además conoce el código de seguridad.

```rust
fn main() {
    let tiene_tarjeta_acceso: bool = true;
    let conoce_codigo_seguridad: bool = false;

    let puede_entrar_edificio = tiene_tarjeta_acceso
                        && conoce_codigo_seguridad;
}
```

Operador ||

El operador OR lógico evalúa 2 expresiones booleanas y devuelve `true` si al menos una de las expresiones es verdadera.

Tabla 8.2. Tabla de verdad para OR.

A	B	A || B
true	true	true
true	false	true
talse	true	true
talse	false	false

Por ejemplo, imagina que un empleado recibe un bonus extra cuando consigue un cliente o cuando el departamento al que pertenece finaliza el balance económico del año en positivo:

```rust
fn main(){
    let ha_conseguido_un_nuevo_cliente = true;
    let balance_economico_positivo = false;
    let bonus_extra = ha_conseguido_un_nuevo_cliente
                    || balance_economico_positivo;
}
```

¡El empleado recibirá su bonus extra!

Operador !

El operador NOT (o de negación) invierte el valor de verdad de su operando.

Tabla 8.3. Tabla de verdad para NOT.

A	!A
true	false
false	true

Efectivamente, el operador solo trabaja sobre un valor proporcionado literalmente u obtenido de una expresión. Veamos cómo funciona con un ejemplo.

```
fn main(){
    let recursos_disponibles = true;
    let proyecto_puede_comenzar = !recursos_disponibles;
}
```

Aunque `recursos_disponibles` sea `true`, estamos indicando que el proyecto no puede comenzar.

Precedencia de operadores

Cuando se trabaja con expresiones complejas que incluyen múltiples operadores, es importante entender la precedencia de operadores, que determina el orden en que se evalúan las operaciones. La prioridad de los operadores, de mayor a menor, es la siguiente:

1. Operadores unarios.[13]
2. .Operadores aritméticos multiplicativos (*, /, %).
3. Operadores aritméticos aditivos (+, −).
4. Operadores relacionales (==, !=, <, >, <=, >=).
5. Operadores lógicos AND y OR (&&, | |).
6. Asignación y asignación compuesta (=, =+, +=, −=, *=, /=, etc.).

Según la precedencia de operadores, la variable `resultado` toma el valor `true`.

```
fn main(){
    let resultado = 4 + 8 * 15 > 16 || 23 - 42 < 108 && 32 / 4 == 8;
    println!("{}', resultado);
}
```

Compruébalo en tu equipo compilando y ejecutando este programa.

---

[13] Aquellos que trabajan con un único valor.

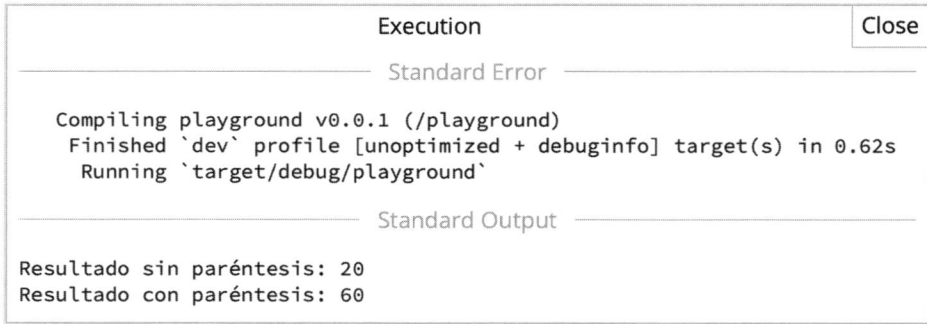

```
Execution                                                    Close
────────────────────── Standard Error ──────────────────────

    Compiling playground v0.0.1 (/playground)
     Finished `dev` profile [unoptimized + debuginfo] target(s) in 0.46s
      Running `target/debug/playground`
────────────────────── Standard Output ──────────────────────

true
```

Figura 8.14. Resultado esperado (la variable resultado toma el valor true).

Uso de paréntesis ()

Los paréntesis permiten modificar el orden en el que los operadores son evaluados por defecto. El siguiente programa asigna a la primera variable el valor 20 al aplicar la precedencia de operadores, y 60 al alterar la precedencia con paréntesis.

```
fn main(){
    let sin_parentesis = 10 + 2 * 5;
    let con_parentesis = (10 + 2) * 5;
    println!("Resultado sin paréntesis: {}", sin_parentesis);
    println!("Resultado con paréntesis: {}", con_parentesis);
}
```

Como podemos observar, el uso de paréntesis puede variar el resultado esperado.

```
Execution                                                    Close
────────────────────── Standard Error ──────────────────────

    Compiling playground v0.0.1 (/playground)
     Finished `dev` profile [unoptimized + debuginfo] target(s) in 0.62s
      Running `target/debug/playground`
────────────────────── Standard Output ──────────────────────

Resultado sin paréntesis: 20
Resultado con paréntesis: 60
```

Figura 8.15. El uso de paréntesis altera la precedencia de operadores.

Funciones y macros
de expansión

- Qué es una función.
- Cuál es su estructura y cómo implementarla.
- Cómo llamar a una función para reutilizarla muchas veces.
- Qué es una macro de expansión y cómo se implementa.
- Qué diferencias existen entre una función y una macro de expansión.

Introducción

Una función es un bloque de código diseñado para realizar una tarea específica. Por un lado, aporta la enorme ventaja de la modularización, lo cual facilita la separación de responsabilidades y hace que el código sea más fácil de depurar y probar. Por otro lado, fomenta la reutilización de código y mejora su legibilidad.

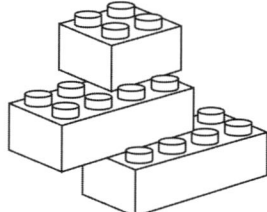

Figura 9.1. Las funciones facilitan la separación de responsabilidades.

Rust proporciona alrededor de una decena de tipos de funciones para satisfacer diferentes necesidades. Todas ellas se fundamentan en la sintaxis más básica de una función regular, de modo que si entiendes en cómo implementarlas, te será más fácil comprender y utilizar otros tipos de funciones proporcionadas por el lenguaje.

En este capítulo aprenderás cuáles son los fundamentos de las funciones regulares, para qué sirven y qué aspectos debes tener en cuenta a la hora de implementarlas. Gracias a este conocimiento, podrás avanzar hacia la implementación y manejo de macros y entender cuáles son sus diferencias.

Funciones regulares

Ponte en situación: estás al frente del desarrollo de un programa que implementa el cálculo del sueldo neto mensual que cada empleado debe recibir. Para cada empleado, calculas el importe neto mensual a pagar restando las deducciones al sueldo bruto mensual.

```
fn main(){
    let sueldo_bruto = 32_000.98;
    let porcentaje_deducciones = 22.42;
    let deducciones = sueldo_bruto * (porcentaje_deducciones/100.);
    let sueldo_neto = sueldo_bruto - deducciones;
}
```

Este cálculo debe realizarse para todos los empleados. Si la empresa cuenta con 5 empleados, el número de líneas de código crecerá considerablemente,

```
fn main(){

    let sueldo_bruto_empleado1 = 32_000.98;
    let sueldo_bruto_empleado2 = 33_500.30;
    let sueldo_bruto_empleado3 = 28_200.00;
```

```
let sueldo_bruto_empleado4 = 28_350.80;
let sueldo_bruto_empleado5 = 47_300.76;

let porcentaje_deducciones = 22.42;

let deducciones_empleado1 =
sueldo_bruto_empleado1 * (porcentaje_deducciones/100.);

let sueldo_neto_empleado1 =
sueldo_bruto_empleado1 - deducciones_empleado1;

let deducciones_empleado2 =
sueldo_bruto_empleado2 * (porcentaje_deducciones/100.);

let sueldo_neto_empleado2 =
sueldo_bruto_empleado2 - deducciones_empleado2;

let deducciones_empleado3 =
sueldo_bruto_empleado3 * (porcentaje_deducciones/100.);

let sueldo_neto_empleado3 =
sueldo_bruto_empleado3 - deducciones_empleado3;

let deducciones_empleado4 =
sueldo_bruto_empleado4 * (porcentaje_deducciones/100.);

let sueldo_neto_empleado4 =
sueldo_bruto_empleado4 - deducciones_empleado4;

let deducciones_empleado5 =
sueldo_bruto_empleado5 * (porcentaje_deducciones/100.);

let sueldo_neto_empleado5 =
sueldo_bruto_empleado5 - deducciones_empleado5;
}
```

¿Qué ocurrirá si la compañía decide contratar a medio centenar de trabajadores?

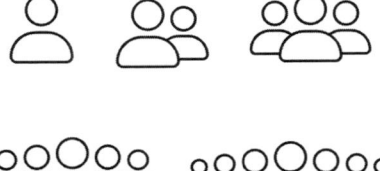

Figura 9.2. El programa se extiende por cada nueva contratación.

Efectivamente, tu código continuará extendiéndose con operaciones que se repiten una y otra vez. Se trata de una situación perfecta para recurrir a la implementación de una función que calcule el sueldo neto de un empleado.

Sintaxis

Una función regular en Rust se implementa a través de la palabra reservada `fn`, y viene acompañada de:

- El nombre de la función.
- Los parámetros de entrada.
- El cuerpo.
- El tipo de retorno.

Con el siguiente esquema:

```
fn nombre_funcion(parámetro_de_entrada1: tipo,
                  parámetro_de_entrada2: tipo, ...)
                  -> tipo_de_retorno
{
    // cuerpo
}
```

Tomando como ejemplo el programa visto anteriormente, podríamos crear una función que calcule el sueldo neto mensual aplicando la sintaxis que acabamos de mencionar:

```
fn calcular_sueldo_neto(sueldo_bruto: f64) -> f64 {}
```

donde `calcular_sueldo_neto` es el nombre de la función, `sueldo_bruto` el parámetro de entrada, `f64` el tipo de retorno y `{}` el cuerpo de la función.

> **NOTA:**
>
> *El símbolo -> indica que la función tendrá algún tipo de retorno que debe ser indicado.*

Firma

En términos de encapsulación es importante destacar que el nombre de la función, los parámetros y el tipo de retorno constituyen la firma de la función, también conocida en otros lenguajes por el término «cabecera».

Una función encapsula una porción de código, y permite su reutilización múltiples veces sin necesidad de repetirlo. Para que esto ocurra, la función debe contar con una interfaz de comunicación a través de la cual otras partes del programa pueden acceder a su contenido.

La firma de la función específica esta interfaz y permite identificar la función rápidamente: cómo se llama, qué tipo de datos espera y qué información devuelve.

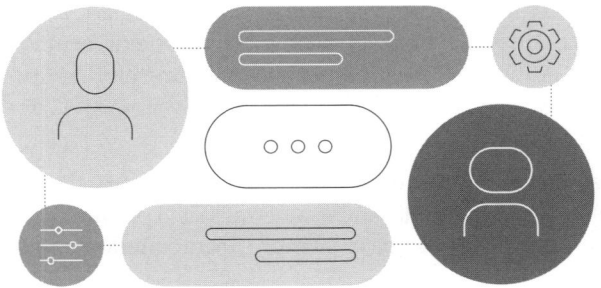

Figura 9.3. Interfaz de comunicación.

Nombre de la función

Los nombres de las funciones deben ser identificadores válidos. Un identificador es válido si contiene letras minúsculas (a-z) o mayúsculas (A-Z), números (0-9) y guiones bajos (_), con la peculiaridad de que no pueden comenzar con un número. Todas las funciones regulares, por convención, se escriben en *snake_case*, es decir, con palabras en minúsculas separadas por guiones bajo. Como puedes observar, el identificador calcular_sueldo_neto cumple con estas reglas y convenciones del lenguaje.

Las variables localizadas entre paréntesis son los parámetros de entrada. La función calcular_sueldo_neto() recibe desde el exterior (ya veremos cómo) un valor que se almacena en la variable sueldo_bruto, y que se toma como parámetro de entrada. Cuando esto ocurre, decimos que el valor es pasado por copia. La variable sueldo_bruto se crea en el momento en el que la función se utiliza sin necesidad de añadir la palabra reservada let para declarar la variable.

Los datos que se pasan a una función son los valores necesarios para que esta pueda realizar su tarea correctamente, y deben adaptarse al diseño del programador o programadora que implementa la función para que cumpla su cometido.

Tiene sentido, ¿verdad? Sería una locura esperar que la función calcular_sueldo_neto() calcule el sueldo neto de un empleado cuando recibe un valor que no corresponde con el sueldo bruto (por ejemplo, el importe de una bonificación anual). Estos criterios de obligado cumplimiento se conocen como precondiciones de la función.

Figura 9.4. Las precondiciones de una función son como una lista conceptual de requisitos que deben cumplirse antes de su ejecución.

Al diseñar una función es importante preguntarse cuántas y cuáles precondiciones va a tener. La función `calcular_sueldo_neto()` debe recibir el sueldo bruto para que el cálculo se realice correctamente. Además, el sueldo bruto debe ser un valor de tipo real (en concreto de tipo `f64`) tal y como se especifica en la declaración de la variable `sueldo_bruto` en el listado de parámetros de entrada.

Técnicamente no hay una restricción en la cantidad de parámetros de entrada de una función, sin embargo, es una buena práctica limitarse a no más de 3 parámetros.[1] Cada parámetro de entrada debe ir separado por una coma, y siempre acompañado de su tipo.

Imagina que la función `calcular_sueldo_neto()` debe recibir también el porcentaje de las deducciones a aplicar.

```
fn calcular_sueldo_neto(sueldo_bruto: f64,
                        porcentaje_deducciones: f64) -> f64 {
}
```

Es importante que la función se implemente de manera suficientemente general como para permitir que diferentes valores puedan ser procesados tal y como se espera, y suficientemente específica como para que la función proporcione cierta utilidad.

Por ejemplo, solo tiene sentido implementar un porcentaje fijo de deducciones si la empresa siempre aplica el mismo criterio. Sin embargo, si este porcentaje varía, entonces es más útil recibir esta información como un segundo parámetro de entrada para que la función sea adecuada al contexto en el que se implementa.

TRUCO:

Existe una regla no escrita que debes tener en cuenta: una función debe ser responsable de una sola tarea. Si realiza varias, probablemente debas dividirla en funciones más pequeñas y específicas.

Estos parámetros de entrada ya son variables inicializadas gracias al valor que se les proporciona desde fuera de la función en el momento de su llamada, por lo que no necesitan ser declaradas en el cuerpo de la función.

¿Es imprescindible contar con al menos un parámetro de entrada? Para nada. Una función no tiene por qué recibir obligatoriamente valores del exterior. En este tipo de situaciones la función carece de parámetros de entrada.

Por ejemplo, supongamos la implementación de una función que devuelve el código postal en el que se localiza el edificio principal de la compañía. La firma de la función tendría una estructura similar a esta que te muestro a continuación: `fn obtener_codigo_postal() ->i32`.

---

[1]   Martin, R. C. (2008). *Clean Code: A Handbook of Agile Software Craftsmanship.* Prentice Hall.

Finalmente, si ya conoces otros lenguajes de programación, podrías preguntarte si es posible asignar valores por defecto a los parámetros de una función –y permitir en consecuencia utilizar la función con valores predeterminados y sin necesidad de especificarlos–. En Rust no pueden establecerse valores por defecto tal.[2]

Cuerpo de la función

El cuerpo de la función viene delimitado por llaves de apertura y de cierre { }, que marcan el ámbito de esta función. Los parámetros de entrada y las variables declaradas en el cuerpo de la función solo existirán en el ámbito de esta. En el momento en el que termina el ámbito con la llave de cierre } toda variable es destruida, y su memoria asociada, liberada.

Figura 9.5. Recuerda copiar y compilar cada ejemplo en tu equipo.

En el cuerpo de la función es donde se implementa su comportamiento. En la función `calcular_sueldo_neto()` debe calcularse el sueldo neto del empleado en cuestión, a partir del valor correspondiente al sueldo bruto mensual proporcionado desde el exterior de la función a través del parámetro de entrada.

```
fn calcular_sueldo_neto(sueldo_bruto: f64) -> f64 {
    let porcentaje_deducciones = 22.42;
    let deducciones_empleado =
    sueldo_bruto * (porcentaje_deducciones/100.);
    let sueldo_neto = sueldo_bruto - deducciones_empleado;
}
```

Esta función aún no compila porque el cuerpo no está completamente implementado (figura 9.6).

Además, necesitarás incluir en el mismo archivo de código fuente la función `main()` como punto de entrada del programa.

Como puedes observar, la lógica implementada originalmente en la función principal `main()` ahora se encuentra localizada en el interior de la función `calcular_sueldo_neto()`. Esta lógica puede implementarse de varias formas diferentes y más eficientes.

---

[2]   Es posible simular este comportamiento usando Structs y Traits, que veremos más adelante. Sin embargo, esto no es lo mismo que asignar valores por defecto de la manera tradicional como en otros lenguajes de programación.

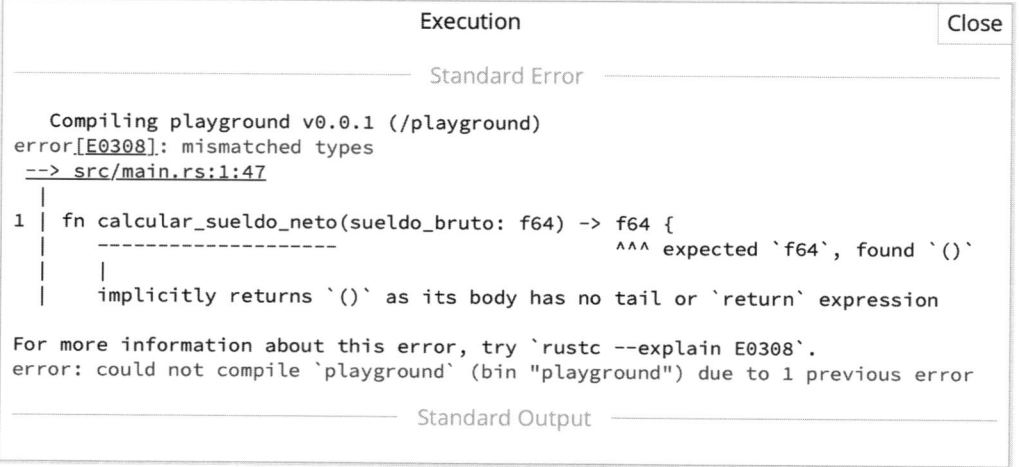

Figura 9.6. Error E0308 en consola.

Por ejemplo, podríamos evitar declarar la variable `deducciones_empleado`, y en su lugar, incluir directamente el cálculo de las deducciones junto al cálculo del sueldo neto.

```
fn calcular_sueldo_neto(sueldo_bruto: f64) -> f64 {
    let porcentaje_deducciones = 22.42;
    let sueldo_neto =
    sueldo_bruto - (sueldo_bruto * (porcentaje_deducciones/100.));
}
```

Incluso, siguiendo este mismo criterio, podríamos ahorrarnos almacenar el valor literal 22.42 únicamente para realizar una operación, e incluirlo directamente en la operación en la que dicho valor se ve involucrado.

```
fn calcular_sueldo_neto(sueldo_bruto: f64) -> f64 {
    let sueldo_neto = sueldo_bruto - (sueldo_bruto * (22.42/100.0));
}
```

A estas alturas, el programa sí que debería compilar. El cuerpo de la función ha pasado de tener 4 líneas a tener solo 1. ¿Hasta cuándo tiene sentido optimizar? En mi opinión, la respuesta varía según dos criterios:

- En primer lugar, de las necesidades propias de optimización. Imagina que estás programando un microcontrolador y necesitas optimizar al máximo la eficiencia espacial y temporal de tu programa. En este caso, optimiza tanto como puedas.

- En segundo lugar, intenta llegar a un término medio coherente en el que la optimización no impida a otros profesionales del sector entender tu código. Al igual que los nombres de las variables y funciones deben ser descriptivos, el conjunto de líneas de código que hay en tu programa deben ser una descripción clara del comportamiento de este, hasta el punto de que otros desarrolladores de software puedan entender la lógica implementada.

Piensa en el cuerpo de una función como una suerte de receta: debería ser lo suficientemente descriptiva como para que otro, al leerla, la entienda. Esa debe ser tu máxima y tu término medio coherente.

Si necesitáramos hacer que esta función fuera aún más flexible y útil para diferentes rangos salariales, podemos recuperar el encabezado comentado anteriormente en el que el que se aplica en las deducciones viene proporcionado como parámetro de entrada.

```
fn calcular_sueldo_neto(sueldo_bruto: f64,
                        porcentaje_deducciones: f64) -> f64 {
    let sueldo_neto =
    sueldo_bruto - (sueldo_bruto * (porcentaje_deducciones/100.));
}
```

Retorno

En Rust toda función devuelve un valor que debe coincidir con el tipo indicado en su cabecera. Por ejemplo, la función `calcular_sueldo_neto()` devuelve el sueldo neto calculado, de tipo `f64`.

Retorno del valor

El valor devuelto puede indicarse de 2 maneras: con la palabra reservada `return`, y a través de una expresión carente de punto y coma `;`

En el ejemplo de la función `calcular_sueldo_neto()`, escribimos `return` seguido del nombre de la variable `sueldo_neto` para devolver el valor contenido en la misma (esta expresión termina en punto y coma `;`).

```
fn calcular_sueldo_neto(sueldo_bruto: f64,
                        porcentaje_deducciones: f64) -> f64 {
    let sueldo_neto =
    sueldo_bruto - (sueldo_bruto * (porcentaje_deducciones/100.));
    return sueldo_neto;
}
```

El uso de la instrucción `return` para el retorno de funciones se reserva para situaciones en las que es necesario salir prematuramente de una función, al trabajar con diferentes bifurcaciones dentro de la misma, y para clarificar el código en funciones largas y compleja. En funciones cortas y sencillas –o en aquéllas que retornan el valor de la última expresión de un bloque– el retorno de la función se toma de la última expresión sin punto y coma dentro del ámbito `;`.

```
fn calcular_sueldo_neto(sueldo_bruto: f64,
                        porcentaje_deducciones: f64) -> f64 {
    let sueldo_neto =
    sueldo_bruto - (sueldo_bruto * (porcentaje_deducciones/100.));
    sueldo_neto
}
```

La función `calcular_sueldo_neto()` devuelve el contenido de la variable `sueldo_neto` como retorno de la función. También sería posible devolver el resultado de toda la operación sin necesidad de almacenar el valor en una variable.

```
fn calcular_sueldo_neto(sueldo_bruto: f64,
                        porcentaje_deducciones: f64) -> f64 {
    sueldo_bruto - (sueldo_bruto * (porcentaje_deducciones/100.))
}
```

Tipo

El valor devuelto por la función debe coincidir con el tipo especificado en su firma. En la función `calcular_sueldo_neto()`, el tipo de retorno se indica entre el paréntesis de cierre que recibe los parámetros de entrada y la llave de apertura del cuerpo de la función. Escribimos `->` seguido del tipo del valor que debe devolver la función:

```
fn calcular_sueldo_neto(sueldo_bruto: f64,
                        porcentaje_deducciones: f64) -> f64 {
    sueldo_bruto - (sueldo_bruto * (porcentaje_deducciones/100.))
}
```

Este detalle soluciona el error de compilación que se muestra en la figura 9.6.

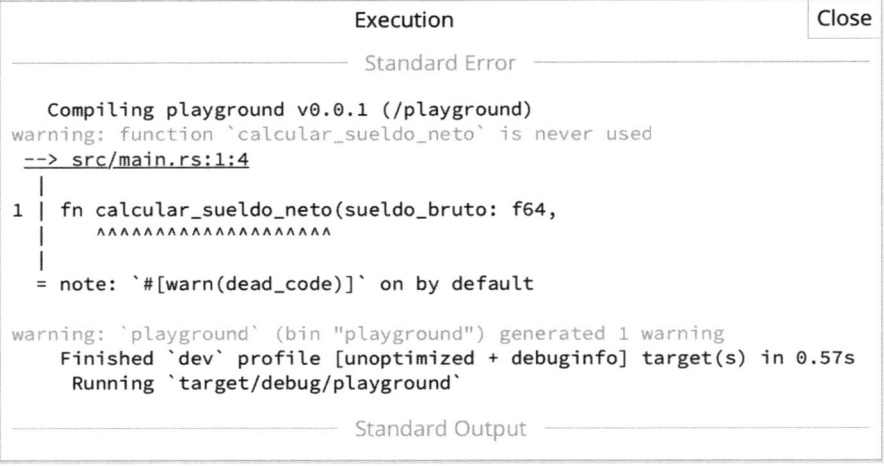

Figura 9.7. Salida esperada al compilar la función calcular_sueldo_neto().

Decíamos anteriormente que una función debe devolver siempre un valor. Quizá ya te hayas percatado de que la función principal `main()` cuenta con la palabra reservada `fn`, así que parece ser una función pero no tiene ninguna flecha que especifique el tipo de retorno.

```
fn main(){

}
```

Una función que conceptualmente no devuelve ningún valor se modela en Rust a través del retorno de una tupla vacía. De modo que escribir esta cabecera:

```
fn funcion_sin_valor_de_retorno() -> ()
```

es equivalente a escribir esta otra:

```
fn funcion_sin_valor_de_retorno()
```

Rust utiliza una tupla vacía `()` para modelar el retorno ausente de una función por razones prácticas y conceptuales. En Rust, toda expresión devuelve un valor. A diferencia de otros lenguajes que usan el tipo especial `void`, Rust consigue mantener de este modo una uniformidad clara y un sistema de inferencia de tipos más coherente.

Llamada a funciones

Llamar a una función en Rust es muy sencillo: basta con escribir el nombre de la función y proporcionar entre paréntesis los valores para que la función pueda realizar su tarea. Por ejemplo, podríamos llamar a la función `calcular_sueldo_neto()` desde la función principal `main()`[3]. La función `calcular_sueldo_neto()` devolverá el valor del sueldo neto, que podemos utilizarlo como parte de otra expresión o cálculo, e incluso almacenarlo en una variable del mismo tipo.

```
fn main(){
    let sueldo_bruto_empleado = 32_000.98;
    let sueldo_neto_empleado =
    calcular_sueldo_neto(sueldo_bruto_empleado, 22.42);
}
```

Ahora, la lógica implementada en la función `calcular_sueldo_neto()` puede ser reutilizada tantas veces como sean necesarias, con valores adaptados a cada sueldo y porcentaje de deducción:

```
fn main(){
    let sueldo_bruto_empleado1 = 32_000.98;
    let sueldo_bruto_empleado2 = 33_500.30;
    let sueldo_bruto_empleado3 = 28_200.00;
    let sueldo_bruto_empleado4 = 28_350.80;
    let sueldo_bruto_empleado5 = 47_300.76;

    let sueldo_neto_empleado1 =
    calcular_sueldo_neto(sueldo_bruto_empleado1, 22.42);

    let sueldo_neto_empleado2 =
    calcular_sueldo_neto(sueldo_bruto_empleado2, 22.42);;
```

---

[3] También es posible llamar a una función desde otra función ya implementada.

```
    let sueldo_neto_empleado3 =
    calcular_sueldo_neto(sueldo_bruto_empleado3, 22.42);

    let sueldo_neto_empleado4 =
    calcular_sueldo_neto(sueldo_bruto_empleado4, 22.42);

    let sueldo_neto_empleado5 =
    calcular_sueldo_neto(sueldo_bruto_empleado5, 25.50);
}
```

Gracias a esta modularización, la función `calcular_sueldo_neto()` se puede probar de manera más precisa. Evita código repetitivo, y además su implementación es lo suficientemente general como para ser llamada con diferentes valores y en diversos contextos sin dejar de realizar una única tarea: el cálculo del sueldo neto de un empleado. El código final resultante, que puedes pegar y ejecutar desde tu editor de código favorito, es el siguiente:

```
fn calcular_sueldo_neto(sueldo_bruto: f64,
                        porcentaje_deducciones: f64) -> f64 {
    sueldo_bruto - (sueldo_bruto * (porcentaje_deducciones/100.))
}

fn main(){
    let sueldo_bruto_empleado1 = 32_000.98;
    let sueldo_bruto_empleado2 = 33_500.30;
    let sueldo_bruto_empleado3 = 28_200.00;
    let sueldo_bruto_empleado4 = 28_350.80;
    let sueldo_bruto_empleado5 = 47_300.76;

    let sueldo_neto_empleado1 =
    calcular_sueldo_neto(sueldo_bruto_empleado1, 22.42);

    let sueldo_neto_empleado2 =
    calcular_sueldo_neto(sueldo_bruto_empleado2, 22.42);;

    let sueldo_neto_empleado3 =
    calcular_sueldo_neto(sueldo_bruto_empleado3, 22.42);

    let sueldo_neto_empleado4 =
    calcular_sueldo_neto(sueldo_bruto_empleado4, 22.42);

    let sueldo_neto_empleado5 =
    calcular_sueldo_neto(sueldo_bruto_empleado5, 25.50);
}
```

Comprueba que la consola produce una salida similar a la que te muestro en la figura 9.8.

```
                              Execution                                        Close
                        ──── Standard Error ────

   Compiling playground v0.0.1 (/playground)
warning: unnecessary trailing semicolon
  --> src/main.rs:17:57
   |
17 |     calcular_sueldo_neto(sueldo_bruto_empleado2, 22.42);;
   |                                                        ^ help: remove this semicolon
   |
   = note: `#[warn(redundant_semicolons)]` on by default

warning: unused variable: `sueldo_neto_empleado1`
  --> src/main.rs:13:9
   |
13 |     let sueldo_neto_empleado1 =
   |         ^^^^^^^^^^^^^^^^^^^^^ help: if this is intentional, prefix it with an underscore: `_sueldo_neto_empleado1`
   |
   = note: `#[warn(unused_variables)]` on by default
```

Figura 9.8. Salida esperada al compilar el programa final que utiliza la función calcular_sueldo_neto().

Paso por valor vs Paso por referencia

Al trabajar con funciones en Rust, es esencial entender cómo se maneja el paso por valor y el paso por referencia para escribir código eficiente y libre de errores. Comprender estas diferencias te permitirá aprovechar mejor las capacidades que ofrece el lenguaje, y te ayudará a evitar errores comunes que pueden llevar a fallos de compilación o, peor aún, a comportamientos impredecibles en tiempo de ejecución.

Paso por valor

En este programa que vemos a continuación, se proporcionan dos valores a la función calcular_sueldo_neto(): el sueldo bruto mensual, y el porcentaje de deducciones que se aplicará.

```
fn calcular_sueldo_neto(sueldo_bruto: f64,
                        porcentaje_deducciones: f64) -> f64 {
    sueldo_bruto - (sueldo_bruto * (porcentaje_deducciones/100.))
}

fn main(){
    let sueldo_bruto_empleado = 32_000.98;
    let sueldo_neto_empleado =
    calcular_sueldo_neto(sueldo_bruto_empleado, 22.42);
}
```

El primer valor es tomado de la variable sueldo_bruto_empleado (calcular_sueldo_neto(**sueldo_bruto_empleado**, 22.42);), y el segundo valor se toma del número literal 22.42 (calcular_sueldo_neto(sueldo_bruto_empleado, **22.42**);)

En este proceso de transferencia de información (de un ámbito a otro) entra en juego el sistema de propiedad de Rust.

En primer lugar, el valor `32_000.98` tiene como propietario la variable `sueldo_bruto_empleado` en el ámbito de la función principal `main()`. En el momento en el que se llama a la función `calcular_sueldo_neto()`, la propiedad sobre el valor de la variable `sueldo_bruto_empleado` es transferida temporalmente a la variable `sueldo_bruto`, declarada como parámetro dentro de la función. En este punto del programa, `sueldo_bruto_empleado` deja de ser propietaria del valor, y nunca más podrá acceder a él. Si intentas acceder a la variable `sueldo_bruto_empleado` después de transferir la propiedad de su valor al parámetro `sueldo_bruto`, obtendrás un error de compilación, porque el valor original ha sido «copiado» a la variable destino.

```
1 fn calcular_sueldo_neto(sueldo_bruto: f64,
2                         porcentaje_deducciones: f64) -> f64 {
3    sueldo_bruto - (sueldo_bruto * (porcentaje_deducciones/100.))
4 }
5
6 fn main(){
7    let sueldo_bruto_empleado = 32_000.98;
8    let sueldo_neto_empleado =
9    calcular_sueldo_neto(sueldo_bruto_empleado, 22.42);
10
11    let sueldo_medio =
12    sueldo_bruto_empleado > 18_000.49 &&
13    sueldo_bruto_empleado < 27_000.92;
14 }
```

Si has hecho los deberes de copiar este programa y compilarlo, te habrás percatado de que en la línea 9 se está utilizando la variable `sueldo_bruto_empleado`, y el programa compila correctamente.

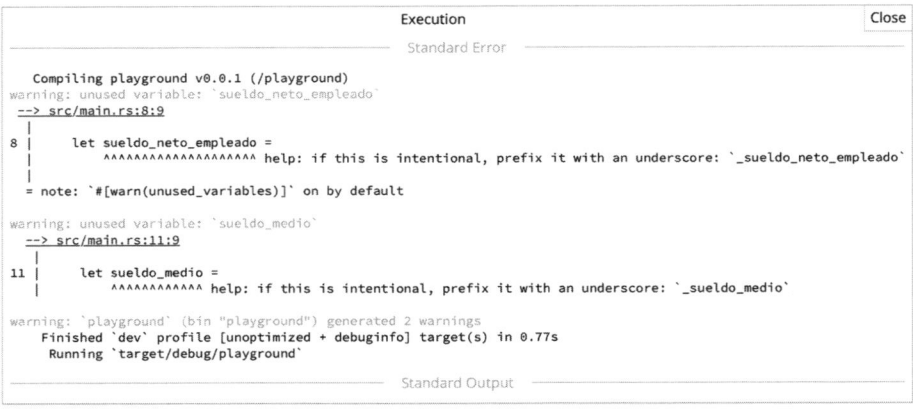

Figura 9.9. Transferencia de propiedad en un programa que debería provocar un error de compilación.

Espera… ¿no habíamos dicho que tras transferir la propiedad de su valor, esta variable nunca más podría acceder a él? Así es, pero solo en tipos de datos complejos.[4] En tipos de datos primitivos simples (enteros, flotantes, caracteres y booleanos) y primitivos compuestos (tuplas y arreglos), la transferencia de propiedad –generalmente– no se produce. Este comportamiento ocurre porque estos tipos primitivos implementan el trait Copy, que no es más que un mecanismo que proporciona el lenguaje para modificar el comportamiento de los tipos de datos ante determinadas situaciones. Hablaremos sobre traits en el capítulo 14.

Por otro lado, ¿qué ocurre con el numero literal 22.42? Dado que la variable porcentaje_deducciones es creada en el momento en el que la función es llamada, el numero literal 22.42 carece de propietario en la función principal main(), y su primer y único propietario es el parámetro porcentaje_deducciones en el ámbito de la función calcular_sueldo_neto().

Vamos a continuar profundizando en el paso por valor para ver cómo se comportan el resto de los tipos que hemos visto hasta el momento. Echemos un vistazo a las tuplas: supongamos que modelamos los ingresos recibidos por un empleado durante el primer trimestre del año a través de una tupla.

```
fn main(){
    let ingresos_empleado = (2500., 2750., 4150.);
}
```

Si pasamos la tupla por valor a una función calcular_ingresos_trimestre(), debería transferirse la propiedad sobre los datos a la nueva tupla declarada en el interior de la función.

```
fn calcular_ingresos_trimestre(ingresos: (f64, f64, f64))->f64{
    ingresos.0 + ingresos.1 + ingresos.2
}

fn main(){
    let ingresos_empleado = (2500., 2750., 4150.);
    let total = calcular_ingresos_trimestre(ingresos_empleado);
}
```

Sin embargo, como ya hemos mencionado antes, la transferencia de propiedad no se da porque los datos primitivos implementan – incluidas las tuplas– el trait Copy. En realidad, los tipos que implementan el trait Copy son los tipos de datos que contiene la tupla, no la tupla en sí.

En este ejemplo coincide que todos los datos son primitivos simples, y como ellos sí implementan este trait de copia, entonces la tupla en consecuencia también. En un paso por valor, una tupla se copiará completamente solo cuando todos los elementos que agrupa implementen este trait. Si alguno de ellos no lo implementa, entonces la tupla no se copiará y la transferencia de la propiedad sí que se producirá.

---

[4]   Veremos los tipos de datos complejos en el capítulo 10.

Este mismo comportamiento también se produce a la hora de trabajar con arrays. Puedes comprobarlo con un simple cambio: modela los sueldos del primer trimestre de un empleado a través de un array (en lugar de una tupla), modifica el resto de la implementación en consecuencia y utiliza la variable `ingresos_empleado` tras llamar a la función.

```
fn calcular_ingresos_trimestre(ingresos: [f64; 3]) -> f64 {
    ingresos.iter().sum()
}

fn main() {
    let ingresos_empleado = [2500.0, 2750.0, 4150.0];
    let total = calcular_ingresos_trimestre(ingresos_empleado);
}
```

Paso por referencia

Cuando trabajamos con datos de gran tamaño el paso por valor tiende a ser poco eficiente. A menudo, el paso por valor implica una copia de este.[5] Por otro lado, transferir la propiedad y el control sobre el recurso también puede provocar cierta sobrecarga administrativa.

Cuando pasamos los datos por referencia esto no ocurre. Las referencias nos permiten acceder a un valor de forma segura, sin crear copia alguna y sin necesidad de tomar su propiedad. Además, podemos controlar si el acceso debe ser mutable (y permitir que se modifique el valor de la variable a la que se apunta) o inmutable, lo que asegura que el valor original nunca será modificado.

```
1 fn calcular_sueldo_neto(sueldo_bruto: &f64,
2                         porcentaje_deducciones: &mut f64) -> f64 {
3     *porcentaje_deducciones += 4.08;
4     *sueldo_bruto -
5     (*sueldo_bruto * (*porcentaje_deducciones / 100.0))
6 }
7
```

---

[5] La transferencia de la propiedad implica que el valor se almacenará en memoria bajo un nuevo identificador. En muchos casos, esto significa mover un valor de una zona de la memoria a otra.

```
8  fn main() {
9    let sueldo_bruto_empleado = 32_000.98;
10   let mut porcentaje_deducciones = 22.42;
11
12   let sueldo_neto_empleado = calcular_sueldo_neto(
13   &sueldo_brutc_empleado, &mut porcentaje_deducciones);
14   let sueldo_medio = sueldo_bruto_empleado > 18_000.49
15   && sueldo_bruto_empleado < 27_000.92;
16 }
```

Trabajar con referencias implica utilizar el operador de desreferenciación * para acceder al valor al que la referencia apunta, y respetar todas y cada una de las reglas propias del sistema de préstamos.

A diferencia del paso por valor, en el paso por referencia la propiedad no se transfiere. Esto es especialmente relevante: la propiedad sobre el valor prestado sigue perteneciendo al propietario original, y en consecuencia, dicho propietario puede seguir accediendo al valor cuando lo desee (línea 14 del código anterior). Finalmente, cabe destacar que el paso por referencia casi siempre[6] es más eficiente que el paso por valor.

La compilación de este programa debe proporcionarte la salida que te muestro en la figura 9.10.

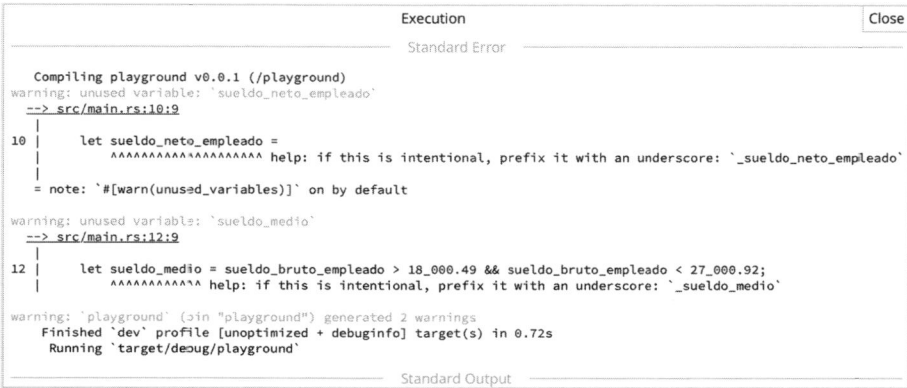

Figura 9.10. Salida esperada tras compilar un programa que pasa valores por referencia a la función calcular_sueldo_neto().

Con los ejemplos que hemos visto ya deberías saber trabajar con referencias mutables e inmutables que señalan a tipos de datos primitivos simples. Vamos a ver a continuación cómo se comportan las tuplas y los arrays cuando se pasan como parámetros de funciones.

Supongamos que un sensor almacena la temperatura media diaria durante una semana, y esta información la almacenamos en un array.

---

[6]   La única excepción suele ser en aquellos datos primitivos que ocupan menos que una dirección de memoria: la copia de un valor primitivo simple (por ejemplo, un carácter), es más eficiente que la creación de una referencia.

```rust
fn main(){
    let mut temperaturas: [f32; 7] = [23.5, 24.0, 22.8,
                                      21.4, 25.0, 26.1, 24.5];
}
```

Ocurre que el sensor sufre de un pequeño desajuste. Por solucionar este problema, implementamos una función que modifica el array original a través de una referencia mutable.

```rust
fn eliminar_desajuste_sensor(temperaturas: &mut [f32; 7]){
    temperaturas[0] -= 1.57;
    temperaturas[1] -= 1.57;
    temperaturas[2] -= 1.57;
    temperaturas[3] -= 1.57;
    temperaturas[4] -= 1.57;
    temperaturas[5] -= 1.57;
    temperaturas[6] -= 1.57;
}

fn main() {

    let mut temperaturas: [f32; 7] = [23.5, 24.0, 22.8,
                                      21.4, 25.0, 26.1, 24.5];

    eliminar_desajuste_sensor(&mut temperaturas);

    let temperatura_domingo = temperaturas[6];
}
```

Tras llamar a la función para actualizar los valores del array, observa que es posible utilizar su identificador original para acceder a sus valores y utilizarlos. En el paso de valores por referencia entra en juego el sistema de préstamos, no el sistema de transferencia ni la implementación de ningún trait.

Con las tuplas ocurre exactamente lo mismo. Imagina que la dueña de una papelería dispone de 50 bolígrafos "Edición especial". Un cliente pasa junto al escaparate y queda impregnado al ver la calidad y estilo del producto, así que decide comprar las 50 unidades. La dueña –que está aprendiendo Rust– decide implementar un pequeño programa para realizar esta operación y practicar las lecciones que está aprendiendo en este libro.

```rust
fn main(){

    let articulo: (&str, u32, f64) =
    ("Bolígrafo Special Edition", 50, 12.50;
}
fn calcular_importe_total(articulo: &(&str, u32, f64)) -> f64 {
    articulo.1 as f64 * articulo.2
}
```

En un momento de lucidez, la dueña recuerda que uno de sus familiares cercanos quería 3 bolígrafos como este, así que en último momento implementa una pequeña resta para calcular el importe a cobrar.

```
fn main() {

    let articulo: (&str, u32, f64) =
    ("Bolígrafo Special Edition", 50, 12.50);

    let total: f64 = calcular_importe_total(&articulo);
    let total = total - 3 as f64 * articulo.2;
}

fn calcular_importe_total(articulo: &(&str, u32, f64)) -> f64 {
    articulo.1 as f64 * articulo.2
}
```

Como puedes observar, la tupla `articulo` puede continuar siendo utilizada en la función principal después de que su contenido sea prestado a la función `calcular_importe_total()`. Esto ocurre gracias al sistema de préstamos: en el momento en el que la función termina su tarea, la referencia inmutable creada es destruida y el valor prestado es devuelto a su propietario original.

Ciclos de vida de referencias por defecto

Como ya sabes, toda referencia tiene un tiempo de vida determinado que está vinculado al tiempo de vida del propietario del dato al que apunta.

Figura 9.11. Reloj de arena.

Existen unas reglas que se aplican por defecto, y que permiten al compilador inferir automáticamente cuáles deben ser los tiempos de vida de las referencias en una gran cantidad de situaciones.

Varias referencias de entrada, ninguna referencia de salida

Cada referencia en los parámetros de una función obtiene por defecto su propia duración y tiempo de vida.

```
fn calcular_sueldo_neto(sueldo_bruto: &f64,
                        porcentaje_deducciones: &mut f64) -> f64 {
    *porcentaje_deducciones += 4.08;
```

```
    *sueldo_bruto -
    (*sueldo_bruto * (*porcentaje_deducciones / 100.0))
}
```

El compilador –forma predeterminada– asigna a cada parámetro de entrada de la función un tiempo de vida único.

Una referencia de entrada, una referencia de salida

Si solo existe una referencia en la lista de parámetros de entrada, el ciclo de vida de esa referencia se asigna a la referencia de salida.

Para ilustrar este ejemplo definiremos la función `obtener_prefijo()`, que toma una referencia a una cadena de texto (`&str`) y un entero que indica la longitud deseada del prefijo que se quiere obtener.

Esta función devuelve una referencia a la a la subcadena que representa el prefijo de la longitud especificada.

```
fn obtener_prefijo(palabra: &str, longitud_prefijo: u8) -> &str {
    let longitud = longitud_prefijo.min(palabra.len() as u8) as usize;
    &palabra[0..longitud]
}
```

Mediante la aplicación de esta regla, el compilador infiere que el tiempo de vida de la referencia de retorno es el mismo que el tiempo de vida de la única referencia recibida como parámetro de entrada.

Referencias de entrada con &self o &mut self

Si existen múltiples parámetros de referencia, pero uno de ellos es `&self` o `&mut self`, el ciclo de vida de `self` se asigna a todas las referencias de salida. Como aún no hemos abordado todavía los métodos de instancias –y esta regla se aplica específicamente en este contexto–, rescataremos esta regla más adelante.

Macros de expansión

Para implementar tu primer programa en Rust escribiste un código similar a este:

```
fn main(){

    println!("¡Hola, Mundo!");

}
```

Con la salida esperada de la figura 9.12.

Ahora ya sabes que `main()` es una función que en principio carece de parámetros de entrada y que tampoco devuelve ningún valor. En su cuerpo vemos que se hace una llamada a `println!()`. Por su sintaxis, `println!()` parece ser también una función, en cambio se trata de una macro de expansión.

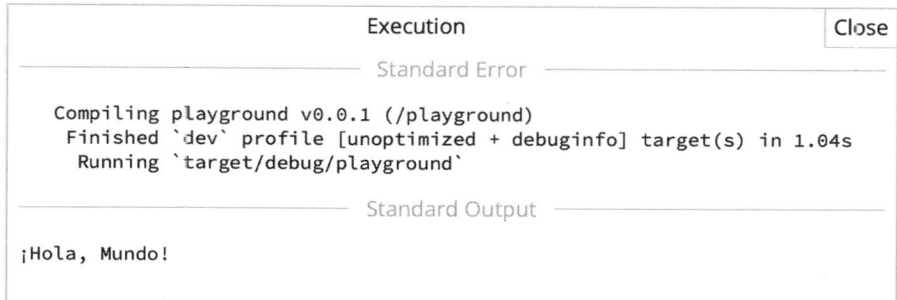

Figura 9.12. Salida esperada tras ejecutar el programa «¡Hola, Mundo!».

Las macros de expansión cuentan con una sintaxis similar a la de las funciones, pero su implementación y la forma en la que las macros de expansión trabajan difieren en gran medida de las funciones. Cuando un programa cuenta con macros de expansión, éstas no se compilan directamente durante el proceso de compilación (como sí ocurre con las funciones). Sabemos que `println!()` es una macro porque su identificador cuenta con el símbolo de exclamación de cierre.

También sabes que el modo de llamar a una macro es parecido al modo en el que se llama a una función, sin embargo también hemos indicado que estas macros se implementan de forma diferente. Una macro de expansión se define con la palabra reservada `macro_rules!`, seguida del identificador que tendrá la macro y un ámbito en el que incluiremos su implementación.

Vamos a crear como ejemplo una macro de expansión que imprima un mensaje en pantalla, y que simule el comportamiento de la macro `println!()`.

```
macro_rules! imprimir_mensaje {

}
```

ADVERTENCIA:

Observa que no existen paréntesis junto al identificador de la macro.

El cuerpo de la macro debe implementar algún tipo de mecanismo que permita tanto recibir valores del exterior como trabajar con ellos. Este mecanismo parte de la siguiente estructura `() => {}`, donde los paréntesis definen el patrón de entrada, y las llaves el cuerpo real de la macro.

```
macro_rules! imprimir_mensaje {
    () => {}
}
```

Las macros reciben los valores con los que debe trabajar a partir de patrones de entrada. Gracias a estos patrones, las macros pueden capturar diferentes tipos de argumentos y estructuras.

La macro `println!()` recibe una cadena de caracteres como parámetro de entrada a través de una metavariable de tipo `expr` (expresión).

```
macro_rules! imprimir_mensaje {
    ($x: expr) => {}
}
```

Este patrón de entrada `$x: expr` puede descomponerse en las siguientes partes:

- `$x` es la metavariable.
- `:expr` indica que `$x` es de tipo `expr` (expresión).

Con el patrón de entrada implementado ya solo queda escribir el cuerpo.

```
macro_rules! imprimir_mensaje {
    ($x: expr) => {
        println!("{}", $x);
    }
}
```

Con la línea `println!("{}", $x)` mostramos en pantalla la expresión tomada gracias al patrón de entrada.

> **NOTA:**
>
> *El cuerpo de la macro «println!()» es más complejo. En este ejercicio práctico se realiza un esfuerzo de simplificación para explicar los fundamentos de las macros de expansión de manera sencilla y didáctica.*

Para probar que tu implementación funciona correctamente, llama a la macro desde la función principal `main()`.

```
macro_rules! imprimir_mensaje {
    ($x: expr) => {
        println!("{}", $x);
    }
}

fn main(){
    imprimir_mensaje!("¡Hola, Mundo!");
}
```

Supongamos a continuación que deseamos implementar otra macro llamada `imprimir_mensajes!()`, similar a la anterior pero capaz de imprimir varias expresiones en pantalla en diferentes líneas.

El objetivo es poder llamar a esta nueva macro de la siguiente forma:

```
fn main() {
    imprimir_mensajes!(4, 8, 15, 16.23, 42, "Lost");
}
```

Los valores que se le proporcionan a esta macro se indican a modo de ejemplo.

Para obtener una salida como la que te muestro a continuación

```
4
8
15
16.23
42
Lost
```

Esta macro es muy similar a la anterior. En resumidas cuentas, debemos tomar varias expresiones separadas por comas.

Ya sabemos cómo tomar una expresión, así que solo queda indicar que dicho patrón se repita. La forma de repetir un patrón interno es rodearlo con $ (...) , *, donde los tres puntos ... equivalen al patrón que ya hemos escrito. Escribir esta expresión es como decir, «toma una o más expresiones, separadas por comas». Esta manera de repetir el patrón se implementa del siguiente modo:

```
macro_rules! imprimir_mensajes {
    ($($x:expr),*) => {
        $(println!("{}", $x);)*
    };
}
```

Por un lado se repite el patrón de entrada para tomar varios valores, y por otro, la implementación que imprime estos valores en pantalla.

Llama a la nueva macro desde la main() para comprobar que funciona correctamente:

```
macro_rules! imprimir_mensajes {
    ($($x:expr),*) => {
        $(println!("{}", $x);)*
    };
}

fn main() {
    imprimir_mensajes!(4, 8, 15, 16.23, 42, "Lost");
}
```

Observa en el ejemplo que el tipo expr toma valores enteros, valores reales y cadenas de tipo &str. El tipo expr acepta valores literales, variables, operaciones aritméticas e incluso llamadas a funciones, expresiones de control de flujo y bloques. Las posibilidades son enormes.

Comportamiento del compilador

La forma en la que las macros trabajan difiere en gran medida de las funciones.

En lo relativo a funciones, durante el proceso de compilación el compilador comprueba que los tipos de los argumentos y el valor de retorno son consistentes con la firma de la función para asegurar que las llamadas de produzcan con los tipos correctos. Una vez se produce esta comprobación, se traduce la función a código máquina.

En cambio, las macros no se ejecutan directamente. Antes de traducir la macro a código máquina el compilador realiza una expansión de la macro, donde el código escrito es reemplazado por el código que produce.

Por ejemplo, la macro `imprimir_mensajes!(4, 8, 15, 16.23, 42, "Lost");` se expandirá en múltiples llamadas a `println!()`.

```
fn main() {
    println!("{}", 4);
    println!("{}", 8);
    println!("{}", 15);
    println!("{}", 16.23);
    println!("{}", 42);
    println!("{}", "Lost");
}
```

Una vez realizada la expansión, el compilador verifica los tipos y traduce el código generado a código máquina. Así, las macros permiten generar código repetitivo de manera limpia, eficiente, menos propensa a errores y con mejor legibilidad.

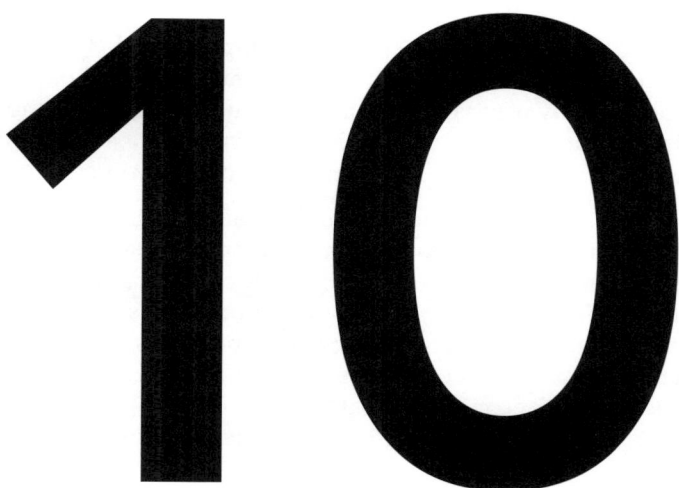

Tipos de datos complejos

En este capítulo aprenderás:

- A manejar cadenas de caracteres de alto nivel y cuáles son sus métodos más frecuentes.
- Cómo crear tipos de datos personalizados a partir de enumerados, así como su relevancia.
- Qué son los tipos especiales Option y Result y cómo trabajar con ellos.
- Cómo crear y modificar vectores, y sus ventajas en comparación con los arrays.
- A detectar cómo entra en juego el sistema de transferencia de la propiedad.

Introducción

A diferencia de los tipos de datos primitivos (simples y compuestos), los tipos de datos complejos consiguen modelar un mayor nivel de abstracción mediante la implementación de estructuras y abstracciones avanzadas. Al igual que muchos lenguajes modernos, Rust ofrece una variedad de tipos de datos complejos que permiten a los desarrolladores crear modelos más detallados y sofisticados, y por supuesto, de forma eficiente y segura.

En este capítulo, abordaremos las cadenas de caracteres de alto nivel, los enumerados y los vectores. Con las cadenas de caracteres modelaremos cadenas de texto y aprenderemos a trabajar con ellas en mayor profundidad mediante el uso de comportamientos comunes. También crearemos nuevos tipos de datos gracias a los enumerados, entenderemos la importancia de los enumerados en este lenguaje y nos introduciremos a los tipos `Option` y `Result`. A continuación, veremos las ventajas que ofrecen los vectores con relación a los arrays y aprenderemos a trabajar con ellos en Rust. Finalmente, volveremos a rescatar el concepto de propiedad y cómo entra en funcionamiento con estos tipos de datos.

Cadenas de caracteres de alto nivel

El tipo `&str` permite la creación de cadenas ligeras y altamente eficientes, pero inmutables. En determinados contextos la inmutabilidad puede aportar grandes beneficios, pero también es importante disponer de la posibilidad de trabajar cadenas de texto de forma sencilla, y modificar su contenido tantas veces como sea necesario. Además, el tipo `&str` está sujeto a las reglas de tiempos de vida de Rust, algo que puede complicar el código cuando las duraciones de vida de las referencias son difíciles de manejar.

La solución la encontramos en el tipo `String`, nombre bajo el que comúnmente se conoce a las cadenas de caracteres de alto nivel. Si bien el tipo `String` no es tan eficiente como el `&str`, es mucho más interesante en contextos donde se necesita construir o modificar cadenas de caracteres dinámicamente.[1]

Declaración y definición

Existen 3 formas de crear un `String` en Rust: con el método `new()`, con el método `to_string()` y con el método `from()`.

Para crear una cadena de caracteres vacía utilizamos el método `new()` –que no es más que una función ya implementada dentro del tipo `String` –, y que se encarga (al igual que el resto de los métodos mencionados) de facilitar la creación de cadenas de caracteres en Rust.

---

[1]   Los objetos de tipo `String` almacenan sus datos en el heap, lo que les permite cambiar de tamaño de forma dinámica. En cambio, las cadenas literales de tipo `&str` suelen estar almacenadas en el stack, o incluso, en un buffer interno cuando forma parte de estructuras más complejas.

```
fn main(){
    let cadena = String::new();
}
```

En caso de que ya tengamos un valor almacenado en una variable de tipo numérico, booleano o `&str`, podemos transformar su contenido en una cadena de caracteres haciendo uso del método `to_string()`, en este caso, escribiendo el nombre de la variable seguido de `.to_string()`.

```
fn main(){
    let nombre_de_usuario: &str = "@EliezerLopez";
    let nombre_de_usuario_como_string = nombre_de_usuario.to_string();

    let edad = 30;
    let edad_como_string = edad.to_string();
}
```

TRUCO:

También puedes convertir un String ya inicializado en una cadena de bajo nivel con el método .as_str(), de la siguiente forma: let cadena_bajo_nivel: &str = string_ original_inicializado.as_str();

Finalmente, el método `from()` toma como parámetro de entrada una cadena de texto inmutable de bajo nivel (un `&str`) y devuelve un valor de tipo `String` que almacena la cadena proporcionada.

```
fn main(){
    let hay_esperanza = String::from("Juan 3:16");
}
```

Métodos comunes

`String` proporciona una variedad de métodos útiles para la manipulación y gestión de cadenas de texto. Todos estos métodos están ya preparados y listos para ser utilizados. No son los únicos, pero sí los más relevantes.[2]

- Añadir contenido a una cadena:

  - `push(char)` añade un solo carácter al final de la cadena.
  ```
  let mut saludo = String::from("¡Hola");
  saludo.push('!');
  ```

  - `push_str(&str)` añade una cadena de caracteres al final de la cadena.
  ```
  let mut nombre_completo = String::from("Eliezer");
  nombre_completo.push_str(" López");
  ```

---

[2] Lista completa de métodos y ejemplos de uso: doc.rust-lang.org/std/string/struct.String.html

- El operador + concatena dos cadenas de tipo `String`. También concatena una cadena de tipo `String` a la izquierda del operando, con una de tipo `&str` a la derecha del operando.

```
let mensaje = String::from("Visita ");
let url = "eliezerlopez.rs";
let mensaje = mensaje + url;
```

- Acceso y modificación:
  - `as_str()` devuelve una referencia a la cadena subyacente. Revisa el truco que te he compartido en el apartado anterior.
  - `clear()` elimina todo el contenido de la cadena para dejar el String completamente vacío.

```
let mut descripcion =
String::from("Aprende a programar en Rust con los cursos
en formato video que he preparado especialmente para ti.");
descripcion.clear();
```

  - `truncate(longitud)` reduce la cadena a una longitud específica y elimina el contenido sobrante.

```
let mut lenguaje =
String::from("Rust, el lenguaje de programación");
lenguaje.truncate(4);
```

La variable lenguaje ahora solo contiene la palabra «Rust».

ADVERTENCIA:

Cuidado: el método «truncate()» recibe como parámetro de entrada un número de bytes, no una cantidad de caracteres a conservar.

  - `replace(&str, &str)` reemplaza todas las apariciones de la primera subcadena por la segunda.

```
let mensaje_cpp = String::from("El lenguaje de programación C++ me
encanta! Voy a aprender a programar en C++.");
let mensaje_rust = mensaje_cpp.replace("C++", "Rust");
```

- Consultas y verificaciones:
  - `len()` devuelve la longitud de la cadena en bytes.[3]

```
let cadena = String::from("Rust");
let longitud_en_bytes = cadena.len();
```

---

[3] A veces el número de bytes puede coincidir con el número de caracteres. Esto no ocurre cuando algún carácter ocupa más de un byte.

Escribe nombre_de_string.chars().count() para obtener el número de caracteres de una cadena de alto nivel.

- `is_empty()` verifica si la cadena está vacía.

```
let cadena_vacia = String::new();
let esta_vacia: bool = cadena_vacia.is_empty();
```

- `contains(&str)` comprueba si la cadena contiene una subcadena.

```
let editor_de_codigo_utilizado =
String::from("Estoy utilizando Rust Playground
para programar en Rust");
let playground: bool = editor_de_codigo_utilizado.contains("Playground");
let visual_studio: bool = editor_de_codigo_utilizado.contains("Visual
Studio Code");
```

- `starts_with(&str)` verifica si la cadena comienza con la subcadena indicada.

```
let sitio_web = String::from("play.rust-lang.org");
let editor_online = sitio_web.starts_with("play.");
```

- `ends_with(&str)` comprueba si la cadena termina con una subcadena.

```
let usuario = String::from("@EliezerLopez");
let con_apellido = usuario.ends_with("Lopez");
```

- Subcadenas y slices:
  - `split(&str)` divide la cadena en partes basadas en un delimitador proporcionado.

```
let frase_semilla = String::from("mateo-marcos-lucas-juan");
let palabras = frase_semilla.split('-');
```

El método «split» devuelve un iterador de tipo std::str::Split<'_, char>. Aprenderás más sobre iteradores en el capítulo 13.

El acceso al contenido de `palabras` lo veremos más adelante.

- `trim()` elimina los espacios en blanco al inicio y al final de una cadena.

```
let sitio_web = String::from("   eliezerlopez.rs      ");
let sitio_web = sitio_web.trim();
```

Aprecia la utilidad del sombreado en este tipo de situaciones. Permite reutilizar el identificador «sitio_web» una vez la cadena se encuentra libre de espacios y evita la mutabilidad en una variable que no debería subir más cambios a futuro.

- `trim_start()` elimina solo los espacios en blanco al inicio de la cadena.

```
let sitio_web = String::from(" eliezerlopez.rs");
let sitio_web = sitio_web.trim_start();
```

- `trim_end()` elimina solo los espacios en blanco al final de la cadena.

```
let sitio_web = String::from("eliezerlopez.rs       ");
let sitio_web = sitio_web.trim_end();
```

- Transformaciones:

  - `to_uppercase()` convierte todos los caracteres de la cadena a mayúsculas.

```
let iniciales = "elr";
let iniciales = iniciales.to_uppercase();
```

  - `to_lowercase()` convierte todos los caracteres de la cadena a minúsculas.

```
let cursos_en_video = "ELIEZERLOPEZ.RS";
let cursos_en_video = cursos_en_video.to_lowercase();
```

Puedes usar slices de rango para obtener subcadenas:

let nombre_completo = String::from("Eliezer López");

let apellido = &nombre_completo[9..13];

¡Ojo! El rango especifica bytes, no caracteres. La letra ó (con tilde) ocupa 2 bytes. Para trabajar con caracteres en lugar de con bytes utiliza el método «chars()», que permite iterar sobre cada carácter válido en la cadena independientemente de cuántos bytes ocupe ese carácter en UTF-8. Aprenderás más sobre iteradores en el capítulo 13.

Enumerados

Los enumerados constituyen un pilar imprescindible en Rust. Gracias a ellos, la sintaxis del lenguaje presenta robustez y expresividad, e incluso mejora su seguridad.

Un enumerado permite definir un tipo de dato que almacenará uno de entre varios valores previamente establecidos. Por ejemplo, un semáforo solo debería ser capaz de almacenar uno de entre tres valores: rojo, amarillo o verde. No debe almacenar otro tipo de información, y tampoco varios de estos colores. Un semáforo debe almacenar en un momento dado un único color.

Decimos que los enumerados son una parte especialmente relevante del lenguaje por varios motivos.

- Son altamente eficientes gracias a las optimizaciones que el compilador realiza sobre este tipo de dato.
- Hacen que el código sea más claro y legible porque todos los posibles valores que una variable puede tener son indicados explícitamente.
- El modelado de errores y parte de la gestión de la seguridad de la memoria recae sobre enumerados ya definidos en el propio lenguaje.

Además, los enumerados en Rust presentan características más potentes que sus análogos en otros lenguajes de programación.

Definición de la enumeración

Los enumerados generalmente se definen fuera de la función principal main(). El principal motivo es que los enumerados suelen ser tipos de datos que se utilizan en varias partes del programa. Al definir la estructura de un nuevo enumerado fuera de la función principal, su ámbito se amplía y se vuelve accesible desde cualquier parte del programa donde sea necesario.

Figura 10.1. Semáforo.

Para definir un enumerado, escribimos la palabra reservada enum, a continuación, el nombre que recibirá este enumerado,[4] y entre llaves indicaremos los valores que el enumerado podrá almacenar separados por comas.

```
enum Semaforo {
    Rojo,
    Amarillo,
    Verde,
}

fn main(){

}
```

---

[4]   La primera letra de los identificadores de los enumerados debe escribirse en mayúsculas.

¡El último valor que se indica en el enumerado también lleva coma! Aunque no es obligatoria, seguir esta práctica es recomendable para mantener consistencia con otras partes del lenguaje y facilitar la adición de nuevos valores en el futuro sin olvidar la coma. Además, si observamos el cambio en un sistema de gestión de versiones solo veríamos el cambio en la línea añadida, no en la que olvidamos la coma.

Declaración de enumerados y uso de las variantes

Los enumerados permiten crear variables de tipos personalizados. Tras definir un nuevo enumerado llamado Semaforo (es decir, un nuevo tipo Semaforo), podremos crear variables de tipo Semaforo.

```
enum Semaforo {
    Rojo,
    Amarillo,
    Verde,
}

fn main(){
    let calle_pizarro: Semaforo;
}
```

Las variables de tipos personalizados en Rust funcionan de manera similar a las variables de tipos primitivos: declaradas con let, inmutables por defecto, compatibles con la inferencia de tipos... Una variable de un tipo personalizado sigue siendo una variable, solo que su contenido está adaptado a requisitos de modelado más complejos.

Si te fijas, los valores Rojo, Amarillo y Verde no están escritos entre comillas dobles ya que se trata de identificadores de variables de una enumeración, no cadenas de texto. Las enumeraciones en Rust se utilizan para definir un tipo que puede ser uno de varios posibles valores, y las variantes de una enumeración se refieren directamente por su nombre, sin necesidad de comillas dobles.

Para inicializar una variable de tipo Semaforo con un valor, debemos indicar el valor el ámbito al que pertenece a través de ::, al igual que para modificar su valor posteriormente.

```
fn main(){
    let mut calle_pizarro: Semaforo = Semaforo::Rojo;
    calle_pizarro = Semaforo::Verde;
}
```

Datos asociados

La característica más poderosa de los enumerados es que cada variante puede disponer de valores adicionales de distinto tipo.

Figura 10.2. Ilustración Dirección IP.

Por ejemplo, para modelar una dirección IP podemos recurrir a un enumerado que acepte solo una de dos opciones (IPv4 o IPv6), y que además almacene un valor de un tipo determinado (por ejemplo, un String). Indicamos el tipo asociado a la variante entre paréntesis.

```
enum DireccionIP {
    V4(String),
    V6(String),
}
```

ADVERTENCIA:

El nombre del enumerado debe seguir el estilo de escritura «CamelCase».

Para instanciar una variable de tipo DireccionIP, ahora no solo bastará con indicar la variante: también es necesario proporcionar un valor de tipo String.

```
fn main(){
    let direccion = DireccionIP::V4(String::from("127.0.0.1"));
}
```

NOTA:

Las variantes de un enumerado pueden tener diferentes restricciones de tipo, o incluso no tener. No es necesario que todas las variantes dentro de un enumerado sean definidas con los mismos tipos. En este sentido, un enum en Rust se parece más a una unión en lenguaje C[5]. Por ejemplo,

enum AperturaFichero {

Exito(String),

Error(u128),

NoEncontrado,

}

---

[5]   Visita eliezerlopez.rs y aprende a programar en lenguaje C con los cursos que he preparado para ti.

Pongamos otro ejemplo más complejo. Imagina que estás al frente de la implementación de tienda online. Puedes crear un enumerado específico que modele el estado en el que se encuentra un determinado pedido, con diferentes variantes.

```
enum EstadoPedido {
    Pendiente,
    Confirmado,
    EnPreparacion,
    Enviado,
    Entregado,
    Cancelado,
}
```

Cada variante puede contener (o no) datos asociados de diferente tipo. Por ejemplo, el estado `Pendiente` puede no contener ningún dato asociado, el estado `Confirmado` puede ser la fecha en la que el pedido se ha confirmado, y el estado `EnPreparacion` reflejar el número de días que el pedido tardará en ser preparado. Cada valor asociado se almacena en una variable dentro del ámbito de la variante.

```
enum EstadoPedido {
    Pendiente,
    Confirmado { fecha_confirmacion: String },
    EnPreparacion { tiempo_estimado: u8},
    Enviado { codigo_de_seguimiento: String },
    Entregado { fecha_entrega: String },
    Cancelado { motivo: String },
}
```

ADVERTENCIA:

Observa el uso de llaves. Cada valor asociado se almacena en una variable dentro del ámbito de la variante. Para incluir cada variable en el ámbito de su variante utilizamos las llaves de apertura y de cierre.

Los datos asociados pueden ser varios para una misma variante. Imagina que la variante `Enviado` debe contemplar el código de seguimiento y el nombre de la empresa que realiza el envío. Cada variable asociada debe estar separada por una coma ,

```
enum EstadoPedido {
    Pendiente,
    Confirmado { fecha_confirmacion: String },
    EnPreparacion { tiempo_estimado: u8},
    Enviado {
        codigo_de_seguimiento: String,
        empresa_envio: String
    },
    Entregado { fecha_entrega: String },
    Cancelado { motivo: String },
}
```

Para instanciar una variable de tipo `EstadoPedido` con una de las variantes con datos asociados, asignamos la variante (como ya sabemos hacer) e inicializamos también las variables del ámbito que pertenece a la variante elegida.

Por ejemplo, del siguiente modo indicamos que un pedido ya ha sido enviado.

```
fn main(){
    let cuadro_de_rembrandt = EstadoPedido::Enviado {
        codigo_de_seguimiento: String::from("4815162342"),
        empresa_envio: String::from("APARECE-CUANDO-NO-ESTOY SL"),
    };
}
```

Métodos

Rust permite la implementación de funciones enlazadas a un enumerado para definir comportamientos vinculados al tipo creado. Por ejemplo, un enumerado `Semaforo` puede disponer de una función especial llamada `cambiar_a_color_verde()`. Esta función solo estará disponible para este tipo. A las funciones que se implementan de este modo –bajo la cobertura de un tipo concreto– las llamamos métodos.

Para implementar métodos vinculados a un enumerado, escribimos la palabra reservada `impl` (fuera de la función principal), seguido del nombre del enumerado y abrimos un nuevo ámbito para implementar en su interior los comportamientos necesarios. `impl` indica que vamos a implementar o escribir algún método del tipo cuyo nombre indicamos.

```
impl Semaforo {
    fn cambiar_a_color_verde(&mut self){}
}
```

En Rust, cuando definimos métodos para un enumerado el primer parámetro del método siempre es `self`, que representa la instancia sobre la que se llama al método. Según como queramos manipular la instancia, podremos utilizar `self`, `&self` o `&mut self`, con las siguientes diferencias:

- `self` toma la propiedad de la instancia. El método consume la instancia y no podrás utilizarla después de llamar al método.
- `&self` toma una referencia inmutable que permitirá al método leer datos pero no modificarlos.
- `&mut self` toma una referencia mutable que permitirá tanto leer como modificar la información almacenada.

El método `cambiar_a_color_verde()` necesita modificar el estado del semáforo así que necesitaremos una referencia mutable, y recurrimos al operador de desreferenciación para modificar el valor al que apunta la misma.

```
impl Semaforo{
    fn cambiar_a_color_verde(&mut self){
        *self = Semaforo::Verde;
    }
}
```

NOTA:

Los métodos (al igual que las funciones) retornan un valor utilizando ->. Si la flecha no aparece, el tipo de retorno se encuentra implícito en su cabecera y devuelve el tipo Unidad.

Para utilizar el método `cambiar_a_color_verde()` escribimos el nombre de la variable de tipo `Semaforo`, seguido de un punto `.` y el nombre del método al que queremos llamar.

```
fn main(){
    let mut calle_pizarro: Semaforo = Semaforo::Rojo;
    calle_pizarro.cambiar_a_color_verde()
}
```

Todos los parámetros que recibe el método deben ser proporcionados en el momento de su llamada a excepción de `self`, que se pasa de forma intrínseca al llamar al método desde la variable instanciada (en el último ejemplo, `calle_pizarro`).

Ya hemos implementado un método para cambiar a verde el color del semáforo que se encuentra en Calle Pizarro, y para ello hemos recurrido a una referencia mutable. Aún no tenemos suficiente conocimiento que nos permita implementar correctamente un método que reciba una referencia inmutable o el propio objeto mediante `self`, ya que la forma adecuada de implementar estos métodos es –en la mayoría de las situaciones– mediante estructuras que aprenderemos en el capítulo 12. Sin embargo, sí que merece la pena hacer una pequeña pausa para hablar sobre cómo se comportarían estos métodos a la hora de utilizarlos, y realizar en estos momentos una pequeña aproximación.

Los métodos que implementan `&self`, permiten el acceso el contenido del enumerado de manera segura, sin peligro de realizar una modificación accidentalmente. `&self` puede ser útil para saber en qué color se encuentra el semáforo ahora mismo. La cabecera de este método recibiría `&self` como parámetro de entrada y probablemente una cadena de caracteres como tipo de retorno para indicar el color actual: `fn mostrar(&self) -> String`

Y la llamada se realizaría del siguiente modo:

```
fn main(){
    let mut calle_pizarro: Semaforo = Semaforo::Rojo;
    let color_actual = calle_pizarro.mostrar();
}
```

El método `mostrar()` no afecta en nada al semáforo desde el que se llama, y el único mecanismo que debemos tener en cuenta es el sistema de préstamos.

Cambiemos de tercio para hablar de `self`. Para ello vamos a crear un enumerado llamado `Proceso`, que modela el estado de un proceso en el sistema operativo. Para simplificar el ejemplo asumiremos solo dos estados: `EnEjecucion` y `Terminado`.

```
enum Proceso {
    EnEjecucion,
    Terminado,
}
```

Supongamos que una vez el proceso se crea con un estado (`EnEjecucion`) el contenido nunca cambiará. Cambiar del estado `EnEjecucion` al estado `Terminado` implica destruir el proceso anterior y crear un nuevo proceso con el estado al que pasa. Esta situación puede modelarse con `self`.

```
impl Proceso {
    fn terminar(self) -> Proceso {
        Proceso::Terminado
    }
}
```

Al llamar al método `terminar()`, el objeto desde el que se llama deja de estar disponible –se consume la instancia– y se crea un nuevo proceso con el nuevo estado al que pasa (`Terminado`). Probar que esto ocurre es muy sencillo: simplemente crea un proceso e intenta utilizarlo después de llamar al método `terminar()`.

```
enum Proceso {
    EnEjecucion,
    Terminado,
}

impl Proceso {
    fn terminar(self) -> Proceso {
        Proceso::Terminado
    }
}

fn main(){
    let p1 = Proceso::EnEjecucion;
    let p2 = p1.terminar();
    let p3 = p1;
}
```

Este programa devuelve un error (figura 10.3) que indica que no es posible utilizar la variable p1 después de que su valor haya sido movido. Esto ocurre porque el método `terminar()` consume la instancia actual, moviendo así su valor y haciendo que la variable original p1 ya no sea válida para su uso posterior.

```
warning: unused variable: `p3`
  --> src/main.rs:15:9
   |
15 |     let p3 = p1;
   |         ^^ help: if this is intentional, prefix it with an underscore: `_p3`

error[E0382]: use of moved value: `p1`
  --> src/main.rs:15:14
   |
13 |     let p1 = Proceso::EnEjecucion;
   |         -- move occurs because `p1` has type `Proceso`, which does not implement the `Copy` trait
14 |     let p2 = p1.terminar();
   |                 ---------- `p1` moved due to this method call
15 |     let p3 = p1;
   |                  ^^ value used here after move
   |
note: `Proceso::terminar` takes ownership of the receiver `self`, which moves `p1`
  --> src/main.rs:7:17
   |
7  |     fn terminar(self) -> Proceso {
   |                 ^^^^

For more information about this error, try `rustc --explain E0382`.
warning: `playground` (bin "playground") generated 2 warnings
error: could not compile `playground` (bin "playground") due to 1 previous error; 2 warnings emitted
```

Standard Output

Figura 10.3. Error E0382 en consola.

Tipo Option

Llegamos a uno de los puntos más interesantes de Rust desde el punto de vista de la seguridad y la robustez que aporta el lenguaje. Rust ayuda a evitar los punteros nulos y sus problemas asociados mediante el tipo `Option`.

En muchos lenguajes de programación como C, C++ y Java, los punteros nulos (`null`) son una causa frecuente de errores en los programas. Un puntero que apunta a `null` representa una ausencia de valor, y si intentas acceder a él te encontrarás un error en tiempo de ejecución al intentar acceder a un valor que no existe. Además, los punteros nulos son un origen de vulnerabilidades en la mayoría de los lenguajes.

Figura 10.4. Caja vacía en representación de la ausencia de valor.

Para solucionar este problema existe el tipo Option, que se utiliza para representar valores que pueden estar o no presentes, y se define internamente como un enumerado en la biblioteca estándar del lenguaje.

```
enum Option<T>{
    Some(T),
    None,
}
```

El tipo Option se compone de la siguiente parte:

- Option<T> indica que Option puede almacenar cualquier valor de tipo T. La letra T entre ángulos de apertura y de cierre representa un tipo de dato genérico que puede ser sustituido por cualquier tipo de dato cuando el enumerado sea instanciado para almacenar un valor.
- Some(T) variante del enumerado que contiene en su interior un valor de tipo T.
- None variante que representa la ausencia del valor.

Con el tipo Option podemos manejar valores opcionales adecuadamente sin necesidad de manejar punteros desreferenciados.

Imagina que tienes un String y necesitas localizar si la cadena contiene la letra 'Y'.

```
let editorial = String::from("ANAYA")
```

Para ello, implementas de algún modo una función que busca la letra y devuelve la posición en la que se encuentra. La letra puede estar o no (recuerda que no tienes por qué conocer el contenido del String). Así que las opciones son:

```
let posicion: Option<i32> = Some(posicion);
let posicion: Option<i32> = None;
```

Para probar estas dos líneas de código, sustituye posicion por un valor de tipo i32.

ADVERTENCIA:

En la creación de estas variables el tipo no es inferido y debes especificarlo explícitamente.

Si rescatas algunos de los métodos mencionados cuando estuvimos aprendiendo sobre arrays encontrarás el método find(). Este método localiza un valor dentro de un array y devuelve su posición encapsulada en un opcional (pues podría no encontrarlo). Este mismo método también está disponible con un comportamiento similar para el tipo String, así que podemos localizar la letra Y en el String editorial a través de un método ya implementado en la biblioteca estándar del lenguaje, de la siguiente forma:

```
fn main() {
    let editorial = String::from("ANAYA");
    let posicion = editorial.find('Y');
}
```

posicion almacenará Some(indice) con la posición en su interior, o None en caso de que la letra no haya sido encontrada. Dado que la posición estará encapsulada en Some() será necesario extraerla para poder trabajar con ella. Existen un número considerable de métodos interesantes para trabajar con datos de tipo Option, estos son los más interesantes:

- unwrap_or(valor_por_defecto) devuelve el contenido del opcional si es Some. En caso contrario, devuelve un valor por defecto proporcionado entre paréntesis. Tomemos como ejemplo la variable posicion.

  ```
  let contenido = posicion.unwrap_or(0);
  ```

  posición tendrá un valor entero positivo si la letra Y es encontrada (correspondiente al índice donde esta es localizada), y 0 en caso contrario.

- is_some() e is_none() devuelven un valor booleano para indicar si el contenido es Some o es None respectivamente.

  ```
  let contiene_letra_Y: bool = posicion.is_some();
  let letra_Y_no_encontrada: bool = posicion.is_none();
  ```

- unwrap() asume que el opcional contiene un Some y devuelve su contenido.

  ```
  let letra = posicion.unwrap();
  ```

  Si el opcional contiene None, entonces el programa entrará en estado de pánico.

  ```
  Finished `dev` profile [unoptimized + debuginfo] target(s) in 0.55s
  Running `target/debug/playground`
  thread 'main' panicked at src/main.rs:3:26:
  called `Option::unwrap()` on a `None` value
  ```

ADVERTENCIA:

El compilador realiza optimizaciones. Si llamas a .unwrap() sobre un opcional que contiene None pero no utilizas su resultado en tu programa, el compilador podría no tener en cuenta esa línea en su proceso de optimización y evitar el estado de pánico.

Es una buena práctica verificar el contenido del opcional con los métodos is_some() e is_none() antes de llamar a unwrap(). Esta comprobación suele abordarse mediante el uso de estructuras condicionales.[6]

- expect() es similar a unwrap() pero permite proporcionar un mensaje de error personalizado.

  ```
  let contenido = contenido.expect("Letra no encontrada.");
  ```

Tipo Result

Si el tipo Option está enfocado en evitar cualquier posible desreferencia (al asignar siempre una zona de memoria que contiene al menos un valor de tipo None), Result es otro enumerado utilizado para manejar errores de forma segura y expresiva.

---

[6] Aprenderás sobre estructuras condicionales en el capítulo 12.

A diferencia de otros lenguajes, en Rust no existen excepciones.[7] En su lugar implementa el tipo `Result` para modelar resultados que pueden ser exitoso o fallidos. El tipo `Result` también se encuentra definido en la biblioteca estándar del lenguaje:

```
enum Result<T, E> {
    Ok(T),
    Err(E),
}
```

donde `T` representa el tipo de valor que se devuelve en caso de éxito y `E` representa el tipo de error en caso de fallo. En consecuencia, `Ok(T)` indica que la operación ha sido exitosa y contiene un valor de tipo `T`, y `Err(E)` indica que la operación ha fallado y contiene un valor de tipo `E`.

Por su naturaleza, `Result` cuenta con métodos similares a los que encontramos en el tipo `Option`. Algunos de estos métodos son:

- `unwrap_or(valor_por_defecto)` devuelve el valor contenido en `Ok` o un valor por defecto si es `Err`.

  ```
  let documento: Result<&str, &str> = Err("Error al identificar el nombre
  del documento");
  let nombre_documento = documento.unwrap_or("documento1");
  ```

En este supuesto, a `nombre_documento` se le asignará documento1 como nombre por defecto si el nombre del documento no ha podido ser leído correctamente.

- `is_ok()` e `is_err()` son métodos análogos a los métodos `is_some()` e `is_none()` que encontramos en el tipo `Option`. El método `is_ok()` verifica si un `Result` es `Ok` e `is_err()` verifica si un `Result` es `Err`.

- `unwrap()` devuelve el valor contenido en `Ok` o provoca que el programa entre en estado de pánico si es `Err`. Funciona de manera similar al método `unwrap()` del tipo `Option`.

- `expect(mensaje)` es parecido a `unwrap()`, pero proporciona un mensaje de error personalizado que aparecerá en consola junto al resto de errores que indica el compilador junto al contenido de `Err`.

Este programa:

```
fn main(){
    let resultado: Result<i32, &str> = Err("No es posible dividir entre
cero");
    let contenido = resultado.expect("Error en la operación");
}
```

Compila correctamente, pero provoca un error de ejecución similar a este:

---

[7] Las excepciones son un mecanismo utilizado para manejar errores o situaciones excepcionales que pueden ocurrir durante la ejecución de un programa.

```
                              Execution                                    │ Close │

    Compiling playground v0.0.1 (/playground)
warning: unused variable: `contenido`
 --> src/main.rs:3:9
  |
3 |      let contenido = resultado.expect("Error en la operación");
  |          ^^^^^^^^^ help: if this is intentional, prefix it with an underscore: `_contenido`
  |
  = note: `#[warn(unused_variables)]` on by default

warning: `playground` (bin "playground") generated 1 warning
    Finished `dev` profile [unoptimized + debuginfo] target(s) in 0.63s
     Running `target/debug/playground`
thread 'main' panicked at src/main.rs:3:31:
Error en la operación: "No es posible dividir entre cero"  ◄───
note: run with `RUST_BACKTRACE=1` environment variable to display a backtrace

───────────────────────── Standard Output ─────────────────────────
```

Figura 10.5. Error en la operación: «No es posible dividir entre cero».

En próximos capítulos profundizaremos en el uso de enumerados en diversas partes del lenguaje mediante diferentes construcciones sintácticas. Rust, en gran medida, construye su sintaxis sobre el uso de enumerados.

Vectores

La forma más fácil de entender el sentido y funcionamiento de un vector es partir de la idea de array, ya que conceptualmente un vector es muy similar a un array: se trata de un contenedor que almacena datos del mismo tipo de forma conceptualmente lineal. Sin embargo, los vectores presentan ventajas sobre los arrays que se deben considerar.

Mientras que los arrays tienen un tamaño fijo y aportan eficiencia en términos de rendimiento y uso de memoria para datos con tamaño predefinido, los vectores facilitan la gestión dinámica de colecciones de datos aportando métodos integrados para añadir, eliminar y manipular elementos de forma segura. Esta capacidad de ajustar su tamaño y contenido dinámicamente hace que sean más versátiles y adecuados para una mayor variedad de casos de uso en comparación con los arrays.

Declaración e inicialización

Si bien existen diferentes maneras de crear un vector en Rust, las dos formas más sencillas suelen ser a través del método[8] `new()` y haciendo uso de la macro[9] `vec!`.

---

[8] Un método es una función vinculada a un tipo de dato personalizado

[9] Una macro es un patrón de código reutilizable que genera más código automáticamente. Durante el proceso de compilación, cada macro es sustituida por su código equivalente. Así, se consigue un código más limpio durante el proceso de desarrollo.

Utilizamos `new()` para crear un vector vacío y dotarle de información posteriormente. El método `new()` crea un vector vacío (de tipo `Vec`) que podemos almacenar en una variable (mutable o inmutable). Si la variable es mutable su contenido podrá ser modificado posteriormente; en caso contrario, siempre permanecerá vacío.

```
fn main(){
    let mut sueldos: Vec<f64> = Vec::new();
}
```

Como puedes apreciar, los vectores almacenan valores de un tipo determinado. Si bien el tipo de la variable sueldos puede ser inferido, también puede ocurrir que deba ser especificado explícitamente. En este caso el tipo se indicaría entre ángulos de apertura y de cierre `Vec<f64>`. El tipo no tiene por qué ser primitivo: un vector de alto nivel es un contenedor que puede almacenar cualquier tipo de elemento.

Cuando el vector va a ser instanciado inicialmente con valores es útil recurrir a la macro `vec!`. Indicamos entre corchetes los valores que el vector almacenará y el valor devuelto por la macro será un vector del tipo que tengan estos valores.

```
fn main(){
    let sueldos: Vec<f64> = vec![1500.21, 2320.34, 820.58];
}
```

TRUCO:

Crea un vector con un número de elementos a un valor por defecto de la siguiente forma: «let v = vec![valor; num_elementos];» donde valor es el valor por defecto que deseas para cada elemento del vector y num_elementos es el número de elementos que deseas en el vector. Por ejemplo, vec![1250.15; 10]; crea un vector con 10 elementos inicializados con el valor 1250.15.

Acceso y modificación

Acceso

El acceso a los elementos de un vector puedes implementarse mediante del uso de corchetes `[]`, como si de un array se tratase. Supongamos que modelamos los sueldos netos obtenidos por un empleado durante el primer trimestre del año. Para acceder al sueldo correspondiente a Febrero, accedemos a través de su índice.

```
fn main(){
    let sueldos_netos: Vec<f64> = vec![1500.21, 2320.34, 3120.58];
    let febrero = sueldos_netos[1];
}
```

El problema de los corchetes viene cuando se intenta acceder a un índice que se encuentra fuera de los elementos del vector. Haciendo uso de corchetes no se realiza ninguna verificación en tiempo de ejecución, así que el programa entrará en estado de pánico y finalizará.

Para acceder de forma segura utilizamos el método `.get()`, que devuelve una referencia a un elemento en el índice especificado, y encapsulado en un opcional (`Option <&T>`). Este método verifica los límites del vector en tiempo de ejecución y devuelve `Some(&elemento)` si el índice se encuentra dentro del rango, y `None` en caso contrario. Así, es posible manejar este problema de forma correcta en caso de que ocurra sin necesidad de frenar la ejecución de todo el programa.

```
fn main(){
    let sueldos_netos: Vec<f64> = vec![1500.21, 2320.34, 3120.58];
    let febrero = sueldos_netos.get(15);
}
```

Este programa compilará correctamente y la variable febrero contendrá `None`.

Modificación

Para modificar elementos existentes podemos utilizar los corchetes `[]` siempre y cuando el vector sea mutable.

```
fn main(){
    let mut sueldos_netos: Vec<f64> = vec![1500.21, 2320.34, 3120.58];
    sueldos_netos[1] = 1500.0;
}
```

En caso de que queramos optar por una opción más segura que verifique los límites del vector en tiempo de ejecución, debes saber que el método `get()` no sería viable porque devuelve un valor opcional que contiene una referencia inmutable al elemento. Si queremos que la referencia sea mutable, entonces debemos recurrir al método `get_mut(indice)`, manteniendo el vector mutable.

```
fn main(){
    let mut sueldos_netos: Vec<f64> = vec![1500.21, 2320.34, 3120.58];
    let febrero = sueldos_netos.get_mut(1);
    let contenido = febrero.unwrap();
    *contenido = 1500.0;
}
```

Si la modificación pasa por alterar el estado del vector en su conjunto, disponemos de varios métodos interesantes. En cualquier caso, el vector debe ser mutable.

- `push(elemento)` añade un elemento al final del vector. El elemento debe coincidir en tipo al indicado al crear el vector. Ej. `sueldos_netos.push(2500.36);`

- `insert(indice, elemento)` inserta un elemento en una posición específica dentro del vector. `sueldos_netos.insert(1, 3500.90)` añade el valor 3500.90 en la segunda posición del vector (índice 1) y desplaza todos los elementos posteriores a la posición especificada hacia la derecha.

- `pop()` elimina el elemento al final del `vector`. Devuelve el elemento eliminado encapsulado en `Some()` si el vector no estaba vacío. Si el vector está vacío, devuelve `None`. Ej. `let elemento_eliminado = sueldos_netos.pop();`

- `remove(indice)` elimina el elemento que se encuentra en el índice indicado. Por ejemplo, `sueldos_netos.remove(2)` elimina el sueldo del mes de marzo.

Todos estos métodos incrementan o decrementan en una unidad el tamaño del vector de forma dinámica.

Transferencia de la propiedad

Ya conoces el concepto de transferencia de propiedad tan característico del lenguaje. En tipos primitivos es más difícil ver su funcionamiento, pero en tipos complejos su presencia es más que evidente.

Veamos un ejemplo con cadenas de tipo `String`.

```
1 fn main() {
2    let lenguaje = String::from("Rust");
3    let nombre_lenguaje = lenguaje;
4
5    println!("{}", lenguaje);
6    println!("{}", nombre_lenguaje);
7 }
```

Este programa crea una cadena de tipo `String` y la almacena bajo el identificador `lenguaje`. A continuación, asigna dicha cadena al identificador `nombre_lenguaje`. En otros lenguajes de programación, esta acción implicaría una copia, de modo que `lenguaje` y `nombre_lenguaje` tendrían el mismo contenido. En Rust esto no ocurre (a menos que se implemente el trait `Copy`). En su lugar, la asignación contemplada en la línea 3 provoca una transferencia de la propiedad sobre el contenido almacenado: la variable propietaria de `"Rust"` ahora es `nombre_lenguaje` y no `lenguaje`.

A partir de la línea 3, el identificador lenguaje ya no puede acceder a la cadena Rust, y si tratas de compilar obtendrás el siguiente mensaje de error

```
                              Standard Error

   Compiling playground v0.0.1 (/playground)
error[E0382]: borrow of moved value: `lenguaje`
 --> src/main.rs:5:20
  |
2 |     let lenguaje = String::from("Rust");
  |         -------- move occurs because `lenguaje` has type `String`, which does not implement the
3 |     let nombre_lenguaje = lenguaje;
  |                           -------- value moved here
4 |
5 |     println!("{}", lenguaje);
  |                    ^^^^^^^^ value borrowed here after move
  |
  = note: this error originates in the macro `$crate::format_args_nl` which comes from the expansion
help: consider cloning the value if the performance cost is acceptable
  |
3 |     let nombre_lenguaje = lenguaje.clone();
  |                                   ++++++++

For more information about this error, try `rustc --explain E0382`.
error: could not compile `playground` (bin "playground") due to 1 previous error
```

```
                              Standard Output
```

Figura 10.6. Error [E0382]: borrow of moved value: 'lenguaje'.

Este mismo comportamiento aplica al resto de tipos complejos.

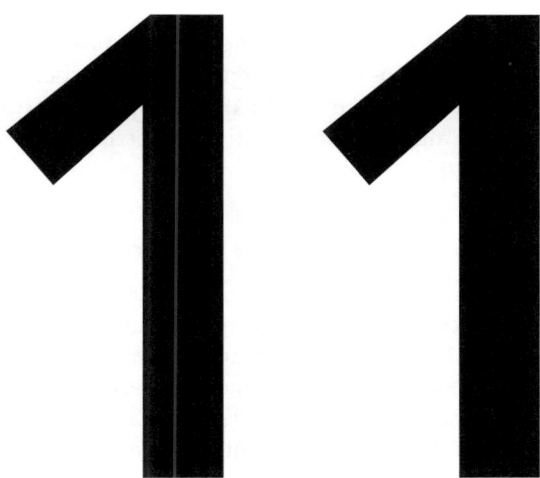

Entrada estándar, salida estándar y comentarios

En este capítulo aprenderás:

- Qué es la biblioteca estándar.
- Cómo mostrar en pantalla información estática y dinámica, aplicando el formato adecuado a través de especificadores.
- Cómo solicitar información por teclado y trabajar con ella.
- Cómo convertir la información recibida por teclado a tipos numéricos.
- La relación entre los enumerados, la entrada estándar y las conversiones de tipos.
- Cómo escribir comentarios en línea y de bloque.

Introducción

Este libro está pensado para aquellas personas que ya tienen algunas nociones de programación y han hecho sus primeros pinitos con la programación estructurada y la programación orientada a objetos, o bien para aquellos desarrolladores con experiencia en otros lenguajes. Ambos perfiles tienen algo en común: quieren aterrizar rápidamente en el lenguaje y empezar a escribir código lo antes posible.

Entonces, ¿por qué esperar hasta el capítulo 11 para tratar la entrada y salida estándar del lenguaje? La razón principal es que la gestión de errores se maneja mediante el tipo `Result`, un enumerado de gran importancia en Rust.[1]

Este capítulo te proporcionará las bases necesarias para manejar correctamente la entrada y salida estándar en Rust. Aprenderás qué es la biblioteca estándar, cómo mostrar información estática y dinámica en pantalla con el formato adecuado mediante especificadores, y cómo solicitar información por teclado y trabajar con ella. También descubrirás cómo convertir la información recibida por teclado a tipos numéricos, y a entender la relación entre los enumerados, la entrada estándar y las conversiones de tipos. Finalmente, aprenderás a escribir comentarios en línea y de bloque en este lenguaje de programación.

La biblioteca estándar

A lo largo de este libro hemos hablado sobre la biblioteca estándar del lenguaje. Rust dispone de una colección de módulos que proporcionan funcionalidades básicas y esenciales para la mayoría de los programas escritos en Rust. Estas funcionalidades pasan por el manejo de cadenas, la gestión de entrada y salida, el uso de colecciones[2], la gestión de la concurrencia y mucho más. `std`, que es como se conoce a la biblioteca estándar, se incluye automáticamente en todos los programas por defecto gracias a rustc, el compilador.

Salida estándar

Cuando hablamos de «flujo de datos» nos referimos a la manera en que la información se mueve de un lugar a otro dentro de un programa, especialmente en el contexto de entrada y salida de datos. Para mostrar información al usuario –desde nuestro programa escrito en Rust– debemos interactuar con la salida estándar (`stdout`[3]), que es el flujo de datos utilizado para tal propósito dentro del lenguaje, y que permite mostrar información en la consola o terminal.

---

[1] Lo vimos en el capítulo 11.

[2] Los tipos String y Vector son colecciones ya que permiten almacenar de forma dinámica múltiples valores del mismo tipo. Existen muchas más colecciones: Hash Maps, Hash Sets, Linked Lists, VecDeque, etc.

[3] stdout recibe el nombre de Standard output

Macros print! y println!

Rust intenta hacer sencillo el proceso de presentar información en terminal o consola mediante la implementación de macros. En lugar de proporcionar funciones comunes como en otros lenguajes, opta por el uso de macros por su enfoque en eficiencia y seguridad, y por razones relacionadas con el diseño del lenguaje.

Las macros se expanden durante el tiempo de compilación, de modo que el código generado por la macro se inserta directamente en el lugar donde se invoca. Esto puede dar como resultado un mejor rendimiento, pues el compilador tiene más oportunidades para optimizar el código resultante. Además, Rust pone el foco en la seguridad y la comprobación en tiempo de compilación, por ejemplo para asegurarse de que los argumentos proporcionados coincidan con el formato especificado.

La macro `print!` muestra una cadena de texto en consola. Para utilizar esta macro, escribe `print!("");` e indica entre las comillas dobles el texto que quieres mostrar.

```
fn main(){
    print!("Carmen, voy a salir a hacer mandaos.");
}
```

Copia, compila y ejecuta este programa y obtendrás una salida similar a esta:

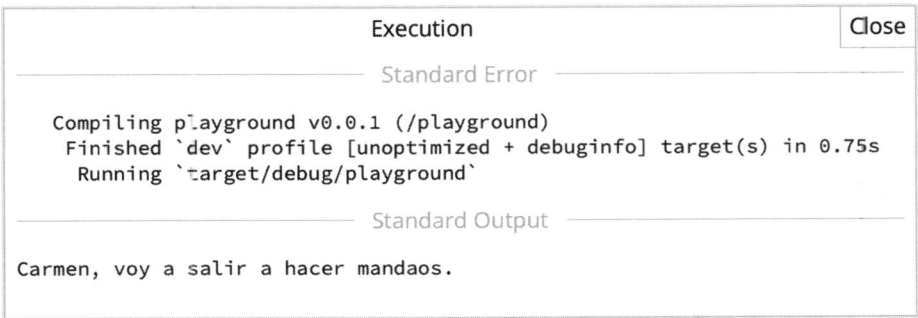

Figura 11.1. Salida esperada tras compilar y ejecutar la macro print!

La macro `print!` soporta el formateo de texto, esto es, incluir variables y expresiones dentro del texto utilizando llaves de apertura y cierre { }.

Incluye las llaves dentro de la cadena en el lugar en el que quieras incluir la información dinámica, y pasa el valor o variable como un segundo argumento a la macro `print!`.

```
fn main(){
    let contador = 108;
    print!("El contador se reinicia periódicamente cada {} minutos.",
contador);
}
```

Este programa proporciona la siguiente salida en consola.

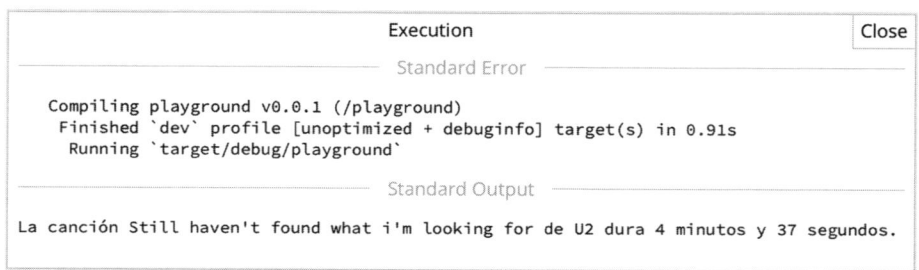

Figura 11.2. Salida esperada (uso de print! con un parámetro).

Puedes incluir tantos pares de llaves como desees. Lo único que debes tener en cuenta es que los valores o variables deben indicarse en el mismo orden en el que las llaves aparecen en la cadena de texto, separados por comas ,

```
fn main(){

    let minutos = 4;
    let segundos = 37;

    print!("La canción Still haven't found what i'm looking for de U2
dura {} minutos y {} segundos.", minutos, segundos);
}
```

Si incluyes los parámetros por orden, deberás obtener una salida como esta.

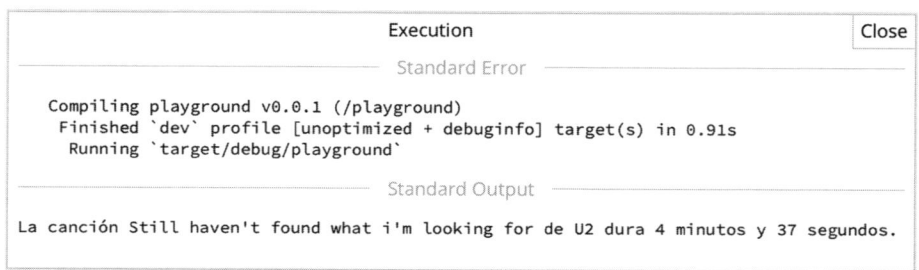

Figura 11.3. Salida esperada (uso de print! con dos parámetros).

Por otro lado, la macro `println!` funciona exactamente igual que la macro `print!`, pero añade al final un salto de línea. Mientras que este programa

```
fn main(){
    print!("Curso de programación con Rust");
    print!("Editorial ANAYA");
}
```

muestra en consola:

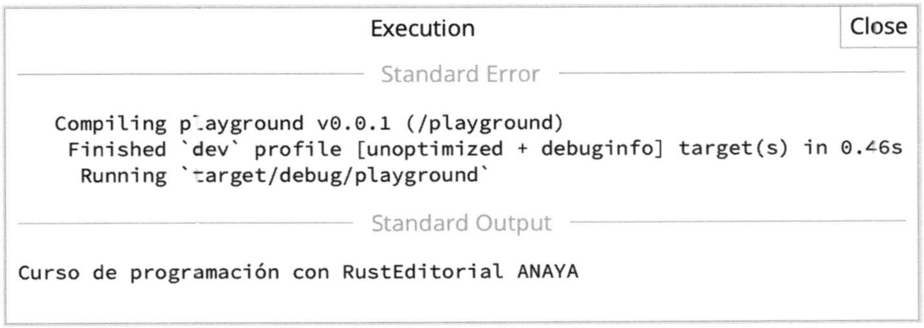

```
                              Execution                        Close
  ──────────────────────── Standard Error ────────────────────────

    Compiling playground v0.0.1 (/playground)
     Finished `dev` profile [unoptimized + debuginfo] target(s) in 0.46s
      Running `target/debug/playground`
  ──────────────────────── Standard Output ───────────────────────
  Curso de programación con RustEditorial ANAYA
```

Figura 11.4. La macro print! no incluye saltos de línea.

este otro programa,

```
fn main(){
    println!("Curso de programación con Rust");
    println!("Editorial ANAYA");
}
```

Muestra la información de la siguiente forma:

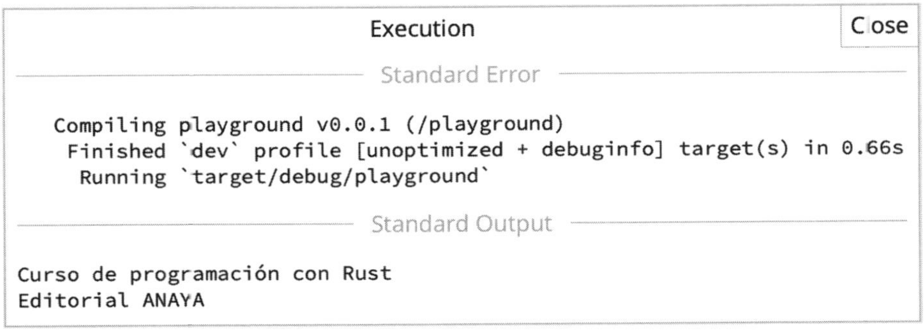

```
                              Execution                        Close
  ──────────────────────── Standard Error ────────────────────────

    Compiling playground v0.0.1 (/playground)
     Finished `dev` profile [unoptimized + debuginfo] target(s) in 0.66s
      Running `target/debug/playground`
  ──────────────────────── Standard Output ───────────────────────
  Curso de programación con Rust
  Editorial ANAYA
```

Figura 11.5. La macro println! sí incluye saltos de línea.

Formateo de marcadores de posición

Las llaves de apertura y de cierre { } dentro de la cadena de caracteres reciben el nombre de marcadores de posición o placeholder (por su nombre en inglés). Dentro de cada marcador podemos incluir especificadores de formato para indicar cómo queremos representar el valor. A continuación, veremos algunos especificadores comunes y su implementación con algunos ejemplos prácticos.

- Especificador de precisión `{:.N}`: indica cuántos decimales se deben mostrar en pantalla para valores de punto flotante. Este programa muestra en pantalla el valor de PI con 2 decimales.

```
fn main(){
    let pi = 3.141598;
    println!("Valor de PI: {:.2}", pi);
}
```

Salida esperada:

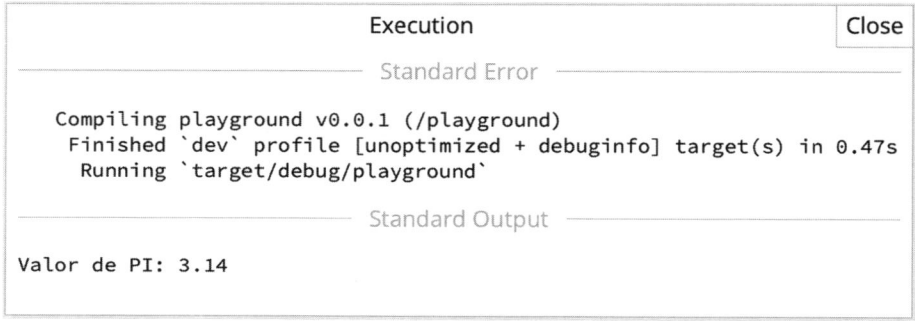

Figura 11.6. Valor de PI impreso en pantalla con 2 decimales.

Si muestras 3 decimales, verás que este especificador también se encarga de redondear el valor.

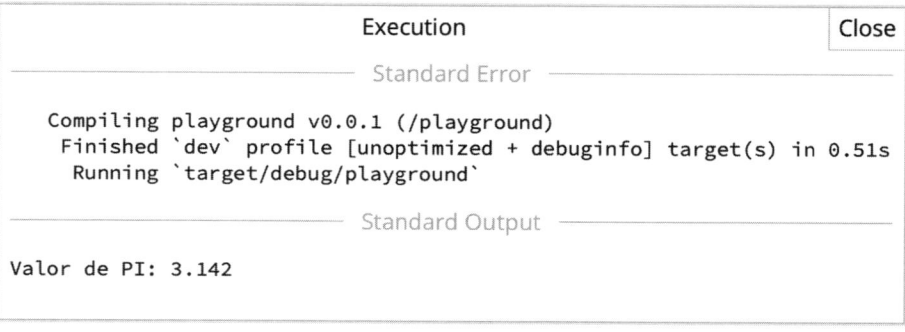

Figura 11.7. Valor de PI impreso en pantalla con 3 decimales.

- Especificador de ancho mínimo `{:N}`: establece un ancho mínimo de caracteres para mostrar un valor. Si el valor a mostrar tiene menos caracteres que el ancho mínimo indicado, los espacios faltantes se rellenan por la izquierda con espacios en blanco hasta alcanzar el ancho especificado. Este programa

```
fn main(){
```

```
    let numero = 15;
    println!("Numero: {:8}", numero);
}
```

produce esta salida:

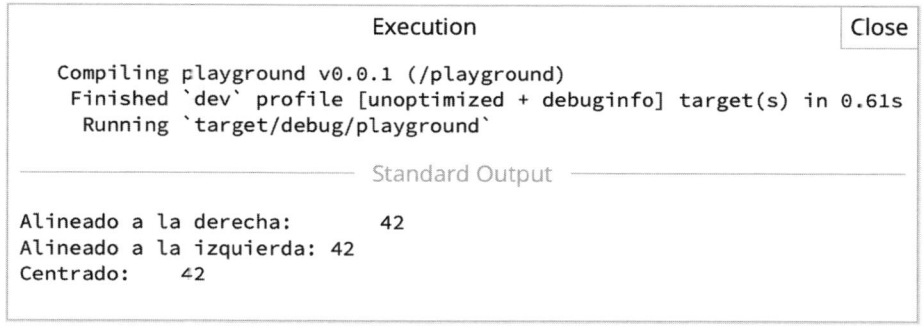

Figura 11.8. Ancho mínimo de caracteres al mostrar un valor.

- Alineación a la derecha `{:>N}`, a la izquierda `{:<N}`, y centrado `{:^N}`. Estos especificadores alinean el contenido a la derecha, a la izquierda y al centro, rellenando con espacios a izquierda, derecha y ambos lados respectivamente.

```
fn main() {
    let valor = 42;
    println!("Alineado a la derecha: {:>8}", valor);
    println!("Alineado a la izquierda: {:<8}", valor);
    println!("Centrado: {:^8}", valor);
}
```

Puedes comprobarlo compilando tú mismo el programa.

Figura 11.9. Alineaciones al mostrar valores en pantalla.

¿No te queda claro si la alineación está funcionando? Incluye líneas verticales para comprobarlo: `println!("Centrado: |{:^8}|", valor);`

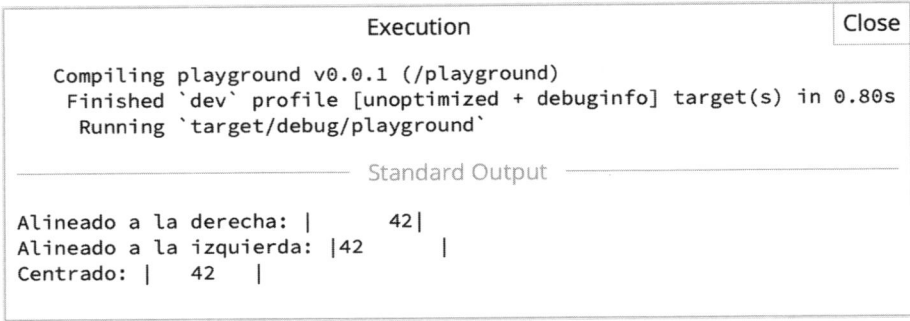

Figura 11.10. Alineaciones al mostrar valores en pantalla con líneas verticales.

- Especificador con relleno `{:c>N}`. Este especificador consta de tres partes: el carácter de relleno (por ejemplo, un asterisco *), la alineación (en este caso a la derecha, pero podría ser a la izquierda o centrado) y un valor que indica el ancho mínimo del campo (por ejemplo, 8).

  Este programa:

```
fn main() {
    let valor = 23;
    println!("{:*>8}", valor);
}
```

Producirá la siguiente salida:

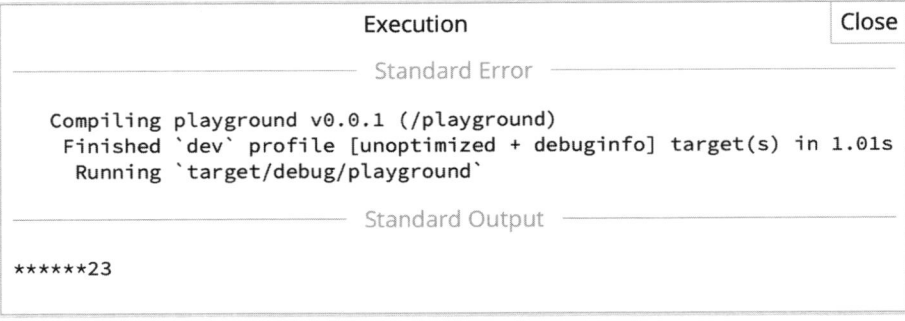

Figura 11.11. Especificador de relleno.

- Formato numérico {:base}. Un mismo valor puede ser mostrado en diferentes bases: {:b} para binario, {:o} para octal y tanto {:x} como {:X} para hexadecimal.

```
fn main(){
    println!("Binario: {:b}", 108);
    println!("Octal: {:o}", 108);
    println!("Hex: {:x}", 108);
    println!("Hex: {:X}", 108);
}
```

Salida esperada:

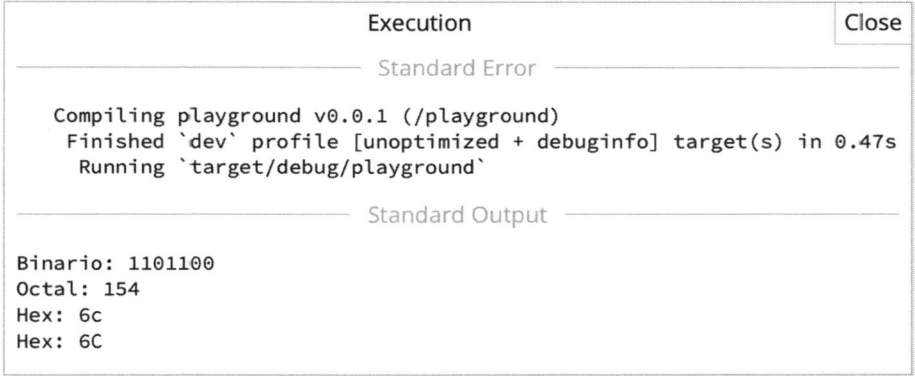

Figura 11.12. Número mostrado en pantalla en diferentes bases.

Indicación de argumentos por índice y nombre

Imagina que tienes un valor que debe ser mostrado varias veces. Por ejemplo, tu equipo cuenta con perfiles Senior y perfiles Junior, y deseas mostrar el siguiente texto en pantalla.

Jack es un perfil senior, Kate es una perfil senior y Walt es un perfil junior.

Como las palabras Senior y Junior son valores que cambiarán con el paso del tiempo, tiene sentido mostrarlos en pantalla de forma dinámica, haciendo uso de marcadores de posición.

```
fn main(){
    println!("Jack es un perfil {}, Kate es un perfil {}
    y Walt es un perfil {}.", "senior", "senior", "junior");
}
```

Como puedes observar, parece ser necesario repetir dos veces la palabra senior para mostrarla en pantalla.

Figura 11.13. Marcadores de posiciones con parámetros repetidos.

En cambio, podemos prescindir de una de ellas e indicar su posición dentro del marcador. Gracias a esto, un mismo argumento puede ser utilizado en varios marcadores.

```
fn main(){
    println!("Jack es un perfil {0}, Kate es un perfil {0}
    y Walt es un perfil {1}.", "senior", "junior");
}
```

El resultado sigue siendo el mismo.

Figura 11.14. Marcadores de posiciones con reutilización de parámetros.

Si además buscas legibilidad, también puedes indicar los argumentos a través de un nombre asociado con el operador =. Por ejemplo, puedes referirte a la cadena "senior" bajo el identificador senior, a la cadena "junior" bajo el identificador junior, y escribir estos identificadores en cada indicador.

```
fn main(){
    println!("Jack es un perfil {senior}, Kate es un perfil {senior}
    y Walt es un perfil {junior}.", senior="senior", junior="junior");
}
```

```
                        Execution                    │ Close │

    ─────────────────── Standard Error ───────────────────

    Compiling playground v0.0.1 (/playground)
     Finished `dev` profile [unoptimized + debuginfo] target(s) in 0.70s
      Running `target/debug/playground`

    ─────────────────── Standard Output ──────────────────

Jack es un perfil senior, Kate es un perfil senior y Walt es un perfil junior.
```

Figura 11.15. Marcadores de posición con identificadores asignados a parámetros.

Tanto índices como nombres pueden coexistir.

```
fn main(){
    println!("Jack es un perfil {senior}, Kate es un perfil {0}
    y Walt es un perfil {junior}.", senior="senior", junior="junior");
}
```

No obstante, si bien el programa compila, verás que el compilador te sugiere utilizar solo uno de ellos (en este caso, te propone nombre) para evitar ambigüedad.

```
                        Execution                    │ Close │
    ─────────────────── Standard Error ───────────────────

    Compiling playground v0.0.1 (/playground)
warning: named argument `senior` is not used by name
 --> src/main.rs:2:97
  |
2 |     println!("Jack es un perfil {senior}, Kate es un perfil {0} y Walt es un
  |                                                             ---
  |                                                              |
  |                                                              this formatting a
  |
  = note: `#[warn(named_arguments_used_positionally)]` on by default
help: use the named argument by name to avoid ambiguity  ◄─────
  |
2 |     println!("Jack es un perfil {senior}, Kate es un perfil {senior} y Walt e
  |                                                             ~~~~~~

warning: `playground` (bin "playground") generated 1 warning
     Finished `dev` profile [unoptimized + debuginfo] target(s) in 0.48s
      Running `target/debug/playground`

    ─────────────────── Standard Output ──────────────────

Jack es un perfil senior, Kate es un perfil senior y Walt es un perfil junior.
```

Figura 11.16. El compilador detecta ambigüedad al mezclar índices con identificadores en los marcadores de posición.

Argumentos por referencia

Ya sabes que una de las ventajas de trabajar con referencias es evitar la copia de valores. Esto es especialmente relevante en tipos complejos o grandes como vectores, cadenas grandes y estructuras de datos personalizadas.

Las macros `print!` y `println!` aceptan argumentos por referencia en lugar de valores directos (que se pasarían por valor). En este programa podemos observar que la cadena `proyecto_cientifico` se pasa por referencia.

```
fn main(){
    let proyecto_cientifico =
    String::from("Department of Heuristics And Research
    on Material Applications");
    println!("DHARMA: {}", &proyecto_cientifico);
}
```

Aunque el resultado en pantalla es el mismo que si se pasara el parámetro por valor, el uso de referencias es generalmente más eficiente.

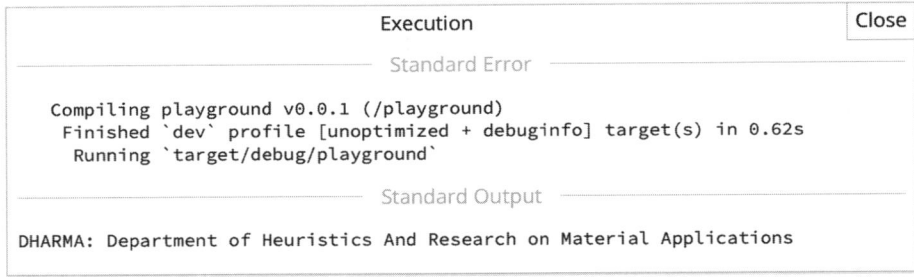

Figura 11.17. Variable de tipo String pasada a la macro println!() por referencia.

Supongamos el modelado de los ingresos brutos mensuales de un autónomo a través de un vector.

```
fn main() {
    let ingresos_brutos_mensuales = vec![
        2_539.0, 1_508.40, 3_020.90, 5_371.85, 1_284.30, 7_364.82,
        273.43, 2_783.43, 3_893.29, 12_434.12, 842.43, 3_382.0,];
}
```

Donde cada valor dentro del vector corresponde al ingreso bruto mensual en euros.

Hasta el momento, para imprimir cada uno de estos valores en pantalla debemos recurrir a 12 llamadas a la macro `println!("");`, una por cada mes.

```
fn main() {
    let ingresos_brutos_mensuales = vec![
        2_539.0, 1_508.40, 3_020.90, 5_371.85, 1_284.30, 7_364.82,
        273.43, 2_783.43, 3_893.29, 12_434.12, 842.43, 3_382.0,];
```

```
println!("Ingresos brutos en Enero: {} €", ingresos_brutos_mensuales[0]);

println!("Ingresos brutos en Febrero: {} €", ingresos_brutos_mensuales[1]);

println!("Ingresos brutos en Marzo: {} €", ingresos_brutos_mensuales[2]);

println!("Ingresos brutos en Abril: {} €", ingresos_brutos_mensuales[3]);

println!("Ingresos brutos en Mayo: {} €", ingresos_brutos_mensuales[4]);

println!("Ingresos brutos en Junio: {} €", ingresos_brutos_mensuales[5]);

println!("Ingresos brutos en Julio: {} €", ingresos_brutos_mensuales[6]);

println!("Ingresos brutos en Agosto: {} €", ingresos_brutos_mensuales[7]);

println!("Ingresos brutos en Septiembre: {} €", ingresos_brutos_
mensuales[8]);

println!("Ingresos brutos en Octubre: {} €", ingresos_brutos_mensuales[9]);

println!("Ingresos brutos en Noviembre: {} €", ingresos_brutos_
mensuales[10]);

println!("Ingresos brutos en Diciembre: {} €", ingresos_brutos_
mensuales[11]);
}
```

En este programa los parámetros son pasados por valor, uno a uno. Al tratarse de valores reales, la copia suele ser más eficiente. Por otro lado, si intentamos pasar todo el vector como parámetro:

```
fn main() {
    let ingresos_brutos_mensuales = vec![
        2_539.0, 1_508.40, 3_020.90, 5_371.85, 1_284.30, 7_364.82,
        273.43, 2_783.43, 3_893.29, 12_434.12, 842.43, 3_382.0,];

    println!("Ingresos brutos mensuales: {}", &ingresos_brutos_mensuales);
}
```

Obtendremos un error de compilación que ahora mismo no sabríamos muy bien cómo interpretar (figura 11.18).

Existen varias posibles soluciones, algunas propuestas directamente por el compilador. Con los conocimientos actuales, la más asumible es la segunda, que nos propone utilizar el marcador :?.

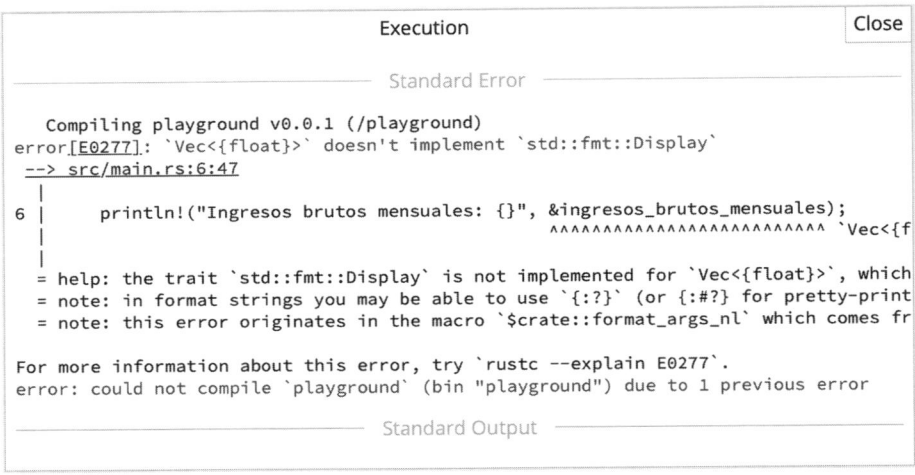

Figura 11.18. Error de compilación al intentar mostrar el contenido de un vector pasado por referencia en pantalla.

El marcador `:?` se utiliza para imprimir cualquier tipo que implemente el trait `Debug` de manera legible. No te asustes, ahora mismo no necesitas saber lo que es un trait ni tampoco cómo implementarlo. Por el momento, basta con saber que los tipos que lo implementan disponen de un mecanismo sencillo para mostrar su contenido en pantalla. En el caso de los vectores, para mostrar cada uno de sus elementos. Incluye el marcador `:?` tal y como sigue:

```
fn main() {
    let ingresos_brutos_mensuales = vec![
        2_539.0, 1_508.40, 3_020.90, 5_371.85, 1_284.30, 7_364.82,
        273.43, 2_783.43, 3_893.29, 12_434.12, 842.43, 3_382.0,];

    println!("Ingresos brutos mensuales: {:?}",
            &ingresos_brutos_mensuales);
}
```

Y comprueba cómo los valores, ahora sí, se muestra en consola (figura 11.19).

Si bien el marcador `:?` es muy útil para depurar nuestros programas al proporcionar una manera rápida de ver el estado interno de una estructura de datos (especialmente relevante cuando se está resolviendo errores o problemas), también puede ser utilizado en programas reales para una salida estándar cuando se requiere una presentación detallada y legible de estructuras complejas. El marcador `:?` puede ser apropiado para mostrar información en registros, en logs de auditoría o incluso en la interfaz de usuario, siempre que sea lo suficientemente legible. Y como puedes observar, en este contexto en el que el vector al completo es pasado a la macro, sí tiene mucho sentido transferir el contenido por referencia para evitar copias innecesarias.

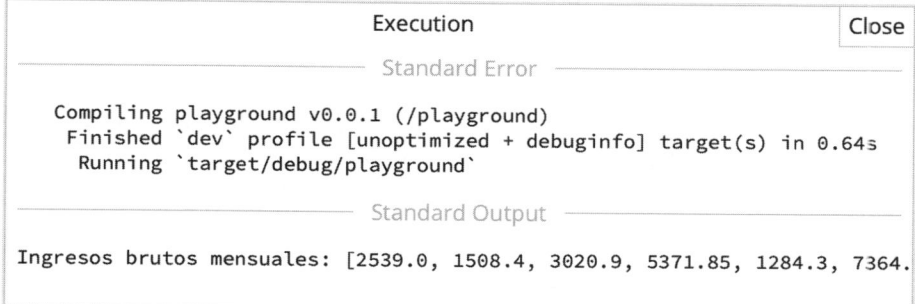

Figura 11.19. Mostrar contenido del vector en pantalla con el marcador :?.

Entrada estándar

La entrada estándar (`stdin`[4]) es la forma en la que un programa recibe datos por parte del usuario. Generalmente a través de un teclado, pero también se podrían tomar los datos desde otra fuente, por ejemplo, un archivo.

El módulo io

El módulo `io` es el mecanismo más frecuente para leer una entrada y luego procesarla según corresponda. Para utilizar las funciones de entrada estándar necesitas indicarle al compilador dónde puede encontrarlas. Estas funciones se encuentran el módulo `std::io` y puedes indicarlo al comienzo de tu programa mediante la palabra reservada `use`. Recuerda terminar con punto y coma `;`.

```
use std::io;

fn main(){

}
```

Lectura de texto

Para leer una entrada como una cadena de texto de alto nivel, crea una variable de tipo `String` que almacenará el contenido a leer:

```
use std::io;

fn main(){
    let mut entrada = String::new();
    print!("Introduce tu nombre de usuario: ");

}
```

---

[4]   stdin recibe el nombre de *Standard input*

Y escribe la siguiente línea de código:

```
io::stdin().read_line(&mut entrada).expect("");
```

donde

- `io::stdin().` `stdin()` es una función dentro del módulo `io` que devuelve un `Stdin`, es decir, lo que el usuario escribe por teclado.
- `.read_line(&mut entrada)` es un método del `Stdin` que se utiliza para leer una línea completa desde la entrada estándar (el teclado) y almacenarla en una variable. Este método toma una referencia mutable a la variable en la que se almacenará la entrada leída y devuelve un valor de tipo `Result`.
- `.expect("")`[5] es un método que se llama en un valor de tipo `Result`. Recuerda que si el contenido de `Result` es `Ok`, devuelve el valor almacenado en su interior, y si se trata de `Err`, entonces el método detiene la ejecución del programa y muestra le mensaje de error indicado entre comillas dobles.

```
use std::io;

fn main(){
    let mut entrada = String::new();
    println!("Introduce tu nombre de usuario: ");
    io::stdin().read_line(&mut entrada)
                .expect("Error al leer tu nombre de usuario...");
}
```

Comprueba que este programa lee correctamente tu nombre de usuario mostrando el contenido de `entrada` en pantalla.

Comportamiento del buffer

Oh, espera... ¿el programa anterior no muestra en pantalla el primer mensaje hasta que no introduces tu nombre de usuario por teclado? Este comportamiento se debe al mecanismo de almacenamiento en búfer, una zona de memoria intermedia en la que el texto a mostrar en pantalla se queda temporalmente almacenado, y que no se libera hasta que introduces tu entrada por teclado.

Para forzar el vaciado del buffer, añade `use std::io::Write;` al comienzo del programa y llama al método `flush()` –perteneciente al módulo `Write`–, que también devuelve un `Result`.

```
use std::io;
use std::io::Write;

fn main(){
    let mut entrada = String::new();
    print!("Introduce tu nombre de usuario: ");
```

---

[5]   Echa un vistazo al capítulo 10.

```
    io::stdout().flush().unwrap();
    io::stdin().read_line(&mut entrada)
            .expect("Error al leer tu nombre de usuario...");
    println!("{}", entrada);
}
```

Escribe use std::io::{self, Write}; para realizar las importaciones use std::io; y use std::io::Write; en una sola línea.

Lectura de bytes

Si en lugar de recoger la entrada en un String quieres recoger un máximo número de bytes, entonces importa Read, crea un array mutable con la longitud máxima deseada, llama al método read() en lugar de read_line() y muestra su contenido en pantalla con la siguiente línea:

```
        print!("Contenido del array: {:?}", &entrada);
```

El programa completo quedaría de la siguiente forma:

```
use std::io::{self, Write, Read};

fn main(){
    let mut entrada = [0; 10];
    print!("Introduce tu nombre de usuario (se recogerá un máximo de 10
bytes): ");
    io::stdout().flush().unwrap();
    io::stdin().read(&mut entrada)
            .expect("Error al leer tu nombre de usuario...");
    println!("Contenido del array: {:?}", &entrada);
}
```

Este programa realiza una lectura de bytes sin procesar, y los muestra en la consola como una lista de valores numéricos, no como caracteres.

Para convertir los bytes leídos a una cadena de tipo String asumiendo una codificación adecuada (generalmente UTF-8) necesitarás recurrir al método std::str::from_utf8().

¿Asumes el reto? Para resolverlo, tendrás que analizar el Result devuelto por el método read().[6]

---

[6]   Si no consigues resolverlo, presta atención a las próximas páginas del libro. Más adelante encontrarás la solución.

Conversiones numéricas

Si necesitas leer números en lugar de texto, deberás convertir la cadena de texto leída –en la entrada– al tipo de datos numérico correspondiente. En el siguiente programa asumimos una entrada leída `sueldo_bruto` en la línea 2, utilizamos el método `parse()` para realizar una conversión a número –que devuelve un `Result` en el que deberemos especificar el tipo de número al que deseamos realizar la conversión– (línea 3) y finalmente desempaquetamos el `Result` para obtener su contenido (línea 4).

```
1 fn main() {
2     let sueldo_bruto = "3620.85";
3     let sueldo_bruto: Result<f64, _> = sueldo_bruto.parse();
4     let sueldo_bruto = sueldo_bruto.unwrap();
5     println!("El sueldo bruto es: {:.2}", sueldo_bruto);
6 }
```

NOTA:

¿Aprecias cómo entra en juego el sombreado al reutilizar el mismo identificador?

Pero claro, la programación no es un camino de rosas y el usuario podría introducir el número con espacios en blanco antes o después del valor. Para eliminarlos, hacemos uso del método `trim()`.

```
fn main() {
    let sueldo_bruto = "    3620.85              ";
    let sueldo_bruto = sueldo_bruto.trim();
    let sueldo_bruto: Result<f64, _> = sueldo_bruto.parse();
    let sueldo_bruto = sueldo_bruto.unwrap();
    println!("El sueldo bruto es: {:.2}", sueldo_bruto);
}
```

Comentarios

Los comentarios son notas que se pueden agregar al código, y que no son ejecutadas por el compilador. Rust admite varios tipos de comentarios tal y que especificaremos a continuación.

Comentarios de línea

Los comentarios de línea comienzan con `//` y se extienden hasta el final de la línea. El siguiente programa compilará y se ejecutará sin mayor problema, a pesar de que la línea 2 carece aparentemente de sentido.

```
1 fn main(){
2     // DI 90M1654-21644
3     println!("Protocolo de entrega de alimentos.");
4 }
```

El compilador ignora los comentarios durante el proceso de compilación. Si el comentario en línea es escrito en una línea después de una expresión válida en el lenguaje, entonces el compilador ignorará a partir del //. Por ejemplo, el siguiente programa es equivalente al anterior:

```
fn main(){
    println!("Protocolo de entrega de alimentos.");// DI 90M1654-21644
}
```

Comentarios de bloque

Cuando el comentario abarca varias líneas, en lugar de escribir // al comienzo de cada una recurrimos a los comentarios de bloque. Estos comentarios comienzan con /* y terminan con */. Todo lo que haya entre /* y */ formará parte del comentario de bloque y será ignorado por el compilador.

```
fn main(){
    /*
    Para localizar la isla, accede a Google Maps
    y escribe 4 8 15 162 3 42 en el buscador.
    */
    println!("¿Nos vamos de vacaciones al Océano Pacífico?");
}
```

TRUCO:

Rust admite comentarios de bloque anidados. Cuando necesitas comentar un gran bloque de código que ya contiene comentarios, los lenguajes sin comentarios de bloque anidados obligan a eliminar o modificar los comentarios internos para evitar errores de sintaxis. En Rust, simplemente puedes comentar el bloque completo sin preocuparte por comentarios internos.

Estructuras condicionales y coincidencia de patrones

- Qué es una estructura condicional y cómo se implementa.
- Cuáles son los tipos de estructuras condicionales y cómo utilizarlas.
- Qué es un patrón de coincidencia y cuál es su sintaxis.
- Cuántos tipos de patrones de coincidencia existen y cómo funcionan.

Introducción

En los primeros capítulos de este libro hemos aprendido a trabajar con variables de tipo booleano. Más adelante, hemos mencionado de forma muy sutil que –para este lenguaje– cualquier fragmento de código que produce un valor se considera una expresión, y posteriormente hemos sido capaces de averiguar si una variable booleana o una expresión lógica termina convirtiéndose en verdadero o falso mediante la implementación de operadores relacionales y lógicos. Estos recursos del lenguaje son fundamentales para implementar estructuras condicionales, las cuales permiten tomar decisiones en nuestros programas.

Por otro lado, como ya sabes, Rust es un lenguaje expresivo que destaca por su énfasis en la seguridad. Estas características también se ponen de manifiesto a través de las estructuras condicionales y en la coincidencia de patrones. A lo largo de este capítulo entenderás cómo estas estructuras no solo facilitan la escritura de un código más claro y mantenible, sino que ayudan a prevenir errores comunes y refuerzan la idea de robustez en el lenguaje.

Estructura if-else

La estructura `if-else` es la estructura condicional más básica del lenguaje, y conduce el flujo del programa entre dos posibles caminos en base a una condición: si la condición se evalúa como verdadera se ejecutará el bloque de código asociado a `if`; y si la condición se torna falsa, entonces se ejecutará el bloque de código asociado a `else`.

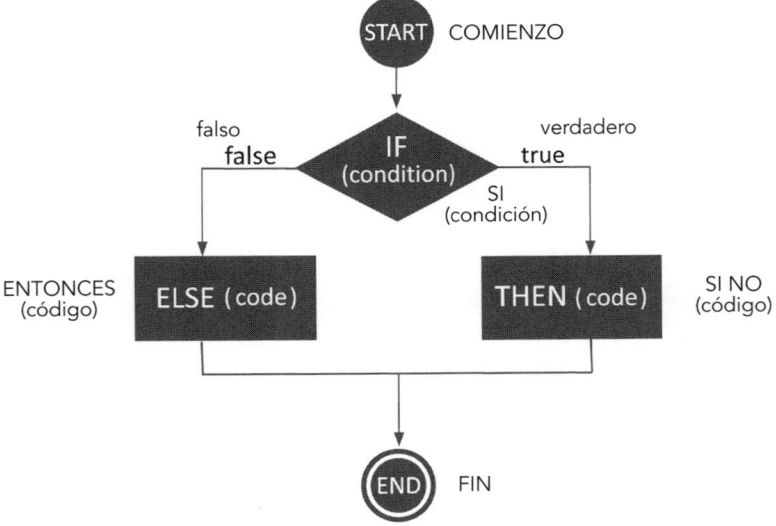

Figura 12.1. Diagrama de flujo de la estructura if-else.

La sintaxis de la estructura `if-else` es la siguiente:

```
if expresion_condicional {
    // Bloque de código que se ejecuta si la condición es verdadera
} else {
    // Bloque de código que se ejecuta si la condición es falsa
}
```

La toma de decisiones se implementa según el valor devuelto por `expresion_condicional,` que puede ser desde una variable booleana cuyo contenido sea `true` o `false,` hasta una expresión compleja con todo tipo de operadores relacionales y lógicos, o incluso el valor devuelto por una función. Veamos varios ejemplos.

El primer ejemplo va a ser sencillo: imagina que para permitir el acceso de una persona a un examen teórico online para obtener el carnet de conducir, solicitamos su edad por teclado, la evaluamos, y mostramos en pantalla si la persona está preparada para presentarse al examen.

```
use std::io::{self, Write};

fn main() {

    println!("Por favor, ingresa tu edad: ");
    io::stdout().flush().expect("Error al limpiar el buffer");

    let mut entrada = String::new();
    io::stdin().read_line(&mut entrada)
            .expect("Error al leer la edad");

    let edad: i32 = entrada.trim().parse().unwrap();
    println!("{}", edad);
```

```
    if edad >= 18 {
        println!("¡Enhorabuena! Puedes presentarte al
                 examen teórico para obtener tu licencia.");
    } else {
        println!("Lo sentimos mucho. Tendrás que
                 intentarlo más adelante.");
    }
}
```

La salida esperada variará en función del valor introducido. En la figura 12.2 se introduce como ejemplo el valor 30.

```
Execution                                                    Close
─────────────────────── Standard Error ───────────────────────

   Compiling playground v0.0.1 (/playground)
    Finished `dev` profile [unoptimized + debuginfo] target(s) in 0.94s
     Running `target/debug/playground`

─────────────────────── Standard Output ──────────────────────

Por favor, ingresa tu edad:
30
¡Enhorabuena! Puedes presentarte al examen teórico para obtener tu licencia.
```

Figura 12.2. Salida condicionada al valor introducido (la condición se cumple).

En el ejemplo anterior simplemente hemos evaluado una expresión sencilla (`edad >= 18`), pero la expresión puede complicarse tanto como queramos. Por ejemplo, podemos evaluar si el número introducido por el usuario es uno de los valores fundamentales numéricos de la Ecuación Valenzetti.

```
use std::io::{self, Write};

fn main() {

    println!("Por favor, ingresa un número: ");
    io::stdout().flush().expect("Error al limpiar el buffer");

    let mut entrada = String::new();
    io::stdin().read_line(&mut entrada)
               .expect("Error al leer el número");

    let numero: i32 = entrada.trim().parse().unwrap();
    println!("{}", numero);

    if numero == 4 || numero == 8 || numero == 15 ||
       numero == 16 || numero == 23 || numero == 43
{
```

```
        println!("El número introducido es uno de los valores
                fundamentales numéricos de la Ecuación Valenzetti");
    } else {
        println!("El número introducido NO es uno de los valores
                fundamentales numéricos de la Ecuación Valenzetti");
    }
}
```

La salida esperada vuelve a variar en función del valor introducido. En la figura 12.3 se introduce como ejemplo el valor 43.

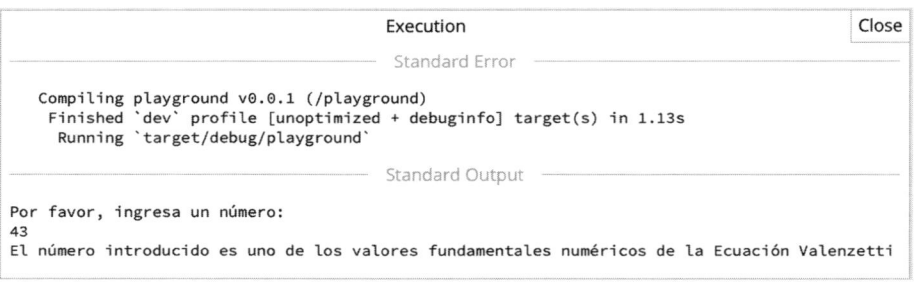

Figura 12.3. Salida condicionada al valor introducido (la condición no se cumple).

También podríamos evaluar la expresión condicional dentro de una función y analizar en la estructura if-else su resultado:

```
use std::io::{self, Write};

fn es_valor_fundamental(numero: i32) -> bool {
    if numero == 4 || numero == 8 || numero == 15 ||
       numero == 16 || numero == 23 || numero == 43
    {
        true
    } else {
        false
    }
}

fn main() {
    println!("Por favor, ingresa un número: ");
    io::stdout().flush().expect("Error al limpiar el buffer");

    let mut entrada = String::new();
    io::stdin().read_line(&mut entrada)
            .expect("Error al leer el número");

    let numero: i32 = entrada.trim().parse().unwrap();
    println!("{}", numero);
```

```
if es_valor_fundamental(numero) {
    println!('El número introducido es uno de los valores
            fundamentales numéricos de la Ecuación Valenzetti");
} else {
    println!("El número introducido NO es uno de los valores
            fundamentales numéricos de la Ecuación Valenzetti");
}
}
```

```
Execution                                                    Close
─────────────────────────── Standard Error ───────────────────
  Compiling playground v0.0.1 (/playground)
   Finished `dev` profile [unoptimized + debuginfo] target(s) in 0.62s
    Running `target/debug/playground`
─────────────────────────── Standard Output ──────────────────
Por favor, ingresa un número:
8
El número introducido es uno de los valores fundamentales numéricos de la Ecuación Valenzetti
```

Figura 12.4. Evaluación de la condición dentro de una función.

En cada bloque if o else podemos incluir nuevas estructuras if-else. Por ejemplo, vamos a implementar una función que averigüe si un número es igual, mayor o menor que cero. En primer lugar evaluaremos si el valor es igual a cero, y en caso de que no lo sea, volvemos a evaluar si el número es mayor que cero.

```
enum Signo {
    Positivo,
    Negativo,
    Cero,
}

fn determinar_signo(numero: f64) -> Signo {
    if numero == 0.0 {
        Signo::Cero
    } else {
        if numero > 0.0 {
            Signo::Positivo
        } else {
            Signo::Negativo
        }
    }
}
```

Para este tipo de situaciones en las que se necesitan realizar varias comprobaciones, if-else introduce una condición adicional en su estructura. La sintaxis quedaría de la siguiente forma:

```
if expresion_condicional {
    // Bloque de código que se ejecuta si la condición es verdadera
} else if segunda_expresion_condicional {
    // Bloque de código que se ejecuta si expresion_condicional
    // es falsa, pero segunda_expresion_condicional es verdadera
} else {
    // Bloque de código que se ejecuta en cualquier otro caso
}
```

De modo que el cuerpo de la función `determinar_signo()` podría quedar escrito tal y como sigue:

```
fn determinar_signo(numero: f64) -> Signo {
    if numero > 0.0 {
        Signo::Positivo
    } else if numero < 0.0 {
        Signo::Negativo
    } else {
        Signo::Cero
    }
}
```

Finalmente, cabe destacar que la única parte indispensable dentro de la estructura `if-else` es el bloque `if`. Podemos implementar una condición con `if`, ejecutar un bloque de código si, y solo si, la condición se evalúa como verdadera, y no implementar ninguna alternativa en caso contrario.

Por ejemplo, imagina que estás al frente del equipo de desarrollo de una empresa que se dedica a la instalación de alarmas para evitar el robo en viviendas. Por defecto la alarma no sonará. Solo se activará cuando el sensor instalado detecte algún movimiento en la vivienda.

```
enum EstadoAlarma {
    Activada,
    Desactivada,
}

fn main() {
    let mut estado_alarma = EstadoAlarma::Desactivada;
    let movimiento_detectado = true;

    if movimiento_detectado {
        estado_alarma = EstadoAlarma::Activada;
        println!("Llamando a Rex, un policía diferente...")
    }
}
```

Este programa debe proporcionarte una salida similar a la que se muestra en la figura 12.5.

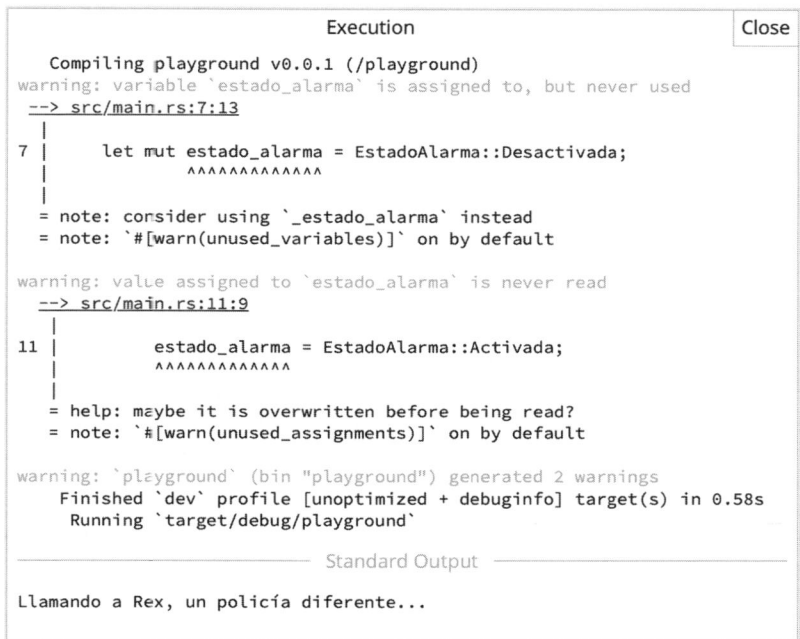

```
                        Execution                        | Close

     Compiling playground v0.0.1 (/playground)
 warning: variable `estado_alarma` is assigned to, but never used
  --> src/main.rs:7:13
    |
 7  |        let mut estado_alarma = EstadoAlarma::Desactivada;
    |                ^^^^^^^^^^^^^
    |
    = note: consider using `_estado_alarma` instead
    = note: `#[warn(unused_variables)]` on by default

 warning: value assigned to `estado_alarma` is never read
  --> src/main.rs:11:9
    |
 11 |            estado_alarma = EstadoAlarma::Activada;
    |            ^^^^^^^^^^^^^
    |
    = help: maybe it is overwritten before being read?
    = note: `#[warn(unused_assignments)]` on by default

 warning: `playground` (bin "playground") generated 2 warnings
     Finished `dev` profile [unoptimized + debuginfo] target(s) in 0.58s
      Running `target/debug/playground`

 ───────────────────────── Standard Output ─────────────────────

 Llamando a Rex, un policía diferente...
```

Figura 12.5 Estructura condicional con enumerados.

Estructura if-else como expresión

La estructura if-else es en sí misma una expresión. Al ser una expresión posee la capacidad de devolver un valor con el que podemos trabajar. Por ejemplo, podemos comprobar si un joven es mayor de edad o no para permitirle saltar en paracaídas, y almacenar en una variable un mensaje en consecuencia.

> **ADVERTENCIA:**
>
> *Al igual que ocurre con el retorno de funciones, la línea de código responsable de devolver un valor en la expresión if-else no debe terminar en punto y coma ;.*

```
use std::io::{self, Write};

fn main() {
    println!("Por favor, introduce tu edad: ");
    io::stdout().flush().expect("Error al limpiar el buffer");

    let mut entrada = String::new();
    io::stdin().read_line(&mut entrada)
               .expect("Error al leer la edad");
```

```
    let edad: i32 = entrada.trim().parse().unwrap();
    println!("{}", edad);

    let mensaje = if edad >= 18 {
        "¡Enhorabuena! Vas a vivir una experiencia inolvidable."
        .to_string()
    } else {
        "Lo sentimos mucho, aún no tienes edad para volar."
        .to_string()
    };
    println!("{}", mensaje);
}
```

NOTA:

El tipo inferido para la variable mensaje es String, ya que la cadena literal (de tipo &str) es convertida a tipo String a través del método to_string().

Este programa debe proporcionarte una salida similar a la que te muestro en la figura 12.6. Ten en cuenta que el mensaje varía en función a la entrada introducida.

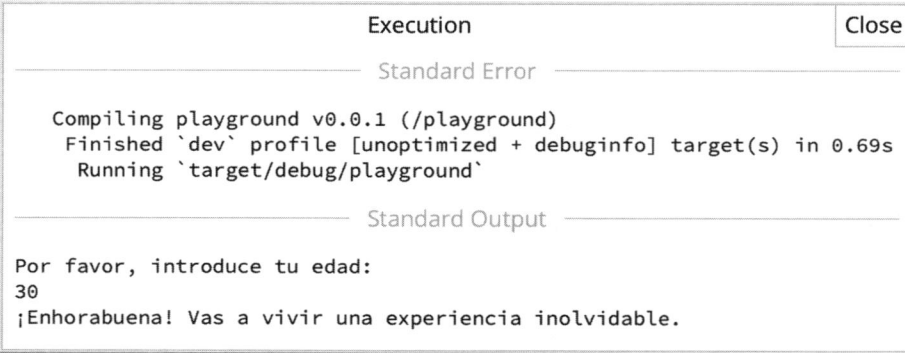

Figura 12.6. Estructura if-else como expresión.

Estructura if let

La estructura if let es una característica propia de Rust[1] que permite realizar una comparación, y a la vez, desestructurar una variable en una sola línea. Esta estructura es útil para simplificar el manejo de valores a la hora de trabajar con tipos de datos que pueden tener múltiples variantes como Option y Result, y se presenta como una forma concisa y específica de hacer coincidir patrones.

---

[1] La estructura if let es propia de Rust, pero no exclusiva. Si bien la mayoría de los lenguajes carecen de una estructura if-let tal y como se presenta en Rust, existen estructuras similares en algunos lenguajes modernos.

La estructura if let parte de la siguiente sintaxis:

```
if let patron = variable {
    // Código a ejecutar si el patrón coincide
}
```

Para entender cómo funciona esta estructura vamos a crear un enumerado EstadoAutorizacion que va a modelar si un usuario se encuentra autorizado o no, con 2 variantes: Autorizado (que incluye el nombre y el identificador del usuario como datos asociados) y NoAutorizado.

```
enum EstadoAutorizacion {
    Autorizado(String, u32),
    NoAutorizado,
}
```

Por otro lado, vamos a crear 2 variables: una primera variable empleado1, para almacenar la autorización para un usuario en particular, y otra variable empleado2 para representar un usuario carente de autorización.

```
fn main() {
    let empleado1= EstadoAutorizacion::Autorizado(
                String::from("John Locke"), 4);

    let empleado2 = EstadoAutorizacion::NoAutorizado;
}
```

La estructura if let nos permite comparar un patrón determinado con una variable concreta. En este ejercicio, podemos comprobar si la variable empleado1 cumple con el patrón EstadoAutorizacion::Autorizado(String, u32) de la siguiente forma:

```
fn main() {
    let empleado1= EstadoAutorizacion::Autorizado(
                String::from("John Locke"), 4);
    let empleado2 = EstadoAutorizacion::NoAutorizado;

    if let
    EstadoAutorizacion::Autorizado(nombre, identificador) = empleado1
    {
        println!('Empleado autenticado: nombre = {}, id = {}",
                nombre, identificador);
    }
}
```

Como puedes observar, en los paréntesis del enumerado que aparecen en el patrón hemos incluido dos identificadores que no habían aparecido anteriormente. Si bien podríamos pensar que entre paréntesis debiéramos especificar el tipo de dato (tal y como se define en el enumerado), debemos recordar que la estructura if let no solo compara, sino que además desestructura. Es por este motivo por el que dentro del ámbito del bloque if let, entre las llaves de apertura y cierre { }, podemos utilizar estos identificadores para imprimir en pantalla el nombre del usuario autorizado y su identificador.

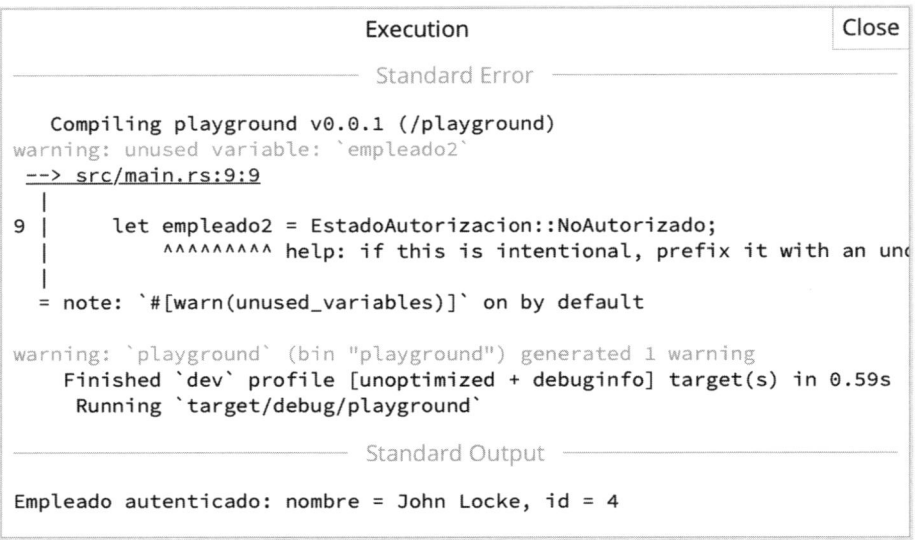

```
                          Execution                          │  Close  │

─────────────────────────── Standard Error ───────────────────────────

   Compiling playground v0.0.1 (/playground)
warning: unused variable: `empleado2`
 --> src/main.rs:9:9
  |
9 |     let empleado2 = EstadoAutorizacion::NoAutorizado;
  |         ^^^^^^^^^ help: if this is intentional, prefix it with an und
  |
  = note: `#[warn(unused_variables)]` on by default

warning: `playground` (bin "playground") generated 1 warning
    Finished `dev` profile [unoptimized + debuginfo] target(s) in 0.59s
     Running `target/debug/playground`

─────────────────────────── Standard Output ───────────────────────────

Empleado autenticado: nombre = John Locke, id = 4
```

Figura 12.7. Ejemplo de desestructuración con if let.

Si ejecutamos el mismo bloque de código, pero comparamos ahora con la variable empleado2, el bloque de código correspondiente al if let nunca se ejecutará, ya que el patrón de coincidencia no se da.

```
fn main() {
    let empleado1= EstadoAutorizacion::Autorizado(
                    String::from("John Locke"), 4);

    let empleado2 = EstadoAutorizacion::NoAutorizado;

    if let
    EstadoAutorizacion::Autorizado(nombre, identificador) = empleado2
    {
        println!("Empleado autenticado: nombre = {}, id = {}",
                nombre, identificador);
    }
}
```

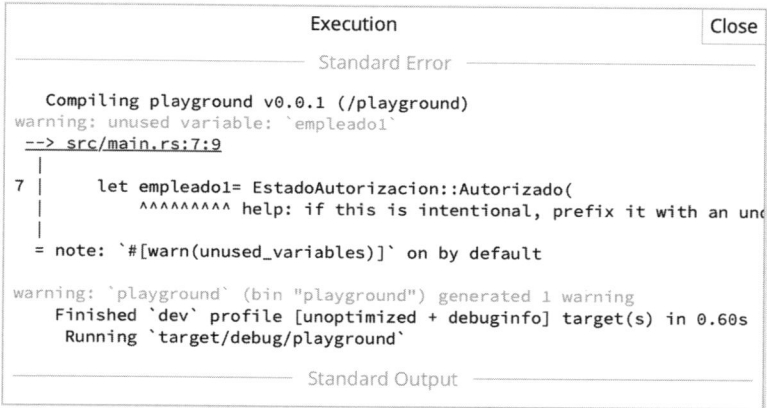

Figura 12.8. El patrón de coincidencia de iflet no se da.

Veamos otro ejemplo. En este caso vamos a rescatar un código de ejemplo que aparece en el capítulo 10, y que utiliza el método `find()` para localizar una letra dentro de un `String`. Si recuerdas, el método `find()` devuelve un valor de tipo `Option`. Este opcional puede incluir la posición de la letra en caso de que se localice, o `None` en caso de que la letra no forme parte del `String`.

```
fn main() {
    let editorial = String::from("ANAYA");
    let posicion = editorial.find('Y');
}
```

Hasta el momento hemos utilizado principalmente el método `unwrap()` (o algún derivado) para obtener el valor contenido en la variante `Some()` dentro del opcional asumiendo que el valor ha sido encontrado. El problema viene cuando el valor no se ha podido localizar: en este caso, el programa entra en estado de pánico y detiene su ejecución.

La estructura `if let` nos permite controlar de manera elegante esta situación. Comparamos el patrón `Some()` con el valor devuelto por el método `find()`, y en caso de que la letra haya sido localizada, desestructuramos el opcional para trabajar con el valor que contiene. En caso contrario, implementamos la alternativa que más nos convenga (por ejemplo, mostrar un mensaje en pantalla) sin detener el flujo del programa.

```
fn main() {
    let editorial = String::from("ANAYA");
    if let Some(posicion) = editorial.find('Comillas simples verticales.
{
        println!("La letra 'Comillas simples verticales.' se encuentra
en la posición: {}",
                    posicion);
    } else {
        println!("La letra 'Y' no se encuentra en el string.");
    }
}
```

Echa un vistazo a la figura 12.9 para comprobar la salida esperada de este programa.

```
                          Execution                              Close

  ──────────────────────── Standard Error ────────────────────────

  Compiling playground v0.0.1 (/playground)
    Finished `dev` profile [unoptimized + debuginfo] target(s) in 0.99s
     Running `target/debug/playground`

  ──────────────────────── Standard Output ───────────────────────

  La letra 'Y' se encuentra en la posición: 3
```

Figura 12.9. Estructura if-let como alternativa a unwrap().

Veamos a continuación un ejemplo que utiliza la estructura if let para comprobar la coincidencia de un patrón con el tipo Result. A la hora de implementar la lectura de un archivo de texto, debemos contemplar tanto el caso de éxito –en el que se establece un flujo de comunicación exitoso desde nuestro programa hacia el archivo y viceversa– como el caso de error –cuando este flujo de comunicación no puede establecerse–.

En primer lugar, debemos tener en cuenta que trabajaremos con el tipo File de la biblioteca estándar del lenguaje para trabajar con ficheros, con el módulo io para manejar entradas y salidas, y con el trait[2] Read para leer datos desde fuentes como archivos.

```
use std::fs::File;
use std::io::{self, Read};

fn main(){

}
```

Para abrir un flujo de comunicación con el archivo deseado, utilizamos la función open(), que recibe como parámetro de entrada el nombre del archivo que queremos abrir. Esta función devuelve un Result.

```
use std::fs::File;
use std::io::{self, Read};

fn main(){
    let mut instrucciones = File::open("nuevas_instrucciones.txt");
}
```

---

[2] Aprenderás qué es un trait un poco más adelante. Quédate con las ideas generales que se proponen en el ejemplo, y con la comprobación del tipo Result mediante la estructura if let.

La variable `instrucciones` almacenará `Ok(File)` si el archivo se abre exitosamente, y `Err(e)` en caso de error. Utilizaremos la estructura `if let` para saber si el `Result` contiene un `Ok(File)`.

```
1   use std::fs::File;
2   use std::io::{self, Read};
3
4   fn main(){
5       let mut instrucciones = File::open("nuevas_instrucciones.txt");
6
7       if let Ok(mut instrucciones) = instrucciones {
8           // Código para leer el contenido del archivo
9       } else {
10          println!("Errr al abrir el manual de instrucciones");
11      }
12  }
```

NOTA:

Para que este programa funcione correctamente deberás crear un fichero llamado «nuevas_instrucciones.txt» en el mismo directorio donde se encuentre el programa ejecutable. Recuerda que puedes compilar tu código con el comando rustc.

Si te preguntabas para qué sirve el sombreado en un caso práctico, este ejemplo es una buena respuesta. En la línea 5 declaramos una variable llamada instrucciones, de tipo `Result`. Por otro lado, en la línea 7 creamos una nueva variable, también llamada `instrucciones`, que almacenará el contenido de la variante `Ok`. Dentro del bloque comprendido entre las líneas 7 y 9, el identificador instrucciones oculta (es decir, prevalece) sobre el identificador instrucciones localizado en el ámbito de la función principal. De este modo, podemos trabajar con un identificador entendible dentro de un subámbito sin afectar –ni perder– una variable de tipo `Result` que puede ser útil posteriormente para el manejo de errores.

Cabe destacar que el flujo de comunicación abierto entre nuestro programa y el fichero de texto nuevas_instrucciones.txt no necesita ser cerrado explícitamente. Esto ocurre gracias al sistema de propiedad y al paradigma de manejo de recursos conocido como RAII (*Resource Acquisition Is Initialization*), una técnica de gestión de recursos donde la adquisición y liberación de recursos se maneja automáticamente a través de su vida útil. En resumen, el recurso es liberado cuando sale del alcance.

Estructura match

Mientras que la estructura `if-else` y sus derivadas se utilizan principalmente para evaluar condiciones booleanas y ejecutar diferentes bloques de código según se cumplan o no dichas condiciones, la estructura `match` se utiliza únicamente para la coincidencia de patrones, la desestructuración y la extracción de valores de tipos complejos.

Sí, if let también permite evaluar la coincidencia de un patrón, desestructurar y extraer, pero la expresión a evaluar debe terminar devolviendo true o false. La estructura match es ideal para trabajar con enumerados, tipos de datos complejos y patrones más específicos, y cada rama se evalúa en base a patrones y no necesariamente en base a valores booleanos.

La estructura match evalúa el contenido de una variable o expresión y contempla cada coincidencia que pueda darse.

```
match expresión {
    caso_uno => accion_a_realizar_para_el_caso_uno,
    caso_dos => accion_a_realizar_para_el_caso_dos,
    // …
}
```

La estructura match aporta un valor diferenciador en una amplia variedad de contextos.

Analizar el contenido de una variable

Vamos a comenzar con la detección de un patrón muy sencillo: comprobar si el número introducido por un usuario es uno de los valores fundamentales numéricos de la Ecuación Valenzetti.[3] Resulta que en la serie «Perdidos» cada uno de estos números corresponde a un personaje.

```
use std::io::{self, Write};

fn main() {
    println!("Por favor, ingresa un número: ");
    io::stdout().flush().expect("Error al limpiar el buffer");

    let mut entrada = String::new();
    io::stdin().read_line(&mut entrada)
            .expect("Error al leer el número");

    let numero: i32 = entrada.trim().parse().unwrap();
    println!("{}", numero);

    match numero {
        4 => println!("El valor introducido corresponde
                    a John Locke."),
        8 => println!("El valor introducido corresponde
                    a Hugo Reyes."),
        15 => println!("El valor introducido corresponde
                    a Sawyer."),
```

---

[3] La ecuación Valenzetti es un elemento ficticio creado por los guionistas de la serie de televisión «Perdidos». En la serie, la ecuación se presenta como una fórmula matemática que supuestamente predice el tiempo que queda hasta la extinción de la humanidad.

```
        16 => println!("El valor introducido corresponde
                        a Sayid Jarrah."),
        23 => println!("El valor introducido corresponde
                        a Jack Shephard"),
        42 => println!("El valor introducido corresponde
                        a Jin-Soo Kwon"),
    }
}
```

La estructura match nos permite analizar una variable y comparar su contenido con distintos patrones potencialmente coincidentes.

Cabe destacar que este código tal y como está escrito no compilará.

```
                        Execution                                    Close

   Compiling playground v0.0.1 (/playground)
error[E0004]: non-exhaustive patterns: `i32::MIN..=3_i32`, `5_i32..=7_i32`, `9_i32..
  --> src/main.rs:14:11
   |
14 |     match numero {
   |           ^^^^^^ patterns `i32::MIN..=3_i32`, `5_i32..=7_i32`, `9_i32..=14_i32`
   |
   = note: the matched value is of type `i32`
help: ensure that all possible cases are being handled by adding a match arm with a
   |
20 ~            42 => println!("El valor introducido corresponde a Jin-Soo Kwon"),
21 ~            _ => todo!(),
   |

For more information about this error, try `rustc --explain E0004`.
error: could not compile `playground` (bin "playground") due to 1 previous error
─────────────────────── Standard Output ───────────────────────
```

Figura 12.10. Error E0004 en consola.

La razón es que existen muchos otros posibles patrones que no están siendo contemplados. Piénsalo... ¿cuántos números existen? Contemplar todos los casos sería imposible. Para ello utilizamos el guion bajo _ como una opción más.

```
use std::io::{self, Write};

fn main() {
    println!("Por favor, ingresa un número: ");
    io::stdout().flush().expect("Error al limpiar el buffer");

    let mut entrada = String::new();
    io::stdin().read_line(&mut entrada)
            .expect("Error al leer el número");

    let numero: i32 = entrada.trim().parse().unwrap();
    println!("{}", numero);
```

```
match numero {
    4 => println!("El valor introducido corresponde
                    a John Locke."),
    8 => println!("El valor introducido corresponde
                    a Hugo Reyes."),
    15 => println!("El valor introducido corresponde
                    a Sawyer."),
    16 => println!("El valor introducido corresponde
                    a Sayid Jarrah."),
    23 => println!("El valor introducido corresponde
                    a Jack Shephard"),
    42 => println!("El valor introducido corresponde
                    a Jin-Soo Kwon"),
    _ => println!(""),
    }
}
```

Si el patrón no coincide con ninguno de los especificados, entonces se ejecuta un bloque de código por defecto.

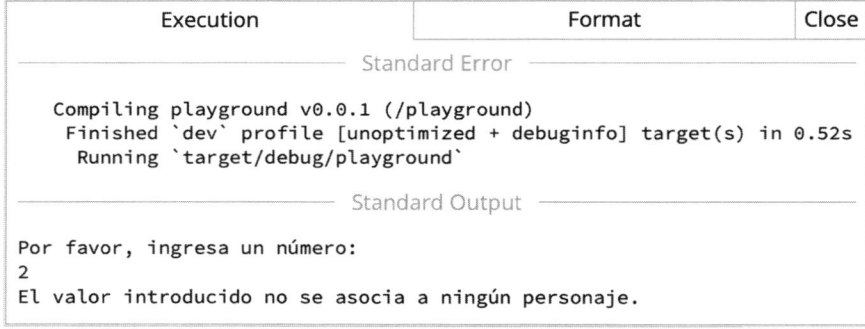

Figura 12.11. Uso del bloque de código por defecto en la estructura match.

Patrón de captura

Supongamos que para el desarrollo de una aplicación de facturación necesitamos manejar códigos de error de las transacciones que se producen. Si el código corresponde con algún valor determinado, mostramos en pantalla qué acciones se deben realizar. En cualquier otro caso, capturaremos el código de error y mostraremos un mensaje de error (junto al código) en pantalla.

```
1 fn main() {
2     let codigo_de_error = 108;
3
4     match codigo_de_error {
5         1 => println!("Error: destinatario no identificado."),
6         2 => println!("Error: comisión de la transferencia
```

```
                        no abonada."),
7           3 => println!("Error: transferencia rechazada."),
8           codigo_no_detectado => println!("Error desconocido: {}",
9                               codigo_no_detectado),
10  }
11 }
```

Para implementar esta casuística, el patrón de captura nos permite capturar en una nueva variable (`codigo_no_detectado`) el valor de la variable o expresión que se evalúa (`codigo_de_error`). Si al llegar a la línea 8 no se ha encontrado ningún patrón coincidente, se captura el valor de `codigo_de_error` y se asigna a `codigo_no_detectado` para su tratamiento.

```
Execution                                                        Close
──────────────────────  Standard Error  ──────────────────────

  Compiling playground v0.0.1 (/playground)
   Finished `dev` profile [unoptimized + debuginfo] target(s) in 1.06s
    Running `target/debug/playground`

──────────────────────  Standard Output  ─────────────────────

Error desconocido: 108
```

Figura 12.12. Uso del patrón de captura en la estructura match.

Patrón de rango

Supongamos a continuación el desarrollo de un programa que muestra un mensaje en pantalla según el sueldo mensual total proporcionado para un determinado empleado. Este sueldo total es el resultado de sumar el sueldo base y el bonus que recibe el empleado. El programa mostrará información en pantalla según el rango en el que el sueldo mensual se encuentre.

```
fn calcular_sueldo_total(sueldo_base: i32, bonus: i32) -> i32 {
    sueldo_base + bonus
}

fn main() {
    let sueldo_base = 3000;
    let bonus = 1000;

    match calcular_sueldo_total(sueldo_base, bonus) {
        0 => println!("El sueldo es cero."),
        1..=1000 => println!("El sueldo es bajo."),
        1001..=3000 => println!("El sueldo es promedio."),
        3001..=5000 => println!("El sueldo es alto."),
        _ => println!("El sueldo es muy alto."),
```

```
        }
}
```

Gracias a los patrones de rango, si el valor a analizar se encuentra en un rango determinado (por ejemplo, entre 3001 y 5.000), la coincidencia se dará y se imprimirá en pantalla el mensaje que corresponda.

Figura 12.13. Patrón de rango en la estructura match.

La estructura match puede analizar el resultado devuelto por una función como si de cualquier otra expresión se tratase.

Patrón de unión

Cada patrón contemplado en cada una de las líneas dentro de la estructura `match` puede ser una expresión más compleja. Por ejemplo, supongamos que nuestro programa imprime en pantalla el día de la semana en el que nos encontramos, en base a un valor especificado entre el número 1 y el número 7.

```
fn main() {

    let dia = 4;

    match dia {
        1 => println!("Lunes"),
        2 => println!("Martes"),
        3 => println!("Miércoles"),
        4 => println!("Jueves"),
        5 => println!("Viernes"),
        6 => println!("Fin de semana"),
        7 => println!("Fin de semana"),
        _ => println!("Día no válido"),
    }
}
```

Los días 6 y 7 ejecutan exactamente la misma línea de código. Rust nos permite unificar ambas líneas utilizando un operador booleano: si el patrón coincide con el número 6 o el patrón coincide con el número 7, entonces se imprime en pantalla Fin de semana.

```
fn main() {

    let dia = 7;

    match dia {
        1 => println!("Lunes"),
        2 => println!("Martes"),
        3 => println!("Miércoles"),
        4 => println!("Jueves"),
        5 => println!("Viernes"),
        6 | 7 => println!("Fin de semana"),
        _ => println!("Día no válido"),
    }
}
```

Al ejecutar este código debes obtener una salida como la que te muestro en la figura 12.14.

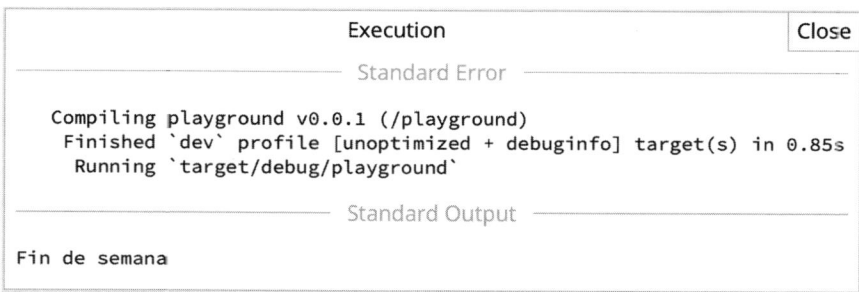

Figura 12.14. Patrón de unión en la estructura match.

Patrón de enumeración

La sintaxis y el funcionamiento de la estructura match es sencilla, ¿verdad? Vamos a entrar en materia. Como ya sabes, la estructura match está pensada para tipos más complejos, así que vamos a crear un enumerado Color que puede almacenar uno de los tres colores principales, o bien un color RGB personalizado.

```
enum Color {
    Rojo,
    Amarillo,
    Azul,
    Rgb(u8, u8, u8),
}
```

Y analizar si existe algún patrón coincidente con el contenido de una variable de tipo `Color`.

```
fn main(){

    let color = Color::Rgb(255, 0, 0);

    match color {
        Color::Rojo => println!("El color es rojo."),
        Color::Amarillo => println!("El color es amarillo."),
        Color::Azul => println!("El color es azul."),
        Color::Rgb(r, g, b) =>
        println!("Color personalizado: RGB({}, {}, {})", r, g, b),
        _ => println!("Color desconocido"),
    }
}
```

Este programa propociona la salida que ves en la figura 12.15.

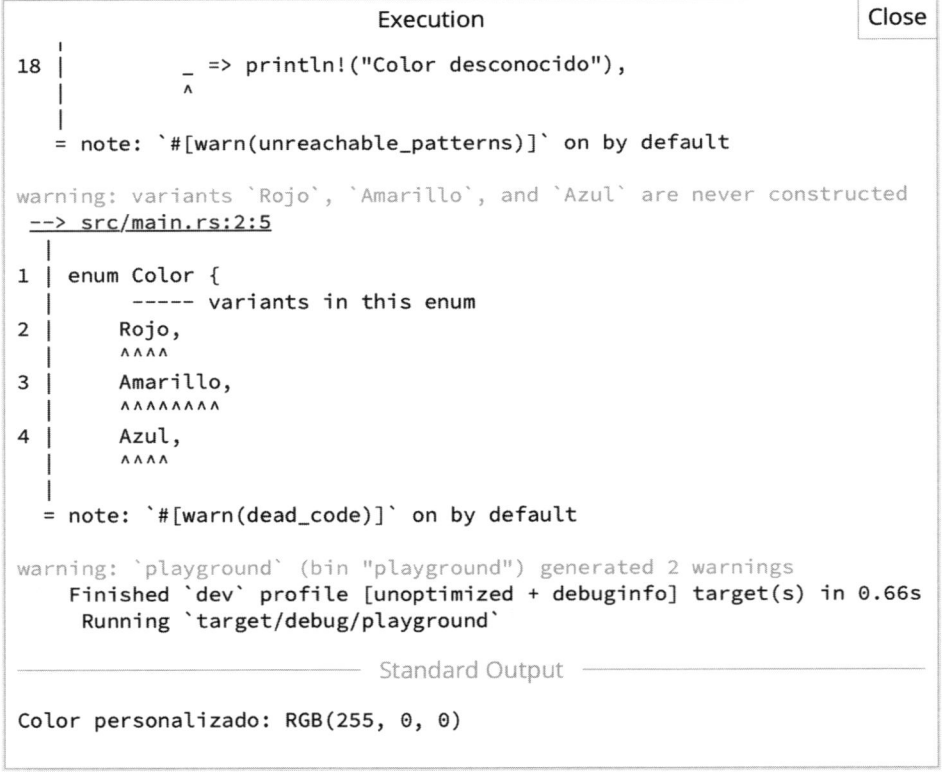

Figura 12.15. Patrón de enumeración en la estructura match.

Patrón de tupla

Rust es un lenguaje adecuado para el desarrollo de aplicaciones domóticas, así que vamos a suponer el desarrollo de un sistema de control para una casa inteligente, donde queremos monitorear y controlar las luces y el ventilador en una determinada habitación. Para ello, utilizaremos un enumerado `Estado`, que modelará si el dispositivo se encuentra `Encendido` o `Apagado`, y crearemos una tupla de enumerados, que representará el estado de las luces y el estado del ventilador.

```
enum Estado {
    Encendido,
    Apagado,
}

fn main() {
    let dispositivos_domoticos = (Estado::Encendido, Estado::Apagado);

    match dispositivos_domoticos {
        (Estado::Encendido, Estado::Encendido)
         => println!("¡Todos los dispositivos están encendidos!
            La compañía eléctrica se está frotando las manos..."),
        (Estado::Apagado, Estado::Apagado)
         => println!("Todos los dispositivos están apagados.
            Parece que no hay nadie en casa"),
        (Estado::Encendido, Estado::Apagado)
         => println!("La luz está encendida
            y el ventilador está apagado."),
        (Estado::Apagado, Estado::Encendido)
         => println!("La luz está apagada
            y el ventilador está encendido. ¡Qué calor!"),
    }
}
```

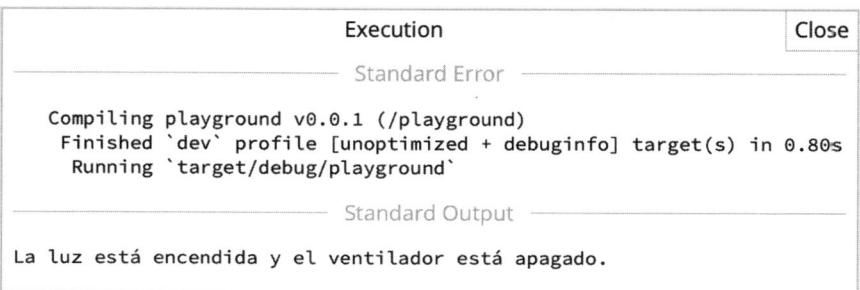

Figura 12.16. Salida esperada: «La luz está encendida y el ventilador está apagado».

El patrón de tupla nos permite analizar el contenido de una tupla y actuar en consecuencia. La estructura `match`, por otro lado, también nos permite generalizar la detección de un determinado patrón. Por ejemplo, podemos detectar que la luz está encendida e ignorar el estado del ventilador y viceversa. Para ello, hacemos uso del guion bajo _ .

```
enum Estado {
    Encendido,
    Apagado,
}

fn main() {
    let dispositivos_domoticos = (Estado::Encendido, Estado::Apagado);

    match dispositivos_domoticos {
        (Estado::Encendido, _) => println!("La luz está encendida."),
        (_, Estado::Encendido) => println!("El ventilador está encendido."),
        (_,_) => println!("Parece que todo está apagado..."),
    }
}
```

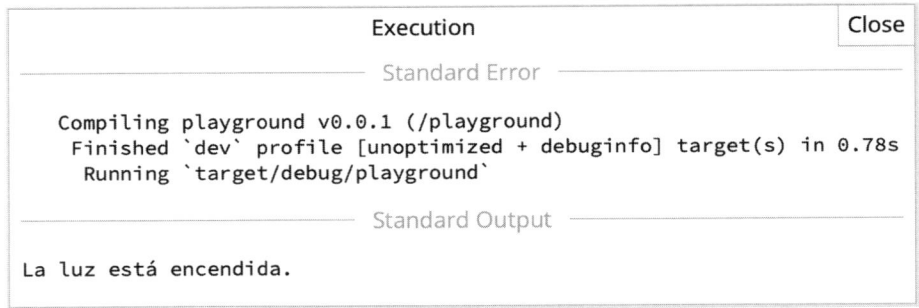

Execution	Close

——————————— Standard Error ———————————

```
Compiling playground v0.0.1 (/playground)
 Finished `dev` profile [unoptimized + debuginfo] target(s) in 0.78s
  Running `target/debug/playground`
```

——————————— Standard Output ———————————

```
La luz está encendida.
```

Figura 12.17. Salida esperada: «La luz está encendida.».

NOTA:

El compilador evalúa los patrones en el orden en que están escritos y ejecuta el bloque de código correspondiente al primer patrón que coincide. Si existen múltiples patrones solo se ejecuta el bloque de código del primer patrón coincidente.

Patrones de referencia y desreferencia

Vamos a seguir con ejemplos relacionados con el internet de las cosas. Supongamos la implementación de un entorno en el que se almacena la temperatura recogida por un determinado sensor de temperatura. Como el sensor puede fallar, optamos por modelar la temperatura como un opcional. Así nos adelantaremos a posibles errores que puedan producirse.

```
fn main(){
    let temperatura = Some(18.9);
}
```

Esta temperatura podría ser leída desde diferentes entornos, así que vamos a crear una referencia inmutable al dato.

```
fn main(){
    let temperatura = Some(18.9);
    let lectura_temperatura = &temperatura;
}
```

Finalmente, vamos a analizar el contenido del opcional desde la referencia para actuar en consecuencia.

```
1 fn main(){
2     let temperatura = Some(18.9);
3     let lectura_temperatura = &temperatura;
4
5     match lectura_temperatura {
6         Some(temp) => println!("La temperatura leída es: {}", temp),
7         None => println!("Error en la lectura"),
8     }
9 }
```

Lo que provoca el siguiente mensaje en consola.

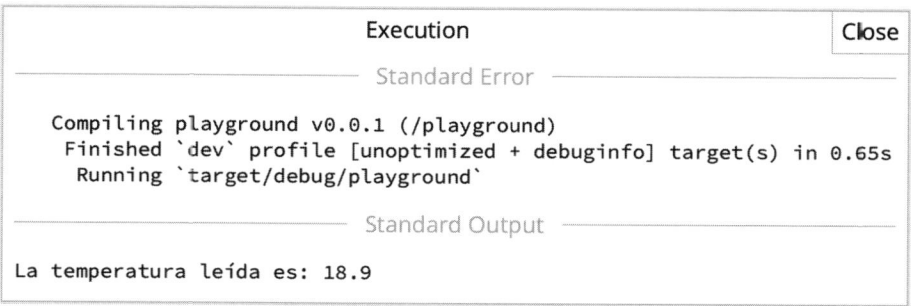

Figura 12.18. Salida esperada: «La temperatura leída es: 18.9».

La variable `lectura_temperatura` es de tipo `&Option<f64>` (líneas 2 y 3). En el `match` estamos comparando una referencia (líneas 5, 6 y 7), así que Rust automáticamente desreferencia `lectura_temperatura` (línea 5) para hacer coincidir el patrón (con las líneas 6 y 7). En consecuencia, `temp` (línea 6) es de tipo `f64`.

Aunque también podríamos trabajar directamente con el valor en lugar de trabajar con la referencia: para ello, desreferenciamos el valor en la estructura `match`.

```
fn main(){

    let temperatura = Some(18.9);
```

```
    let lectura_temperatura = &temperatura;

    match lectura_temperatura {
        Some(temp) => println!("La temperatura leída es: {}", *temp),
        None => println!("Error en la lectura"),
    }
}
```

En este caso, `temp` es una referencia a un `f64` y utilizamos el operador de desreferencia `*` para obtener el valor real al imprimir.

Patrón con guardias

Las guardias son condiciones adicionales que se añaden a las cláusulas de la estructura `match` para refinar aún más el patrón que se intenta hacer coincidir. Se utilizan para agregar una condición booleana que debe cumplirse para que un patrón sea considerado una coincidencia válida. De este modo, se consigue una mayor precisión y control sobre el comportamiento del patrón.

Por ejemplo, imagina que necesitas establecer un patrón para quedarte con números pares o números impares. En cualquier otro caso, consideramos la entrada como inválida. Para ello, solicitamos el número por teclado y recurrimos al patrón capturador para capturar el valor y comprobar si el número es par o impar, añadiendo una condición `if` que actúa como guardia.

```
use std::io::{self, Write};

fn main() {

    let mut entrada = String::new();
    println!("Por favor, introduce un número:");

    io::stdout().flush().expect("Error al limpiar el buffer");
    io::stdin().read_line(&mut entrada)
            .expect("Error al leer el número");

    let numero: i32 = entrada.trim()
                    .parse()
                    .expect("Por favor, introduce
                        un número válido");

    match numero {
        n if n % 2 == 0 => println!("El número {} es par", n),
        n if n % 2 != 0 => println!("El número {} es impar", n),
        _ => println!("El número {} no es ni par ni impar.
                    Qué raro…", numero),
    }
}
```

```
┌────────────────────────────────────────────────────────────────┐
│                         Execution                      │ Close  │
├────────────────────────────────────────────────────────────────┤
│   Compiling playground v0.0.1 (/playground)                    │
│    Finished `dev` profile [unoptimized + debuginfo] target(s) in 0.72s │
│     Running `target/debug/playground`                          │
│  ─────────────────────── Standard Output ───────────────────── │
│                                                                │
│  Por favor, introduce un número:                               │
│  El número 23 es impar                                         │
└────────────────────────────────────────────────────────────────┘
```

Figura 12.19. Uso de patrón con guardias en la estructura match.

Condición inalcanzable

¿Puede un número entero no ser par y tampoco ser impar? La inclusión del patrón comodín _ no debería ser necesaria desde un punto de vista matemático, ya que en el conjunto de los números enteros cada número es o bien par, o bien impar. En cambio, si eliminas el patrón comodín _ obtendrán un error de compilación.

```
┌────────────────────────────────────────────────────────────────┐
│                         Execution                      │ Close  │
├────────────────────────────────────────────────────────────────┤
│  ──────────────────────────── Errors ───────────────────────── │
│                                                                │
│  Exited with status 101                                        │
│                                                                │
│  ──────────────────────── Standard Error ──────────────────── │
│                                                                │
│    Compiling playground v0.0.1 (/playground)                   │
│  error[E0004]: non-exhaustive patterns: `i32::MIN..=i32::MAX` not covered │
│   --> src/main.rs:17:11                                        │
│    |                                                           │
│  17 |      match numero {                                      │
│    |            ^^^^^^ pattern `i32::MIN..=i32::MAX` not covered │
│    |                                                           │
│    = note: the matched value is of type `i32`                  │
│    = note: match arms with guards don't count towards exhaustivity │
│  help: ensure that all possible cases are being handled by adding a match arm with a w │
│    |                                                           │
│  19 ~          n if n % 2 != 0 => println!("El número {} es impar", n), │
│  20 ~          i32::MIN..=i32::MAX => todo!(),                 │
│    |                                                           │
│                                                                │
│  For more information about this error, try `rustc --explain E0004`. │
│  error: could not compile `playground` (bin "playground") due to 1 previous error │
│  ─────────────────────── Standard Output ───────────────────── │
└────────────────────────────────────────────────────────────────┘
```

Figura 12.20. Error E0004 en consola.

El compilador requiere que todas las posibles ramas de un match estén cubiertas, incluso si lógicamente ya has cubierto todos los casos posibles. Este es un aspecto del diseño del lenguaje para garantizar que no existan casos no manejados. El compilador no puede inferir automáticamente que todos los enteros son o bien pares o impares, así que exige una rama adicional para cubrir cualquier otro caso posible.

En este tipo de situaciones suele llamarse a la macro `unreachable!()` en el patrón comodín como «caso imposible», para satisfacer los requerimientos del compilador e indicar expresamente que la rama nunca debería ser alcanzada.

```rust
use std::io::{self, Write};

fn main() {

    let mut entrada = String::new();
    println!("Por favor, introduce un número:");

    io::stdout().flush().expect("Error al limpiar el buffer");
    io::stdin().read_line(&mut entrada)
            .expect("Error al leer el número");

    let numero: i32 = entrada.trim()
                    .parse()
                    .expect("Por favor, introduce
                        un número válido");

    match numero {
        n if n % 2 == 0 => println!("El número {} es par", n),
        n if n % 2 != 0 => println!("El número {} es impar", n),
        _ => unreachable!(),
    }
}
```

Gracias al uso de esta macro, ahora el programa sí compila y ejecuta.

Figura 12.21. Uso de la macro unreachable! en la estructura match.

13

Bucles

- Qué es un bucle y cuántos tipos existen.
- Por qué los bucles son tan importantes a la hora de trabajar con arrays, vectores y otras colecciones.
- Para qué sirve el bucle loop y cómo se implementa.
- Qué beneficios ofrecen los bucles while y while let y cuáles son sus ventajas.
- Diferentes opciones para implementar un bucle for.
- Sobre iteradores y tipos usize e isize.

Introducción

Un bucle en programación es una estructura de control que permite ejecutar un bloque de código repetidamente mientras se cumple una condición específica. Los bucles son útiles tanto para tareas repetitivas, como para recorrer elementos dentro de arrays, vectores y otras colecciones.

loop

El bucle `loop` es el bucle más básico. Ejecuta su bloque de código de forma indefinida hasta que encuentre una instrucción `break`.

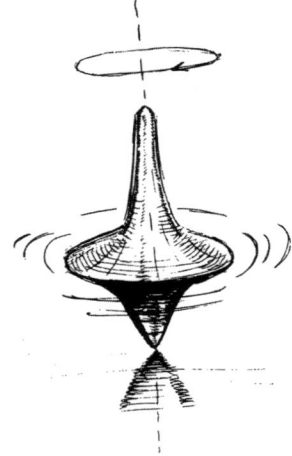

Figura 13.1. Peonza infinita (referencia a la película «Origen»).

Este tipo de bucle es útil cuando se necesita una ejecución indefinida pero controlada. Por ejemplo, puede ser útil en situaciones en las que se necesitan leer datos hasta que se alcance una condición de fin, para procesamiento continuo en servidores, e incluso para juegos y motores de simulación donde el bucle principal debe correr indefinidamente hasta que recibe una señal de salida.

La sintaxis del bucle `loop` es muy sencilla: escribimos la palabra reservada `loop` seguido de llaves de apertura y cierre `{ }`. En el interior de estas llaves incluimos el conjunto de instrucciones que se vayan a repetir.

```
fn main() {
    loop {
        // Instrucciones a repetir
    }
}
```

Si estás copiando los programas en tu editor de código favorito, ten en cuenta que el bucle implementado carece de condición de salida. No te quedes esperando a que algo suceda, jeje.

Supongamos que queremos implementar un contador de 1 a 10, y mostrar cada valor en pantalla.

```
fn main() {
    let mut contador = 0;

    loop {
        contador += 1;
        println!("{}", contador);
    }
}
```

Este código se ejecuta de forma indefinida porque carece de una condición de parada.

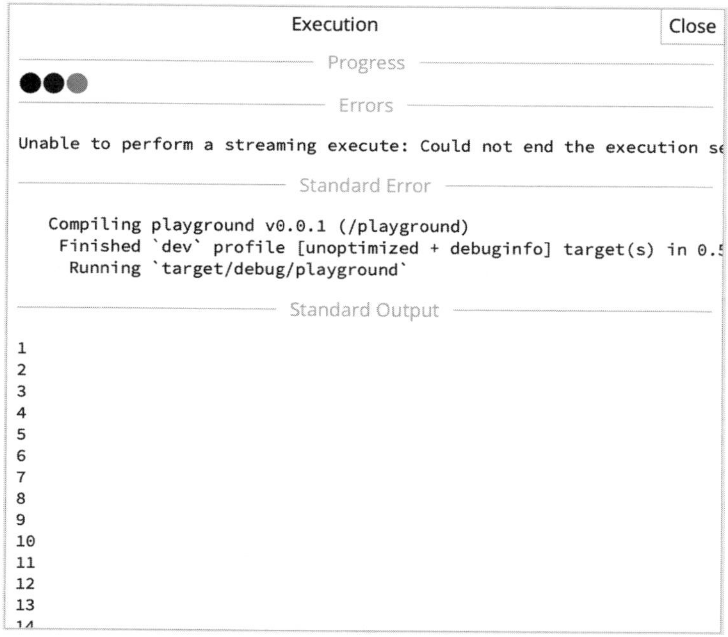

Figura 13.2. Bucle loop sin condición de parada.

Si queremos que el contador llegue hasta el valor 10, debemos añadir una condición de parada haciendo uso de la estructura if y la palabra reservada break.

```
Fn main() {
    let mut ontador = 0;

    loop {
        contador += 1;
        println!("{}", contador);

        if contador == 10 {
            break;
        }
    }
}
```

Figura 13.3. Bucle loop con condición de parada.

Si bien este ejemplo que acabamos de implementar nos sirve para ilustrar el funcionamiento del bucle `loop`, cabe destacar que el propósito principal de esta estructura no es repetir un conjunto de líneas de código un número limitado de veces (para este propósito existen otras estructuras).

La finalidad de `loop` es repetir un conjunto de líneas de código de forma indefinida hasta que se encuentre una instrucción que interrumpa el bucle. ¿Entiendes el enfoque? En el ejemplo anterior podemos adivinar el número exacto de repeticiones que se van a realizar (10 repeticiones). En cambio, el bucle `loop` está pensado para su repetición indefinida.

Figura 13.4. Símbolo de infinito.

Por ejemplo, imagina que quieres mostrar un menú en pantalla que, a partir de dos valores introducidos por el usuario, pregunte qué operación se desea realizar con ellos: suma, resta, producto o división. El menú siempre se mostrará mientras el usuario quiera realizar operaciones, y parará únicamente cuando el usuario lo indique expresamente.

```rust
use std::io;

fn main() {
    loop {
        println!("¿Qué operación deseas realizar?: ");
        println!("1. Sumar");
        println!("2. Restar");
        println!("3. Multiplicar");
        println!("4. Dividir");
        println!("5. Salir");
    }
}
```

Para añadir la condición de salida, incluimos una estructura if y una instrucción break. Incluimos temporalmente la lectura de la opción a elegir.

```rust
use std::io;

fn main() {
    loop {
        println!("¿Qué operación deseas realizar?: ");
        println!("1. Sumar");
        println!("2. Restar");
        println!("3. Multiplicar");
        println!("4. Dividir");
        println!("5. Salir");

        let mut opcion = String::new();
        io::stdin().read_line(&mut opcion)
                .expect("Error al leer la opción elegida");

        let opcion: u32 = match opcion.trim().parse() {
            Ok(num) => num,
            Err(_) => {
                println!("Valor no válido.");
                continue;
            }
        };

        if opcion == 5 {
            println!("Cerrando el programa...");
            break;
        }
    }
}
```

La base del bucle `loop` está implementada.

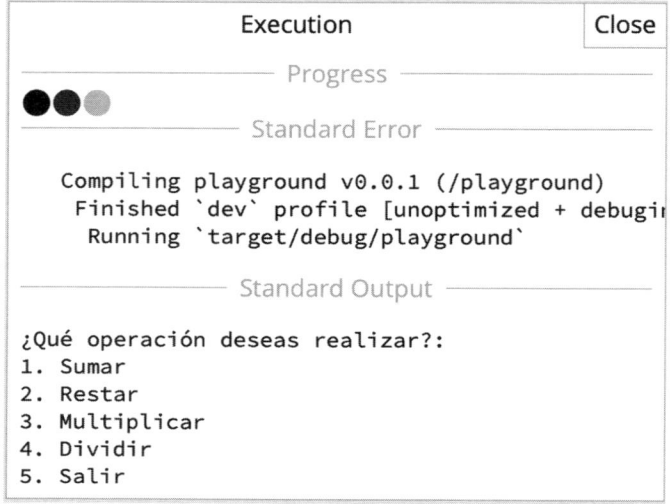

Figura 13.5. Implementación del bucle loop para mostrar un menú en pantalla.

¿Sabrías continuar el resto del ejercicio? Los siguientes pasos son:

*   Leer el primer operando.
*   Leer el segundo operando.
*   Leer y analizar la opción elegida por el usuario.
*   Realizar la operación seleccionada.
*   Mostrar el resultado.
*   Controlar los errores.

Te invito a implementar tu propia solución. Cuando hayas terminado, vuelve para ver cómo lo he solucionado:

```
use std::io::{self, Write};

fn leer_opcion() -> u32 {
    loop {
        let mut opcion = String::new();
        io::stdout().flush().expect("Error al limpiar el buffer");
        io::stdin().read_line(&mut opcion)
                .expect("Error al leer la opción elegida");

        match opcion.trim().parse::<u32>() {
            Ok(num) => {
                if num < 1 || num > 5 {
                    println!("Opción no válida.
                            Inténtalo de nuevo: ");
```

```
                    continue;
                }
                return num;
            }
            Err(_) => println!("Opción no válida.
                            Introduce un valor entre 1 y 5."),
        }
    }
}

fn leer_operando() -> f64 {
    loop {
        let mut operando = String::new();
        io::stdout().flush().expect("Error al limpiar el buffer");
        io::stdin().read_line(&mut operando)
                .expect("Error al leer el valor");
        match operando.trim().parse() {
            Ok(num) => return num,
            Err(_) => println!("Valor no válido.
                            Introdúcelo de nuevo."),
        }
    }
}

fn main() {
    loop {
        println!("¿Qué operación deseas realizar?: ");
        println!("1. Sumar");
        println!("2. Restar");
        println!("3. Multiplicar");
        println!("4. Dividir");
        println!("5. Salir");

        let opcion = leer_opcion();

        if opcion == 5 {
            println!("Saliendo del programa.");
            break;
        }

        println!("Introduce el primer valor:");
        let operando1 = leer_operando();

        println!("Introduce el segundo valor:");
        let operando2 = leer_operando();

        match opcion {
            1 => {
                let resultado = operando1 + operando2;
```

```
                println!("El resultado de sumar {} y {} es: {}",
                        operando1, operando2, resultado);
        },
        2 => {
            let resultado = operando1 - operando2;
            println!("El resultado de restar {} y {} es: {}",
            operando1, operando2, resultado);
        },
        3 => {
            let resultado = operando1 * operando2;
            println!("El resultado de multiplicar {} y {} es: {}",
            operando1, operando2, resultado);
        },
        4 => {
            if operando2 != 0.0 {
                let resultado = operando1 / operando2;
                println!("El resultado de dividir {} entre {} es:
                {}", operando1, operando2, resultado);
            } else {
                println!("No se puede dividir entre cero");
            }
        },
        _ => println!("Opción no válida,
                    por favor inténtalo de nuevo."),
        }
    }
}
```

NOTA:

Si has analizado mi solución línea a línea, te habrás dado cuenta de que además de utilizar funciones, opcionales, coincidencia de patrones y otros recursos aprendidos en lecciones anteriores, he incluido una instrucción nueva: «continue». La instrucción «continue» se utiliza dentro de bucles para saltar el resto de las iteraciones actuales y pasar directamente a la siguiente iteración del bucle.

Veamos a dividir la explicación de esta implementación en 3 partes, correspondientes a las 3 funciones escritas: `main()`, `leer_opcion()` y `leer_operando()`.

La función principal muestra en primer lugar las opciones disponibles:

```
println!("¿Qué operación deseas realizar?: ");
println!("1. Sumar");
println!("2. Restar");
println!("3. Multiplicar");
println!("4. Dividir");
println!("5. Salir");
```

A continuación, delega la lectura de la opción a elegir en otra función. Ahora mismo no nos importa su contenido, solo que esta tarea se encuentra delegada en otra parte del código. Obtenemos la opción por parte del usuario y confirmamos que el programa debe continuar (es decir, solo terminamos el programa si el usuario introduce el valor 5).

```
let opcion = leer_opcion();

if opcion == 5 {
    println!("Saliendo del programa.");
    break;
}
```

Con la opción del menú elegida estamos en disposición de solicitar los operandos. Una vez más, se delega esta tarea en otra función para evitar código repetitivo.

```
println!("Introduce el primer valor:");
let operando1 = leer_operando();

println!("Introduce el segundo valor:");
let operando2 = leer_operando();
```

Por último, en función de la opción elegida realizamos una operación u otra.

```
match opcion {
    1 => {
        let resultado = operando1 + operando2;
        println!("El resultado de sumar {} y {} es: {}",
                operando1, operando2, resultado);
    },
    2 => {
        let resultado = operando1 - operando2;
        println!("El resultado de restar {} y {} es: {}",
                operando1, operando2, resultado);
    },
    3 => {
        let resultado = operando1 * operando2;
        println!("El resultado de multiplicar {} y {} es: {}",
        operando1, operando2, resultado);
    },
    4 => {
        if operando2 != 0.0 {
            let resultado = operando1 / operando2;
            println!("El resultado de dividir {} entre {} es: {}",
            operando1, operando2, resultado);
        } else {
            println!("No se puede dividir entre cero");
        }
    },
    _ => println!("Opción no válida, por favor inténtalo de nuevo."),
}
```

Pasemos ahora a la función `leer_opcion()`. En ella, se solicita de manera indefinida un número por teclado.

```rust
fn leer_opcion() -> u32 {
    loop {
        let mut opcion = String::new();
        io::stdout().flush().expect("Error al limpiar el buffer");
        io::stdin().read_line(&mut opcion)
                    .expect("Error al leer la opción elegida");

        match opcion.trim().parse::<u32>() {
            Ok(num) => {
                if num < 1 || num > 5 {
                    println!("Opción no válida.
                            Inténtalo de nuevo: ");
                    continue;
                }
                return num;
            }
            Err(_) => println!("Opción no válida.
                            Introduce un valor entre 1 y 5."),
        }
    }
}
```

Si la opción elegida no se encuentra en el rango contemplado se considera inválida y se vuelve a solicitar gracias al bucle.

```rust
if num < 1 || num > 5 {
    println!("Opción no válida. Inténtalo de nuevo: ");
    continue;
}
```

Cabe destacar que la comprobación del rango se realiza una vez se conoce que el número leído es un valor de tipo entero. Si la conversión del tipo de `String` a `u32` no puede realizarse, se obtiene un `Err` que también debe manejarse.

```rust
match opcion.trim().parse::<u32>() {
    Ok(num) => {
        if num < 1 || num > 5 {
            println!("Opción no válida. Inténtalo de nuevo: ");
            continue;
        }
        return num;
    }
    Err(_) => println!("Opción no válida.
                    Introduce un valor entre 1 y 5."),
}
```

Finalmente solo queda echar un vistazo a la función `leer_operando()`, en la que también se verifica que la conversión del tipo `String` a tipo `f64` se realiza exitosamente.

```
fn leer_operando() -> f64 {
    loop {
        let mut operando = String::new();
        io::stdout().flush().expect("Error al limpiar el buffer");
        io::stdin().read_line(&mut operando)
                    .expect("Error al leer el valor");
        match operando.trim().parse() {
            Ok(num) => return num,
            Err(_) => println!("Valor no válido.
                                Introdúcelo de nuevo."),
        }
    }
}
```

Retorno de un valor

La instrucción `break` también sirve para devolver un valor desde una estructura `loop`. Simplemente añade tras la instrucción break el valor que quieras devolver cuando se interrumpa el bucle. Por ejemplo, vamos a localizar cuál será el próximo año bisiesto a partir de un determinado año:

```
fn es_anio_bisiesto(anio: i32) -> bool {
    (anio % 4 == 0 && anio % 100 != 0) || (anio % 400 == 0)
}

fn main() {
    let anio_actual = 2027;
    let mut anio = anio_actual;

    let proximo_anio_bisiesto = loop {
        if es_anio_bisiesto(anio) {
            break anio;
        }
        anio += 1;
    };

    println!("El próximo año bisiesto será: {}.",
            proximo_anio_bisiesto);
}
```

Tal y como observas en este programa, el valor devuelto por la expresión puede ser almacenado en una variable.

Las variables definidas dentro del bucle son locales al ámbito de dicho bucle.

Como detalle para tener en cuenta, la condición para probar si un año es bisiesto es válida solo para el calendario gregoriano, implementado a partir del año 1582. Para comprobar años anteriores debes tener en cuenta el calendario juliano, en el que un número es bisiesto si es divisible por 4.

```rust
fn es_anio_bisiesto(anio: i32) -> bool {
    if anio < 1582 {
        anio % 4 == 0
    } else {
        (anio % 4 == 0 && anio % 100 != 0) || (anio % 400 == 0)
    }
}

fn main() {
    let anio_actual = 2027;
    let mut anio = anio_actual;

    let proximo_anio_bisiesto = loop {
        if es_anio_bisiesto(anio) {
            break anio;
        }
        anio += 1;
    };

    println!("El próximo año bisiesto será: {}.",
            proximo_anio_bisiesto);
}
```

Tras ejecutar el programa deberías obtener una salida como esta

Figura 13.6. Uso de «break» en «loop» para retornar un valor.

Bucles loop anidados

Los bucles `loop` pueden ser anidados dentro de otros bucles `loop`.

```
fn main() {
    loop {
        println!("Bucle exterior");

        loop {
            println!("Bucle interior");
            break;
        }

        break;
    }
}
```

Cada bucle puede ser etiquetado con un nombre que lo identifica. Para ello, se coloca un apóstrofe ' seguido de un nombre y dos puntos : antes de la palabra clave `loop`.

```
fn main() {
    'bucle_exterior: loop {
        println!("Bucle exterior");

        'bucle_interior: loop {
            println!("Bucle interior");
            break;
        }

        break;
    }
}
```

Identificar los bucles permite controlar mejor el flujo en bucles anidados. Por ejemplo, imagina que deseas romper el bucle exterior desde el bucle interior. Basta con indicar el nombre de la etiqueta del bucle exterior después de la instrucción `break` del bucle interior.

```
fn main() {
    'bucle_exterior: loop {
        println!("Bucle exterior");

        'bucle_interior: loop {
            println!("Bucle interior");
            break 'bucle_exterior;
        }

        break;
    }
}
```

En realidad, la etiqueta `bucle_interior` que aparece en este programa que acabamos de implementar no es necesaria. Solo se incluye para facilitar la comprensión del ejercicio. De hecho, si compilas el programa obtendrás un aviso que te lo indica.

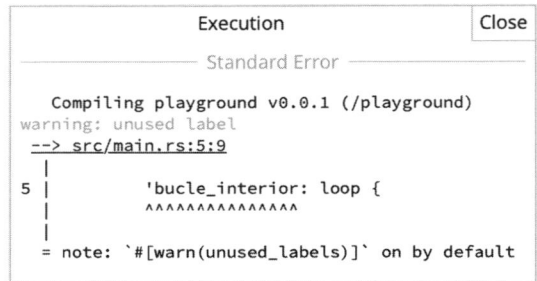

Figura 13.7. Aviso del compilador: la etiqueta «bucle_interior» no es necesaria.

El compilador también arroja otros avisos que deberías tener en cuenta.

```
                                    Execution                                Close

warning: unreachable statement
  --> src/main.rs:10:9
   |
7  |              break 'bucle_exterior;
   |              -------------------- any code following this expression is unreachable
...
10 |          break;
   |          ^^^^^^ unreachable statement
   |
   = note: `#[warn(unreachable_code)]` on by default
warning: `playground` (bin "playground") generated 2 warnings
    Finished `dev` profile [unoptimized + debuginfo] target(s) in 1.77s
     Running `target/debug/playground`
                               Standard Output
```

Figura 13.8. Aviso del compilador: estado inalcanzable.

La instrucción `continue` también es compatible con el uso de etiquetas. En el siguiente ejemplo, cuando `contador` es igual a 2, el bucle interior salta para continuar el flujo en el bucle exterior.

```
fn main(){
    let mut contador = 0;

    'bucle_exterior: loop {
        contador += 1;
        println!("Inicio del bucle exterior: {}", contador);

        'bucle_interior: loop {
            println!("En el bucle interior");
```

```
        if contador == 2 {
            continue 'bucle_exterior;
        }
        break;
    }

    if contador == 3 {
        break;
    }

    println!("Fin del bucle exterior");
}

println!("Fuera de los bucles");
}
```

Para comprobarlo, podemos añadir varias macros `println!()` para seguir el flujo del programa a modo de traza.

```
fn main() {
    let mut contador = 0;

    println!("Comienza el programa");

    'bucle_exterior: loop {
        contador += 1;
        println!("Comienza el bucle exterior: contador = {}",
                contador);

        'bucle_interior: loop {
            println!("En el bucle interior");

            if contador == 2 {
                println!("Condición (contador == 2) en el bucle
                        interior, continúa con el bucle exterior");
                continue 'bucle_exterior;
            }
            println!("Sale del bucle interior");
            break;
        }

        if contador == 3 {
            println!("Condición (contador == 3) en el
                    bucle exterior, rompe el bucle exterior");
            break;
        }

        println!("Finaliza el bucle exterior");
    }
```

```
    println!("Fuera de los bucles");
    println!("Termina el programa");
}
```

while

El bucle while es una estructura de control que permite ejecutar repetidamente un bloque de código mientras una condición especificada sea verdadera. A diferencia del bucle loop que carece de condición inicial, el bucle while evalúa una condición antes de cada iteración y se detiene cuando la condición es false.

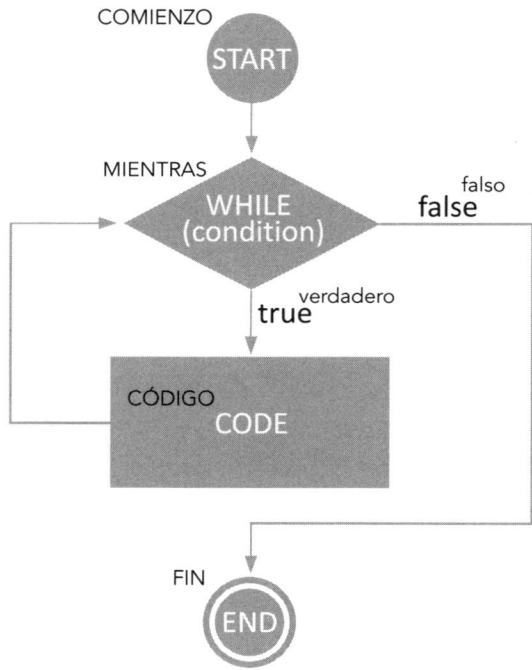

Figura 13.9. Diagrama de flujo de la estructura while.

La sintaxis del bucle while es sencilla y se parece mucho a la de otros lenguajes de programación. Escribimos la palabra reservada while, a continuación, se indica la expresión a evaluar (y que debe terminar devolviendo true o false) y finalmente el bloque de código que se repetirá cuando la condición se torne verdadera.

```
while condicion {
    // Código que se ejecuta cuando la condición es verdadera
}
```

Vamos a implementar una sencilla cuenta atrás. Para ello, inicializamos una variable mutable con el valor 10, y mientras que el contador sea mayor o igual a cero, mostramos su valor en pantalla y decrementamos una unidad.

```
fn main() {
    let mut contador = 10;
    while contador >= 0 {
        println!("{}", contador);
        contador -= 1;
    }
    println!("La TARDIS comienza su despegue...");
}
```

Vayamos ahora con un ejemplo un poco más complejo. Por ejemplo, vamos a implementar un programa que genera números aleatorios entre 0 y 108 hasta que se obtiene un número mayor o igual a 42.

Para ello, importamos el módulo Rng, que proporciona métodos para generar números aleatorios:

```
use rand::Rng;

fn main() {

}
```

ADVERTENCIA:

Si compilas este programa en local obtendrás el siguiente error de compilación.

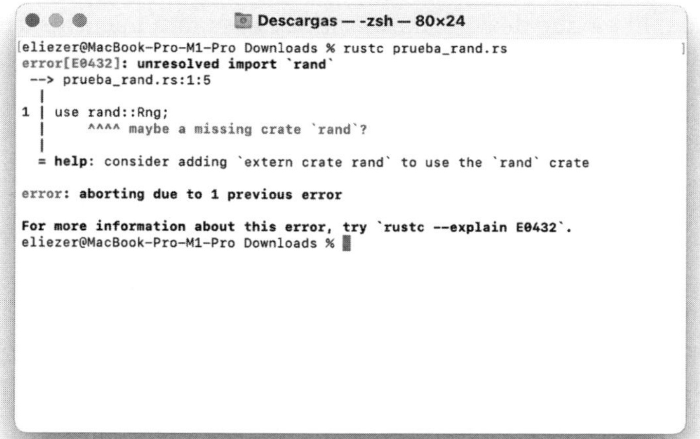

Figura 13.10. Error E0432 en consola.

Aún no hemos visto cómo trabajar con crates para resolver este mensaje de error. Mientras tanto, utiliza Rust Playground para probar el programa y ver cuál es su comportamiento.

Inicializamos una variable mutable llamada generador mediante `rand::thread_rng()`. Este método crea un generador de números aleatorios seguro y listo para ser utilizado en programas concurrentes. Con el método `gen_range()` generamos un número aleatorio entre 0 y 108 (el rango es inclusivo por el lado izquierdo y exclusivo por el rango derecho).

```rust
use rand::Rng;

fn main() {
    let mut generador = rand::thread_rng();
    let mut numero_aleatorio = 0;

    while numero_aleatorio < 42 {
        numero_aleatorio = generador.gen_range(0..108);
        println!("Número aleatorio: {}", numero_aleatorio);
    }

    println!("Último número generado mayor o igual a 42: {}",
            numero_aleatorio);
}
```

El bucle continuará ejecutándose y generando números aleatorios hasta que se produzca un número mayor o igual a 42. En ese momento, la condición `numero_aleatorio < 42` se evalúa como falsa y el bucle se rompe.

while let

La estructura `while let` es una variación más avanzada del bucle `while` que permite combinar la evaluación de una condición y la desestructuración de un valor en una misma operación. El bloque de código asociado se ejecutará mientras la expresión `let` sea válida, es decir, mientras el patrón sea coincidente.

```rust
while let patron = expresion {
    // Código a ejecutar mientras el patrón sea coincidente
}
```

Veamos su utilidad con un ejercicio práctico. Supongamos un vector con 6 enteros.

```rust
fn main(){
    let mut numeros = vec![4, 8, 15, 16, 23, 42];
}
```

Para vaciar este vector progresivamente podríamos recurrir al método `pop()`, que elimina y devuelve el último elemento del vector si el vector no está vacío.

```rust
fn main(){
    let mut numeros = vec![4, 8, 15, 16, 23, 42];
    numeros.pop();
    numeros.pop();
    numeros.pop();
```

```
        numeros.pop();
        numeros.pop();
        numeros.pop();
}
```

El método `pop()` devuelve el último valor del vector, envuelto en un opcional. Si el vector no está vacío, el valor estará dentro de un `Some(numero)`. Por lo tanto encontramos un patrón que se repite: debemos vaciar el vector mientras el valor devuelto por el método siga siendo un opcional que contiene `Some()`.

```
fn main(){
    let mut numeros = vec![4, 8, 15, 16, 23, 42];
    while let Some(numero) = numeros.pop() {
        println!("Número: {}", numero);
    }
}
```

Veamos otro ejemplo: imagina que necesitas localizar una letra dentro de una palabra. Para ello, definimos una variable con la palabra con la que trabajar y la letra que queremos encontrar dentro de la palabra.

```
fn main() {
    let palabra = "rustáceo";
    let letra = 'e';
}
```

A continuación, creamos un iterador (una estructura que permite recorrer una secuencia de elementos de una colección sin necesidad de conocer su tamaño o estructura interna). En Rust, el método `chars()` –al trabajar sobre una cadena– crea un iterador que produce cada carácter de la cadena como un valor de tipo `char`.

```
fn main() {

    let palabra = "rustáceo";
    let letra = 'e';

    let mut iterador = palabra.chars();
}
```

Y utilizamos el método `next()`, que mueve el iterador al siguiente elemento en la secuencia y devuelve. Su valor envuelto en un opcional. Una vez más, volvemos a disponer de un patrón con el que podemos trabajar en la estructura `while let`.

```
fn main() {

    let palabra = "rustáceo";
    let letra = 'e';

    let mut iterador = palabra.chars();
    let mut letra_encontrada = None;
```

```
    while let Some(caracter) = iterador.next() {
        if caracter == letra {
            letra_encontrada = Some(caracter);
            break;
        }
    }

    match letra_encontrada {
        Some(caracter) => println!("Letra '{}' encontrada
                            en la palabra.", caracter),
        None => println!("Letra no encontrada en la palabra."),
    }
}
```

Este programa debe producir una salida como la que te muestro en la siguiente figura.

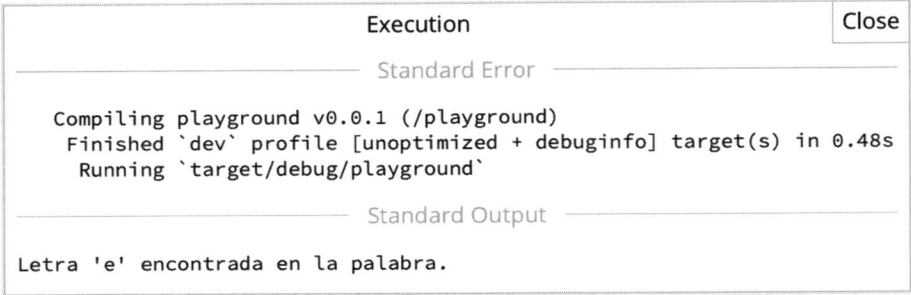

Figura 13.11. Salida esperada: «Letra 'e' encontrada en la palabra».

NOTA:

Vuelve al capítulo anterior para recordar cómo trabajar con Some() y None.

for

El bucle `for` se utiliza para iterar sobre colecciones o rangos de valores, y repite un conjunto determinado de instrucciones para cada elemento dentro de una colección o rango. Su sintaxis es tan sencilla como potente: escribimos `for elemento in coleccion {}`, donde `elemento` es una variable que tomará el valor de cada elemento dentro de la colección durante la iteración del bucle. Las llaves de apertura y cierre `{}` engloban el código que se repetirá tantas veces como elementos haya en la colección.

```
for elemento in coleccion {
    // Hacer algo con el elemento
}
```

Por ejemplo, supongamos que queremos sumar todos los elementos de un vector.

```rust
fn main(){

    let numeros = vec![4, 8, 15, 16, 23, 42];
}
```

Para ello, necesitamos recorrer cada una de las posiciones:

```rust
fn main(){

    let numeros = vec![4, 8, 15, 16, 23, 42];

    for numero in &numeros {
        // Hacer algo con numero
    }
}
```

NOTA:

Presta atención al vector dentro del bucle for. El ampersand & es para tomar una referencia a los elementos del vector, lo cual es más eficiente y evita la necesidad de copiar los elementos.

Finalmente, sumamos cada uno de los elementos contenidos en el vector y almacenamos el resultado en una variable mutable, que más tarde imprimimos en pantalla.

```rust
fn main(){

    let numeros = vec![4, 8, 15, 16, 23, 42];
    let mut suma = 0;

    for numero in &numeros {
        suma += numero;
    }

    println!("La suma de los números es: {}", suma);
}
```

ADVERTENCIA:

Si iteras sin usar una referencia, estarías transfiriendo la propiedad de cada elemento al interior del bucle. Después de esta transferencia, el vector original ya no puede ser usado porque ha perdido la propiedad de sus elementos.

El programa implementado produce la siguiente salida:

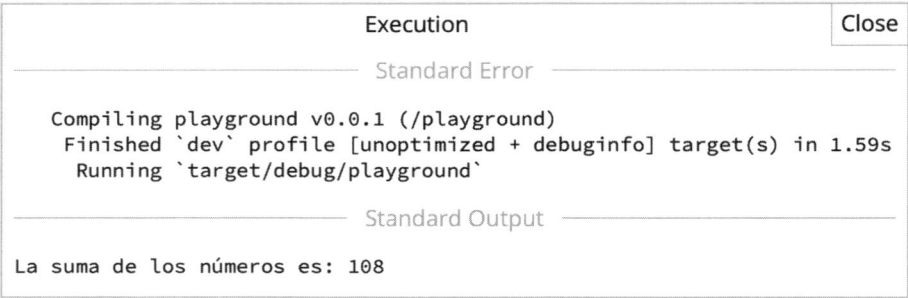

Figura 13.12. Uso del bucle for para iterar sobre un vector.

Si nos ponemos en el supuesto de necesitar modificar cada elemento del vector mientras lo recorremos, entonces el vector debe ser mutable y la referencia que tomamos sobre la colección, también.

```
fn main(){

    let mut numeros = vec![8, 16, 30, 32, 46, 84];

    for numero in &mut numeros {
        *numero /= 2;
    }

    println!("El vector modificado es: {:?}", numeros);
}
```

ADVERTENCIA:

*Para modificar el contenido del elemento, utiliza el operador de desreferencia *.*

La salida producida en este caso es la siguiente:

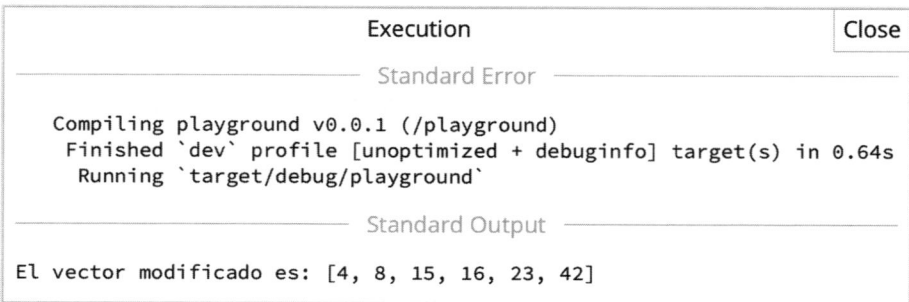

Figura 13.13. Uso de bucle for para modificar los elementos de un vector mientras se itera.

Iteración sobre rangos

El bucle `for` no solo puede iterar sobre colecciones, sino también sobre rangos. Esta característica resulta de utilidad cuando se necesita realizar una operación repetida un número específico de veces. La sintaxis es idéntica a la implementada para colecciones, pero sustituyendo la colección por el rango en cuestión.

Por ejemplo, para repetir una instrucción 10 veces, escribimos el rango `0..10` en lugar de la colección.

```
fn main(){
    for i in 0..10 {
        println!("Número: {}", i);
    }
}
```

El rango es inclusivo por la izquierda y exclusivo por la derecha. Imprime el programa para comprobarlo.

Figura 13.14. Uso de bucle for para iterar sobre rangos.

Los tipos usize e isize

En el capítulo 4 hemos hecho mención de los tipos `usize` e `isize`, tipos de datos enteros especialmente diseñados para su uso en contextos que involucran indexación, o incluso, operaciones de dimensionamiento, redimensionamiento o alineación en memoria.

El tipo `usize` es un tipo de entero sin signo (no negativo) que generalmente se emplea para representar tamaños y *offsets*[1] de memoria, como tamaños de arrays e índices de vectores. Si recuerdas, ya hemos utilizado el método `len()` en algunos contextos. Este método en colecciones que pertenecen a la biblioteca estándar de Rust devuelve un valor de tipo `usize`.

---

[1] Un offset de memoria es un valor que representa la distancia o el desplazamiento desde una dirección base o punto de referencia en la memoria.

Es común emplear `usize` para los índices cuando trabajamos con bucles que iteran sobre colecciones, ya que asegura que los índices sean compatibles con las funciones y métodos de las colecciones estándar del lenguaje que también utilizan este mismo tipo internamente.

Por ejemplo, supongamos la creación de un vector de números enteros:

```
fn main(){

    let numeros_de_hurley = vec![4, 8, 15, 16, 23, 42];
}
```

Podemos mostrar los elementos del vector en pantalla mediante la implementación de un bucle `for`. En esta ocasión sabemos exactamente cuántos valores almacena el vector, pero hay contextos donde no siempre vamos a tener esta información. Supongamos que debemos obtenerla con el método `len()`.

```
fn main(){
    let numeros_de_hurley = vec![4, 8, 15, 16, 23, 42];

    for i in 0.. numeros_de_hurley.len(){
        print!("{} ", numeros_de_hurley[i]);
    }
}
```

El valor devuelto por el método `len()` devuelve un valor de tipo `usize`, y el rango `0..numeros_de_hurley.len()` también es de tipo `usize`.

El programa produce la siguiente salida:

Figura 13.15. El método len() devuelve un valor de tipo usize.

Es tipo `usize` también es muy útil a la hora de trabajar con matrices. Una vez más, el método `len()` devuelve un valor de este tipo.

```
fn main() {

    let matriz = vec![
        vec![1, 2, 3],
```

```
        vec![4, 5, 6],
        vec![7, 8, 9],
    ];

    for i in 0..matriz.len() {
        for j in 0..matriz[i].len() {
            print!("{} ", matriz[i][j]);
        }
        println!();
    }
}
```

Este programa muestra en pantalla la matriz formateada.

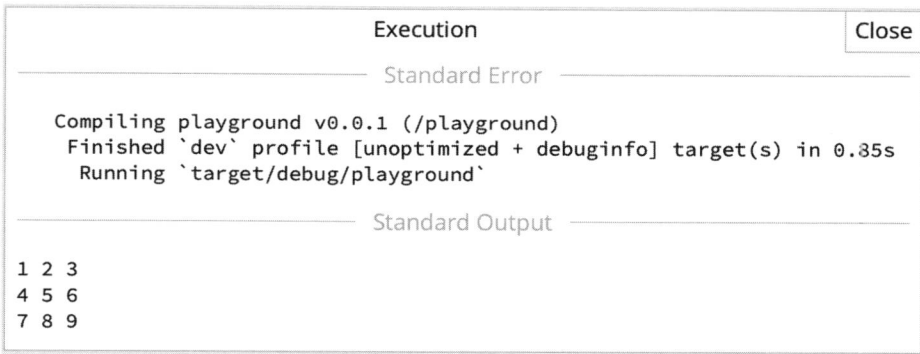

Figura 13.16. Salida esperada: matriz formateada.

Por otro lado, el tipo `isize` es menos común en bucles, pero puede ser necesario a la hora de trabajar con índices que pueden ser negativos, o de realizar operaciones que involucren diferencias de índices.

Por ejemplo, imagina la implementación de una función que realiza una búsqueda de un elemento en una lista, y devuelve tanto el índice del elemento encontrado como el desplazamiento desde la mitad de la lista, una funcionalidad útil en aplicaciones de análisis de datos donde necesitas saber no solo dónde se encuentra un valor, sino también cómo se distribuye en relación con el centro de la lista.

```
fn encontrar_elemento(valores: &[i32], objetivo: i32)
-> Option<(isize, isize)> {
    let longitud = valores.len() as isize;
    let punto_intermedio = longitud / 2;

    for i in 0..longitud {
        if valores[i as usize] == objetivo {
            let desplazamiento = i - punto_intermedio;
            return Some((i, desplazamiento));
```

```
        }
    }

    None
}

fn main() {
    let valores_perdidos = [4, 8, 15, 16, 23, 42, 108];
    let objetivo = 15;

    match encontrar_elemento(&valores_perdidos, objetivo) {
        Some((indice, desplazamiento)) => {
            println!("El valor {} ha sido encontrado en el índice {}
                    con un desplazamiento de {} desde el centro.",
                    objetivo, indice, desplazamiento);
        }
        None => {
            println!("Valor {} no encontrado.", objetivo);
        }
    }
}
```

NOTA:

Presta atención a la función encontrar_elemento(). ¿Has notado que se utilizan dos formas de devolver valores y que ambas son compatibles? (Some() y None).

Structs

- Qué es un struct, cuántos tipos existen y cómo se implementan.
- Cómo dotar a un struct de comportamiento a través de métodos.
- Qué son los rasgos (traits), para qué sirven y cuál es su sintaxis.
- Y la respuesta a: ¿Implementa Rust el paradigma de la programación orientación a objetos?

Introducción

La Programación Orientada a Objetos (POO) se asocia con frecuencia al uso de clases por un sencillo motivo: la mayoría de los lenguajes que implementan este paradigma consideran el objeto como la instancia de una clase.

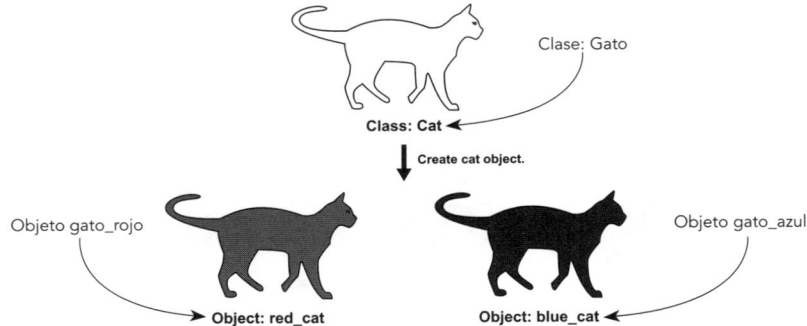

Figura 14.1. Consideración del objeto como instancia de una clase.

Rust está influenciado por lenguajes que implementan la programación orientada a objetos, por lo tanto, sería razonable pensar que Rust también implementa este paradigma. En cambio, la respuesta puede no ser tan directa, cuando descubrimos que Rust no tiene clases.

A lo largo de este capítulo profundizaremos en los diferentes mecanismos que Rust proporciona para el modelado de entidades gracias a los structs, los métodos y los rasgos. Después de ver las opciones que el lenguaje ofrece, dedicaremos una última parte del capítulo a analizar, hasta qué punto, Rust implementa el paradigma de la orientación a objetos sin clases.

Figura 14.2. POO: Programming Object Oriented (Programación Orientada a Objetos).

Structs

Afirmar que `struct` es el tipo equivalente a la idea de «clase» en otros lenguajes de programación no es del todo adecuado. Sin embargo, esta comparación es un buen modo de entender qué podemos conseguir y qué podemos esperar de estas estructuras.

Un struct es una colección de campos que representan una entidad compleja, y al igual que los enumerados, también permiten definir tipos de datos personalizados. La principal diferencia reside en que un enumerado cuenta con un conjunto finito de opciones (un enumerado solo puede instanciarse con una opción de entre un conjunto de variantes) y un struct es capaz de representar muchos más estados.

Existen 3 tipos de structs en Rust: las estructuras clásicas, las estructuras de tupla y la estructura unidad.

Estructura clásica

La estructura clásica se define con un nombre y una lista de campos con nombre y tipo. Por ejemplo, para modelar la entidad *Empleado*, escribimos la palabra reservada `struct` seguido del nombre que recibirá este nuevo tipo (`Empleado`), y a continuación llaves de apertura y de cierre. En este nuevo ámbito incluimos la lista de campos con nombre y tipo.

```
struct Empleado {
    nombre: String,
    primer_apellido: String,
    sueldo_bruto_anual: f64,
    correo_electronico: String,
}
```

> **NOTA:**
>
> *Los nombres de los structs se escriben utilizando la convención «CamelCase». Cada palabra en el identificador del struct comienza con una letra mayúscula, incluida la primera.*

Las variables del tipo creado –`Empleado`– se instancian con la palabra reservada `let` como si de cualquier otro tipo primitivo se tratase. En el momento de la definición de la variable es imprescindible especificar el contenido que tomará cada uno de los campos de la estructura.

```
struct Empleado {
    nombre: String,
    primer_apellido: String,
    sueldo_bruto_anual: f64,
    correo_electronico: String,
}

fn main(){
    let desarrollador_de_software = Empleado {
        nombre: String::from("Eliezer"),
        primer_apellido: String::from("López"),
        sueldo_bruto_anual: 95_000.0,
        correo_electronico: String::from("contacto@eliezerlopez.com"),
    };
}
```

Para acceder a cada uno de los campos, escribimos el nombre de la instancia, un punto `.` y a continuación el nombre del campo.

```rust
struct Empleado {
    nombre: String,
    primer_apellido: String,
    sueldo_bruto_anual: f64,
    correo_electronico: String,
}

fn main(){
    let desarrollador_de_software = Empleado {
        nombre: String::from("Eliezer"),
        primer_apellido: String::from("López"),
        sueldo_bruto_anual: 95_000.0,
        correo_electronico: String::from("contacto@eliezerlopez.com"),
    };

    println!("- Nombre: {}", desarrollador_de_software.nombre);

    println!("- Primer apellido: {}",
            desarrollador_de_software.primer_apellido);

    println!("- Sueldo bruto anual: {}€",
            desarrollador_de_software.sueldo_bruto_anual);

    println!("- Dirección de correo electrónico: {}",
            desarrollador_de_software.correo_electronico);
}
```

Este programa proporciona la siguiente salida:

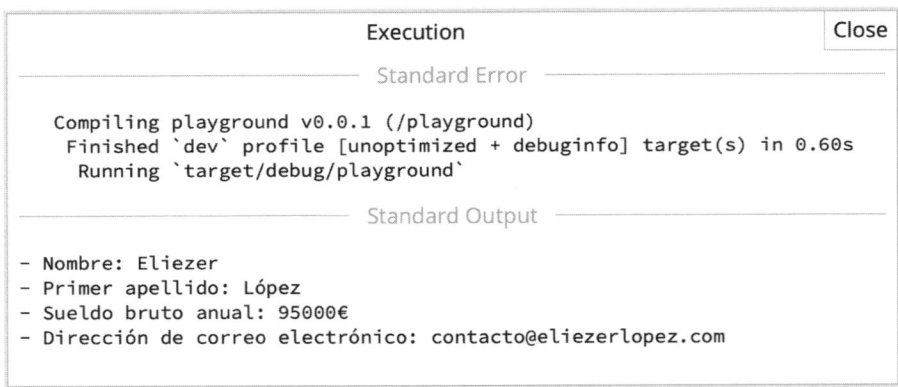

Figura 14.3. Acceso al contenido de la instancia «desarrollador_de_software», de tipo «Empleado».

Cualquier campo de la estructura instanciada puede modificarse siempre y cuando la variable haya sido declarada como mutable.

```rust
struct Empleado {
    nombre: String,
    primer_apellido: String,
    sueldo_bruto_anual: f64,
    correo_electronico: String,
}

fn main(){
    let mut desarrollador_de_software = Empleado {
        nombre: String::from("Eliezer"),
        primer_apellido: String::from("López"),
        sueldo_bruto_anual: 95_000.0,
        correo_electronico: String::from("contacto@eliezerlopez.com"),
    };

    desarrollador_de_software.sueldo_bruto_anual = 100_000.48;

    println!("- Nombre: {}", desarrollador_de_software.nombre);

    println!("- Primer apellido: {}",
             desarrollador_de_software.primer_apellido);

    println!("- Sueldo bruto anual: {}€",
             desarrollador_de_software.sueldo_bruto_anual);

    println!("- Dirección de correo electrónico: {}",
             desarrollador_de_software.correo_electronico);
}
```

```
              Execution                              Close
──────────────── Standard Error ────────────────

  Compiling playground v0.0.1 (/playground)
   Finished `dev` profile [unoptimized + debuginfo] target(s) in 0.71s
    Running `target/debug/playground`
──────────────── Standard Output ────────────────

- Nombre: Eliezer
- Primer apellido: López
- Sueldo bruto anual: 100000.48€
- Dirección de correo electrónico: contacto@eliezerlopez.com
```

Figura 14.4. Modificación del contenido de la instancia «desarrollador_de_software», de tipo «Empleado».

El contenido de una instancia de una estructura, al ser una variable, puede ser utilizado en funciones. Puedes pasar una estructura completa como parámetro de una función (también puedes pasar un solo campo de la estructura) e incluso es posible devolver una estructura como resultado de una función.

Supongamos que necesitamos crear por un lado una función que imprima en pantalla todo el contenido de una estructura, y por otro mostrar únicamente el correo electrónico del empleado.

El contenido de la estructura podríamos mostrarlo del siguiente modo a través de una función:

```
struct Empleado {
    nombre: String,
    primer_apellido: String,
    sueldo_bruto_anual: f64,
    correo_electronico: String,
}

fn main(){
    let desarrollador_de_software = Empleado {
        nombre: String::from("Eliezer"),
        primer_apellido: String::from("López"),
        sueldo_bruto_anual: 95_000.0,
        correo_electronico: String::from("contacto@eliezerlopez.com"),
    };

    mostrar_informacion_empleado(&desarrollador_de_software);
}

fn mostrar_informacion_empleado(empleado: &Empleado){

    println!("- Nombre: {}", empleado.nombre);

    println!("- Primer apellido: {}",
            empleado.primer_apellido);

    println!("- Sueldo bruto anual: {}€",
            empleado.sueldo_bruto_anual);

    println!("- Dirección de correo electrónico: {}",
            empleado.correo_electronico);
}
```

ADVERTENCIA:

Cuando la estructura es grande o se desea evitar una copia innecesaria, es preferible pasar el parámetro a la función como referencia inmutable (o como referencia mutable si se necesita realizar alguna modificación). De este modo, se evita realizar una copia innecesaria y se mejora la eficiencia del programa.

La salida esperada sigue siendo la misma que en la que se muestra en la figura 14.3, a pesar de que el contenido ahora es mostrado desde una función.

```
┌────────────────────────────────────────────────────────────────────────────┬────────┐
│                              Execution                                       │ Close  │
├────────────────────────────────────────────────────────────────────────────┴────────┤
│ ──────────────────────────── Standard Error ────────────────────────────             │
│                                                                                       │
│   Compiling playground v0.0.1 (/playground)                                           │
│     Finished `dev` profile [unoptimized + debuginfo] target(s) in 0.70s               │
│       Running `target/debug/playground`                                               │
│                                                                                       │
│ ──────────────────────────── Standard Output ───────────────────────────             │
│                                                                                       │
│  - Nombre: Eliezer                                                                    │
│  - Primer apellido: López                                                             │
│  - Sueldo bruto anual: 95000€                                                         │
│  - Dirección de correo electrónico: contacto@eliezerlopez.com                         │
└───────────────────────────────────────────────────────────────────────────────────────┘
```

Figura 14.5. Acceso al contenido de la instancia "desarrollador_de_software" (de tipo "Empleado")
mostrado desde una función.

Y para mostrar la información de contacto bastaría con pasar un solo campo.

```
struct Empleado {
    nombre: String,
    primer_apellido: String,
    sueldo_bruto_anual: f64,
    correo_electronico: String,
}

fn main(){
    let desarrollador_de_software = Empleado {
        nombre: String::from("Eliezer"),
        primer_apellido: String::from("López"),
        sueldo_bruto_anual: 95_000.0,
        correo_electronico: String::from("contacto@eliezerlopez.com"),
    };

    mostrar_informacion_de_contacto(
                    &desarrollador_de_software.correo_electronico);
}

fn mostrar_informacion_de_contacto(correo_electronico: &String){
    println!("Dirección de correo electrónico: {}",
            correo_electronico);
}
```

Con la siguiente salida esperada:

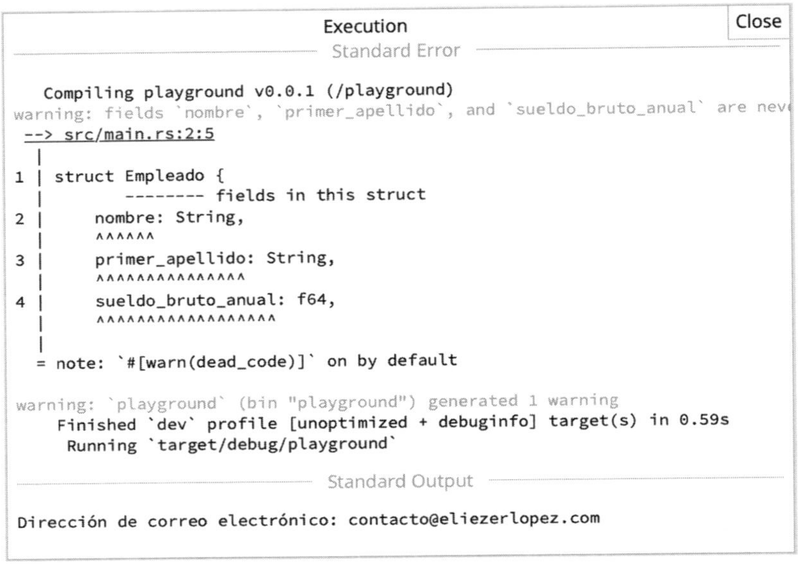

Figura 14.6. Llamada a la función mostrar_informacion_de_contacto().

Estas funciones devuelven el tipo Unidad[1], pero ya sabes que también es posible devolver una estructura como retorno de una función. Supongamos la creación del empleado se delega en otra función:

```rust
struct Empleado {
    nombre: String,
    primer_apellido: String,
    sueldo_bruto_anual: f64,
    correo_electronico: String,
}

fn crear_empleado(nombre: &str, primer_apellido: &str,
                  sueldo_bruto_anual: f64, correo_electronico: &str)
                  -> Empleado
{
    Empleado {
        nombre: String::from(nombre),
        primer_apellido: String::from(primer_apellido),
        sueldo_bruto_anual,
        correo_electronico: String::from(correo_electronico),
    }
}
```

---

[1] Refresca más sobre funciones en el capítulo 9.

```rust
fn mostrar_informacion_empleado(empleado: &Empleado){
    println!("- Nombre: {}", empleado.nombre);

    println!("- Primer apellido: {}", empleado.primer_apellido);

    println!("- Sueldo bruto anual: {}€",
            empleado.sueldo_bruto_anual);

    println!("- Dirección de correo electrónico: {}",
            empleado.correo_electronico);
}

fn main(){
    let desarrollador_de_software
        = crear_empleado("Eliezer","López",
                            95_000.0, "contacto@eliezerlopez.com");

    mostrar_informacion_empleado(&desarrollador_de_software);
}
```

ADVERTENCIA:

La forma correcta de devolver la variable de tipo «Empleado» es por valor. Recuerda que las referencias no sobreviven al dato al que apuntan. Como la estructura «Empleado» se crea dentro de la función, esta estructura será eliminada en el momento en el que la función termine, y la referencia devuelta quedaría inválida.

Vuelve a compilar, y observa como el tiempo que toma la compilación es mayor que la compilación anterior. En este caso, probablemente por la copia que se produce al devolver la variable de tipo Empleado por copia.

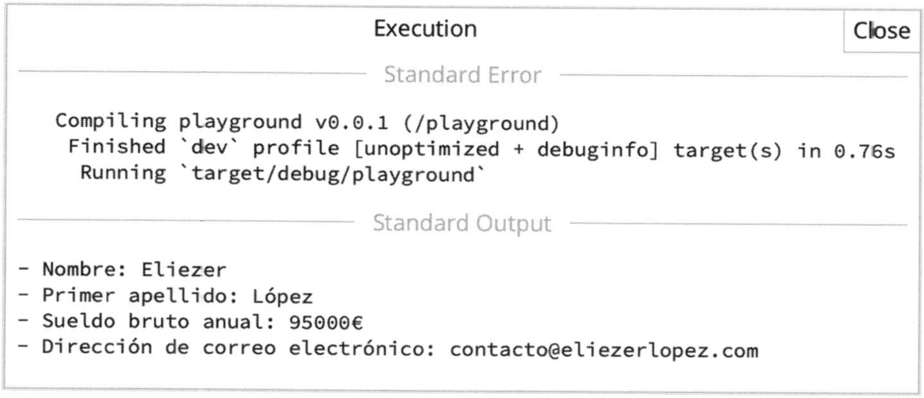

```
                          Execution                          Close

  ─────────────────── Standard Error ───────────────────

    Compiling playground v0.0.1 (/playground)
     Finished `dev` profile [unoptimized + debuginfo] target(s) in 0.76s
      Running `target/debug/playground`

  ─────────────────── Standard Output ───────────────────

  - Nombre: Eliezer
  - Primer apellido: López
  - Sueldo bruto anual: 95000€
  - Dirección de correo electrónico: contacto@eliezerlopez.com
```

Figura 14.7. Devolución de una instancia de «Empleado» por copia.

Esta diferencia de tiempos solo la verás en Rust Playground. Si compilas con cargo build, verás que los tiempos son cada vez menores. Esto se debe a que el compilador de Rust optimiza los tiempos de compilación al realizar compilaciones incrementales: solo compila los cambios que se han producido desde la última compilación para agilizar los tiempos de desarrollo.

Estructura de tupla

Las estructuras de tupla son una variación de las estructuras clásicas. Recuerda que el principal beneficio de las tuplas es el de agrupar diferentes valores relacionados de forma simple y rápida. Por otro lado, los structs permiten definir tipos de datos complejos. Las estructuras de tupla combinan los mejor de ambos mundos: son especialmente útiles en situaciones en las que la simplicidad y la eficiencia son determinantes, a la vez que permiten la creación de nuevos tipos de datos. Son formas de definir estructuras que se comportan de manera similar a las tuplas, pero con la ventaja adicional de tener un nombre de tipo propio.

La definición de una estructura de tupla es muy similar a la de una estructura normal, pero en lugar de campos con nombres se especifica una lista de tipos (como una tupla). Escribimos la palabra reservada `struct`, a continuación, el nombre que recibirá el nuevo tipo que vamos a crear, y finalmente la lista de tipos.

```
struct nombre_estructura(tipo1, tipo2, … );
```

Por ejemplo, podemos crear una estructura de tupla para agrupar un conjunto de valores que representan una fecha.

```
struct Fecha(u8, u8, u16);
```

Esta estructura de tupla permite crear variables de tipo `Fecha`, pero sus campos carecen de identificador. El acceso a estos campos debe ser gestionado mediante sus índices (como una tupla).

```
struct Fecha(u8, u8, u16);

fn main(){

    let lanzamiento = Fecha(29, 06, 2007);

    println!("¿Qué producto fue lanzado el {}/{}/{}?",
            lanzamiento.0, lanzamiento.1, lanzamiento.2);
}
```

TRUCO:

Al igual que las tuplas, las estructuras de tupla también pueden someterse al mecanismo de desestructuración.

La salida esperada para este programa es:

```
┌─────────────────────────────────────────────────────────────────┐
│                      Execution                    │   Close       │
│  ────────────────── Standard Error ──────────────                 │
│                                                                   │
│   Compiling playground v0.0.1 (/playground)                       │
│    Finished `dev` profile [unoptimized + debuginfo] target(s) in 0.57s │
│     Running `target/debug/playground`                             │
│  ────────────────── Standard Output ─────────────                 │
│  ¿Qué producto fue lanzado el 29/6/2007?                          │
└─────────────────────────────────────────────────────────────────┘
```

Figura 14.8. Salida esperada: «¿Qué producto fue lanzado el 29/6/2007?».

Estructura unidad

Se trata de una estructura sin campos, similar a una clase vacía en otros lenguajes de programación. Generalmente se utiliza en contextos en los que solo se necesita una instancia de un tipo específico para denotar algún significado particular, sin necesidad de almacenar datos en ella.

Para crear una estructura unidad, simplemente escribe la palabra reservada `struct` seguida del nombre que recibirá el nuevo tipo.

```
struct nombre_tipo;
```

Imagina que estás desarrollando un sistema de domótica en tu hogar y te interesa implementar algún tipo de patrón de estado para detectar si una puerta está abierta o cerrada.

Figura 14.9. Situación a modelar: apertura de puerta.

Podemos modelar esta situación con dos estructuras unitarias.

```
struct Abierta;
struct Cerrada;
```

¿Qué sentido tiene utilizar dos estructuras unitarias para reflejar esta situación en lugar de una variable booleana o un enumerado?

- La **seguridad** que proporciona el tipo. Recurrir a estructuras unitarias evita errores de estado en tiempos de compilación, garantizando que solo se llamen métodos válidos según el objeto instanciado.
- La estructura unidad proporciona **claridad** en el código. Al disponer de tipos específicos para cada estado, conseguimos un código más legible y expresivo, y evitamos la ambigüedad de los booleanos.
- Podríamos añadir nuevos estados. Si la puerta puede quedarse bloqueada, añadir el estado Bloqueada es muy sencillo (a diferencia de si se implementa con booleanos), y nos **permite definir transiciones específicas sin alterar la lógica existente** (como ocurría si la implementación se hubiera realizado mediante enumerados).
- Las transiciones de estado estarían controladas por funciones (métodos, en realidad) específicas. En consecuencia, **los cambios deberían ser más consistentes**.

Bloque de implementación

Figura 14.10. POO: Programming Object Oriented (Programación Orientada a Objetos).

Un objeto tiene dos características principales: estado y comportamiento. El estado viene determinado por los datos que almacena y el comportamiento por los métodos que implementan funcionalidades concretas. Este comportamiento en Rust se lleva a código a través del bloque de implementación.

> **NOTA:**
>
> *Ya hemos utilizado este bloque para implementar métodos en enumerados. Ve al capítulo 10 para refrescar la memoria.*

El bloque de implementación necesita partir de una estructura ya definida, así que vamos a recuperar la estructura clásica Empleado definida en las páginas anteriores de este mismo capítulo.

```
struct Empleado {
    nombre: String,
    primer_apellido: String,
```

```
    sueldo_bruto_anual: f64,
    correo_electronico: String,
}
```

Para añadir funcionalidades a una estructura, escribimos la palabra reservada impl seguida del nombre de la estructura creada, y abrimos un nuevo ámbito. Esto asociará los métodos definidos dentro del ámbito a la estructura indicada.

```
impl Empleado {

}
```

En el bloque de implementación podemos definir principalmente dos tipos de métodos: los métodos asociados y los métodos de instancia.

Métodos asociados

Los métodos asociados son similares a los métodos estáticos en otros lenguajes y son muy sencillos de implementar. Simplemente, escribimos la función deseada en el interior del bloque impl. Por ejemplo, si todos los empleados van a trabajar en la misma empresa, un método que devuelva el nombre de la empresa puede ser bastante útil.

```
impl Empleado {
    fn nombre_empresa() -> String {
        String::from("El Flautista.")
    }
}
```

Estos métodos se llaman sobre el tipo y no sobre una instancia del tipo. Si tomamos la idea de clase de cualquier otro lenguaje de programación que implemente el paradigma de la programación orientada a objetos, este método sería llamado desde la clase y no desde el objeto. La razón es sencilla: no tiene sentido llamar a un método desde cada una de las instancias de la clase (es decir, desde cada uno de los objetos) cuando el comportamiento del método no va a cambiar, y además no se acceden a los datos de cada instancia. De hecho, conceptualmente no tiene sentido tener que crear una instancia solo para llamar a esta función.

ADVERTENCIA:

En realidad, sí tiene sentido crear una instancia solo para llamar a esta función. En algunos lenguajes que implementan la programación orientada a objetos se, crearía un objeto de nombre «Empleado» en tiempo de ejecución, el cual se utiliza para invocar métodos estáticos. En lenguajes orientados a objetos, todo es un objeto, incluyendo las clases si existen. En Rust, el «struct» se usa más como un espacio de nombres para invocar a una función.[2]

---

[2]   Esta píldora de información es algo avanzada y puede ser difícil de entender. Si no la comprendes por completo, no te preocupes. No afectará a tu aprendizaje del contenido original.

En Rust, los métodos asociados se llaman con el operador de resolución de ámbito : : . Indica el ámbito al que pertenece el método (el struct), seguido del operador de resolución de ámbito y finalmente el nombre del método.

```rust
struct Empleado {
    nombre: String,
    primer_apellido: String,
    sueldo_bruto_anual: f64,
    correo_electronico: String,
}

impl Empleado {
    fn nombre_empresa() -> String {
        String::from("El Flautista")
    }
}

fn main(){
    println!("{}, la startup con el mejor algoritmo de comprensión.",
            Empleado::nombre_empresa());
}
```

Implementa estos métodos como si de cualquier otra función se tratase.

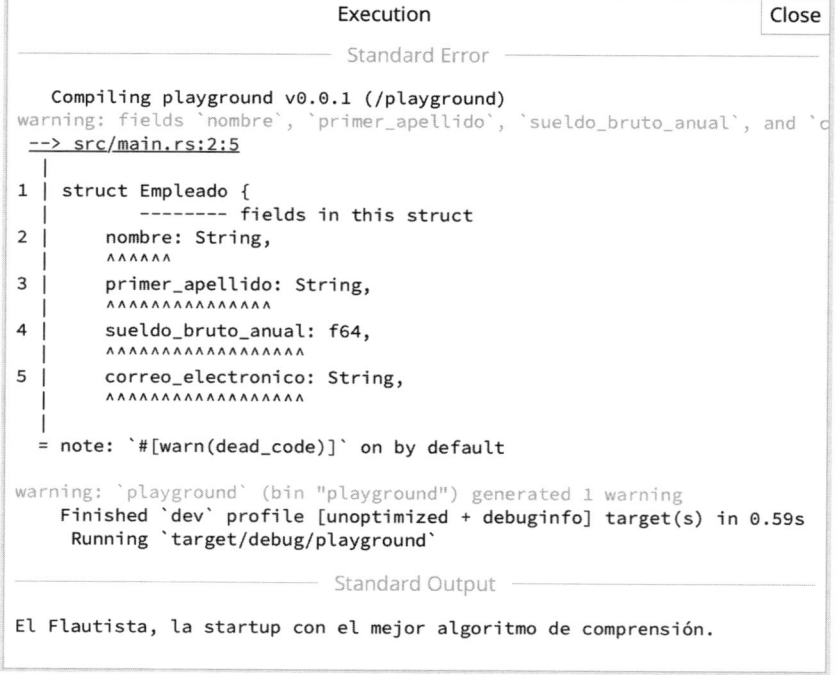

Figura 14.11. Salida esperada: «El Flautista, la startup con el mejor algoritmo de comprensión.»

Simplemente ten en consideración que este tipo de métodos solo puede ser llamado desde el ámbito del `struct` para el que han sido implementados.

> **TRUCO:**
>
> *Los métodos asociados son los únicos que utilizan el operador de resolución de ámbito ::. Observando este operador podrás identificarlos fácilmente (String::from() es un buen ejemplo).*

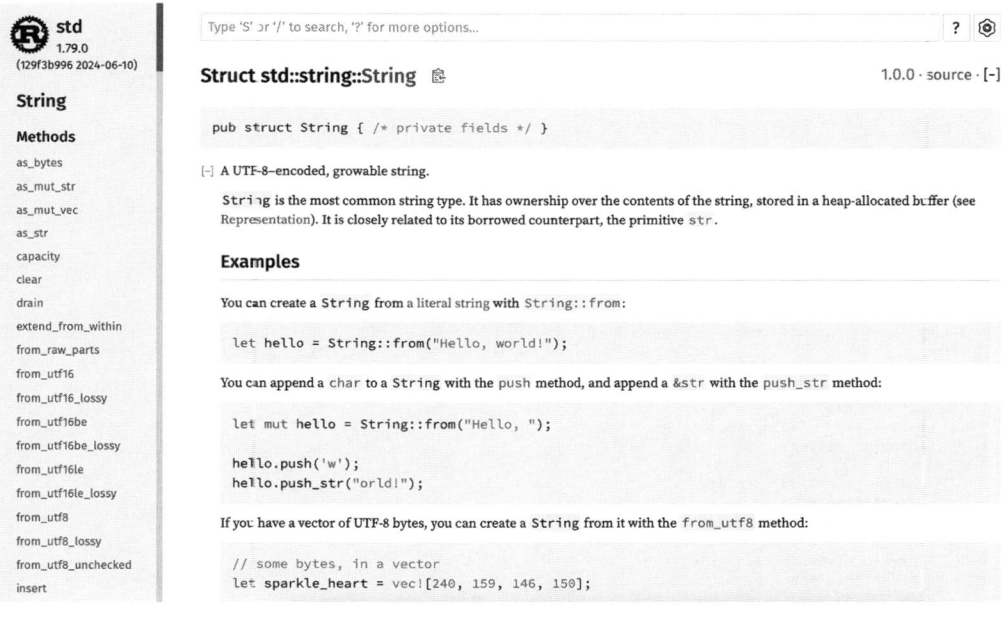

Figura 14.12. Ejemplo de uso del operador de ámbito.

Constantes asociadas

El bloque de implementación también puede incluir constantes[3] asociadas que se almacenan a nivel de estructura y no de instancia. Estas constantes se declaran dentro del bloque de implementación y fuera de cualquier método. Supongamos que el IRPF[4] de un trabajador siempre será de un 30 % (ojalá fuera así).

```
struct Empleado {
    nombre: String,
```

---

[3] Rescata el concepto de constante en el capítulo 4.
[4] IRPF (Impuesto sobre la Renta de las Personas Físicas).

```rust
        primer_apellido: String,
        sueldo_bruto_anual: f64,
        correo_electronico: String,
}

impl Empleado {

    const IRPF: f32 = 0.30;

    fn nombre_empresa() -> String {
        String::from("El Flautista")
    }
}

fn main(){
    println!("IRPF aplicado: {:.0}%.", Empleado::IRPF * 100.);
}
```

Salida esperada:

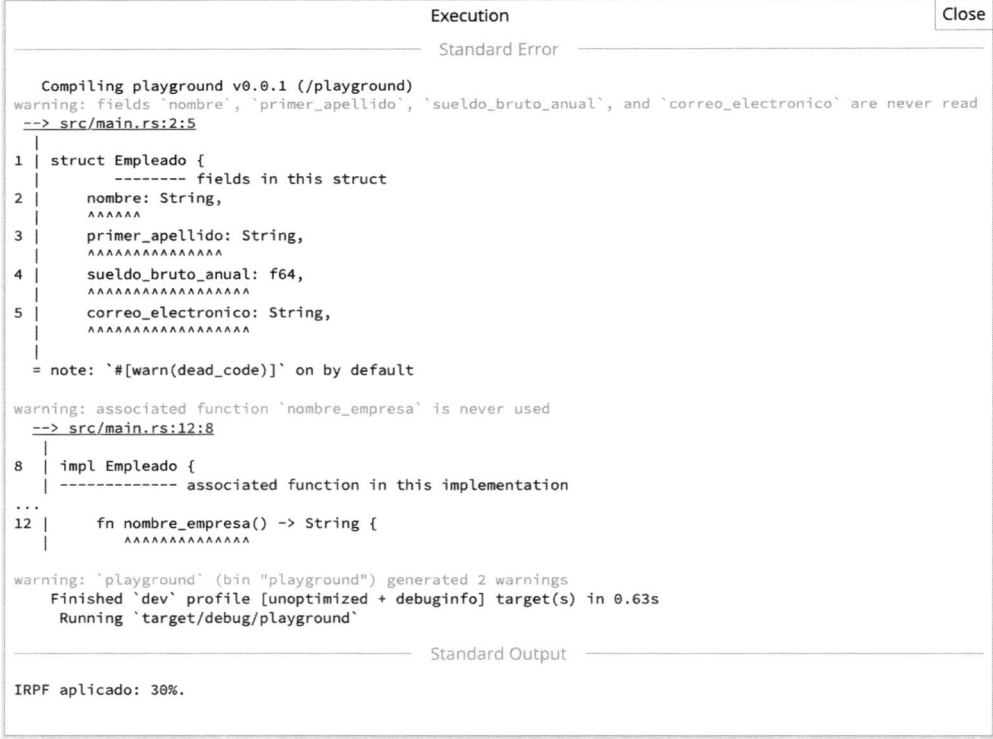

Figura 14.13. Salida esperada: «IRPF aplicado: 30%.».

Métodos de instancia

Si los métodos asociados son llamados desde el tipo (el `struct`), los métodos de instancia son llamados desde la variable creada y operan sobre la instancia particular de una estructura.

Un método de instancia siempre debe recibir `&self`, `&mut self` o `self` como primer parámetro. El uso de este primer parámetro en los métodos de instancia facilita el acceso claro y explícito a la instancia del objeto, y permite al desarrollador o desarrolladora tener un control preciso sobre cómo se accede y modifica la instancia dentro de los métodos. A continuación, veremos cómo se implementan los métodos de instancia con las opciones `&self`, `&mut self` y `self`.

Referencia inmutable a la instancia

Los métodos observadores son modelados a partir de una referencia inmutable a la instancia (`&self`).

Por ejemplo, para implementar un método observador que devuelva el nombre del empleado implementaremos una función dentro del bloque `impl` que retorne una referencia al valor del atributo.

```
struct Empleado {
    nombre: String,
    primer_apellido: String,
    sueldo_bruto_anual: f64,
    correo_electronico: String,
}

impl Empleado {

    const IRPF: f32 = 0.30;

    fn nombre_empresa() -> String {
        String::from("El Flautista")
    }

    fn obtener_nombre(&self) -> &String {
        &self.nombre
    }
}
```

Piénsalo. En principio no tiene sentido devolver una copia del objeto, así que devolvemos una referencia inmutable a la cadena de texto de alto nivel (el `String`).

NOTA:

Esta referencia inmutable que se retorna (&String) no tiene nada que ver con la referencia inmutable a la instancia (&self, en consecuencia de tipo &Empleado).

Los métodos observadores de los atributos `primer_apellido` y `correo_electronico` serán similares. El sueldo bruto anual, en cambio, conviene devolverlo por valor al tratarse de un tipo de dato primitivo.

```
struct Empleado {
    nombre: String,
    primer_apellido: String,
    sueldo_bruto_anual: f64,
    correo_electronico: String,
}

impl Empleado {

    const IRPF: f32 = 0.30;

    fn nombre_empresa() -> String {
        String::from("El Flautista")
    }

    fn obtener_nombre(&self) -> &String {
        &self.nombre
    }

    fn obtener_primer_apellido(&self) -> &String {
        &self.primer_apellido
    }

    fn obtener_sueldo_bruto_anual(&self) -> f64 {
        self.sueldo_bruto_anual
    }

    fn obtener_correo_electronico(&self) -> &String {
        &self.correo_electronico
    }
}
```

Los métodos observadores (y cualquier otro método de instancia) puede recibir parámetros de entrada. Por ejemplo, podemos comprobar si el sueldo del empleado es mayor que una cantidad determinada recibida como parámetro de entrada:

```
fn sueldo_mayor_que(&self, cantidad: f64) -> bool {
    self.sueldo_bruto_anual > cantidad
}
```

Para utilizar cualquiera de estos métodos es imprescindible crear una instancia de la estructura. Llama a un método de instancia escribiendo el nombre de la instancia seguido de un punto . y a continuación del nombre del método.

```
struct Empleado {
```

```rust
    nombre: String,
    primer_apellido: String,
    sueldo_bruto_anual: f64,
    correo_electronico: String,
}

impl Empleado {

    const IRPF: f32 = 0.30;

    fn nombre_empresa() -> String {
        String::from("Industrias Reynholm")
    }

    fn obtener_nombre(&self) -> &String {
        &self.nombre
    }

    fn obtener_primer_apellido(&self) -> &String {
        &self.primer_apellido
    }

    fn obtener_sueldo_bruto_anual(&self) -> f64 {
        self.sueldo_bruto_anual
    }

    fn obtener_correo_electronico(&self) -> &String {
        &self.correo_electronico
    }

    fn sueldo_mayor_que(&self, cantidad: f64) -> bool {
        self.sueldo_bruto_anual > cantidad
    }
}

fn main(){

    let informatico = Empleado {
        nombre: String::from("Richmond"),
        primer_apellido: String::from("Avenal"),
        sueldo_bruto_anual: 500_000.,
        correo_electronico: String::from("richmond.avenal@reynholm.com"),
    };

    if informatico.sueldo_mayor_que(80_000.) {
        println!("El sueldo es mayor que la media.");
    }
}
```

Observa que a la hora de utilizar el método no se necesita especificar «self» como primer parámetro. Ya se encuentra incluido de manera implícita en la propia instancia desde la que se llama.

La salida esperada tras la compilación y ejecución debe ser similar a la que se muestra en la figura 14.14

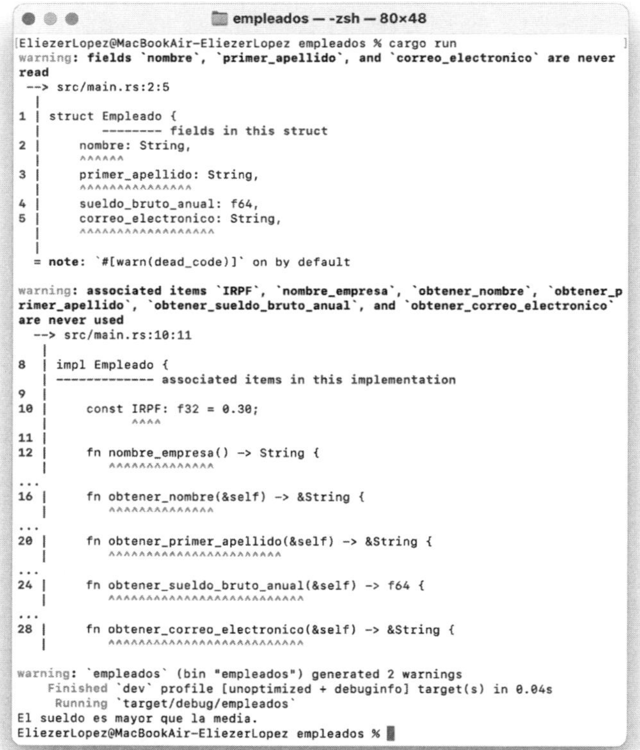

Figura 14.14. Salida esperada: «El sueldo es mayor que la media.».

Aprecia cómo, en cada proceso de compilación, el compilador te indica qué código no está siendo utilizado, sugiriéndote así eliminarlo.

Referencia mutable a la instancia

Los métodos modificadores se definen a partir de una referencia mutable a la instancia (`&mut self`). Es a través de esta referencia por la que es posible cambiar el estado del objeto según el comportamiento implementado en el método modificador.

Supongamos que el empleado cambia de correo electrónico. Para implementar un método que modifique este atributo la referencia a la instancia debe ser mutable.

```rust
impl Empleado {

    // …

    fn modificar_correo_electronico(&mut self, nuevo_correo: String){
        self.correo_electronico = nuevo_correo;
    }

    // …
}
```

Como se trata de un método modificador, recuerda llamar a este método desde una instancia mutable.

```rust
fn main(){

    let mut informatico = Empleado {
        nombre: String::from("Richmond"),
        primer_apellido: String::from("Avenal"),
        sueldo_bruto_anual: 500_000.,
        correo_electronico:
        String::from("richmond.avenal@reynholm.com"),
    };

    println!("Correo original: {}",
            informatico.obtener_correo_electronico());

    let nuevo_correo = String::from("r.avenal@reynholm.com");

    informatico.modificar_correo_electronico(nuevo_correo);

    println!("Correo actualizado: {}",
            informatico.obtener_correo_electronico());
}
```

Con la inclusión del nuevo método, el programa muestra la siguiente salida en pantalla:

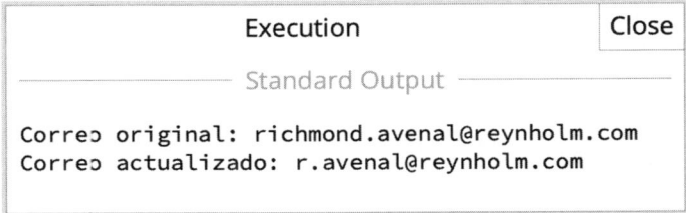

Figura 14.15. Salida esperada: correo original y correo actualizado.

Transferencia de la propiedad

Existen momentos en los que interesa que la propiedad de una instancia sea transferida. Por ejemplo, imagina que un empleado puede llegar a ser accionista de la empresa en la que trabaja y nuestro programa modela este tipo de perfil con una estructura diferente.

Figura 14.16. Situación a modelar: el empleado se convierte en accionista.

Mientras que un empleado cobra un sueldo, un accionista ingresa sus beneficios mediante dividendos, de modo que no tiene sentido mantener el atributo `sueldo_bruto_anual`.

```
struct Accionista {
    nombre: String,
    primer_apellido: String,
    correo_electronico: String,
}
```

Si un empleado se convierte en accionista, el empleado deja de ser `Empleado` y comienza a ser `Accionista`. Para ello, podemos crear un método de instancia enlazado a `struct Empleado` que convierta un empleado en accionista.

```
impl Empleado {
    fn convertir_en_accionista(self) -> Accionista {
        Accionista {
            nombre: self.nombre,
            primer_apellido: self.primer_apellido,
            correo_electronico: self.correo_electronico,
        }
    }
}
```

Este método deberá tomar como parámetro de entrada `self` (no `&self` ni tampoco `&mut self`). Así, la instancia de `Empleado` dejará de ser accesible y la propiedad de la información pasará a la nueva instancia de `Accionista` creada dentro del método.

```
struct Empleado {
    nombre: String,
    primer_apellido: String,
    sueldo_bruto_anual: f64,
    correo_electronico: String,
}
```

```
struct Accionista {
    nombre: String,
    primer_apellido: String,
    correo_electronico: String,
}

impl Empleado {
    fn convertir_en_accionista(self) -> Accionista {
        Accionista {
            nombre: self.nombre,
            primer_apellido: self.primer_apellido,
            correo_electronico: self.correo_electronico,
        }
    }
}

fn main(){

    let informatico = Empleado {
        nombre: String::from("Richmond"),
        primer_apellido: String::from("Avenal"),
        sueldo_bruto_anual: 500_000.,
        correo_electronico: String::from("r.avenal@reynholm.com"),
    };

    let accionista = informatico.convertir_en_accionista();
}
```

Después de transferir la propiedad, la nueva variable `accionista` contiene la información que necesita en su interior.

Figura 14.17. Salida esperada: información del accionista.

Si intentas acceder al atributo `sueldo_bruto_anual` obtendrás un error de compilación.

```
                              Execution                           Close
  ───────────────────────── Standard Error ─────────────────────

    Compiling playground v0.0.1 (/playground)
  error[E0609]: no field `sueldo_bruto_anual` on type `Accionista`
    --> src/main.rs:39:53
     |
  39 |       println!("- Sueldo bruto anual: {}", accionista.sueldo_bruto_anual);
     |                                                        ^^^^^^^^^^^^^^^^^^ unknown field
     |
     = note: available fields are: `nombre`, `primer_apellido`, `correo_electronico`

  For more information about this error, try `rustc --explain E0609`.
  error: could not compile `playground` (bin "playground") due to 1 previous error
  ───────────────────────── Standard Output ────────────────────
```

Figura 14.18. Error E0609 mostrado en consola.

Y si intentas acceder al contenido de la instancia `informatico`, también.

```
                              Execution                           Close

  error[E0382]: borrow of moved value: `informatico`
    --> src/main.rs:40:42
     |
  26 |       let informatico = Empleado {
     |           ---------- move occurs because `informatico` has type `Empleado`, which does not implement the `Copy` trait
  ...
  33 |       let accionista = informatico.convertir_en_accionista();
     |                        ------------------------ `informatico` moved due to this method call
  ...
  40 |       println!("- Correo electrónico: {}", informatico.correo_electronico);
     |                                            ^^^^^^^^^^^^^^^^^^^^^^^^^^^^^^ value borrowed here after move
     |
     = note: this error originates in the macro `$crate::format_args_nl` which comes from the expansion of the macro `println`

  For more information about this error, try `rustc --explain E0382`.
  warning: `playground` (bin "playground") generated 1 warning
  error: could not compile `playground` (bin "playground") due to 1 previous error; 1 warning emitted
  ───────────────────────── Standard Output ────────────────────
```

Figura 14.19. Error E03821 mostrado en consola.

Ahora la propiedad de los datos pertenece a la variable `accionista`.

Implementar un método con `self` puede ser útil para transformar una instancia en otra estructura siempre y cuando la estructura original deje de ser necesaria (ya que la propiedad del objeto se transfiere).

TRUCO:

Es posible tener múltiples bloques de implementación para una misma estructura. Esta característica permite separar lógicamente diferentes conjuntos de métodos.

Rasgos (traits)

Ya hemos mencionado que los rasgos –también conocidos como *traits* en inglés– son similares a las interfaces en otros lenguajes de programación. Generalmente, una interfaz define una cabecera para un método, pero no implementa su cuerpo. Las clases que implementan esta interfaz son las encargadas de especificar el comportamiento específico para cada una de estas clases.

Con los rasgos ocurre algo parecido. Por ejemplo, supongamos que nuestra empresa cuenta con empleados y accionistas, y periódicamente se necesita mostrar la información de estos perfiles en ciertos informes que se generan.

Mientras que la información de los accionistas es pública, la de los empleados debe permanecer privada por cuestiones relativas a protección de datos. Podemos crear un `trait` para generar la información que debe aparecer en este informe, y adaptar cada implementación al tipo de perfil.

Un `trait` es un bloque de código que contiene las cabeceras de los métodos que deben implementarse. Para definir este bloque, escribimos la palabra reservada `trait` seguida del nombre que recibe, y abrimos un nuevo ámbito de bloque. Dentro de este ámbito incluimos las cabeceras de los métodos a implementar.

```
trait Informe {

    fn exportar_datos(&self) -> String;

}
```

Para implementar el trait `Informe` para un tipo específico debemos recurrir a las palabras reservadas `impl` y `for`, de modo que *implementamos* (`impl`) un trait específico *para* (`for`) una estructura concreta.

```
impl Informe for Empleado {

}
```

En el interior de este bloque implementamos los métodos (en este caso solo uno, pero podrían existir varios).

```
struct Empleado {
    nombre: String,
    primer_apellido: String,
    sueldo_bruto_anual: f64,
    correo_electronico: String,
}

trait Informe {
    fn exportar_datos(&self) -> String;
}
```

```
impl Informe for Empleado {
    fn exportar_datos(&self) -> String{
        format!("{} {}.", &self.nombre,
                self.primer_apellido.chars().next().unwrap_or(' '))
    }
}

fn main() {

    let informatico = Empleado {
        nombre: String::from("Richmond"),
        primer_apellido: String::from("Avenal"),
        sueldo_bruto_anual: 500_000.,
        correo_electronico:
        String::from("richmond.avenal@reynholm.com"),
    };

    println!("Informe:");
    println!("-------------");
    println!("{}", informatico.exportar_datos());
}
```

Es importante destacar que si bien un trait puede contener varias funciones, en el momento en el que se implementa un `trait` para un tipo, deben implementarse todas las funciones que el `trait` define.

Este programa muestra la siguiente salida:

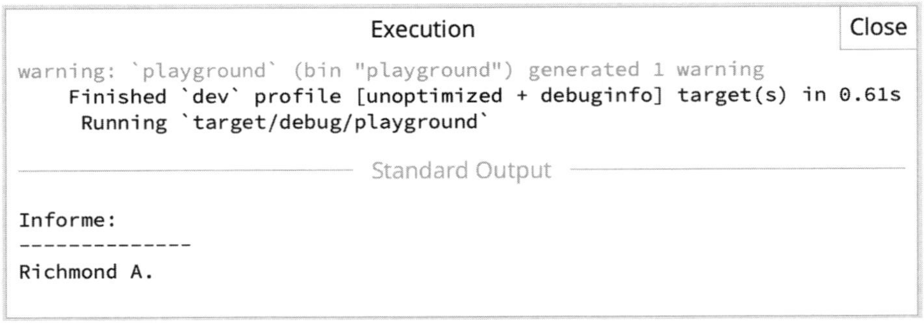

```
Execution                                                      Close

warning: `playground` (bin "playground") generated 1 warning
    Finished `dev` profile [unoptimized + debuginfo] target(s) in 0.61s
     Running `target/debug/playground`
───────────────────────── Standard Output ─────────────────────────

Informe:
-------------
Richmond A.
```

Figura 14.20. Método exportar_datos() para una variable de tipo Empleado.

Si no entiendes cómo se obtiene la letra inicial del primer apellido del empleado, debes saber que todo está explicado en capítulos anteriores.

Vamos a implementar ahora el `trait` para la estructura `Accionista`, cuya información sí puede ser pública.

```
struct Empleado {
    nombre: String,
    primer_apellido: String,
    sueldo_bruto_anual: f64,
    correo_electronico: String,
}

struct Accionista {
    nombre: String,
    primer_apellido: String,
    correo_electronico: String,
}

trait Informe {
    fn exportar_datos(&self) -> String;
}

impl Informe for Empleado {
    fn exportar_datos(&self) -> String{
        format!("{} {}.", &self.nombre, self.primer_apellido.chars().next().
unwrap_or(' '))
    }
}

impl Informe for Accionista {
    fn exportar_datos(&self) -> String{
        format!("{} {}. / Contacto: {}", &self.nombre, &self.primer_
apellido, &self.correo_electronico)
    }
}

fn main() {

    let informatico = Empleado {
        nombre: String::from("Richmond"),
        primer_apellido: String::from("Avenal"),
        sueldo_bruto_anual: 500_000.,
        correo_electronico: String::from("r.avenal@reynholm.com"),
    };
```

```rust
let directivo = Accionista {
    nombre: String::from("Denholm"),
    primer_apellido: String::from("Reynholm"),
    correo_electronico: String::from("d.reynholm@reynholm.com"),
};

println!("# Accionistas");
println!("  -------------------------------");
println!("  {}", directivo.exportar_datos());
println!("  -------------------------------");
println!("# Empleados");
println!("  -------------------------------");
println!("  {}", informatico.exportar_datos());
}
```

Compila este código y obtendrás una salida similar a la que te muestro a continuación:

Figura 14.21. Método exportar_datos() para una variable de tipo Accionista.

Implementaciones opcionales

En el momento en el que se implementa un `trait` para un tipo, deben implementarse todas las funciones que el `trait` define. Esta regla tiene una pequeña excepción: si algún método del `trait` ya cuenta con una implementación por defecto, el tipo que implementa el `trait` puede omitir su personalización.

Supongamos que, de forma predeterminada, la empresa no paga ningún tipo de bonificación anual.

```rust
trait Informe {
    fn exportar_datos(&self) -> String;
    fn bonificacion_anual(&self) -> f64 {
        0.
    }
}
```

Si añades este método al trait `Informe`, las estructuras `Empleado` y `Accionista` automáticamente tomarán este comportamiento sin necesidad de personalizar su implementación.

Supongamos ahora que los accionistas reciben por defecto una bonificación anual de 15.000 €. Podemos sobreescribir para el struct `Accionista` el método `bonificación_anual()`. Te comparto el código completo para que puedas copiarlo y compilarlo:

```
struct Empleado {
    nombre: String,
    primer_apellido: String,
    sueldo_bruto_anual: f64,
    correo_electronico: String,
}

struct Accionista {
    nombre: String,
    primer_apellido: String,
    correo_electronico: String,
    bonificacion_anual: f64,
}

trait Informe {
    fn exportar_datos(&self) -> String;
    fn bonificacion_anual(&self) -> f64 {
        0.
    }
}

impl Informe for Empleado {
    fn exportar_datos(&self) -> String{
        format!("{} {}.", &self.nombre,
                        self.primer_apellido.chars()
                        .next().unwrap_or(' '))
    }
}

impl Informe for Accionista {
    fn exportar_datos(&self) -> String{
        format!("{} {}. / Contacto: {}", &self.nombre,
                                        &self.primer_apellido,
                                        &self.correo_electronico)
    }

    fn bonificacion_anual(&self) -> f64 {
        15_000.
    }
}
```

```
fn main() {

    let informatico = Empleado {
        nombre: String::from("Richmond"),
        primer_apellido: String::from("Avenal"),
        sueldo_bruto_anual: 500_000.,
        correo_electronico: String::from("r.avenal@reynholm.com"),
    };

    let directivo = Accionista {
        nombre: String::from("Denholm"),
        primer_apellido: String::from("Reynholm"),
        correo_electronico: String::from("d.reynholm@reynholm.com"),
        bonificacion_anual: 15_000.,
    };

    println!("Bonificación anual del empleado: {} €",
            informatico.bonificacion_anual());
    println!("Bonificación anual del accionista: {} €",
            directivo.bonificacion_anual());
}
```

Este programa debe devolverte una salida similar a la que te muestro en la figura 14.22.

Figura 14.22. Salida esperada: bonificación anual del empleado y del accionista.

ADVERTENCIA:

Si estás reutilizando código anterior, recuerda actualizar el método convertir_ en_accionista().

Sobrecarga de rasgos existentes

En el capítulo 8 –mientras te introducías al uso de operadores– te mostré un mensaje de error que sugería la posibilidad de personalizar una operación de suma.

```
no implementation for 'f64 + f32'
```

También te hablé sobre la implementación de algo llamado «trait» para personalizar un comportamiento.

Ahora ya entiendes mejor el significado de este mensaje de error y de la aclaración que hice entonces a pie de página. Los rasgos en Rust (también aquellos rasgos proporcionados por la biblioteca estándar) pueden ser personalizados para diferentes tipos de datos bajo demanda. Esta capacidad permite crear código modular y reutilizable al permitir extender el comportamiento de tipos existentes sin necesidad de modificar su definición original.

A continuación, implementaremos un trait existente en la biblioteca estándar para la estructura Empleado. Después, te mostraré cómo sobrecargar operadores en Rust. Con estos dos ejemplos prácticos, tendrás las herramientas necesarias para solucionar el error de compilación que apareció en el capítulo 8.

TRUCO:

La sobrecarga de traits es útil para trabajar con tipos definidos en librerías externas donde no se tiene control sobre el código fuente. Además, permiten definir comportamientos adicionales al existente y facilitan la creación de soluciones flexibles y adaptables.

Ejemplo de sobrecarga de un trait existente

El trait Display en Rust es parte del módulo std::fmt, y se utiliza para convertir un tipo de dato en una cadena de caracteres de alto nivel. Esta cadena puede ser utilizada en macros como println! para mostrar el contenido almacenado en una variable instanciada de manera personalizada.

Con un ejemplo práctico lo vas a entender rápidamente. Parte de una variable llamada informatico de tipo Empleado, e imagina que la ejecución de esta línea de código:

```
println!("{}", informatico);
```

Hace que se muestra el contenido de la variable informatico con el formato que nos interesa para los informes que se generan periódicamente.

```
Richmond A.
```

Para utilizar el trait Display con la estructura Empleado, debemos implementar el trait std::fmt::Display para dicha estructura como ya hemos hecho previamente. Como no conocemos cuál es la firma del trait, debemos echar un vistazo en su documentación.[5]

---

[5] Documentación del trait Display: doc.rust-lang.org/std/fmt/trait.Display.html

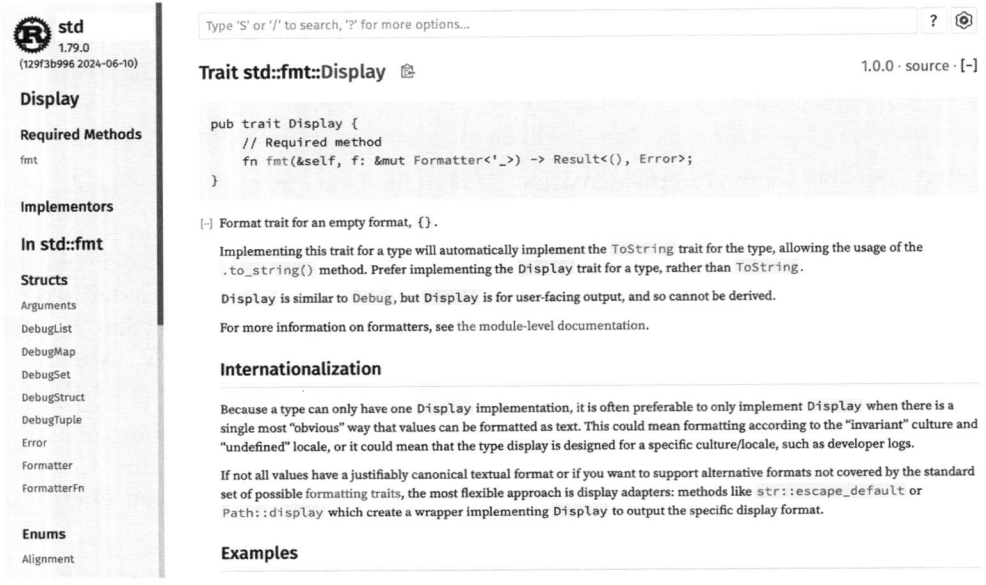

Figura 14.23. Documentación oficial del trait Display.

Solo queda respetar la cabecera del método e implementar el comportamiento de este método para el tipo `Empleado`.

```
use std::fmt;

// ...

impl fmt::Display for Empleado {
    fn fmt(&self, f: &mut fmt::Formatter) -> fmt::Result {
        write!(
            f,
            "{} {}.",
            self.nombre,
            self.primer_apellido.chars().next().unwrap_or(' '),
        )
    }
}
```

Si añades esta sobrecarga al programa anterior, y modificas la función `main()` en consecuencia:

```
fn main(){

    // ...

    println!("# Accionistas");
    println!("  ------------------------------");
    println!("  {}", directivo.exportar_datos());
```

```
println!("  -------------------------------");
println!("# Empleados");
println!("  -------------------------------");
println!(" {}", informatico);

// ...
}
```

Obtendrás la salida esperada:

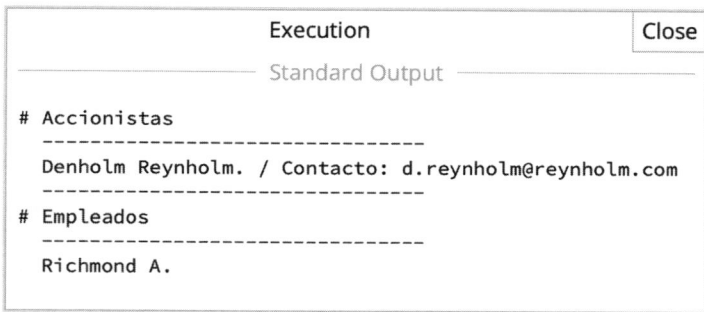

Figura 14.24. Sobrecarga del trait Display para el tipo Empleado.

Sobrecarga de operadores

Ponte en situación. Tu programa para gestionar empleados se utiliza cada vez más en la empresa. Ahora, los responsables de los departamentos desean calcular la productividad de sus equipos, y para ello necesitan conocer el coste total invertido en sueldos.

Para facilitar esta labor vamos a sobrecargar el operador +, de modo que la suma de variables de tipo `Empleado` devuelva la suma total de los sueldos brutos anuales.

El operador + se gestiona a través del `trait Add` perteneciente al módulo `ops` de la biblioteca estándar del lenguaje, así que lo importamos al comienzo de nuestro archivo.

```
use std::ops::Add;
```

Con el `struct` ya definido, utilizamos las palabras reservadas `impl` y `for` para indicar el tipo para el que vamos a implementar el rasgo.

```
impl Add for &Empleado
```

El trait a modificar se llama `add`, y recibe dos parámetros: la instancia desde la que se llama (el primer empleado) y un segundo parámetro de tipo `Empleado` que modela el segundo operando de la suma.

```
impl Add for &Empleado {
    fn add(self, empleado: &Empleado){

    }
}
```

La operación + tomará una referencia a «Empleado» (&Empleado) para realizar la suma. Si el bloque se implementara sin el ampersand («impl Add for Empleado» en lugar de «impl Add for &Empleado»), se perdería la propiedad de «Empleado» y no podría utilizarse nunca más tras «sumarse».

Dentro del método simplemente sumamos los sueldos brutos anuales de cada empleado y retornamos el resultado. Recuerda indicar el tipo de retorno en la cabecera del método.

```
impl Add for &Empleado {
    fn add(self, empleado: &Empleado)-> f64{
        self.sueldo_bruto_anual + empleado.sueldo_bruto_anual
    }
}
```

El operador + está asociado implícitamente con el trait «Add», de modo que al utilizar el símbolo +, Rust invoca automáticamente el método «add» de la implementación del trait «Add». Este enfoque proporciona un marco estructurado para la sobrecarga de operadores.

Cabe destacar que existen situaciones en las que un rasgo requiere de la indicación explícita de un tipo de retorno específico porque así lo establece en la definición del trait original en su documentación.[6]

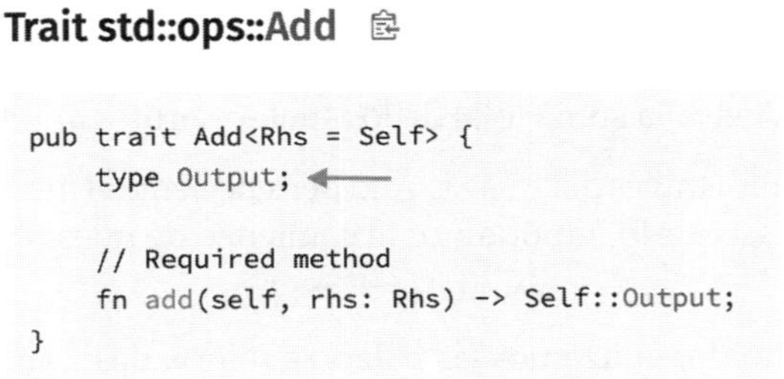

Trait std::ops::Add

```
pub trait Add<Rhs = Self> {
    type Output; ◄———

    // Required method
    fn add(self, rhs: Rhs) -> Self::Output;
}
```

Figura 14.25. Tipo de retorno explícito en traits.

En nuestro ejemplo, el rasgo siempre deberá devolver un valor de tipo f64. El trait Add establece la necesidad de indicar explícitamente el tipo de retorno que devolverá este rasgo, de modo que debemos indicar el tipo de salida del rasgo (antes del método add) de la siguiente forma:

```
type Output = f64;
```

---

[6] Documentación sobre el trait Add: doc.rust-lang.org/std/ops/trait.Add.html.

```
impl Add for &Empleado {
    type Output = f64;

    fn add(self, empleado: &Empleado) -> Self::Output{
        self.sueldo_bruto_anual + empleado.sueldo_bruto_anual
    }
}
```

Los tipos asociados (Output) definen claramente el tipo de retorno esperado, lo que facilita la comprensión y el uso correcto de la sobrecarga. Aunque parezca redundante, la declaración de `type Output` asegura que todas las implementaciones del rasgo son consistentes y predecibles, a la vez que permite al compilador verificar que la implementación cumple con las expectativas del propio rasgo.

Es importante remarcar que la implementación de un rasgo requiere de un tipo asociado solo si el `trait` original en cuestión lo define de forma explícita. El `trait Add` requiere de un tipo asociado porque así está definido el `trait` originalmente. Echa un vistazo de nuevo a la documentación del trait si aún no te ha quedado claro. Esta es la razón por la cual necesitamos indicar el tipo de salida para implementar el `trait Add`, pero no para el `trait Informe`.

A partir de ahora los responsables de departamentos podrán calcular el coste total invertido en sueldos con el operador +.

```
let departamento = empleado1 + empleado2 + empleado3...;
```

---

[7] De hecho, en nuestro ejercicio, la suma de 2 empleados implica la suma de sus sueldos. En cambio, una persona que lea el código por primera vez podría pensar que la suma de dos empleados implica otro tipo de operación (que no entenderá hasta leer la documentación o ver cómo es la implementación).

Puedes definir un comportamiento personalizado para casi cualquier operador en Rust[8] a partir de sus traits correspondientes. Los operadores más comunes son los que te muestro en la tabla 14.1, aunque existen muchos más.

Tabla 14.1. Traits más utilizados para la sobrecarga de operadores.

Operadores aritméticos	
+	std::ops::Add
- (resta)	std::ops::Sub
*	std::ops::Mul
/	std::ops::Div
%	std::ops::Rem
- (negación unaria)	std::ops::Neg
Operadores de asignación compuesta	
+=	std::ops::AddAssign
-=	std::ops::SubAssign
*=	std::ops::MulAssign
/=	std::ops::DivAssign
%=	std::ops::RemAssign
Operadores de comparación y relacionales	
==	std::cmp::PartialEq
!=	std::cmp::PartialEq
<	std::cmp::PartialOrd
<=	std::cmp::PartialOrd
>	std::cmp::PartialOrd
>=	std::cmp::PartialOrd
& (AND)	std::ops::BitAnd
| (OR)	std::ops::BitOr
! (NOT)	std::ops::Not

---

[8] Hay algunos operadores que el lenguaje no permite sobrecargar. Algunos ejemplos son el operador de acceso a miembros ., el operador de alcance :: y el operador de acceso a referencias &.

La Programación Orientada a Objetos en Rust

La implementación del paradigma de la programación orientada a objetos no tiene por qué implicar el uso de clases (después de todo, se llama «Programación Orientada a Objetos», y no «a Clases»).

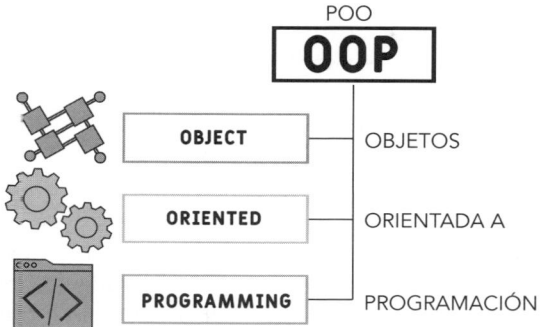

Figura 14.26. Desglose OOP.

Entonces, ¿qué criterios debemos tener en cuenta para considerar que un lenguaje implementa el paradigma de la orientación a objetos? Un criterio adecuado para responder a esta pregunta es observar el lenguaje desde la perspectiva de la definición de «objeto» y de cómo se implementan los principios de encapsulación, herencia y polimorfismo, propios de la programación orientada a objetos.

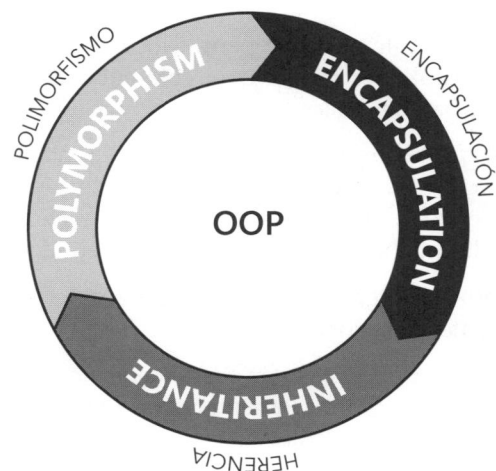

Figura 14.27. Principios del paradigma de Programación Orientada a Objetos.

Objeto

Los programas orientados a objetos se componen de unidades que empaquetan tanto datos como procedimientos que operan con esos datos. Los datos representan el estado de la entidad modelada, y suelen ser conocidos como atributos, y los procedimientos dan forma a los comportamientos de la entidad, comúnmente conocidos como métodos u operaciones.

Partiendo de esta premisa, Rust sí implementa el paradigma de la orientación a objetos. Tanto las estructuras como las enumeraciones almacenan datos, y los bloques `impl` proporcionan métodos que modelan comportamientos. Aunque las estructuras y las enumeraciones no son clases *per se* proporcionan la misma funcionalidad.

Encapsulación

La encapsulación es un mecanismo que permite reunir atributos y métodos dentro de una estructura. Este principio oculta la implementación de la entidad y garantiza la integridad de su información al gestionar el acceso de forma controlada (solo a través de los métodos implementados). Para conseguir esto, es imprescindible contar con niveles de privacidad (al menos, público y privado).

En Rust contamos con `struct`s para agrupar los datos, los bloques `impl` para añadir métodos a los `struct`, y los módulos para gestionar los niveles de privacidad (que veremos más adelante). Desde el punto de vista del principio de encapsulación, Rust también implementa el paradigma de la orientación a objetos.

Herencia

Continuemos con la herencia. Este principio permite que una entidad derive de otra para heredar sus atributos y métodos. De este modo, es posible reutilizar código y facilitar la creación de nuevas funcionalidades basadas en las ya existentes.

Además, la entidad heredada puede sobrescribir métodos de la entidad base para proporcionar una implementación específica y adaptada al comportamiento que se necesita. Cabe destacar que la relación de entre la entidad base y la entidad heredada suele modelarse a través de una jerarquía, que establece a la entidad base como padre, y a la entidad heredada como hija.

En el paradigma de la orientación de objetos, la herencia de clases suele presentar varios problemas que se deben tener en cuenta.

- **Acoplamiento**. Las clases derivadas están fuertemente acopladas a las clases base. Sin darte cuenta, un cambio en la implementación de la clase base puede romper el comportamiento de las clases derivadas.
- **Ambigüedad**. Algunos lenguajes que implementan el paradigma de la orientación a objetos permiten la herencia múltiple, es decir, que una clase herede de dos clases base. En este contexto surge el problema del diamante, una ambigüedad que aparece cuando

dos clases B y C heredan de una clase A, y una clase D hereda de B y de C. Si algún método de la clase D llama algún método definido en A, ¿a través de qué clase lo hereda? ¿A través de la clase B o a través de la clase C? Esta ambigüedad se produce tanto a nivel de métodos como a nivel de datos. Existen varios enfoques para evitar este problema y cada lenguaje intenta implementar la solución que mejor se adapte.

- **Código innecesario**. El principio de responsabilidad única[9] establece que una clase debería tener una sola responsabilidad o propósito. Si una clase tiene más de una responsabilidad, se vuelve más compleja y difícil de mantener, probar y extender. A la hora de trabajar con interfaces[10], si no se definen correctamente, la clase que la implementa está obligada a incluir métodos que quizá para ella son irrelevantes, lo que viola el principio de responsabilidad única y genera código innecesario.

Rust resuelve estos problemas mediante el uso de rasgos (también llamado traits) y priorizando la composición sobre la herencia.

- En lugar de implementar una herencia de clases, Rust utiliza traits –similares a las interfaces en otros lenguajes– para definir un comportamiento que puede ser compartido entre varios structs, con la capacidad adicional de proporcionar implementaciones predeterminadas para los métodos.
- En lugar de crear jerarquías de clases profundas, los desarrolladores pueden crear objetos complejos gracias a la composición, esto es, a partir de la combinación de estructuras más simples. La composición es más flexible y evita los problemas derivados de la herencia múltiple.
- Tanto el uso de traits como la composición reducen la dependencia de la implementación específica de un tipo (por ejemplo, de la entidad base). Los cambios en una entidad no afectan directamente a las otras siempre que los traits implementados no cambien.
- Como punto adicional, Rust también incorpora los genéricos.[11] Los genéricos, combinados con los rasgos, permiten definir funciones y estructuras que pueden trabajar con una variedad de tipos siempre y cuando cumplan con ciertos comportamientos.

Polimorfismo

El polimorfismo permite que una función o método se comporte de distintas maneras según el objeto que la esté utilizando. Esta capacidad de tomar múltiples formas proporciona flexibilidad y extensibilidad en muchos lenguajes al agregar nuevas clases derivadas con sus propias implementaciones de métodos, sin necesidad de modificar los métodos existentes en la clase base.

---

[9] Martin, R. C. (2002). Agile software development: Principles, patterns, and practices. Prentice Hall
[10] En el contexto de la programación orientada a objetos, colección de métodos y propiedades que una entidad expone públicamente para ser utilizados por otras entidades o instancias.
[11] En inglés, *generics*. Similares a las plantillas en otros lenguajes de programación.

Sin embargo, el polimorfismo no tiene por qué manifestarse siempre a través de la herencia y puede implementase de muchas formas diferentes. De hecho, los comportamientos polimórficos pueden revelarse también a través de interfaces, plantillas (también conocidos como *templates*) o sobrecarga de funciones y métodos, entre otros mecanismos.

Rust no cuenta con herencia, así que es imposible implementar el polimorfismo a través de ella. Sin embargo, sí que ofrece polimorfismo a través de rasgos y genéricos (similares a los *templates* en otros lenguajes de programación). Mientras que los rasgos definen métodos que pueden ser implementados por múltiples tipos (similares a las interfaces), los genéricos permiten que las funciones y las estructuras trabajen con cualquier tipo de dato (proporcionando así flexibilidad y reutilización sin sacrificar la seguridad de tipos).

> **TRUCO:**
>
> *Piensa en un «struct» como una clase, un rasgo o trait es como una interfaz, y un genérico es como una plantilla o «template». Si ya tienes conocimientos de programación orientada a objetos (especialmente si sabes C++), estos conceptos te resultarán más fáciles de entender.*

Por tanto, desde el punto de vista del polimorfismo Rust también implementa el paradigma de la orientación a objetos, aunque no lo implemente de la forma en la que inicialmente se podría esperar.

C y C++

Al comienzo de este libro compartí contigo que Rust se entiende mejor cuando se aborda desde la perspectiva de los lenguajes de programación C y C++, pues son estos lenguajes los que indirectamente han establecido las bases para su creación, y la razón por la que Rust existe.

Figura 14.28. Archivo de código fuente con extensión .cpp.

Si ya tienes alguna experiencia como desarrollador o desarrolladora de software con alguno de estos lenguajes, ya te habrás dado cuenta de varias cosas:

- C++ permite el uso de punteros sin restricciones. Los punteros nulos y las fugas de memoria ocasionan errores en producción, en ocasiones difíciles de solucionar. Un error en producción implica la inversión de tiempo y recursos en solucionar errores no previstos durante el tiempo de desarrollo. Rust elimina la posibilidad de punteros nulos y fugas de memoria a través de su sistema de préstamos y su análisis en tiempo de compilación. El polimorfismo en tiempo de ejecución en C++ se basa en gran medida en el uso de punteros y referencias a la clase base. En Rust esta opción queda descartada.

- La eficiencia tiene un alto coste: gestionar manualmente la memoria no es fácil, e implica un elevado grado de conocimiento y una gran responsabilidad. Gracias al sistema de propiedad y préstamos, Rust ofrece una gestión segura de la memoria en tiempo de compilación.

- El polimorfismo está basado principalmente en la herencia y en el uso de métodos virtuales, lo que puede introducir, problemas de seguridad de tipos y rendimiento debido a la necesidad de resolución dinámica de métodos. Para evitar este problema Rust genera una versión específica del código para cada tipo, por lo que elimina la necesidad de resolución dinámica en tiempo de ejecución, y mejora, en consecuencia, el rendimiento.

- En tiempo de ejecución, la resolución dinámica de métodos virtuales en C++ introduce un coste de tiempo de ejecución adicional. Esto no ocurre en Rust por el mismo motivo explicado en el punto anterior.

- Las conversiones de tipos en C++ pueden fallar en tiempo de ejecución, resultando en comportamientos indefinidos. En cambio, Rust utiliza el tipo `Option` para representar valores que pueden o no estar presentes, y `Result` para operaciones que pueden fallar. Ambos tipos deben manejarse explícitamente, eliminando así los errores en tiempo de ejecución debidos a conversiones de tipos fallidas.

- En sistemas grandes y complejos el polimorfismo se vuelve difícil de entender, y, en consecuencia, también de mantener. En cambio, los rasgos y los genéricos de Rust son más fáciles de comprender y mantener.

Conclusión

Figura 14.29. Programación Orientada a Objetos.

¿Soporta Rust el paradigma de la programación orientada a objetos?

- Rust no tiene clases, pero sí structs para instanciar entidades que encapsulen datos y operaciones y módulos para restringir su visibilidad.

- Rust carece de herencia, pero permite definir un conjunto de métodos que pueden ser implementados por diferentes tipos mediante el uso de traits.

- El polimorfismo se implementa gracias a los traits y a los genéricos, sin necesidad de recurrir a punteros ni a mecanismos para resolución de métodos en tiempo de ejecución.

- Y finalmente, las decisiones técnicas y de diseño de Rust cubren los problemas más comunes derivados de C y C++, a la vez que mantienen los principios de encapsulación, herencia y polimorfismo.

En consecuencia, ¿podemos afirmar que Rust soporta el paradigma de la programación orientada a objetos? Puede decirse que sí, aunque no de la forma tradicional que encontramos en otros lenguajes.

ADVERTENCIA:

¿Tienes otro criterio? ¡Podrías estar en lo cierto! La comunidad de programadores lleva años sin ponerse de acuerdo sobre ciertos temas relacionados con el paradigma de la programación orientada a objetos. Existen matices y puntos de vista diferentes, pero igualmente válidos. Sea como sea... ¿qué más da? Lo más importante es la gran variedad de opciones que el lenguaje ofrece para dar forma a tus proyectos.

Cargo

En este capítulo aprenderás:

- Qué es cargo, para qué sirve y cuáles son los comandos más frecuentes.
- Para qué sirve el manifiesto del proyecto.
- Qué es un crate, cuántos tipos existen y cuál es el beneficio del registro oficial de paquetes.
- Cómo trabajar con dependencias.

Introducción

Escribir código en Rust es mucho más que desarrollar software en un determinado lenguaje de programación. El lenguaje se complementa con un buen puñado de herramientas que facilitan el día a día de los desarrolladores y mejoran la productividad en los procesos de desarrollo (y que además, forman parte del conjunto de herramientas y bibliotecas que vienen incluidas con el lenguaje de programación). Una de estas herramientas es Cargo, y tiene tanto peso en el ecosistema de Rust que merece la pena dedicarle un capítulo completo.

Lleva a cabo tus compilaciones con tranquilidad

Cargo es la herramienta de construcción para Rust. Empaqueta todas las acciones comunes en un único comando. No necesitas repetir configuración.

Instala

Con decenas de miles de paquetes, es muy probable que tenga la solución que estás buscando. Apóyate sobre los hombros de gigantes y haz que tu equipo pase de la repetición a la innovación.

Prueba

Genera confianza en tu código a través de las excelentes herramientas de Rust para hacer pruebas. `cargo test` es la solución unificada de Rust para hacer pruebas. Escribe las pruebas junto a tu código, o en archivos separados: una solución para todas las necesidades de pruebas.

Despliega

`cargo build` crea binarios ajustados a cada plataforma. Con un solo comando tu código puede ser destinado a Windows, Linux, macOS, y la web. Todo es parte de una interfaz moderna, sin necesidad de archivos compilados específicos.

Figura 15.1. Sección sobre Cargo en la sección «Herramientas» de la web oficial de Rust.

Cargo es la herramienta por excelencia del ecosistema de Rust para gestionar paquetes y construir proyectos en Rust[1]. Se utiliza para todo tipo de desarrollos, desde lo más ligeros y de bajo nivel hasta los más complejos y pesados.

Su capacidad para gestionar dependencias y configurar compilaciones fácilmente lo hacen idóneo para desarrollos a muy bajo nivel. Y es que Cargo permite compilar librerías y binarios, ejecutar pruebas y gestionar dependencias incluso en contextos donde el control preciso sobre el rendimiento y el tamaño del binario es un factor crítico.

Por otro lado, para el desarrollo de scripts y otros proyectos pequeños, Cargo proporciona una configuración rápida y sencilla a través de su archivo de configuración Cargo.toml. En el caso de desarrollos más pesados y complejos, Cargo brilla con características potentes y herramientas robustas para la integración continua, pruebas automáticas, generación de documentación e incluso publicación de paquetes en el registro oficial de paquetes del lenguaje.

---

[1] Existen algunas alternativas que pueden ser útiles en ciertos contextos. Sin embargo, Cargo sigue siendo la herramienta de referencia gracias a su facilidad de uso y su integración completa con todo el ecosistema de Rust.

El ecosistema de Rust facilita el crecimiento de los proyectos a medida que ampliamos nuestro conocimiento, y Cargo se lleva gran parte del mérito. En este capítulo darás tus primeros pasos y establecerás las bases para construir proyectos de diversa índole con poco esfuerzo y de manera sencilla.

Entorno de desarrollo para trabajar con Cargo

Al comenzar la lectura de este libro tuviste la oportunidad de instalar Rust en tu equipo. Específicamente, en el capítulo 2 vimos cómo realizar la instalación de Rust a través de rustup, la herramienta oficial recomendada para instalar y gestionar las versiones del lenguaje, así como sus herramientas y componentes complementarios.

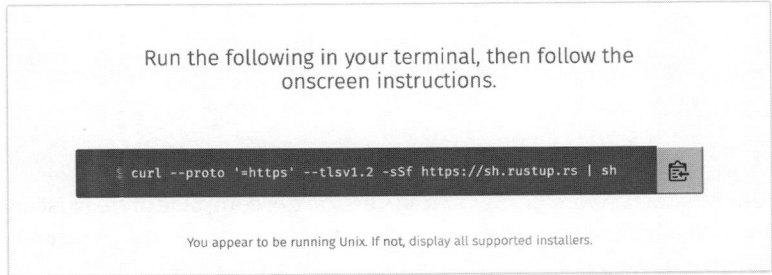

Figura 15.2. Instalación de Rust a través de rustup.

Aunque no eras consciente, este proceso también instaló Cargo en tu ordenador. Si ya hiciste los deberes, en estos momentos deberías tener Cargo configurado junto a Rust en tu sistema operativo.

Para verificar si Cargo está correctamente instalado, abre Símbolo del sistema o *PowerShell* en Windows, o bien la terminal si trabajas con sistemas operativos Unix. A continuación, ejecuta el comando cargo --version. Si la herramienta está bien instalada deberías ver una respuesta similar a la que te muestro a continuación, en la que puedes leer la versión de Cargo instalada.

```
● ● ●                     📋 eliezer — -zsh — 61×8
Last login: Mon Jul  1 19:13:17 on ttys000
eliezer@MacBook-Pro-M1-Pro ~ % cargo --version
cargo 1.73.0 (9c4383fb5 2023-08-26)
eliezer@MacBook-Pro-M1-Pro ~ % ▮
```

Figura 15.3. Ejecución del comando «cargo --version».

Si no te aparece un mensaje con la versión puede ser –principalmente– por dos razones:

1. No instalaste Rust a través de rustup.
2. Ha ocurrido algún tipo de error durante el proceso de instalación.

El primer punto se soluciona volviendo al capítulo 2 y siguiendo paso a paso las instrucciones de instalación. Para el segundo caso te sugiero realizar una nueva comprobación para saber si el lenguaje está correctamente instalado.

```
eliezer — -zsh — 61×8
eliezer@MacBook-Pro-M1-Pro ~ % rustc --version
rustc 1.73.0 (cc66ad468 2023-10-03)
eliezer@MacBook-Pro-M1-Pro ~ %
```

Figura 15.4. Ejecución del comando «rustc --version».

Ejecuta el comando rustc --version. Si ves una versión del compilador de Rust en la terminal entonces tienes Rust instalado, pero no Cargo. Se trata de un caso muy extraño, que si bien podría ocurrir no es habitual. Si esto ocurriera, ejecuta el comando rustup self uninstall para desinstalar Rust y vuelve a realizar una instalación limpia como ya te mostré.

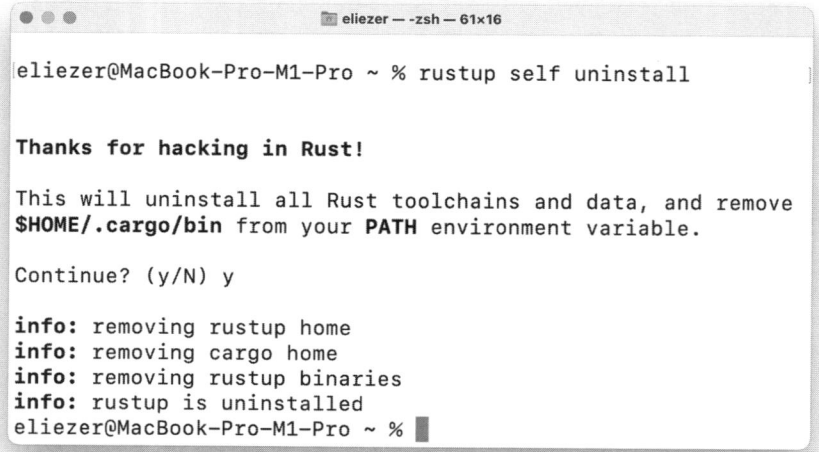

```
eliezer — -zsh — 61×16
eliezer@MacBook-Pro-M1-Pro ~ % rustup self uninstall


Thanks for hacking in Rust!

This will uninstall all Rust toolchains and data, and remove
$HOME/.cargo/bin from your PATH environment variable.

Continue? (y/N) y

info: removing rustup home
info: removing cargo home
info: removing rustup binaries
info: rustup is uninstalled
eliezer@MacBook-Pro-M1-Pro ~ %
```

Figura 15.5. Ejecución del comando «rustup self uninstall».

Si la versión de Rust no se muestra en pantalla, entonces parece que tu equipo no cuenta con ninguna de las herramientas necesitarías para trabajar con Rust. De nuevo, la solución pasa por volver al capítulo 2 de este libro.

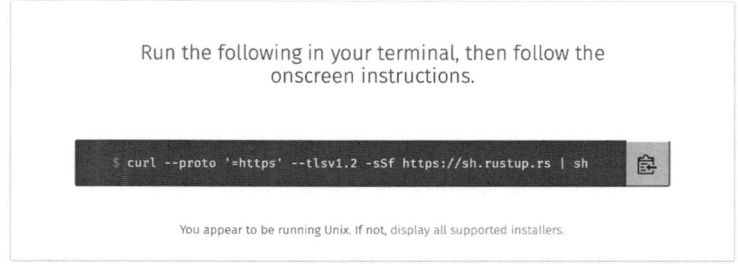

Figura 15.6. Instalación de Rust a través de rustup.

Rust Extension Pack

Si hasta ahora habías estado utilizando *Rust Playground* para la compilación y ejecución de los programas que hemos desarrollado en capítulos anteriores, debes saber que ya es momento de dar un salto de calidad a un entorno de desarrollo con más funcionalidades.

En el capítulo 2 de este libro te compartí paso a paso las instrucciones para instalar Visual Studio Code, así como algunas extensiones útiles. En este capítulo también te hablé ligeramente sobre *Rust Extension Pack*, un conjunto de extensiones diseñadas para facilitar el desarrollo de Rust dentro de Visual Studio Code.

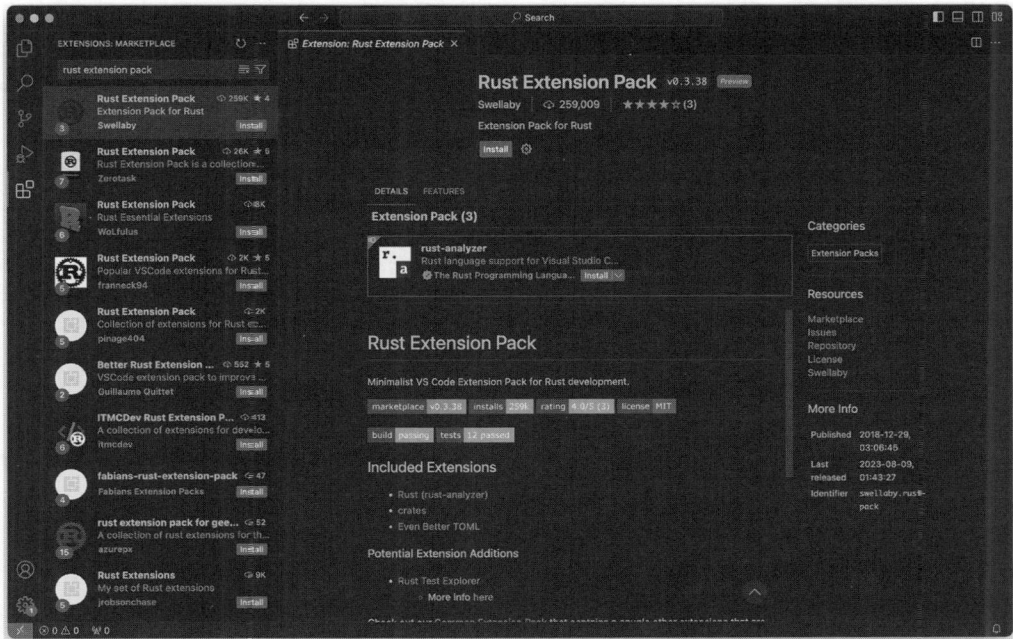

Figura 15.7. Rust Extension Pack en Visual Studio Code.

Si no instalaste *Rust Extension Pack* entonces, tómate ahora el tiempo de instalarlo.

Primer proyecto con Cargo

Hasta ahora habíamos estado compilando los programas implementados con el comando rustc en local, mediante la pulsación del icono de play ⌘ en Visual Studio Code o bien directamente a través de Rust Playground.

Figura 15.8. Extensión Code Runner en Visual Studio Code.

Todas estas opciones son compatibles con la compilación de archivos individuales, pero a la hora de trabajar con proyectos recurrimos a Cargo.

El icono de play ▶ *aparece en la interfaz de Visual Studio Code gracias a la extensión Code Runner. Si no lo ves, asegúrate de tener esta extensión correctamente instalada.*

Cargo permite realizar una gestión completa del ciclo de vida de un proyecto en Rust. La manera más fácil de comenzar a experimentar con cargo es mediante la creación de la estructura de un proyecto base. Para ello, dirígete al directorio en el que quieras crear tu primer proyecto y ejecuta el comando cargo new hola_mundo. Si quieres que tu proyecto reciba otro nombre, sustituye hola_mundo por el nombre que desees. Tras pulsar la tecla Enter, la terminal te devolverá un mensaje similar al que te muestro a continuación.

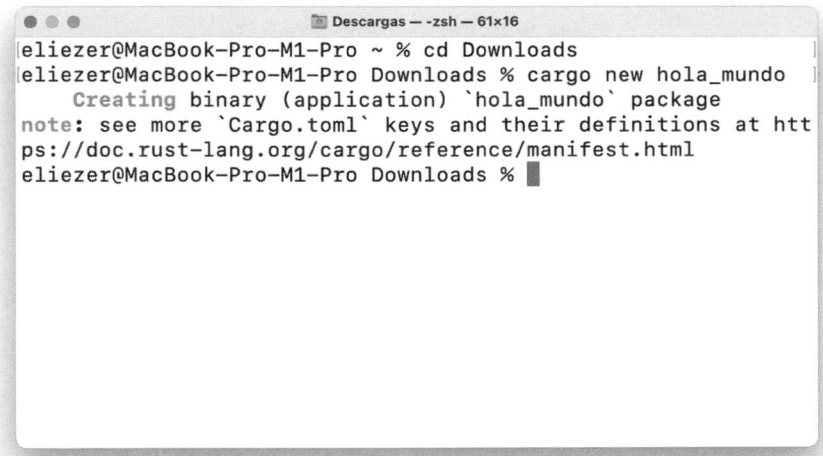

Figura 15.9. Ejecución del comando «cargo new hola_mundo».

Si te diriges al directorio en el que has ejecutado el comando encontrarás una nueva carpeta con el nombre que le has dado al proyecto, señal de que el proyecto ha sido creado con éxito.

Código fuente

Al acceder al interior del directorio del proyecto encontrarás una carpeta llamada src, donde encontrarás un primer archivo fuente creado (main.rs) y localizarás más adelante el resto de los archivos fuente de tu proyecto.

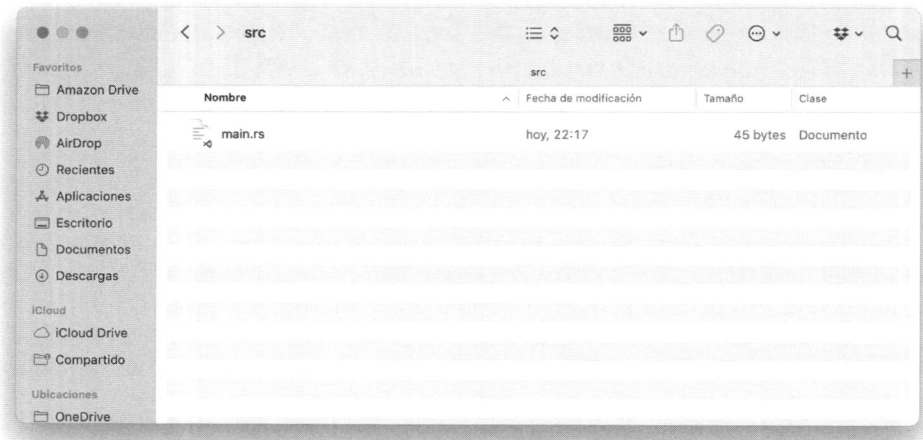

Figura 15.10. Directorio «src» en macOS.

La convención de utilizar src como directorio principal ayuda a distinguir claramente el código fuente de otros archivos del proyecto.

Como anécdota, debes saber que src proviene de la palabra fuente en inglés (*source*). Gracias a esta convención, muchas herramientas y editores de código fuente actuales que interactúan con proyectos de Rust pueden operar de manera más consciente y predecible, al asumir una estructura de proyecto estándar.

Dentro del archivo main.rs encontrarás un primer programa muy similar al que desarrollaste en el capítulo 3, y que muestra en pantalla el mensaje Hello, world!.

```
fn main(){

    println!("Hello, world!");

}
```

Compilación y ejecución del proyecto

La compilación del primer programa que implementaste en Rust la realizaste gracias al comando rustc, que lanza el compilador del lenguaje y transforma el código fuente en ejecutables o bibliotecas. A nivel de proyectos Cargo nos ofrece el comando cargo build. Desde la terminal, accede a la carpeta raíz del proyecto (hola_mundo) y ejecuta este comando.

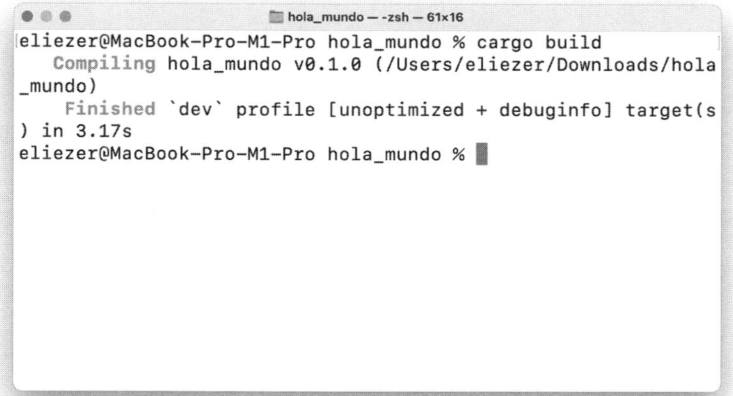

Figura 15.11. Ejecución del comando «cargo build».

cargo build compila el proyecto completo y genera los binarios[2] necesarios sin ejecutar el programa, tal y como hace rustc para archivos fuente individuales.

NOTA:

En realidad «cargo build» utiliza «rustc» internamente para la compilación de archivos fuente, pero proporciona una capa adicional de funcionalidad para la correcta combinación de estos archivos y la automatización de procesos de desarrollo que «rustc» no maneja directamente.

Para abrir tu proyecto compilado ejecuta el comando cargo run desde el interior de esta misma carpeta. Si no se han producido cambios desde la última compilación, verás que el mensaje Hello, world! se imprime en pantalla.

Para compilar y ejecutar el proyecto en un único paso, escribe el comando cargo run. Este comando tratará de compilar el proyecto, y si no encuentra ningún error, ejecutará directamente el programa compilado resultante.

Espera… ¿entonces el comando cargo run para qué sirve? ¿Para ejecutar, o para compilar y ejecutar en un único paso? En realidad, el comando cargo run evita el proceso de compilación (con el objetivo de ahorrar tiempo) siempre y cuando no se haya producido ningún cambio en el código desde la última compilación. En caso de que el código hubiera cambiado, el proyecto volverá a compilarse como paso previo a la ejecución.

---

[2] Un binario es un archivo que contiene código en un formato que puede ser ejecutado directamente por un ordenador.

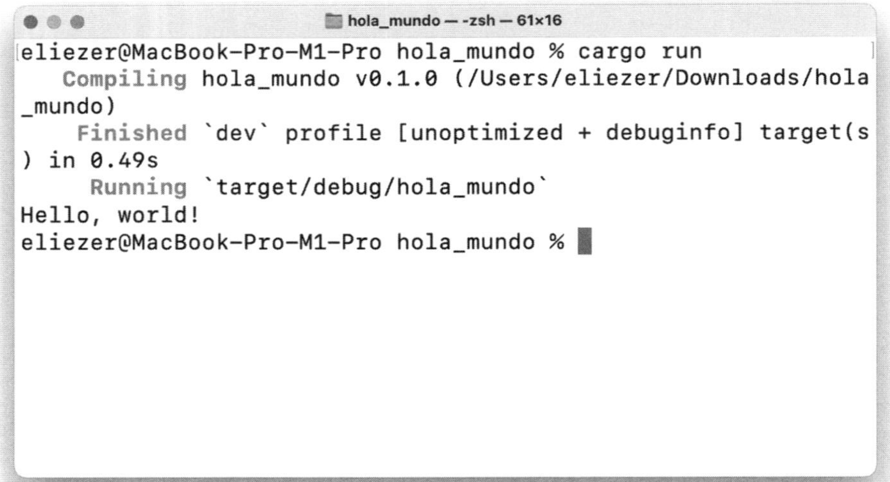

```
● ● ●              🖿 hola_mundo — -zsh — 61×16
[eliezer@MacBook-Pro-M1-Pro hola_mundo % cargo run       ]
    Compiling hola_mundo v0.1.0 (/Users/eliezer/Downloads/hola
_mundo)
    Finished `dev` profile [unoptimized + debuginfo] target(s
) in 0.49s
     Running `target/debug/hola_mundo`
Hello, world!
eliezer@MacBook-Pro-M1-Pro hola_mundo % ▋
```

Figura 15.12. Ejecución del comando «cargo run».

Eliminación de archivos generados durante la compilación

Durante el proceso de compilación con cargo, el compilador genera un programa final que el usuario puede ejecutar en la máquina para la cual el código se ha compilado.

ADVERTENCIA:

Alternativamente, el compilador puede producir una biblioteca que, como programadores, podemos incluir en otros proyectos.

También conocido como binario compilado, el programa final ejecutable no es el único archivo que el compilador genera. El proceso de compilación implica varias etapas (análisis léxico, análisis sintáctico, optimización, etc.) y el compilador genera archivos intermedios de compilación, así como dependencias[3] compiladas. Todos estos archivos se sitúan en el directorio target, creado durante el proceso de compilación en el interior del directorio del proyecto.

---

[3]   Una dependencia es una biblioteca externa o paquete de código que un proyecto necesita para funcionar correctamente. Sigue avanzando y unos párrafos más adelante encontrarás una sección dedicada a las dependencias.

Nombre
Cargo.lock
Cargo.toml
src
main.rs
target
CACHEDIR.TAG
debug

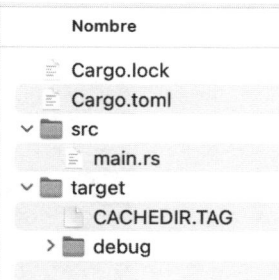

Figura 15.13. Estructura de archivos. Directorio «target».

Para eliminar todos los archivos generados durante la compilación en un proyecto Rust (y quedarte solo con la estructura del proyecto sin los ejecutables) te recomiendo utilizar el comando cargo clean. Este comando borra todos los archivos generados en la carpeta target (incluido el binario).

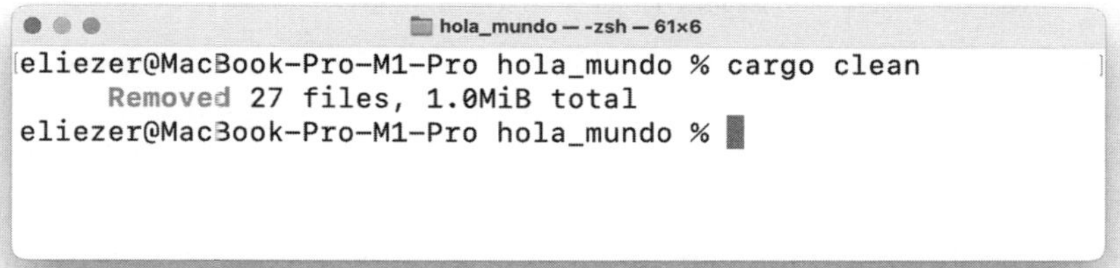

hola_mundo — -zsh — 61×6
eliezer@MacBook-Pro-M1-Pro hola_mundo % cargo clean
Removed 27 files, 1.0MiB total
eliezer@MacBook-Pro-M1-Pro hola_mundo %

Figura 15.14. Ejecución del comando «cargo clean».

Manifiesto

Cargo es el gestor de paquetes y compilación por excelencia para este lenguaje de programación, y con él podemos gestionar los diferentes aspectos necesarios para desarrollar un proyecto en Rust. Cuando creamos un proyecto de Rust, Cargo genera un archivo de configuración cargo.toml (comúnmente llamado Manifiesto) y lo sitúa en el directorio raíz del nuevo proyecto.

Este archivo utiliza el formato TOML para definir la configuración del proyecto. Este formato de archivo fue creado por Tom Preston-Werner (uno de los cofundadores de GitHub) en el año 2013, con la intención de proporcionar un mecanismo fácil y legible para los humanos de almacenar datos de configuración. El nombre que recibe este formato –TOML– es un acrónico de *Tom's Obvious, Minimal Language*, (el lenguaje mínimo y obvio de Tom) y hace referencia a su creador.

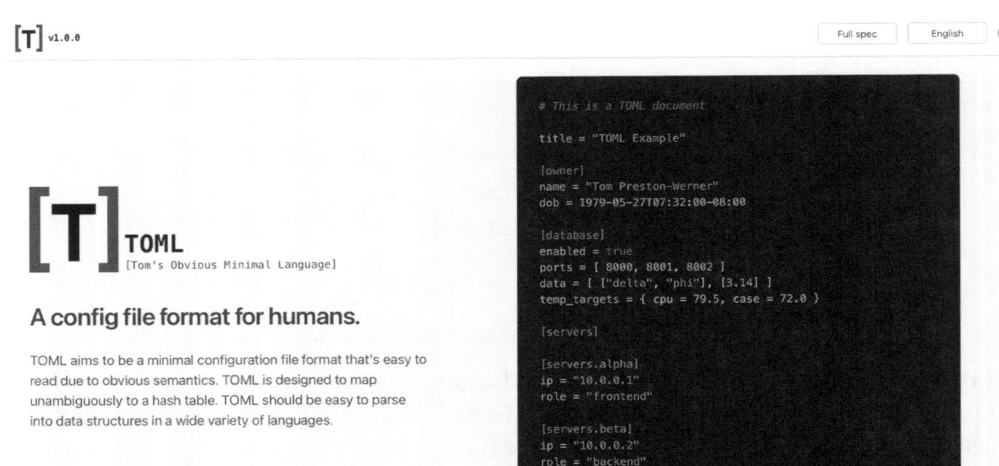

Figura 15.15. Sitio web toml.io.

Este formato mapea un diccionario de forma inequívoca. Sus elementos siguen una estructura clave = valor, donde la clave es un identificador único utilizado para acceder a un valor específico dentro del diccionario, y el valor es el dato asociado a una clave en el diccionario.

Al crear un proyecto por primera vez, este archivo contendrá una estructura similar a la que te muestro a continuación:

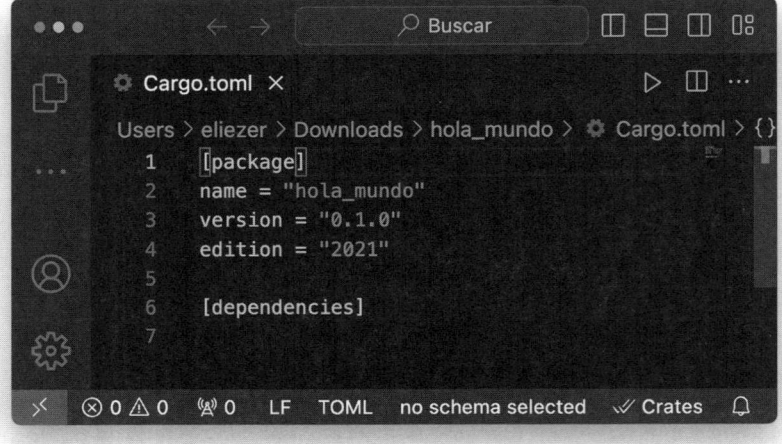

Figura 15.16. Contenido inicial del archivo cargo.toml.

Información del paquete

El término «paquete» (proveniente del término en inglés *package*) es una forma general de referirse a cualquier unidad de código que se puede distribuir y reutilizar, ya sea porque el paquete contenga una aplicación ejecutable, una biblioteca o ambas.

La sección [package] describe los metadatos de todo el paquete. Inicialmente, el archivo parte de las claves nombre (*name*), versión (*version*) y edición (*edition*), pero existen muchas más claves. A continuación, veremos esta y otras claves que debes conocer para dotar a tus proyectos de información relevante.

- *name*: por defecto, el campo *name* toma el nombre que le diste al proyecto al crearlo con el comando cargo new. Para cambiar el nombre del paquete, modifica la cadena de texto asociada como valor.

> **NOTA:**
>
> *Por defecto, el directorio raíz de tu proyecto también toma el nombre que le diste al proyecto con el comando «cargo new», sin embargo, el nombre del paquete no tiene por qué coincidir con el nombre de la carpeta de tu proyecto. Un cambio de nombre en el paquete no afecta a la compilación ni al funcionamiento del proyecto.*

- *version*: al crear un proyecto con el comando cargo new, el valor por defecto para este campo se establece en "0.1.0", y representa la versión actual del paquete. El campo *version* sigue el formato de versionado semántico SemVer (*Semantic Versioning*), que utiliza una secuencia de tres números separados por puntos, con la siguiente estructura: MAJOR.MINOR.PATCH.
  - MAJOR se incrementa cuando realizas cambios incompatibles con versiones anteriores. Por ejemplo, la versión 1.0.0 indica que se trata de la primera versión estable del paquete.
  - MINOR se incrementa cuando añades funcionalidad de forma retrocompatible. Una versión 1.1.0, por ejemplo, indicaría que se han agregado nuevas funcionalidades compatibles con versiones anteriores.
  - PATCH, finalmente, se incrementa cuando haces correcciones de errores de forma retrocompatible. Por ejemplo, la versión 1.1.1 indicaría corrección de errores en la versión 1.1.

  Este sistema de versionado toma protagonismo a la hora de trabajar en equipo, y adquiere especial relevancia a la hora de publicar tu código en el registro oficial de paquetes de Rust, del que hablaremos más adelante.

- *edition*: este campo especifica la edición de Rust que tu proyecto utiliza, permitiéndote aprovechar las funcionalidades de la edición indicada. Rust mantiene compatibilidad con ediciones anteriores, por lo que la edición que especifiques te permitirá sacar el máximo partido a las nuevas funcionalidades publicadas en dicha edición sin perder la compatibilidad del código existente en tu proyecto (y que quizá dependa de las características de ediciones anteriores).

La principal diferencia entre los campos «edition» y «version» es que «edition» especifica la edición del lenguaje Rust utilizada en el proyecto y «version» especifica la versión del paquete siguiendo el esquema de versionado semántico.

Dentro de un mismo proyecto, aunque generalmente utilizarás una sola edición, los módulos y dependencias internas pueden usar diferentes ediciones. Las más frecuentes hasta la fecha son las ediciones 2015, 2018 y 2021.

Cuando creas un nuevo proyecto con Cargo, el campo «edition» viene inicializado con el valor 2021. Sin embargo, si este campo no se incluye explícitamente, Cargo asumirá (a fecha de publicación de este libro) que tu proyecto utiliza la edición 2015 del lenguaje.

- *authors*: se trata de un campo opcional y se utiliza para especificar información sobre los autores del paquete, incluidos en una lista de cadenas. Cada cadena contiene información sobre un autor (generalmente nombre y dirección de correo electrónico).

```
[package]
name = "semillas_de_sesamo"
version = "0.1.0"
authors = ["Richard Hendricks <richard@hendricks.com>", "Peter Gregory <peter@gregory.com>"]
```

La dirección de correo electrónico debe estar entre ángulos de apertura y cierre.

- *description*: este campo se utiliza para proporcionar una breve descripción del proyecto o paquete. Es útil para otras personas que quieran entender rápidamente de qué trata el proyecto, especialmente cuando el código se publica en el registro oficial de paquetes de Rust. Simplemente, escribe una cadena de texto con la información a destacar.

El campo «description» debe resumir de manera efectiva el propósito y funcionalidad principal del proyecto. Intenta no incluir detalles técnicos complejos o explicaciones largas. Utiliza un lenguaje profesional y adecuado para el público objetivo del proyecto, y utiliza un estilo de redacción consistente con el resto de la documentación del proyecto.

```
[package]
name = "gestor_empleados"
version = "0.1.0"
authors = ["Eliezer López <contacto@eliezerlopez.com>"]
description = "Programa para gestionar empleados en una empresa.
Incluye la creación, actualización, y eliminación de registros de
empleados."
```

Este campo proporciona un punto de partida para entender el proyecto, y complementa la documentación más detallada que puede estar disponible en el repositorio del proyecto o en el registro oficial de paquetes de Rust en caso de publicación.

- *license*: este campo es esencial para declarar los términos de uso de tu proyecto, al proporcionar claridad legal y asegurar que otros desarrolladores y usuarios sepan cómo pueden utilizarlo. La correcta especificación de la licencia facilita la colaboración y distribución del proyecto dentro de la comunidad de Rust. Algunas de las licencias más comunes y sus correspondientes identificadores son *Apache License 2.0* (`"Apache-2.0"`), *BSD 3-Clause License* (`"BSD-3-Clause"`), *GNU General Public License v3.0* (`"GPL-3.0"`), MIT (`"MIT"`) y *Mozilla Public License 2.0* (`"MPL-2.0"`).

Si tu proyecto está disponible bajo múltiples licencias, puedes especificarlas utilizando el operador OR. Por ejemplo, license = «Apache-2.0 OR MIT».

Además del campo `license`, también puedes utilizar el campo `license-file` para especificar la ruta a un archivo de licencia en el proyecto, útil cuando necesitas incluir un archivo de licencia personalizado.

```
[package]
name = "gestor_empleados"
version = "0.1.0"
authors = ["Eliezer López <contacto@eliezerlopez.com>"]
```

```
description = "Programa para gestionar empleados en una empresa.
Incluye la creación, actualización, y eliminación de registros de
empleados."
license-file = "LICENSE.txt"
```

- *homepage*: campo opcional que especifica la dirección web de la página principal del proyecto, donde los usuarios pueden encontrar más información, documentación, noticias y otros recursos relacionados. Se trata de una cadena de texto que contiene una URL que debe ser válida y accesible. Por ejemplo, algunas soluciones a los ejercicios de este libro estarán disponibles en eliezerlopez. rs, una web en la que encontrarás recursos sobre Rust en general, e información complementaria a este libro en particular. Un ejemplo de manifiesto de alguno de los ejercicios de este libro quedaría de la siguiente forma:

```
[package]
name = "gestor_de_empleados"
version = "0.1.0"
authors = ["Eliezer López <contacto@eliezerlopez.com>"]
description = "Programa para gestionar empleados en una empresa.
Incluye la creación, actualización, y eliminación de registros de
empleados."
homepage = "https://eliezerlopez.rs"
```

- **repository:** este campo es similar al anterior, y se utiliza para indicar la ubicación del repositorio de código fuente del proyecto. De este modo, los usuarios pueden encontrar y acceder al código fuente, colaborar en su desarrollo y contribuir con mejoras o correcciones.

```
[package]
name = "gestor_de_empleados"
version = "0.1.0"
authors = ["Eliezer López <contacto@eliezerlopez.com>"]
description = "Programa para gestionar empleados en una empresa.
Incluye la creación, actualización, y eliminación de registros de
empleados."
homepage = "https://eliezerlopez.rs"
repository = "https://github.com/eliezerlopez/mi-rust-ejercicios"
```

- *documentation:* se utiliza para proporcionar la URL a la documentación del proyecto, donde los usuarios pueden encontrar información completa y detallada sobre cómo utilizar el proyecto. Si bien podrías verte tentado a incluir en este campo la ruta local al archivo donde tu proyecto se encuentra documentado, se trata de una práctica no recomendable ni útil en la mayoría de los casos. El campo *documentation* adquiere relevancia cuando la documentación se ofrece de forma pública. Algunos servicios para publicar la documentación generada son *Read the Docs, GitHub Pages* o *docs.rs*, un servicio web que genera y aloja automáticamente la documentación de los paquetes publicados en el registro oficial de Rust.

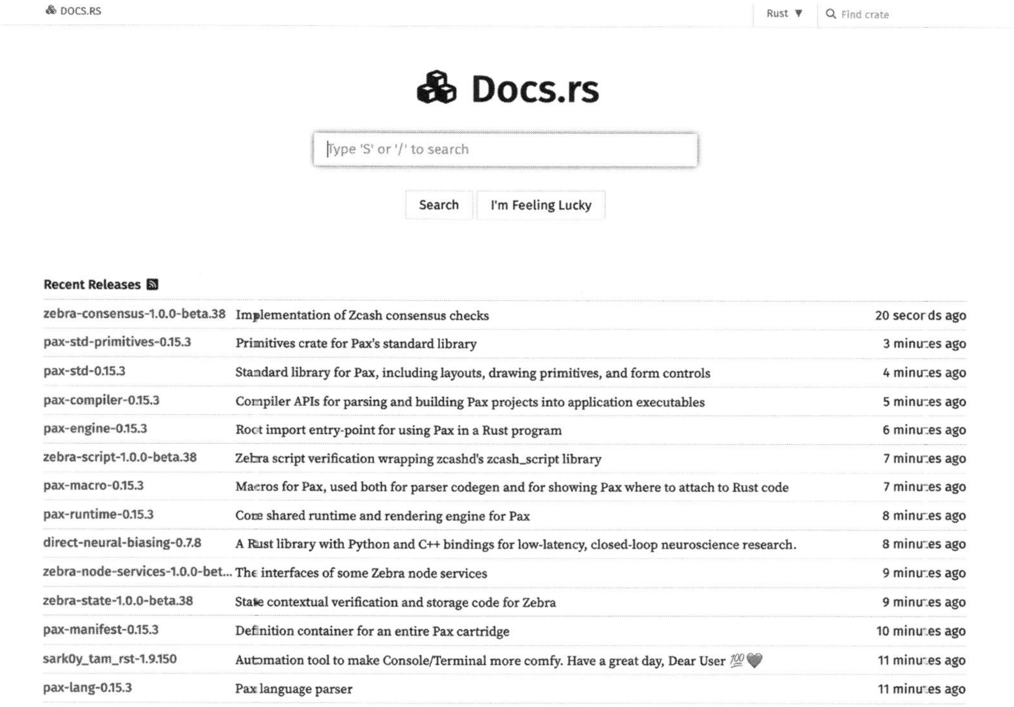

Figura 15.17. Sitio web docs.rs.

Un ejemplo de documentación pública alojada en docs.rs es la documentación de `chrono`, una de las bibliotecas más conocidas en Rust y que proporciona funcionalidades para trabajar con fechas y tiempos.

Dentro del manifiesto, añadimos el campo como una línea más en el diccionario:

```
documentation = "https://docs.rs/chrono/latest/chrono/"
```

Al hacer clic, accederás a una web con una estructura similar a esta:

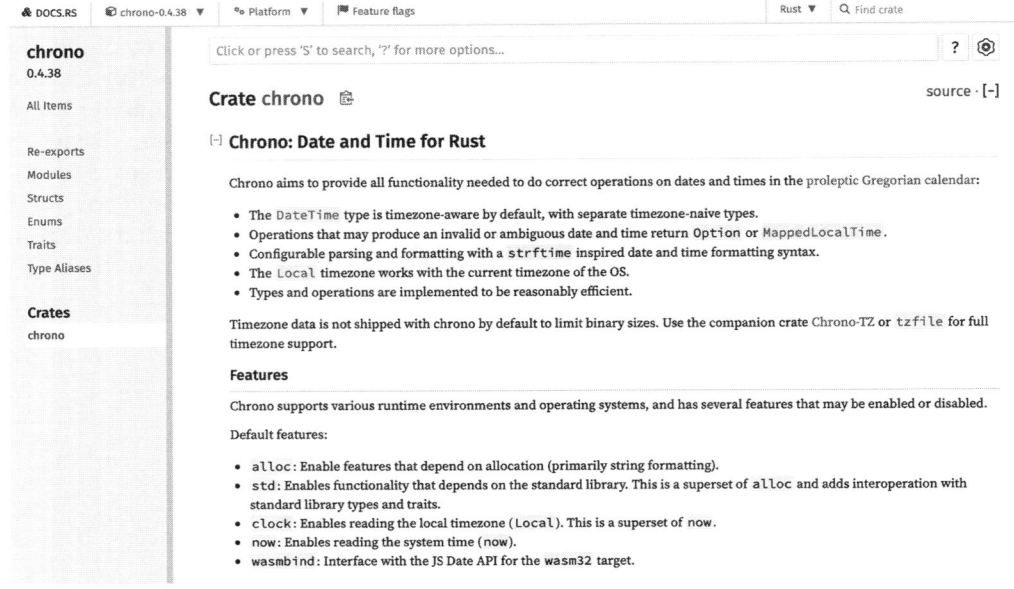

Figura 15.18. Documentación del crate chrono.

- *readme*: este campo se utiliza para indicar la ubicación el archivo README del proyecto. Este archivo –escrito en formato *markdown* (md)– proporciona una introducción al proyecto, información sobre cómo instalarlo y utilizar, ejemplos de código y otra documentación relevante.

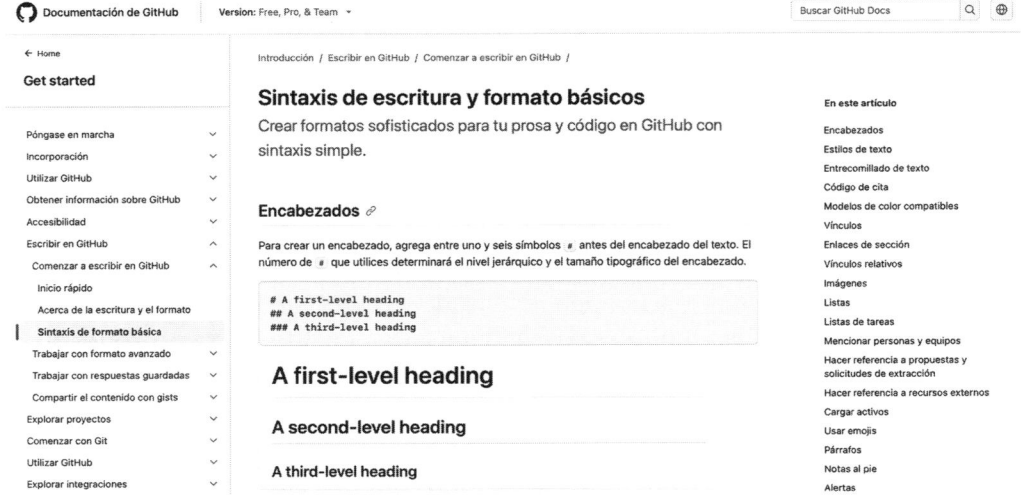

Figura 15.19. Sintaxis de escritura y formatos básicos para markdown proporcionados en la documentación oficial de GitHub.

Si el archivo se encuentra en el directorio raíz del proyecto, basta con escribir su nombre en la cadena de texto.

```
[package]
name = "gestor_de_empleados"
version = "0.1.0"
authors = ["Eliezer López <contacto@eliezerlopez.com>"]
description = "Programa para gestionar empleados en una empresa.
Incluye la creación, actualización, y eliminación de registros de
empleados."
homepage = "https://eliezerlopez.rs"
repository = "https://github.com/eliezerlopez/mi-rust-ejercicios"
readme = "README.md"
```

- *keywords*: publicar un paquete en el registro oficial de Rust conlleva convivir con otros muchos que ya se encuentran a disposición de los desarrolladores. Este registro oficial (del que hablaremos más adelante) contiene casi 150 000 paquetes en el momento en el que se escriben estas líneas, y es probable que cuando tú leas este libro esta cifra haya sido superada. El campo keywords se utiliza para añadir una serie de términos relevantes que describen el propósito, funcionalidad o dominio de tu proyecto para mejorar su descubrimiento. Coloca un listado de cadenas de caracteres con las palabras que mejor representen a tu proyecto.

```
[package]
name = "gestor_de_empleados"
version = "0.1.0"
authors = ["Eliezer López <contacto@eliezerlopez.com>"]
description = "Programa para gestionar empleados en una empresa.
Incluye la creación, actualización, y eliminación de registros de
empleados."
homepage = "https://eliezerlopez.rs"
repository = "https://github.com/eliezerlopez/mi-rust-ejercicios"
readme = "README.md"
keywords = ["empleados", "gestión", "recursos humanos", "RRHH",
"administración", "sistema", "registro"]
```

Estos términos ayudan a clasificar el paquete en categorías temáticas y mejoran la optimización en motores de búsqueda dentro del registro oficial de Rust.

TRUCO:

Utiliza palabras clave específicas en lugar de términos generales, y elige una cantidad razonable de términos. Lo más común es elegir entre 3 y 7 palabras: demasiadas pueden ser contraproducentes y provocar que el paquete sea considerado como spam tras su publicación (el detector de spam funciona analizando las palabras clave que proporcionas para describir tu crate).

- *categories:* este campo también está destinado principalmente a la publicación de paquetes en el registro oficial. Recuerda que Rust promueve en todo momento la reutilización de código, así que es normal encontrar mecanismos en el ecosistema Rust que faciliten y promuevan esta labor. El campo *categories* se utiliza para asignar el paquete a una o más categorías predefinidas en el registro oficial, ayudando a los usuarios a encontrar paquetes relacionados con áreas específicas de interés o funcionalidad.

Por ejemplo, si nuestro gestor de empleados destaca por implementar funcionalidades adaptadas a personas con algún tipo de discapacidad, entonces la categoría *accessibility* debería ser considerada.[4]

```
[package]
name = "gestor_de_empleados"
version = "0.1.0"
authors = ["Eliezer López <contacto@eliezerlopez.com>"]
description = "Programa para gestionar empleados en una empresa.
Incluye la creación, actualización, y eliminación de registros de
empleados."
homepage = "https://eliezerlopez.rs"
repository = "https://github.com/eliezerlopez/mi-rust-ejercicios"
readme = "README.md"
keywords = ["empleados", "gestión", "recursos humanos", "RRHH",
"administración", "sistema", "registro"]
categories = ["accessibility"]
```

Dependencias

La sección [dependencies] se utiliza para gestionar las dependencias de un proyecto. En el contexto de Rust, una dependencia es un paquete o librería externa que tu proyecto necesita para funcionar correctamente.

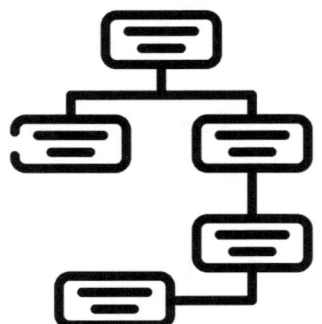

Figura 15.20. Dependencias (ilustración).

---

[4] Encuentra el listado completo de categorías en crates.io/categories.

Un proyecto carece de dependencias en el momento de su creación. Conforme el equipo de desarrollo comienza con la implementación de nuevas funcionalidades, tiene sentido aprovechar el código ya implementado por la comunidad de desarrolladores de Rust para mejorar la productividad y la fiabilidad.[5] Por este motivo el manifiesto cuenta con una sección [dependencies], inicialmente vacía pero lista para comenzar a almacenar dependencias.

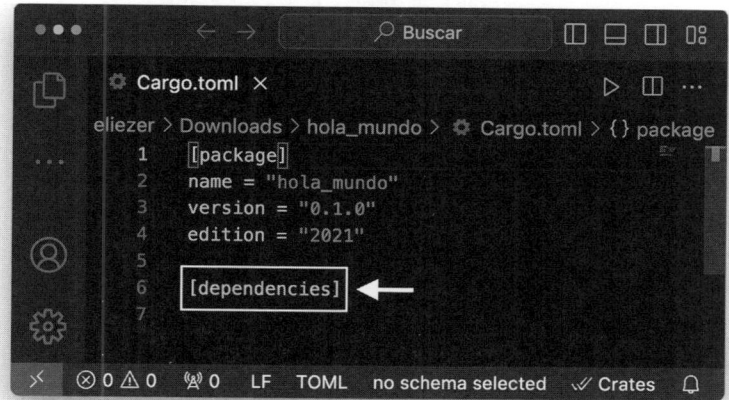

Figura 15.21. Sección [dependencies] en cargo.toml.

Por ejemplo, si nuestro gestor de empleados utiliza chrono para modelar correctamente el día del mes en el que un empleado o empleada recibe su nómina, nuestro programa contará con una dependencia de chrono para su correcto funcionamiento.

Para añadir una dependencia de chrono, inserta una nueva línea en la sección [dependencies] por cada dependencia que tu proyecto tenga (como clave), y añade la versión exacta que necesitas (como valor).[6]

```
[package]
name = "gestor_de_empleados"
version = "0.1.0"
authors = ["Eliezer López <contacto@eliezerlopez.com>"]
description = "Programa para gestionar empleados en una empresa. Incluye
la creación, actualización, y eliminación de registros de empleados."
homepage = "https://eliezerlopez.rs"
repository = "https://github.com/eliezerlopez/mi-rust-ejercicios"
readme = "README.md"
keywords = ["empleados", "gestión", "recursos humanos", 'RRHH',
"administración", "sistema", "registro"]

[dependencies]
chrono = "0.4"
```

---

5 Los paquetes publicados, al estar más expuestos, tienden a estar más y mejor probados.

6 Aprenderás cómo obtener la versión más adelante.

Después de guardar los cambios realizados en el archivo Cargo.toml, es de vital importancia que ejecutes el comando cargo fetch desde la terminal, situándote en el directorio raíz de tu proyecto.

```
Updating crates.io index
Locking 35 packages to latest compatible versions
Adding windows-core v0.52.0 (latest: v0.57.0)
Downloaded windows-targets v0.52.5
Downloaded wasm-bindgen-macro v0.2.92
Downloaded android_system_properties v0.1.5
Downloaded wasm-bindgen-shared v0.2.92
Downloaded iana-time-zone-haiku v0.1.2
Downloaded cfg-if v1.0.0
Downloaded android-tzdata v0.1.1
Downloaded wasm-bindgen-macro-support v0.2.92
Downloaded once_cell v1.19.0
Downloaded quote v1.0.36
Downloaded iana-time-zone v0.1.60
Downloaded core-foundation-sys v0.8.6
Downloaded autocfg v1.3.0
Downloaded wasm-bindgen-backend v0.2.92
Downloaded windows-core v0.52.0
Downloaded num-traits v0.2.19
Downloaded log v0.4.22
Downloaded chrono v0.4.38
Downloaded proc-macro2 v1.0.86
Downloaded unicode-ident v1.0.12
Downloaded bumpalo v3.16.0
Downloaded js-sys v0.3.69
Downloaded cc v1.0.104
Downloaded wasm-bindgen v0.2.92
Downloaded syn v2.0.68
Downloaded windows_aarch64_gnullvm v0.52.5
Downloaded windows_x86_64_gnullvm v0.52.5
Downloaded windows_i686_gnullvm v0.52.5
Downloaded libc v0.2.155
Downloaded windows_i686_gnu v0.52.5
Downloaded windows_x86_64_msvc v0.52.5
Downloaded windows_aarch64_msvc v0.52.5
Downloaded windows_x86_64_gnu v0.52.5
Downloaded windows_i686_msvc v0.52.5
Downloaded 34 crates (7.7 MB) in 0.97s
eliezer@MacBook-Pro-M1-Pro hola_mundo %
```

Figura 15.22. Ejecución del comando «cargo fetch».

Este comando descargará las dependencias, y asegurará que todas las dependencias estén disponibles para una compilación futura (ver figura 15.22). De este modo (al contar con las dependencias ya descargadas) evitas futuros problemas de compilación si falla la conexión a internet.

El comando cargo fetch almacena las dependencias descargadas en la caché de Cargo, ubicada generalmente en $HOME/.cargo/registry y $HOME/.cargo/git.

Si quieres descargar las dependencias y compilar inmediatamente, entonces debes saber que el comando cargo build también descargará las dependencias antes de compilar. No obstante, mi recomendación es que realices la descarga y el compilado en dos pasos diferentes: cargo fetch te devolverá un mensaje claro de error si falla la red, y cargo build mostrará únicamente errores de compilación si el proceso de compilación falla.

```
● ● ●                    📁 hola_mundo — -zsh — 61×25
[eliezer@MacBook-Pro-M1-Pro hola_mundo % cargo fetch
     Updating crates.io index
warning: spurious network error (3 tries remaining): [6] Coul
dn't resolve host name (Could not resolve host: index.crates.
io)
warning: spurious network error (2 tries remaining): [6] Coul
dn't resolve host name (Could not resolve host: index.crates.
io)
warning: spurious network error (1 tries remaining): [6] Coul
dn't resolve host name (Could not resolve host: index.crates.
io)
error: failed to get `chrono` as a dependency of package `hol
a_mundo v0.1.0 (/Users/eliezer/Downloads/hola_mundo)`

Caused by:
  download of config.json failed

Caused by:
  failed to download from `https://index.crates.io/config.jso
n`

Caused by:
  [6] Couldn't resolve host name (Could not resolve host: ind
ex.crates.io)
eliezer@MacBook-Pro-M1-Pro hola_mundo % █
```

Figura 15.23. Ejecución del comando «cargo fetch» interrumpida por un fallo en la red.

Si en el futuro necesitas actualizar la versión de chrono, simplemente cambia la versión en el archivo Cargo.toml y vuelve a ejecutar cargo build. Por ejemplo, para actualizar a la versión 0.5:

```
[dependencies]
chrono = "0.5"
```

En el momento de escribir estas líneas la versión 0.5 de chrono no existe. Quizá mientras tú las lees, el crate ya ha publicado nuevas versiones.

El comando cargo update también elimina dependencias. Simplemente borra la línea `chrono = "0.4"` de la sección `[dependencies]` del manifiesto, y ejecuta el comando cargo update. Los archivos correspondientes a las dependencias eliminadas son inmediatamente eliminados.

```
eliezer@MacBook-Pro-M1-Pro hola_mundo % cargo update
        Locking 0 packages to latest compatible versions
       Removing android-tzdata v0.1.1
       Removing android_system_properties v0.1.5
       Removing autocfg v1.3.0
       Removing bumpalo v3.16.0
       Removing cc v1.0.104
       Removing cfg-if v1.0.0
       Removing chrono v0.4.38
       Removing core-foundation-sys v0.8.6
       Removing iana-time-zone v0.1.60
       Removing iana-time-zone-haiku v0.1.2
       Removing js-sys v0.3.69
       Removing libc v0.2.155
       Removing log v0.4.22
       Removing num-traits v0.2.19
       Removing once_cell v1.19.0
       Removing proc-macro2 v1.0.86
       Removing quote v1.0.36
       Removing syn v2.0.68
       Removing unicode-ident v1.0.12
       Removing wasm-bindgen v0.2.92
       Removing wasm-bindgen-backend v0.2.92
       Removing wasm-bindgen-macro v0.2.92
       Removing wasm-bindgen-macro-support v0.2.92
       Removing wasm-bindgen-shared v0.2.92
       Removing windows-core v0.52.0
       Removing windows-targets v0.52.5
       Removing windows_aarch64_gnullvm v0.52.5
       Removing windows_aarch64_msvc v0.52.5
       Removing windows_i686_gnu v0.52.5
       Removing windows_i686_gnullvm v0.52.5
       Removing windows_i686_msvc v0.52.5
       Removing windows_x86_64_gnu v0.52.5
       Removing windows_x86_64_gnullvm v0.52.5
       Removing windows_x86_64_msvc v0.52.5
eliezer@MacBook-Pro-M1-Pro hola_mundo %
```

Figura 15.24. Ejecución del comando «cargo update».

El registro oficial de paquetes de Rust

Los paquetes de software desarrollados en el lenguaje de programación Rust reciben el nombre de crates. El registro oficial de paquetes de Rust se encuentra alojado bajo el dominio crates.io, una plataforma integral para la gestión, publicación y descubrimiento de crates.

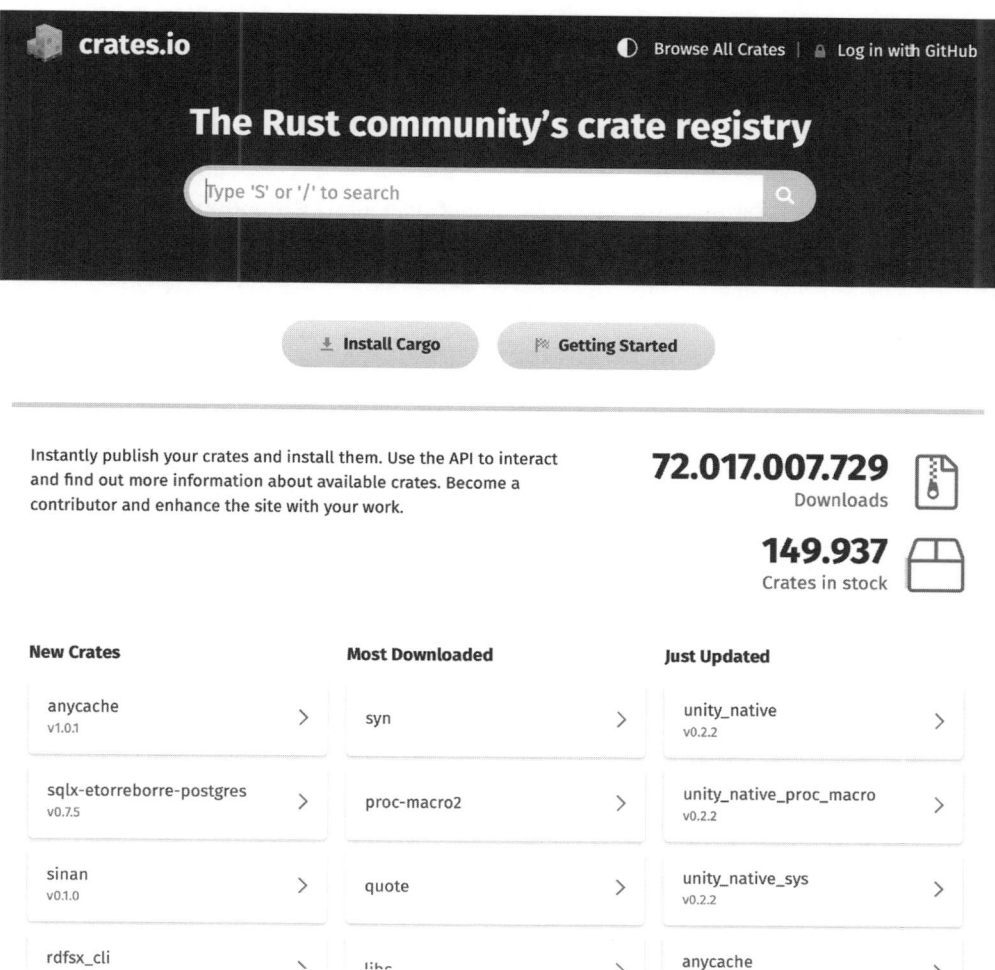

Figura 15.25. Página principal de crates.io.

Crates.io proporciona una infraestructura crucial para los desarrolladores que trabajan con Rust, facilitando la distribución y el uso de bibliotecas de terceros.

Tipos de crates

Un crate es una unidad de compilación y distribución de código. Promueven la reutilización de código y permiten la modularidad en los desarrollos Existen principalmente dos tipos de crates: binario y de biblioteca.

Crate binario

Un crate binario es un programa ejecutable independiente. Sin más. Cada proyecto creado con Cargo donde dispones de un archivo principal main.rs con la función `main()` como punto de entrada del programa es un crate binario en potencia. Estos crates pueden depender de otros crates (o bibliotecas) para extender sus funcionalidades.

Por ejemplo, crea un programa con cargo new llamado generador_de_nombres_de_usuario, e incluye en la función principal `main()` un código que lea por teclado tu nombre de usuario y a continuación lo muestre en pantalla.

```
use std::io::{self, Write};

fn main() {
    let mut nombre_de_usuario = String::new();

    print!("Por favor, introduce tu nombre de usuario: ");
    io::stdout().flush().unwrap();

    io::stdin()
        .read_line(&mut nombre_de_usuario)
        .expect("Error al leer la entrada");

    let nombre_de_usuario = nombre_de_usuario.trim();

    println!("Hola, {}!", nombre_de_usuario);
}
```

NOTA:

El sombreado (o shadowing) ayuda a poner el foco en los datos más que en su tipo, a la vez que permite una manipulación más intuitiva y directa de la información. Gracias a la inferencia de tipos y al sombreado puedes reutilizar el mismo identificador una y otra vez, de forma segura, sin incurrir en problemas comunes ocasionados en lenguajes débilmente tipados.

Este paquete contiene una función principal, de modo que obtendrás un crate binario tras compilar con el comando `cargo build`, y que podrás localizar como ejecutable de Unix en la carpeta target.

ADVERTENCIA:

El ejecutable se encuentra en el interior de una subcarpeta cuyo nombre varía en función del modo en el que se compila. La carpeta debug corresponde al modo depuración y la carpeta release corresponde a la preparación del proyecto para ponerlo en producción. Si el programa tiene algún tipo de dependencia dinámica, existen archivos de configuración o recursos que se utilicen como imágenes o ficheros, es posible que el ejecutable venga acompañado de estos otros archivos necesarios para su funcionamiento.

Al ejecutar el programa obtenido deberías obtener una salida similar a la que te muestro a continuación.

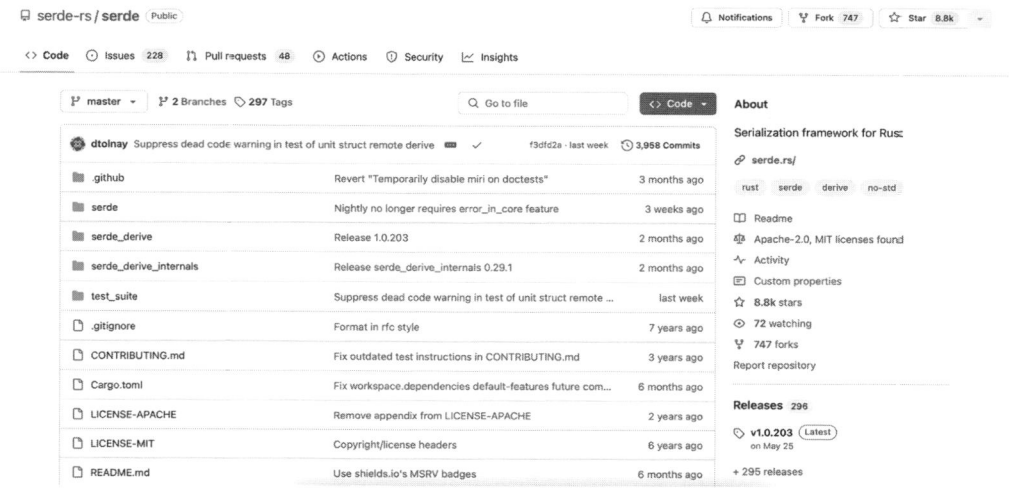

```
● ● ●        📁 generador_de_nombres_de_usuario — -zsh — 74×8

eliezer@MacBook-Pro-M1-Pro generador_de_nombres_de_usuario % cargo run
    Finished `dev` profile [unoptimized + debuginfo] target(s) in 0.00s
     Running `target/debug/generador_de_nombres_de_usuario`
Por favor, introduce tu nombre de usuario: @EliezerLopez
Hola, @EliezerLopez!
eliezer@MacBook-Pro-M1-Pro generador_de_nombres_de_usuario %
```

Figura 15.26. Salida esperada: saludo personalizado.

Crate de biblioteca

Un crate de biblioteca se diferencia principalmente del crate binario en que no es ejecutable por sí mismo. Carece de función principal al no necesitar un punto de entrada, y por ende, también carece del archivo main.rs. En su lugar incorpora lib.rs (*library*), un archivo que define los módulos[7], funciones y estructuras que expone, y que pueden ser utilizados por otros programas o crates.

Por ejemplo, serde[8] es una biblioteca ampliamente utilizada para la serialización y deserialización de datos. No es un programa que pueda ejecutarse con independencia, sino un conjunto de estructuras, funciones y módulos que sirve de soporte para la serialización y deserialización en programas o crates existentes.

Figura 15.27. Repositorio en GitHub de «serde».

---

[7] Más sobre módulos en el capítulo 17.

[8] Abreviatura de *Serialization and Deserialization* (Serialización y Deserialización)

Serializar es simplemente convertir una estructura de datos a un formato que puede ser almacenado o transmitido. Por ejemplo, imagina que dispones de información de un empleado que necesitas exponer en una API para que otra aplicación pueda acceder a ella. serde permite serializar la estructura a JSON (por ejemplo) y más tarde obtener esa información deserializada y volverla a componer.

A continuación, te dejo un programa que utiliza serde para serializar y deserializar la información de una empleada de una interesante empresa. ¿Te atreves a crear un proyecto, compilarlo y probar el programa?

```
1  use serde::{Serialize, Deserialize};
2
3  #[derive(Serialize, Deserialize, Debug)]
4  struct Empleado {
5      nombre: String,
6      edad: u8,
7      gestiona_equipos: bool,
8  }
9
10 fn main() {
11
12     let empleado = Empleado {
13         nombre: String::from("Jen Barber"),
14         edad: 30,
15         gestiona_equipos: false,
16     };
17
18     // Serialización a JSON
19     let serializado = serde_json::to_string(&empleado).unwrap();
20     println!("Serializado: {}", serializado);
21
22     // Deserialización de JSON
23     let deserializado: Empleado =
```

```
                        serde_json::from_str(&serializado).unwrap();
    println!("Deserializado: {:?}", deserializado);
}
```

ADVERTENCIA:

Para que el proyecto compile necesitarás incluir las dependencias en el archivo cargo.toml. *Si aún no tienes conocimientos suficientes no te preocupes, más tarde te contaré cómo hacerlo. Mientras tanto, puedes crear el proyecto en tu equipo para sentar la base, y probar el programa desde Rust Playground.*

Si quieres una ayuda extra para ejecutar el programa en local, incluye estas líneas en el manifiesto, descarga las dependencias, compila y ejecuta.

```
[dependencias]
serde = { version = "1.0", features = ["derive"] }
serde_json = "1.0"
```

Este programa debe producir una salida similar a la que te muestro a continuación.

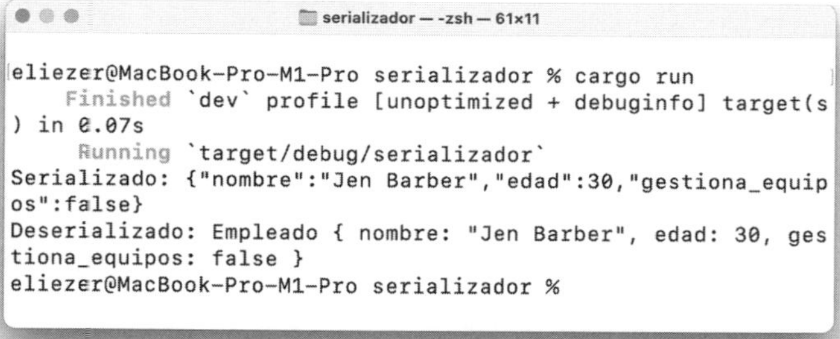

Figura 15.28. Variable de tipo «Empleado» serializada y deserializada.

Introducción a la distribución de crates

Cargo está estrechamente integrado con Crates.io y el manifiesto es un claro ejemplo de ello. Muchos de los campos de la sección `[package]` mencionados anteriormente forman parte de la información que se publica sobre el crate en el registro oficial del lenguaje.

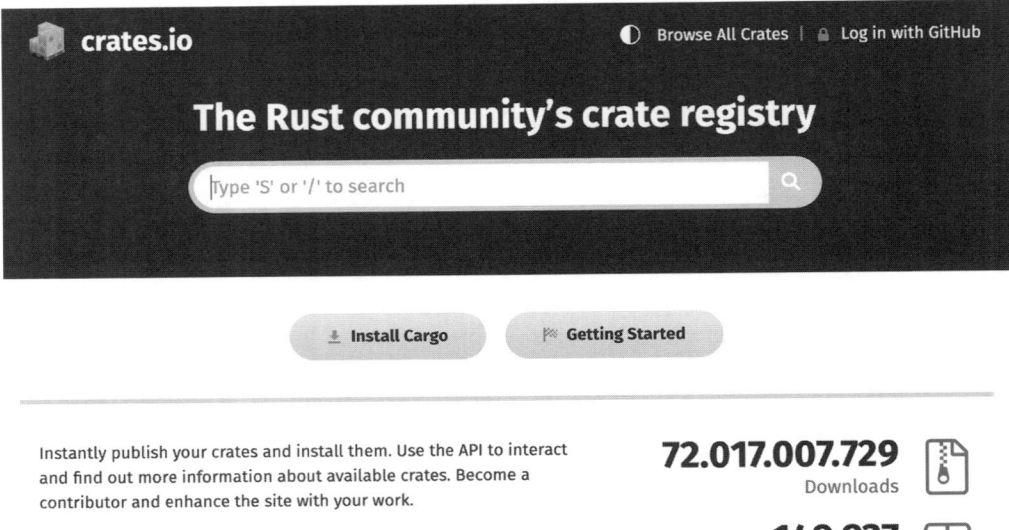

Figura 15.29. crates.io (registro oficial de paquetes).

Por ejemplo, al acceder a la página oficial del crate Rand[9] en Crates.io (librería para que ya hemos utilizado para generar números aleatorios), rápidamente encontrarás las secciones *Homepage*, *Documentation*, *Repository*, *Owners* y *Categories* en la columna de la derecha (figura 15.30).

¿Te resultan familiares estos campos? ¡Efectivamente! Se tratan de los metadatos incorporados en el archivo Cargo.toml.

Cabe destacar que si bien la preparación de crates para su aporte a la comunidad se escapa del alcance de este libro, conforme avances en la lectura de los próximos capítulos te formarás en una buena parte del conocimiento necesario para la publicación de paquetes en el registro oficial. Cuando menos te lo esperes echarás la vista atrás, «conectarás los puntos»[10] y estarás a pocos pasos de realizar tu primera contribución a la comunidad de *rustáceans*.[11]

---

9 Página oficial del paquete en Crates.io: crates.io/crates/rand

10 Jobs, S. (2005, June 12). 'You've got to find what you love,' Jobs says. Discurso en the Stanford Commencement Address, Stanford University. news.stanford.edu/2005/06/14/jobs-061505/

11 Muchos programadores de Rust se llaman a sí mismos *rustáceans*, un juego de palabras amistoso que deriva de «*Rust*» y «*Crustacean*» (crustáceo en inglés).

Rand

`Tests` `passing` `crates.io` `v0.9.0-alpha.1` `book` `master` `api` `master` `docs` `passing`
`rustc` `1.36+`

A Rust library for random number generation, featuring:

- Easy random value generation and usage via the `Rng` , `SliceRandom` and `IteratorRandom` traits
- Secure seeding via the `getrandom` crate and fast, convenient generation via `thread_rng`
- A modular design built over `rand_core` (see the book)
- Fast implementations of the best-in-class cryptographic and non-cryptographic generators
- A flexible `distributions` module
- Samplers for a large number of random number distributions via our own `rand_distr` and via the `statrs`
- Portably reproducible output
- `#[no_std]` compatibility (partial)
- *Many* performance optimisations

It's also worth pointing out what `rand` *is not*:

- Small. Most low-level crates are small, but the higher-level `rand` and `rand_distr` each contain a lot of functionality.
- Simple (implementation). We have a strong focus on correctness, speed and flexibility, but not simplicity. If you prefer a small-and-simple library, there are alternatives including fastrand and oorandom.
- Slow. We take performance seriously, with considerations also for set-up time of new distributions, commonly-used parameters, and parameters of the current sampler.

Documentation:

- The Rust Rand Book
- API reference (master branch)
- API reference (docs.rs)

Usage

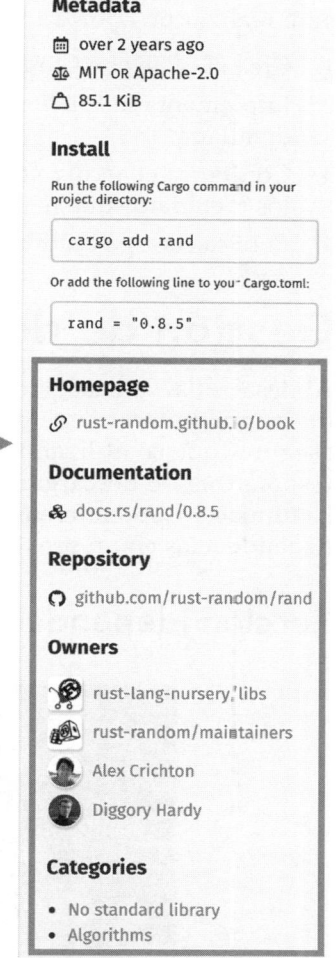

Metadata

- 📅 over 2 years ago
- ⚖️ MIT OR Apache-2.0
- 🗄 85.1 KiB

Install

Run the following Cargo command in your project directory:

```
cargo add rand
```

Or add the following line to your Cargo.toml:

```
rand = "0.8.5"
```

Homepage

🔗 rust-random.github.io/book

Documentation

🔗 docs.rs/rand/0.8.5

Repository

🔗 github.com/rust-random/rand

Owners

- rust-lang-nursery/libs
- rust-random/maintainers
- Alex Crichton
- Diggory Hardy

Categories

- No standard library
- Algorithms

Figura 15.30. Metadatos del manifiesto en la página oficial del crate en»crates.io».

Figura 15.31. Ferris, la mascota no oficial.

Mientras tanto, permíteme darte unos consejos generales que te servirán de guía para realizar un aporte a la comunidad que cumpla requisitos mínimos de calidad.

1. Crea el crate con Cargo.
2. Implementa la funcionalidad del crate y escribe una documentación extensa y detallada.
3. Configura el archivo cargo.toml con la información necesaria. Para ello, revisa los metadatos que te he comentado anteriormente.
4. Publica el cargo utilizando el comando cargo publish para subir el crate a crates.io.

Gestión de dependencias

Al desarrollar aplicaciones en Rust, los equipos de desarrollo a menudo necesitan utilizar bibliotecas de terceros. Crates.io facilita la gestión de estas dependencias al asegurar que se utilizan versiones compatibles y seguras. Por otro lado, Cargo es responsable de descargar, compilar y gestionar las dependencias de los crates. A continuación, aprenderemos cuáles son los mecanismos más comunes para gestionar dependencias en un proyecto de Rust.

Sección [dependencies] de cargo.toml

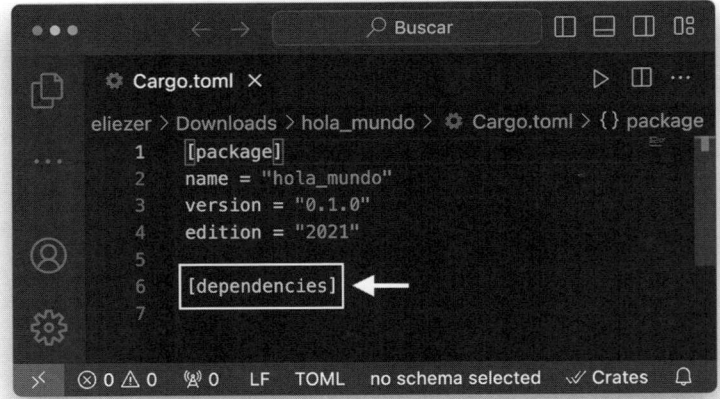

Figura 15.32. Sección [dependencies] en el archivo cargo.toml

La sección [dependencies] define las bibliotecas y paquetes que el proyecto necesita para compilarse y ejecutarse correctamente. En esta sección se añade tanto el nombre de las dependencias como la versión exacta de cada una de ellas que el proyecto necesita para que Cargo pueda descargarlas y compilarlas correctamente.

Unas líneas atrás, creaste un proyecto base para la serialización de la información de un empleado a formato JSON. Para probar este programa te recomendé compilar y ejecutar el código en Rust Playground. Si también hiciste un intento de compilación desde tu equipo en local sin incluir las dependencias, ya viste cuáles son los mensajes de error que la consola te devuelve.

```
● ● ●                    serializador — -zsh — 61×31
eliezer@MacBook-Pro-M1-Pro serializador % cargo build
    Compiling serializador v0.1.0 (/Users/eliezer/Downloads/se
rializador)
error[E0432]: unresolved import `serde`
 --> src/main.rs:1:5
  |
1 | use serde::{Serialize, Deserialize};
  |     ^^^^^ use of undeclared crate or module `serde`

error[E0433]: failed to resolve: use of undeclared crate or m
odule `serde_json`
  --> src/main.rs:19:23
   |
19 | ... serializado = serde_json::to_string(&empleado).un...
   |                   ^^^^^^^^^^ use of undeclared crate or
module `serde_json`

error[E0433]: failed to resolve: use of undeclared crate or m
odule `serde_json`
  --> src/main.rs:23:35
   |
23 | ...do: Empleado = serde_json::from_str(&serializado)....
   |                   ^^^^^^^^^^ use of undeclared crate or
module `serde_json`

Some errors have detailed explanations: E0432, E0433.
For more information about an error, try `rustc --explain E04
32`.
error: could not compile `serializador` (bin "serializador")
due to 3 previous errors
eliezer@MacBook-Pro-M1-Pro serializador % █
```

Figura 15.33. Error: crate desconocido.

La motivación de estos errores es muy sencilla: el compilador desconoce el crate serde y los rasgos Serialize y Deserialize (use serde::{Serialize, Deserialize};). El programa depende de este crate para su funcionamiento, así que debemos indicarlo en el archivo cargo.toml.

El nombre del crate ya lo conocemos (serde) pero... ¿qué ocurre con la versión? Puedes averiguar la última versión disponible en Crates.io. Para ello, accede a la página del crate publicada el registro oficial de paquetes mediante la URL si la conoces, o localizando el crate desde el buscador de la página.

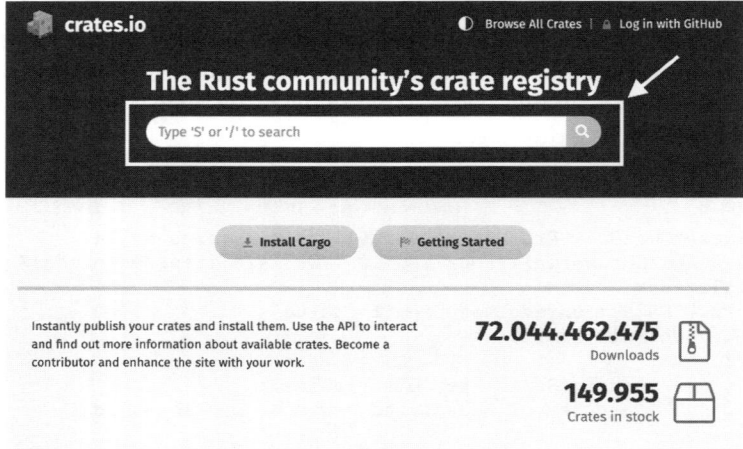

Figura 15.34. Buscador de crates en crates.io.

Una vez localices la página del crate, verás la última versión disponible junto al nombre.

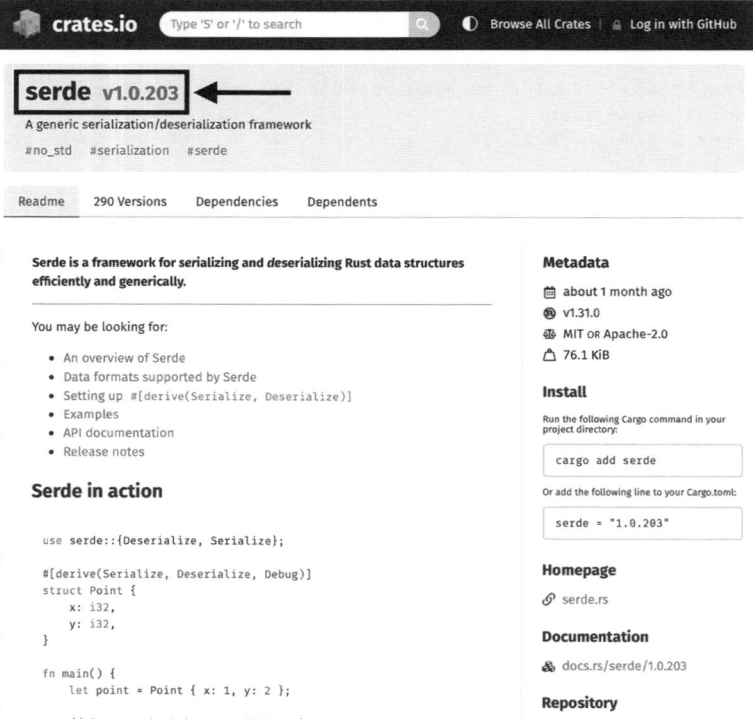

Figura 15.35. Última versión disponible del crate serde, localizable en crates.io.

Por defecto, añadiremos a cargo esta versión.

La sección [dependencies] del archivo Cargo.toml queda tal y como se muestra en la figura 15.36.

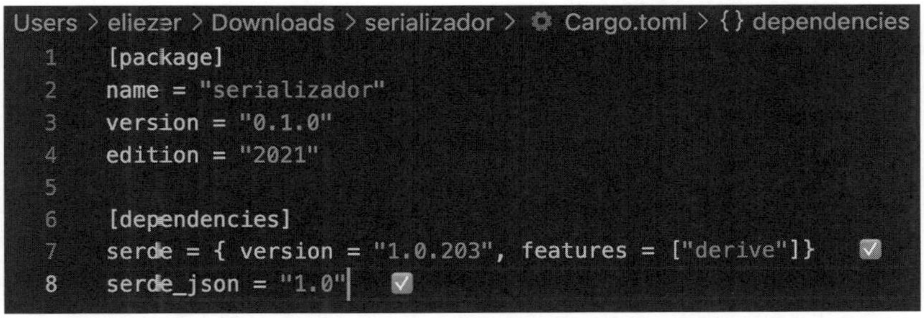

```
Users > eliezer > Downloads > serializador > ⚙ Cargo.toml > {} dependencies
1    [package]
2    name = "serializador"
3    version = "0.1.0"
4    edition = "2021"
5
6    [dependencies]
7    serde = { version = "1.0.203", features = ["derive"]}   ☑
8    serde_json = "1.0"   ☑
```

Figura 15.36. Sección [dependencias] en cargo.toml con las necesarias para la ejecución del proyecto.

Guarda los cambios, ejecuta cargo cargo fetch para descargar las dependencias, cargo build para compilar el proyecto y cargo run para ejecutarlo. Si todo va bien, deberías obtener una salida similar a la que te muestro en la figura 15.37.

```
  ● ● ●              serializador — -zsh — 61×35
eliezer@MacBook-Pro-M1-Pro serializador % cargo fetch
    Updating crates.io index
     Locking 9 packages to latest compatible versions
      Adding itoa v1.0.11
      Adding proc-macro2 v1.0.86
      Adding quote v1.0.36
      Adding ryu v1.0.18
      Adding serde v1.0.203
      Adding serde_derive v1.0.203
      Adding serde_json v1.0.120
      Adding syn v2.0.68
      Adding unicode-ident v1.0.12
eliezer@MacBook-Pro-M1-Pro serializador % cargo build
   Compiling proc-macro2 v1.0.86
   Compiling unicode-ident v1.0.12
   Compiling serde v1.0.203
   Compiling serde_json v1.0.120
   Compiling ryu v1.0.18
   Compiling itoa v1.0.11
   Compiling quote v1.0.36
   Compiling syn v2.0.68
   Compiling serde_derive v1.0.203
   Compiling serializador v0.1.0 (/Users/eliezer/Downloads/se
rializador)
    Finished `dev` profile [unoptimized + debuginfo] target(s
) in 5.23s
eliezer@MacBook-Pro-M1-Pro serializador % cargo run
    Finished `dev` profile [unoptimized + debuginfo] target(s
) in 0.02s
     Running `target/debug/serializador`
Serializado: {"nombre":"Jen Barber","edad":30,"gestiona_equip
os":false}
Deserializado: Empleado { nombre: "Jen Barber", edad: 30, ges
tiona_equipos: false }
eliezer@MacBook-Pro-M1-Pro serializador % ▮
```

Figura 15.37. Descarga de dependencias, compilación y ejecución.

Extensión Rust Analyzer

Rust Analyzer es una de las extensiones para Visual Studio Code incluidas en el *Rust Extension Pack*. Esta herramienta mejora la productividad de los desarrolladores proporcionándoles características avanzadas como el autocompletado inteligente mientras escribes código, la capacidad para navegar por el código y saltar rápidamente a la definición y funciones, variables, tipos y otros elementos e incluso la inspección de tipos de variables y expresiones.

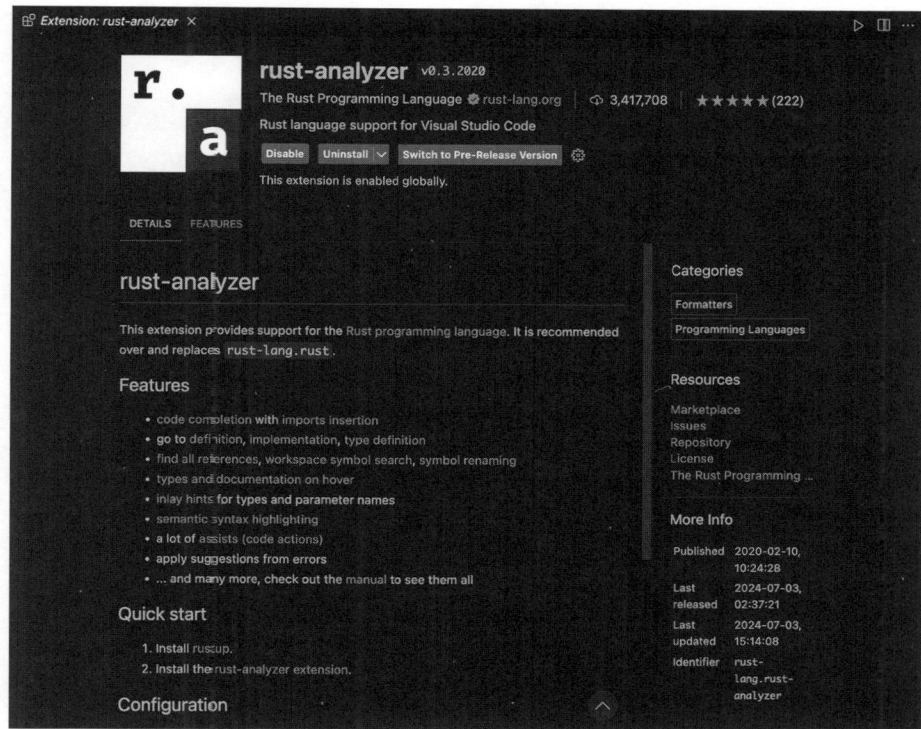

Figura 15.38. Extensión rust-analyzer en Visual Studio Code.

En cuanto a la gestión de dependencias, Rust Analyzer ofrece muchas ventajas que merece la pena mencionar.

- Cuando agregas o actualizas dependencias en el manifiesto del proyecto, Rust Analyzer proporciona retroalimentación en tiempo real, ayudándote a comprender si el crate puede ser añadido o no, e incluso si existe una versión más actual.

```
[package]
name = "generador_de_nombres_de_usuario"
version = "0.1.0"
edition = "2021"

[dependencies]
rand = "0.4";   × 0.8.5
```

Figura 15.39. Retroalimentación en tiempo real gracias a la extensión rust-analyzer.

- En este sentido, la extensión también puede sugerir nombres de crates y versiones disponibles al ofrecer autocompletado de dependencias.

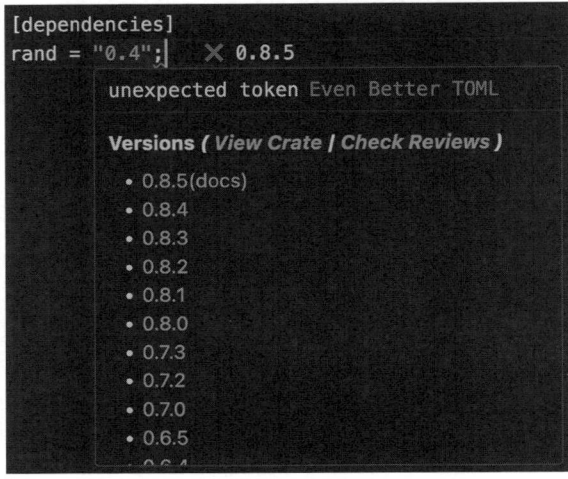

Figura 15.40. Autocompletado y ayuda proporciona por rust-analyzer.

- Si una versión de un crate no es compatible o hay conflictos entre versiones de dependencias, te ayudará a identificarlo rápidamente gracias a su capacidad para mostrar advertencias y errores visuales en el editor.
- En caso de necesitar realizar una consulta, podrás ver la documentación de funciones, estructuras y otros elementos del crate.
- Finalmente, ayuda a refactorizar el código de manera segura cuando se actualizan dependencias. Si una nueva versión de un crate introduce cambios en la API, la extensión puede ayudar a encontrar y actualizar todas las referencias afectadas en el código.

Cargo.lock

Cargo.lock es otro de los archivos que encontramos en el directorio raíz de un proyecto de Rust. A diferencia del manifiesto –que se añade en el momento de la creación del proyecto–, cargo.lock se genera por primera vez al ejecutar los comandos cargo check, cargo build, o cualquier otro comando que resuelva y descargue dependencias.

En el momento en el que Cargo resuelve todas las dependencias especificadas en el manifiesto, determina las versiones exactas que se deben utilizar en el proyecto y las registra en cargo.lock. Se considera un archivo de bloqueo, utilizado para registrar las versiones exactas de las dependencias. Gracias a cargo.lock las compilaciones son trazables y reproducibles.

> **TRUCO:**
>
> *Subir el archivo cargo.lock al repositorio junto al resto de archivos del proyecto asegura que cualquier persona que compile el proyecto tenga exactamente las mismas versiones de las dependencias y consigue que las compilaciones sean deterministas.*

> **ADVERTENCIA:**
>
> *Si tu proyecto consiste en el desarrollo de una biblioteca, es una buena práctica no incluir el archivo «cargo.lock» en el repositorio. Los usuarios de tu biblioteca deberían poder resolver las dependencias de las versiones que mejor se ajusten a sus proyectos.*

```
# This file is automatically @generated by Cargo.
# It is not intended for manual editing.
version = 3

[[package]]
name = "generador_de_nombres_de_usuario"
version = "0.1.0"
```

Figura 15.41. Contenido del archivo cargo.lock.

El archivo cargo.lock es creado, modificado y mantenido por Cargo, y no debería ser editado manualmente.

Estructura de un proyecto

- Cuál es la estructura básica de un proyecto en Rust.
- Cómo suele afectar el crecimiento del proyecto a la estructura de archivos.
- Qué aspectos deben tenerse en cuenta para la organización de un proyecto de gran tamaño.
- Cómo la estructura de un proyecto implementado en Rust promueve la productividad y la colaboración desde el momento de su creación.

Introducción

Trabajar con un único archivo de código fuente en Rust es útil para aprender los conceptos fundamentales del lenguaje. También para testear un prototipo o probar ideas rápidamente. E incluso para el desarrollo de scripts simples, herramientas de línea de comandos o pequeñas utilidades que carecen de demasiadas dependencias.

A medida que el proyecto crece, la falta de una estructura organizada puede ser difícil de manejar. Por tal motivo, el ecosistema de Rust proporciona Cargo, una herramienta que acompaña al equipo de desarrollo durante todo el ciclo de vida de un proyecto. Cargo permite crear rápidamente un nuevo proyecto, gestionar sus dependencias, manejar compilaciones incrementales, ejecutar pruebas, generar documentación, formatear el código según las convenciones de estilo del lenguaje y empaquetar el proyecto, tanto para su distribución como para su puesta en producción.

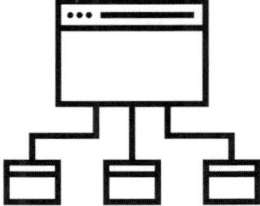

Figura 16.1. Estructura de archivos.

Sin embargo, ocurre que al crear un nuevo proyecto en Rust solo ves unos pocos archivos. Esta simplicidad es una de las grandes ventajas de Rust al trabajar a nivel de proyecto: evita añadir complejidad innecesaria. El proyecto crecerá contigo a medida que lo necesites.

> **NOTA:**
>
> *Sigue los pasos que te muestro en el capítulo 15 para generar una estructura de proyecto sencilla. La repasaremos y ampliaremos a lo largo de este capítulo.*

Estructura básica

Cuando tu único archivo de código fuente comienza a crecer en complejidad (o necesitas manejar dependencias, ejecutar pruebas, e incluso generar documentación) es recomendable crear un proyecto con Cargo que sea capaz de asumir dicha complejidad.

El comando `cargo new` permite crear la base para un nuevo proyecto en Rust con una estructura que contempla tanto el manifiesto del proyecto como una carpeta `src` donde se incluye el código fuente del programa.

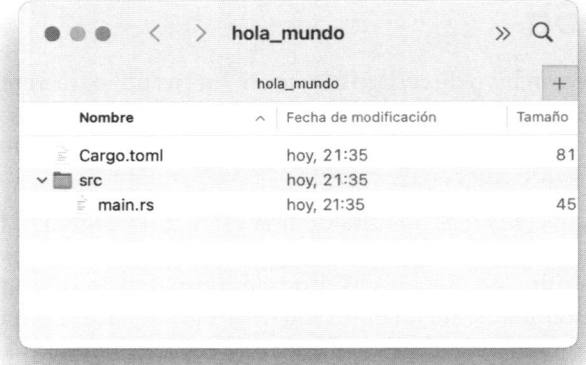

Figura 16.2. Directorio «src» y manifiesto de un proyecto.

Sistema de control de versiones

Quizá no te hayas dado cuenta, pero el comando `cargo new` también genera automáticamente un repositorio de Git en el directorio del proyecto. Git es una herramienta que control de versiones que permite a los desarrolladores seguir los cambios en su código, revertir a versiones anteriores y trabajar en equipo de manera eficiente.[1]

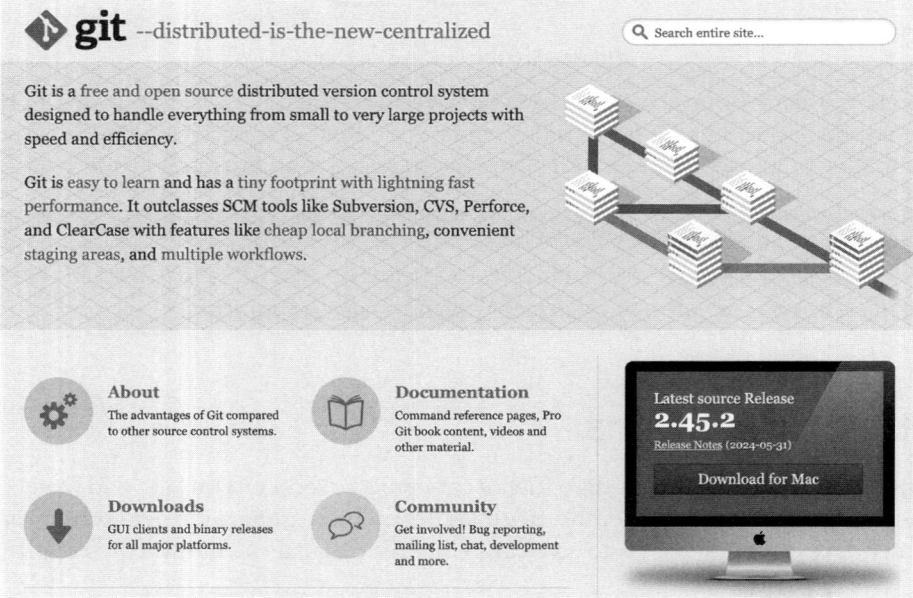

Figura 16.3. Página principal del sitio web git-scm.com.

---

[1] Visita eliezerlopez.rs para aprender más sobre Git.

El ecosistema de Rust promueve que los desarrolladores puedan ser productivos desde el primer momento, y generar automáticamente el repositorio de Git para el proyecto es una característica más que refuerza esta filosofía. Al crear un proyecto con Cargo se crea un entorno de desarrollo estructurado y listo para utilizar, con las mejores prácticas de control de versiones ya integradas. De este modo, se ahorra tiempo y se asegura que el código sea manejable y colaborativo desde sus primeras etapas.

Para comprobar que tu proyecto ya cuenta con un repositorio Git deberás mostrar los archivos ocultos existentes en el directorio. Puedes mostrar estos archivos en la interfaz gráfica[2] o simplemente ejecutar el comando `ls -a` en el directorio del proyecto para listar todos los archivos y directorios (incluyendo los ocultos). Tanto si optas por mostrar los archivos desde la interfaz gráfica (figura 16.4) como si decides trabajar con la terminal (figura 16.5), deberías ser capaz de localizar una carpeta llamada .git y un archivo .gitignore.

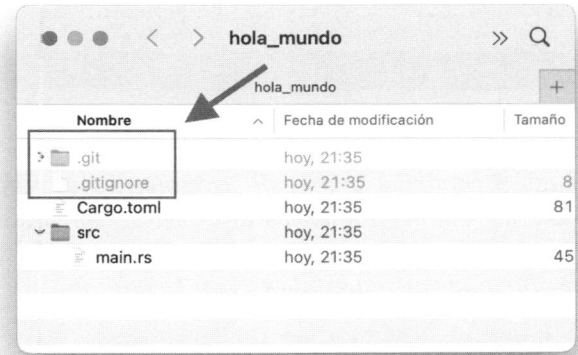

Figura 16.4. Directorio «.git» y archivo «.gitignore» (interfaz visual).

```
●  ●  ●      🖥 hola_mundo — -zsh — 54×5
eliezer@MacBook-Pro-M1-Pro hola_mundo % ls -a
.                .DS_Store      .gitignore      src
..               .git          Cargo.toml
eliezer@MacBook-Pro-M1-Pro hola_mundo %
```

Figura 16.5. Directorio «.git» y archivo «.gitignore» (línea de comandos).

También es posible verificar que el proyecto está inicializado como un repositorio mediante el uso de un comando de Git desde la terminal. Por ejemplo, `git status` debe mostrar un mensaje con el estado del repositorio y una lista de cambios pendientes (en caso de que los haya).

---

[2] Podrás hacerlo en Windows desde la barra de tareas (Ver > Mostrar > Elementos ocultos) y en macOS al pulsar la combinación de teclas CMD + MAYUS + .

```
● ● ●                    hola_mundo — -zsh — 80×15
[eliezer@MacBook-Pro-M1-Pro hola_mundo % git status                        ]
On branch master

No commits yet

Untracked files:
  (use "git add <file>..." to include in what will be committed)
        .DS_Store
        .gitignore
        Cargo.toml
        src/

nothing added to commit but untracked files present (use "git add" to track)
eliezer@MacBook-Pro-M1-Pro hola_mundo % ▊
```

Figura 16.6. Ejecución del comando «git status».

Si tu proyecto no estuviera inicializado verías un mensaje de error parecido al que te muestro a continuación:

```
fatal: not a git repository (or any of the parent directories): .git
```

ADVERTENCIA:

Si ejecutas el comando «git status» en macOS o Windows sin tener Git instalado, recibirás un mensaje de error que indica que el comando «git» no se encuentra disponible. En macOS, podrías ver «zsh: command not found: git» o una sugerencia para instalar las herramientas de línea de comandos de Xcode. En Windows, el error será «'git' is not recognized as an internal or external command.». Para solucionar esto, instala Git en tu equipo.

La carpeta .git contiene toda la información necesaria para rastrear los cambios en el proyecto. Incluye la configuración del repositorio, también el historial de cambios del proyecto, y mantiene un índice de los archivos que están en el área de preparación listos para ser confirmados. Por otro lado, el archivo .gitignore especifica qué ficheros y directorios deben ser ignorados por Git con los objetivos de mantener el repositorio limpio de archivos innecesarios (como resultados de compilación o archivos temporales), mejorar el rendimiento y ayudar a evitar que archivos sensibles (o archivos propios del entorno de desarrollo local) lleguen a un entorno de producción.

Carpeta target

Como ya vimos en el capítulo 15, la carpeta target se genera –al igual que el archivo cargo.lock– cuando se ejecuta cualquier comando que incluye algún proceso de compilación (cargo build, cargo run, etc.).

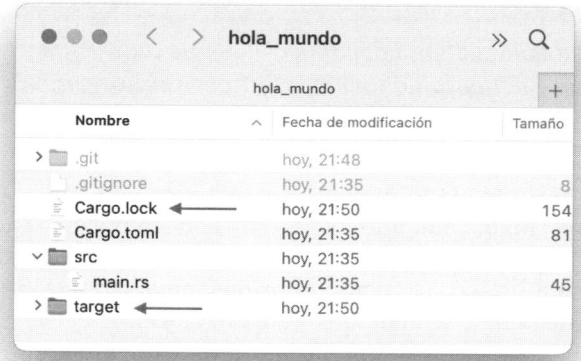

Figura 16.7. Directorio «.target» y archivo cargo.lock.

Esta carpeta almacena todos los ficheros generados durante el proceso de construcción del proyecto, e incluye tanto los binarios compilados como otros artefactos (resultados) intermedios y finales. En el interior de la carpeta target encontrarás un archivo (CACHEDIR.TAG) y una carpeta (debug).

El archivo CACHEDIR.TAG permite marcar ciertos directorios como caché, e indica que su contenido (el de los directorios) es temporal y puede ser excluido de procesos de copia o respaldo.

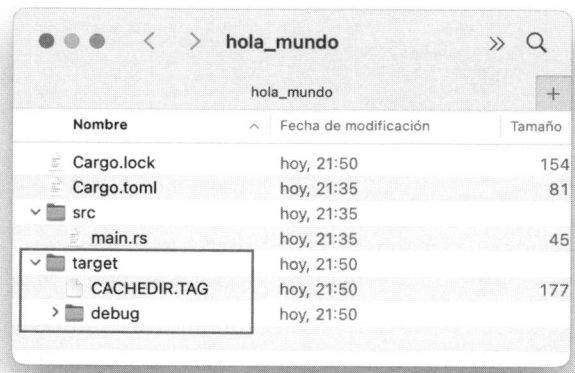

Figura 16.8. Directorio «target» y archivo CACHEDIR.TAG.

Por el momento, debería bastarte con saber que marcar un directorio como caché es tan sencillo como incluir este archivo con la firma `Signature: 8a477f597d28d172789 f06886806bc55` en su interior.

La carpeta debug, por otro lado, incluye los archivos generados para la versión de depuración del proyecto. El comando cargo build sin opciones adicionales compila por defecto en modo depuración, así que los archivos generados durante este proceso aparecen en la carpeta debug. Recuerda el primer proyecto que creaste en el capítulo anterior: el binario ejecutable se generó en este directorio.

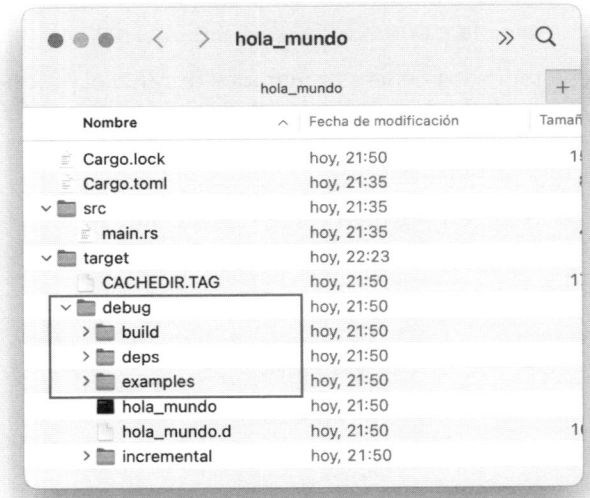

Figura 16.9. Directorios «build», «deps» y «examples».

Junto al binario del programa se generan otros directorios entre los que destacan: build, deps y examples, que organizan los distintos tipos de archivos producidos.

- build suele almacenar ficheros y directorios temporales que se generan durante el proceso de compilación. También incluye resultados de scripts de compilación y metadatos utilizados para gestionar la construcción del proyecto.

- deps contiene los binarios y los archivos relacionados con las dependencias del proyecto. Cuando un proyecto depende de crates externos, estas librerías se compilan y los binarios resultantes se almacenan en este directorio. Estos binarios incluyen un hash único para asegurar que cada compilación cuenta con identificadores exclusivos que permiten gestionar con éxito las diferentes versiones generadas.

Los archivos de dependencias generados durante el proceso de compilación tienen extensión .d

- examples almacena los binarios de los ejemplos de código del proyecto. Estos ejemplos se generan a partir del contenido que se incluye en una carpeta específica de la que hablaremos más adelante.

En el mismo nivel encontramos dos directorios más: incremental como carpeta pública y fingerprint como carpeta oculta.

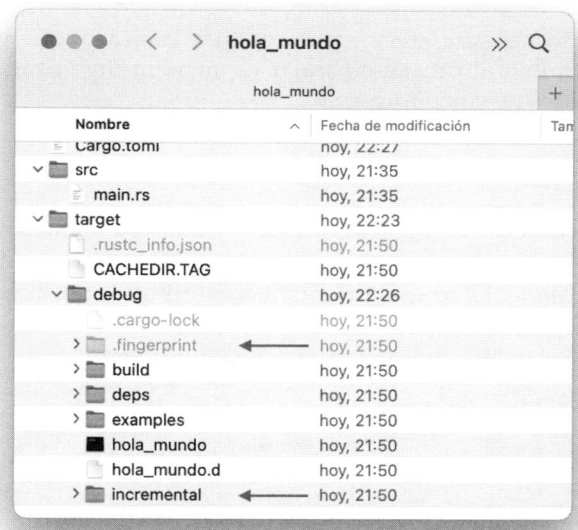

Figura 16.10. Directorios «fingerprint» e «incremental».

incremental contiene una serie de directorios y archivos que el compilador utiliza para gestionar la compilación incremental, y fingerprint almacena información que ayuda al compilador a determinar si los archivos fuente o las dependencias han cambiado desde la última compilación, lo que beneficia tanto para la gestión de dependencias como para la compilación incremental.

Si sospechas que alguno de los datos incrementales está causando problemas con la compilación, puedes ejecutar una limpieza con el comando «cargo clean». Este comando elimina el directorio «target» al completo y fuerza una recompilación completa en la próxima ejecución de «cargo build».

En relación con la compilación incremental, debes saber que se encuentra habilitada por defecto en Rust. Puedes configurarla o deshabilitarla a través del manifiesto añadiendo la línea `incremental = true` en la sección `[profile.dev]`

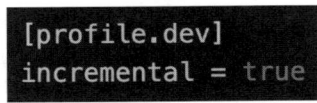

Figura 16.11. Cómo activar o desactivar la compilación incremental desde el manifiesto del proyecto.

Proyecto en fase de crecimiento

Cuando un proyecto necesita crecer, la estructura básica puede incorporar nuevos directorios que permiten al proyecto escalar de manera organizada. A continuación, comentaremos algunos de sus puntos clave.

Manifiesto

Cargo.toml puede contener configuraciones avanzadas para añadir diferentes perfiles y scripts de compilación. Por defecto, Cargo ofrece dos perfiles predefinidos: `build` (orientado al desarrollo) y `release` (orientado a entornos de producción). Mientras que `build` cuenta con una compilación rápida y muestra información sobre el proceso de depuración, `release` realiza optimizaciones de rendimiento.

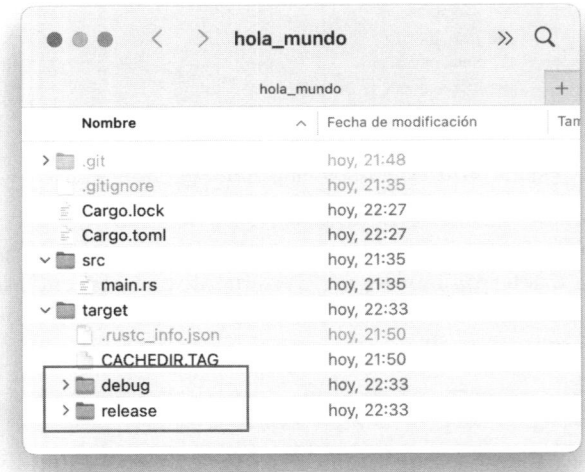

Figura 16.12. Directorios «build» y «release» tras compilar utilizando perfiles predefinidos.

Estos perfiles pueden configurarse en el manifiesto del proyecto a través de las secciones `[profile.dev]` y `[profile.release]`. Te muestro un ejemplo para cada sección.

```
[profile.dev]
opt-level = 0
debug = true
overflow-checks = true
```

Figura 16.13. Sección [profile.dev] (configuración de ejemplo).

```
[profile.release]
opt-level = 3
debug = false
lto = true
```

Figura 16.14. Sección [profile.release] (configuración de ejemplo).

Entre los parámetros más comunes, encontramos:

- **opt-level.** Se trata del nivel de optimización, que va desde 0 (sin optimización) a 3. Existen dos niveles especiales: s para reducir el tamaño del código y z para minimizar el tamaño del código al máximo.

ADVERTENCIA:

Si utilizas las letras «s» o «z» para indicar el nivel de optimización, recuerda que deben ser escritas como cadenas de texto, es decir, entre comillas dobles: opt-level = "s" o opt-level = "z".

- **debug.** Indica el nivel de información a mostrar durante el proceso de depuración. Acepta booleanos (`true` o `false`) o los enteros 0 (sin información), 1 (información mínima de depuración) y 2 (información completa de depuración). Tomando como referencia esta escala de enteros, `false` equivale al valor 0 y `true` equivale al valor 2.
- **lto.** El LTO (*Link Time Optimization*, traducido como «Optimización en Tiempo de Enlace») es una técnica de optimización que se aplica durante el paso de enlace del proceso de compilación. En lugar de que las optimizaciones se realicen en cada archivo de código fuente (por separado), el LTO permite al compilador ver y optimizar todo el programa en su conjunto. Esta clave acepta 4 valores:
  - **false** desactiva esta característica.
  - **thin** optimiza logrando un balance entre tiempos de compilación y calidad de optimización.
  - **true** habilita la optimización agresiva.
  - **fat** habilita también una optimización agresiva con un mayor nivel de exhaustividad.

- **incremental**. Permite controlar si se habilita o no la compilación incremental con las opciones `true` o `false`.

- **codegen-units**. Este parámetro se utiliza para controlar el número de unidades de generación de código que el compilador usa durante la compilación. Las unidades de generación de código son partes independientes del código que el compilador puede compilar en paralelo. Esta clave acepta como valor un número entero entre `1` y `256`. En la fase de desarrollo se suele optar por los valores `16` o `32` (se prioriza la velocidad de compilación sobre la calidad de la optimización). A la hora de preparar el binario para llevarlo a producción, se recurre a un valor más bajo (`1` o `2`) para maximizar las optimizaciones y el rendimiento del código final, aunque el proceso de compilación lleve más tiempo.

- **overflow-checks**. Este parámetro permite controlar si las verificaciones de desbordamiento[3] están habilitadas o deshabilitadas durante la compilación. Deshabilitar las verificaciones de desbordamiento puede ser conveniente en situaciones específicas en las que se prioriza el rendimiento y se tiene la certeza de que el código es seguro y no susceptible a errores de desbordamiento. Si el código está bien probado y puede asumirse que ya ha pasado por rigurosas pruebas durante el desarrollo, deshabilitar las verificaciones puede reducir la sobrecarga en tiempo de ejecución. Incluso, puede ser útil en aplicaciones donde el rendimiento es una prioridad absoluta (como en sistemas de tiempo real, videojuegos o algoritmos de alta frecuencia aplicados a trading financiero, entre otros). En el perfil de desarrollo (`build`) el valor predeterminado para este campo es `true`, y en el perfil de producción (`release`) su valor por defecto es `false`, donde `true` habilita las verificaciones de desbordamiento en operaciones aritméticas y `false` las desactiva.

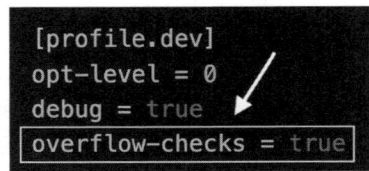

Figura 16.15. Configuración del campo «overflow-checks» en cargo.toml.

Carpeta src

A medida que el proyecto crece, una práctica ampliamente aceptada es dividir el código en módulos para mantener la organización y la legibilidad. Un módulo en Rust es un mecanismo proporcionado por el lenguaje para organizar y estructurar el código en unidades más pequeñas y manejables.

---

[3] rustc incluye mecanismos para verificar desbordamientos en operaciones aritméticas, con el objetivo de proporcionar mayor seguridad y prevenir errores que pueden resultar en comportamientos inesperados o vulnerabilidades de seguridad

Por ejemplo, a la hora de implementar el gestor de empleados, una opción correcta sería la de mantener el archivo main.rs como punto de entrada del programa, y crear dos módulos: uno para definir la estructura Empleado junto con sus métodos implementados, y otro dedicado a las opciones que ofrece el gestor.

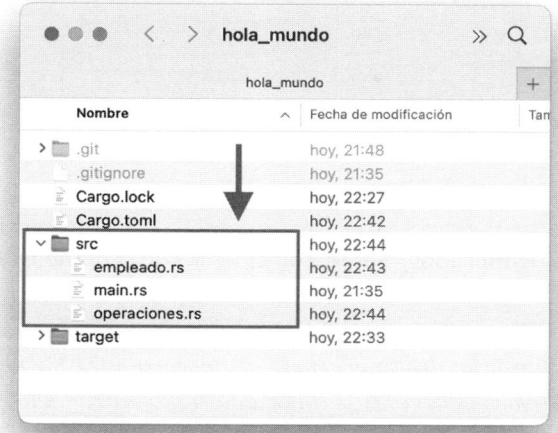

Figura 16.16. Módulos «empleado.rs» y «operaciones.rs».

Imagina que el proyecto continúa creciendo, y el número de funcionalidades relacionadas con el cálculo de nóminas aumenta, de modo que conviene disponer por un lado de la gestión de empleados (con la lógica separada en diferentes módulos) y a su vez contar con un nuevo módulo que, de forma independiente, agrupe el código relacionado con el cálculo de nóminas. La estructura podría seguir creciendo mediante submódulos.

Figura 16.17. Estructura de módulos y submódulos.

El archivo «mod.rs» actúa como punto de entrada del módulo cuando dicho módulo se encuentra en una carpeta. Aprenderás más sobre módulos en el capítulo 17.

Carpeta target

Las carpetas que se generan dentro del directorio target dependen del perfil con el que se compile.

Si recuerdas, tras ejecutar el comando cargo build aparecía en el interior de target una nueva carpeta llamada debug. Cuando el programa se compila para un entorno de producción, la carpeta se crea con el identificador release, coincidente con el nombre del perfil (release).

En ocasiones, el nombre de la carpeta generada no tiene por qué coincidir con el nombre del perfil. El ejemplo que ya conoces es el perfil de desarrollo («dev») que genera una carpeta llamada «debug» dentro del directorio «target».

La estructura de carpetas de target/release es prácticamente idéntica a la estructura de carpetas que se genera en target/debug cuando se compila en modo depuración, con la salvedad de que la información contenida varía según la configuración establecida para cada uno de los parámetros del manifiesto.

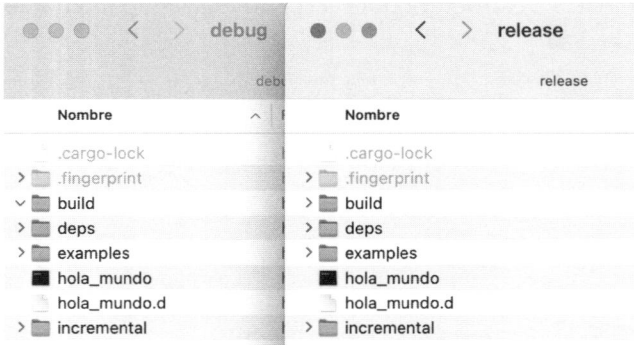

Figura 16.18. Contenido de los directorios «debug» y «release».

Carpeta doc

Cargo cuenta con la capacidad de generar documentación de forma automática gracias a la inclusión de comentarios directamente en el código fuente. Mientras escribes el código de tu programa, puedes incluir unas líneas de comentarios –un tanto especiales– que luego Cargo sabrá cómo interpretar para generar documentación del proyecto de forma automática. Si ya has trabajado con otros lenguajes de programación, es probable que conozcas utilidades similares como *Javadoc* (para Java) o *docstrings* (para Python).

Permíteme guiarte en un ejercicio práctico muy sencillo para que compruebes con tus propios ojos el potencial de esta herramienta.

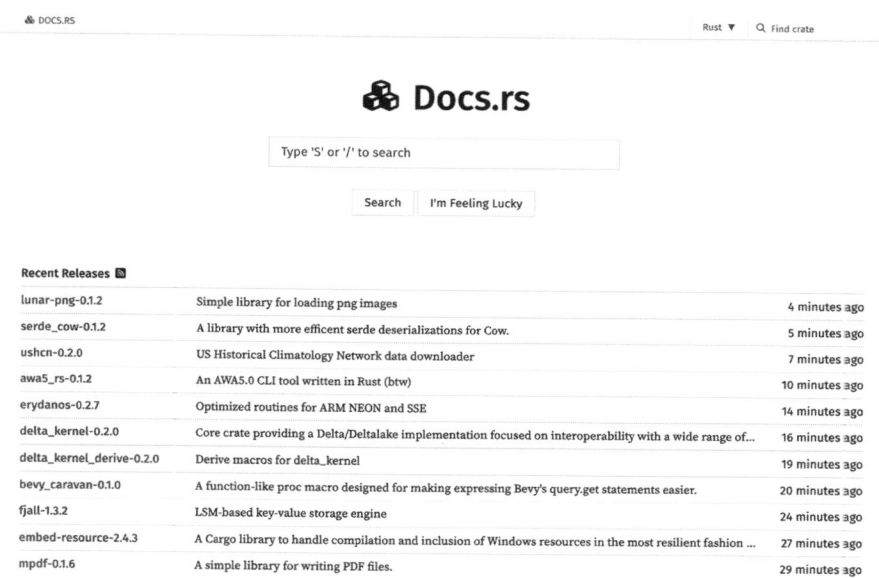

Figura 16.19. Página principal del sitio web docs.rs.

Crea un nuevo proyecto en Rust y abre el archivo fuente main.rs. Los comentarios de documentación se escriben con tres barras inclinadas /// y se utilizan para documentar el siguiente elemento disponible en el código (structs, funciones, métodos, enumerados, etc.). Justo antes de la función principal, escribe /// seguido de una explicación que indique qué ocurre dentro de la función main().

```
src > main.rs
1    /// Imprime en pantalla el mensaje
2    /// "Hello, world!"
3
4    fn main() {
5        println!("Hello, world!");
6    }
7
8
```

Figura 16.20. Comentarios de documentación para el programa "Hello, world!".

Guarda los cambios, abre la terminal, dirígete al directorio raíz de tu proyecto y ejecuta cargo doc.

```
● ● ●                    🗀 hola_mundo — -zsh — 81×8
eliezer@MacBook-Pro-M1-Pro hola_mundo % cargo doc
[ Documenting hola_mundo v0.1.0 (/Users/eliezer/Downloads/hola_mundo)
    Finished `dev` profile [unoptimized + debuginfo] target(s) in 0.66s
   Generated /Users/eliezer/Downloads/hola_mundo/target/doc/hola_mundo/index.html
eliezer@MacBook-Pro-M1-Pro hola_mundo %
```

Figura 16.21. Ejecución del comando «cargo doc».

Aún no te he dicho que compiles, en cambio tu directorio raíz ya parece contener la carpeta target. Si accedes a su interior verás un nuevo directorio: doc. Este subdirectorio incluye la documentación generada con el comando cargo doc.

Puedes navegar por los diferentes archivos generados y abrirlos para ver la documentación. Te recomiendo localizar index.html, se trata del archivo principal a través del cual podrás recorrer visualmente toda la documentación. Otra opción más sencilla para no andar buscando este archivo es ejecutar el comando cargo doc --open en el directorio raíz. Tanto si haces doble clic sobre el archivo index.html como si ejecutas el comando mencionado, se abrirá tu navegador web con un conjunto de páginas en local similar a la que te muestro a continuación.

Figura 16.22. Documentación autogenerada para el programa "Hello, world!".

Con muy poco esfuerzo ya cuentas con un sitio web en local para tu proyecto. Como puedes observar, la función main() aparece en la página principal de la documentación generada. Haz clic sobre ella y verás la descripción que incluiste como comentario de documentación /// en el código de tu programa.

NOTA:

¿Has observado que el diseño se parece mucho al que viste en la documentación de algunos crates mostrada en la web docs.rs? Si en algún momento decides publicar tu crate, esta documentación será la que otros usuarios verán.

Vamos a experimentar un poco más. Define al comienzo del archivo main.rs una estructura que modele la entidad Empleado, y añade varios campos en su interior.

```
struct Empleado {
    nombre: String,
    primer_apellido: String,
    sueldo_bruto_anual: f64,
}
```

Vuelve a incluir comentarios de documentación. Esta vez, documenta la entidad `Empleado`.

```
/// Representa a un empleado de la empresa
struct Empleado {
    nombre: String,
    primer_apellido: String,
    sueldo_bruto_anual: f64,
}
```

A continuación, ejecuta el comando cargo doc. La documentación se actualizará y ahora verás una nueva sección en la página principal de tu sitio web.

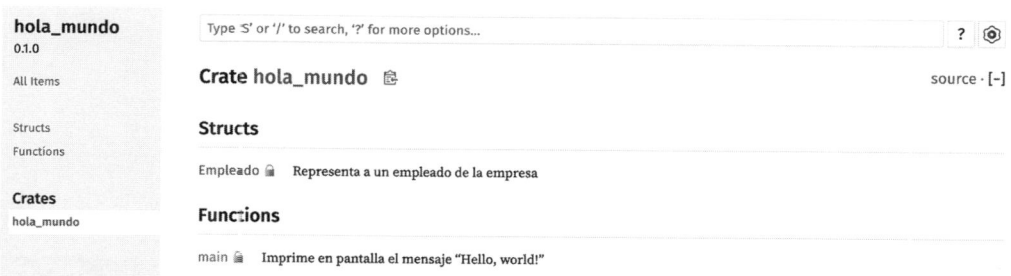

Figura 16.23. Actualización de la documentación autogenerada para el programa "Hello, world!".

Si haces clic sobre Empleado y accedes al detalle de la estructura verás información relevante: crate al que pertenece, descripción, campos, traits implementados de forma automática, etc.

También podemos documentar el propósito de cada uno de los campos en la estructura. Utilizamos almohadillas # para los títulos, asteriscos para las viñetas * y comillas simples invertidas ` para indicar fragmentos de código.

```
/// Representa a un empleado de la empresa
///
/// # Campos
///
/// * `nombre` - Nombre del empleado
/// * `primer_apellido` - Primer apellido del empleado
/// * `sueldo_bruto_anual` - Sueldo bruto anual sin incluir bonificaciones
struct Empleado {
    nombre: String,
    primer_apellido: String,
    sueldo_bruto_anual: f64,
}
```

Los comentarios de documentación en Rust soportan muchos de los elementos comunes de *Markdown* (encabezados, listas, códigos, énfasis y negritas, hipervínculos...). Este truco te permitirá generar una documentación del proyecto mucho más visual y vitaminada.

Guarda los cambios, genera de nuevo la documentación y verás que la descripción de los campos ahora se incluye junto con la descripción de la estructura.

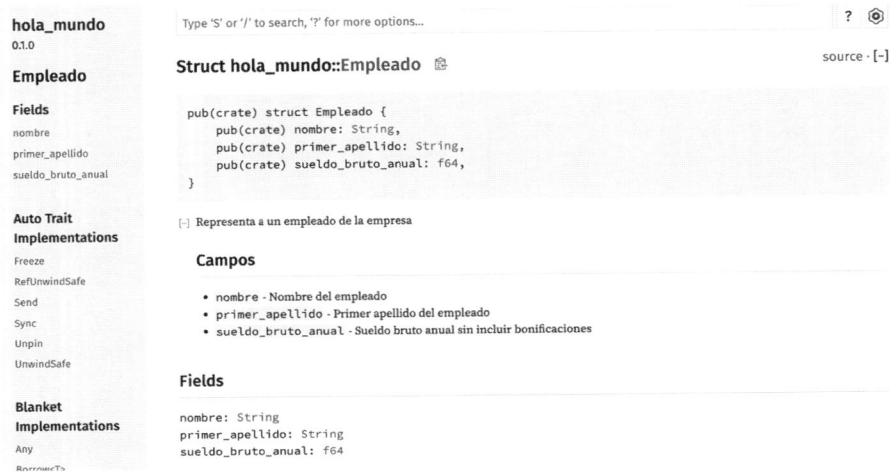

Figura 16.24. Descripción de los campos del struct Empleado.

Carpeta tests

La carpeta tests está destinada a contener las pruebas de integración del proyecto. Esta carpeta no se genera automáticamente (ni al crear un nuevo proyecto en Rust, ni tampoco al compilar). Debes crearla manualmente en el directorio raíz del proyecto en el momento en el que quieras agregar pruebas de integración a tu proyecto. Cargo detectará la carpeta tests automáticamente, así como los archivos que incluyas dentro de ella.

Las pruebas de integración están diseñadas para verificar que varias partes del proyecto funcionan juntas correctamente. Si bien la implementación de pruebas de integración se escapa del alcance de este libro, es importante destacar que estas pruebas son diferentes de las pruebas unitarias, que se ubican en otra localización dentro de la estructura del proyecto.

El comando `cargo test` ejecutará tanto las pruebas de integración como las pruebas unitarias que hayas implementado en tu proyecto.

TRUCO:

Si necesitas dependencias adicionales solo para las pruebas de integración, puedes especificarlas en el manifiesto bajo la sección [dev-dependencies].

Proyecto grande

Cada proyecto es diferente. Un proyecto con múltiples binarios debe organizarse de forma ligeramente diferente a otro que contiene librerías en su mayoría. También existen proyectos cuya organización se basa en módulos y otros con una gran batería de pruebas que deben ser correctamente estructuradas. Incluso, si el proyecto incluye ejemplos de uso, o bien numerosos scripts y configuraciones, la estructura también debería variar.

Cuando el proyecto crece, la estructura de archivos debe adaptarse a las necesidades del equipo y del proyecto. Sería incorrecto darte una estructura concreta a seguir, porque esta dependerá de diferentes factores. En cambio, sí que podemos tener en cuenta ciertas consideraciones a la hora de plantear cómo la estructura del proyecto debería crecer.

Para plantear una estructura de archivos que te sea útil, te recomiendo echar un vistazo a estos factores.

- **Tamaño del equipo.** El tamaño del equipo que trabaja en el proyecto puede influir significativamente en cómo se organiza la estructura del proyecto. Cuando el equipo comienza a crecer, una estructura modular que permita a los diferentes miembros trabajar en distintas partes del proyecto sin interferir entre sí puede facilitar la colaboración. Esto podría implicar la separación de funcionalidades en módulos, carpetas específicas para pruebas, documentación, etc.

- **Tipo de proyecto.** Los proyectos que contienen principalmente librerías suelen tener una estructura enfocada en la facilidad de uso y la documentación. En cambio, los proyectos de aplicaciones suelen incluir múltiples binarios y archivos de configuración específicos, por tanto, su estructura debe facilitar el despliegue y la ejecución.

- **Prácticas, preferencias del equipo, y estándares de empresas.** Algunos equipos ya cuentan con ciertas preferencias a la hora de estructurar el código para maximizar la eficiencia y la colaboración. También las empresas tienen estándares y guías que establecen cómo estructurar proyectos. Por ejemplo, la estructura del proyecto podría incluir una carpeta específica para logs o para un tipo de configuración concreta.

Si bien estos factores pueden afectar a la estructura de un proyecto de gran envergadura, existen ciertas situaciones, convenciones o buenas prácticas que tienden a repetirse independientemente de la estructura del proyecto, y que deberías conocer.

Generación de perfiles personalizados

En un proyecto pequeño o en fase de crecimiento, los perfiles orientados a desarrollo (`dev`) y a entornos de producción (`release`) pueden ser suficientes. En cambio, cuando el proyecto adquiere dimensiones considerables, estos dos perfiles podrían no cubrir casuísticas ciertamente relevantes.

Generar perfiles personalizados en un proyecto de Rust es útil para aprovechar y satisfacer requisitos específicos al aplicar diferentes configuraciones de compilación. Por ejemplo:

*   Tienes diferentes partes del código que necesitan diferentes niveles de optimización.
*   Necesitas depurar una sección del código en un entorno cercano al de producción.
*   Tu programa se despliega en diferentes entornos y cada uno requiere configuraciones específicas.
*   Precisas de configuraciones de compilación más estrictas para entornos críticos en seguridad.
*   El programa se pondrá en marcha en dispositivos con recursos limitados y conviene reducir el tamaño del binario.
*   Planteas pruebas de rendimiento con diferentes configuraciones.

Para crear un perfil personalizado, abre el manifiesto del proyecto y crea una nueva sección `profile`. En lugar de indicar que el perfil es `dev` o `release`, escribe el nombre que tendrá tu nuevo perfil (por ejemplo, `entorno_de_pruebas`).

```
[profile.entorno_de_pruebas]
```

En un entorno de pruebas, el nivel de optimización no es extremadamente importante, así que podemos marcar el campo `opt-level` con el valor 1.

```
[profile.entorno_de_pruebas]
opt-level = 1
```

Incluir información de depuración es esencial, porque permite a los desarrolladores obtener detalles completos sobre el estado del programa en caso de errores o fallos, de modo que el campo `debug` lo marcamos con `true`.

```
[profile.entorno_de_pruebas]
opt-level = 1
debug = true
```

Las verificaciones de desbordamiento de enteros en tiempo de ejecución también son relevantes en un entorno de pruebas, así que habilitamos esta característica.

```
[profile.entorno_de_pruebas]
opt-level = 1
debug = true
overflow-checks = true
```

No necesitamos aplicar técnicas de optimización a nivel de LTO.[4] Estas técnicas también consumen tiempo, así que desactivarlo ayudará a reducir el tiempo de compilación para que el equipo pueda iterar más rápidamente.

```
[profile.entorno_de_pruebas]
opt-level = 1
debug = true
overflow-checks = true
lto = false
```

El campo `codegen-units` controla el número de unidades de generación de código. Su activación permite al compilador aplicar optimización más efectivas a nivel global, lo cual es útil en pruebas para detectar problemas que podrían ser pasados por alto de otro modo.

```
[profile.entorno_de_pruebas]
opt-level = 1
debug = true
overflow-checks = true
lto = false
codegen-units = 1
```

El campo `panic` controla cómo el programa maneja situaciones en las que los errores no son recuperables. Marcar este campo con el valor `unwind` permite que el programa desenrolle la pila, libere recursos y permita una limpieza adecuada antes de finalizar.

```
[profile.entorno_de_pruebas]
opt-level = 1
debug = true
overflow-checks = true
lto = false
codegen-units = 1
panic = "unwind"
```

El campo `incremental` permite que el compilador solo recompile las partes del código que han cambiado, lo que acelera las compilaciones sucesivas en un entorno de pruebas en el que se necesitan hacer muchos cambios para solucionar errores existentes.

```
[profile.entorno_de_pruebas]
```

---

[4]   El LTO (*Link Time Optimization*, traducido como «Optimización en Tiempo de Enlace») es una técnica de optimización que se aplica durante el paso de enlace del proceso de compilación. En lugar de que las optimizaciones se realicen en cada archivo de código fuente (por separado), el LTO permite al compilador ver y optimizar todo el programa en su conjunto.

```
opt-level = 1
debug = true
overflow-checks = true
lto = false
codegen-units = 1
panic = "unwind"
incremental = true
```

Como puedes observar, estas configuraciones permiten crear un perfil adaptado a necesidades concretas.

Finalmente, solo queda añadir una directiva al comienzo de la sección: el perfil del que se hereda. La directiva `inherits` es necesaria para asegurar que el perfil personalizado tiene una configuración de base sólida basada en los perfiles `dev` o `release`. Por ejemplo, si nuestro perfil de entorno de pruebas debe basarse en el perfil de `dev`, escribiremos `inherits = "dev"`.

```
[profile.entorno_de_pruebas]
inherits = "dev"
opt-level = 1
debug = true
overflow-checks = true
lto = false
codegen-units = 1
panic = "unwind"
incremental = true
```

Para compilar tu programa con este perfil, ejecuta desde el directorio raíz del proyecto el comando cargo build --profile seguido del nombre del perfil personalizado.

cargo build --profile entorno_de_pruebas

Obtendrás una salida similar a la que te muestro a continuación:

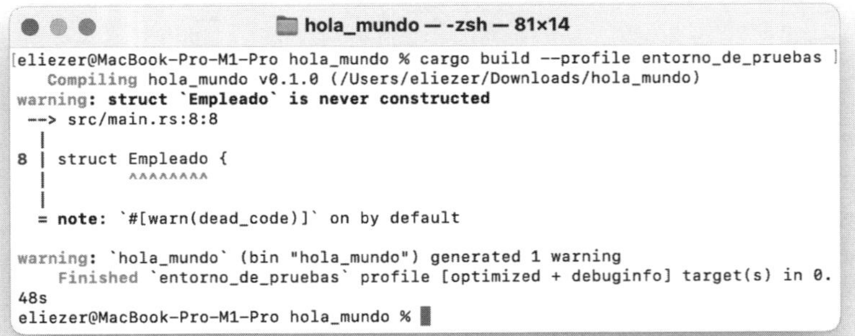

Figura 16.25. Compilación del programa con perfil personalizado.

Y en el directorio `target` se habrá generado una nueva subcarpeta con el mismo nombre del perfil (en este caso, `entorno_de_pruebas`), y de similar estructura que la que encontramos en las subcarpetas debug y release.

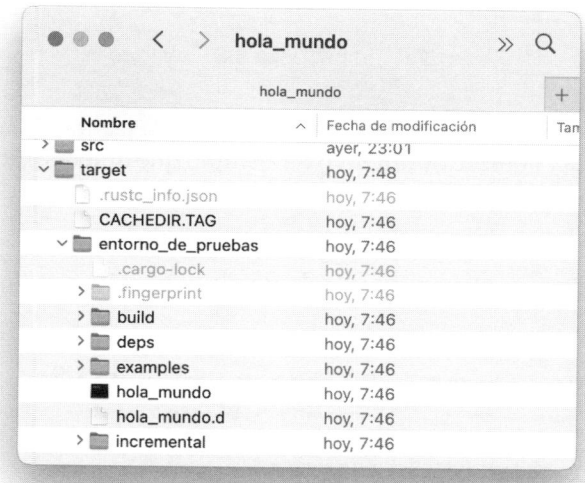

Figura 16.26. Ejecución del comando «cargo build --profile entorno_de_pruebas».

Ejemplos de uso

Los ejemplos de uso son especialmente útiles en aquellos proyectos que están destinados a ser utilizados por otros desarrolladores, presentan funcionalidades complejas o se integran con otros sistemas. Estos ejemplos te ayudan a aterrizar en proyectos que no conoces, y te enseñan –a través de casos prácticos– cómo el código debe ser utilizado para su correcto funcionamiento.

Los ejemplos de uso suelen incluirse en una carpeta llamada *examples* en el directorio raíz del proyecto. La carpeta no se genera automáticamente, así que deberás crearla.

TRUCO:

Crea la carpeta desde la terminal con el comando «mkdir examples».

Construye un proyecto cualquiera a modo de ejemplo, y crea en el directorio raíz la carpeta *examples*. En el interior de esta carpeta pueden localizarse tantos archivos de código fuente como ejemplos quieras incluir en tu proyecto.

Estos ejemplos deben utilizar código existente para que sean de verdad útiles. Como actualmente aún necesitamos algo más de conocimiento sobre el trabajo con módulos para poder acceder correctamente a las funcionalidades implementadas, aprenderemos a ejecutar un hipotético ejemplo implementado para nuestro proyecto a través de un sencillo programa. Crea un archivo fuente en la carpeta examples con el nombre saludo.rs, e incluye el siguiente código en su interior.

```
fn main() {
    println!("¡Hola desde la carpeta examples!");
}
```

Guarda los cambios y dirígete de nuevo a la terminal. Ejecuta el comando cargo run --example seguido del nombre del archivo de ejemplo que quieras ejecutar (en este caso, saludo), y sin incluir la extensión.

cargo run --example saludo

Acto seguido deberías ver el mensaje «¡Hola desde la carpeta examples!» en pantalla.

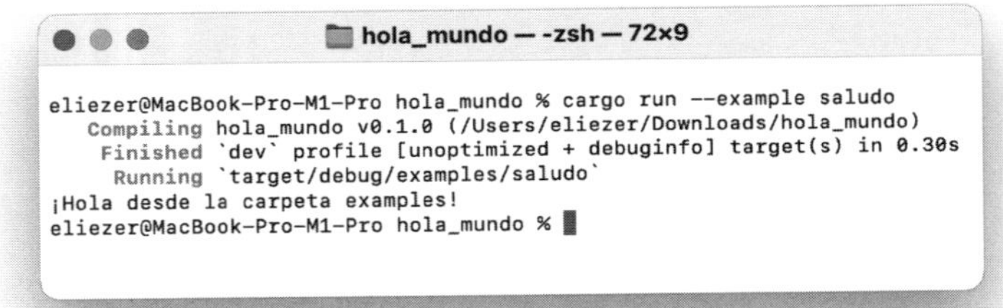

Figura 16.27. Ejecución del comando «cargo run --example saludo».

Cuando sepas trabajar con módulos, recuerda volver a esta sección e implementar algún ejemplo que utilice código de algún proyecto que ya has implementado. Una buena opción podría ser la de ampliar tu gestor de empleados con ejemplos de uso prácticos.

NOTA:

Como puedes observar, el comando «cargo run --example» detecta automáticamente que la carpeta «examples» existe en el directorio principal del proyecto, y trata de localizar el nombre del ejemplo proporcionado para su compilación y posterior ejecución.

Carpeta para documentación

Incluir una carpeta llamada docs en el directorio raíz es una práctica común, aunque no forma parte de la estructura estándar definida por el lenguaje. Esta carpeta se utiliza para almacenar documentación del proyecto. Esta documentación es la creada manualmente por el equipo de desarrollo y no tiene nada que ver con la documentación generada por Rust a través de los comentarios de documentación (que se almacenan en una subcarpeta del directorio target).

Al igual que la carpeta «tests» del directorio raíz almacena solo los tests de integración y no los tests unitarios, la carpeta «docs» del directorio raíz almacena la documentación que se genera manualmente y no la generada automáticamente al ejecutar el comando «cargo doc».

Esta carpeta incluye diversos tipos de documentos como archivos *markdown*, detalles sobre diferentes versiones del proyecto, guías de usuario y guías de contribución. Algunos de los documentos más frecuentes son:

- README.md. Aunque es una buena práctica incluir este archivo en el directorio raíz del proyecto, es posible que la carpeta docs incluya documentación complementaria.
- INSTALLATION.md. Contiene instrucciones sobre cómo instalar y configurar el proyecto.
- ARCHITECTURE.md. Documentación técnica sobre la arquitectura del software, decisiones de diseño y diagramas, entre otros.
- CHANGELOG.md. Almacena un registro de todos los cambios significativos en cada versión del proyecto.
- USAGE.md. Aporta instrucciones detalladas sobre cómo utilizar el proyecto.
- CONTRIBUTING.md. Se trata de una guía que incluye directrices sobre cómo reportar problemas, cómo enviar parches y otras indicaciones relevantes para contribuidores.

En algunos proyectos, la documentación generada con el comando «cargo doc» es movida a la carpeta «docs» del directorio raíz. Si esto ocurre, deberás abrir la documentación haciendo clic en el archivo «index.html». Si ejecuta el comando «cargo doc --open», la documentación volverá a generarse y los archivos que se abrirán serán los nuevos que se han generado de nuevo en el directorio «target».

Módulos

- Qué es un módulo y para qué sirve.
- Cómo declarar, definir y trabajar con módulos y submódulos.
- Cómo afecta la jerarquía de módulos a la estructura de archivos dentro del proyecto.
- Qué opciones de visibilidad existen y cómo implementarlas.
- Qué relación hay entre los módulos y el paradigma de la programación orientada a objetos.
- Qué es una variable estática, para qué sirve, cómo declararlas y cuál es su alcance.

Introducción

Los módulos constituyen una unidad fundamental de organización y gestión del código. Son estructuras que permiten dividir y estructurar el código, y se establecen como una parte integral y crucial del lenguaje. Sin módulos, gestionar proyectos grandes (y no tan grandes) sería mucho más complicado.

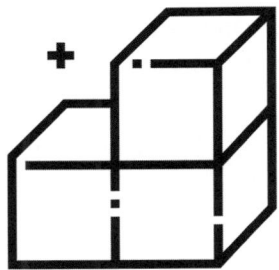

Figura 17.1. Módulos en Rust.

A lo largo de este capítulo aprenderemos a implementar módulos en Rust y a utilizarlos en nuestros programas. También hablaremos sobre la jerarquía de módulos y sobre cómo esta afecta a la estructura de archivos dentro del proyecto, y entenderemos el motivo por el que los módulos son un aspecto clave en este lenguaje a la hora de implementar el paradigma de la programación orientada a objetos.

Declaración y definición de módulos

Aunque no te habías dado cuenta, ya has sentado gran parte de las bases para trabajar con módulo en este lenguaje. En Rust, cada archivo de código fuente (con extensión .rs) puede considerarse un módulo en sí mismo, aunque existen un par de consideraciones a tener en cuenta: los archivos main.rs y lib.rs son un tanto especiales, y trabajar con ellos difiere de cómo se trabaja con el resto de los módulos.

Rescata el struct `Empleado` que has implementado en capítulos anteriores. La entidad `Empleado` presenta un peso importante dentro del gestor de empleados (ya sabes, al fin y al cabo, el programa gestiona empleados), así que tiene sentido incluir tanto el struct `Empleado` como sus métodos en un módulo independiente llamado `empleado`.

ADVERTENCIA:

A partir de este punto trabajarás con mucho código a lo largo de este capítulo. Ahora, más que nunca, te recomiendo abrir Visual Studio Code para hacer un seguimiento detallado de la explicación y entender los códigos que se proporcionan y las jerarquías que se establecen.

Para definir un módulo en Rust llamado `empleado`, crea el archivo de código fuente empleado.rs en la carpeta src, a la altura de main.rs, e incluye en su interior todo el código relacionado con el tipo `Empleado` (exceptuando la implementación del trait `Informe`, que es más compleja).

NOTA:

Los comentarios de documentación siempre deben acompañar al código implementado. Mover el código de lugar implica mover también sus comentarios de documentación para que la documentación automática continúe generándose correctamente.

El contenido de empleado.rs podría ser similar al que te muestro a continuación.

```rust
/// Representa un empleado con nombre, primer apellido,
/// sueldo bruto anual y correo electrónico.
struct Empleado {
    /// Nombre del empleado.
    nombre: String,

    /// Primer apellido del empleado.
    primer_apellido: String,

    /// Sueldo bruto anual del empleado.
    sueldo_bruto_anual: f64,

    /// Correo electrónico del empleado.
    correo_electronico: String,
}

impl Empleado {

    /// Tasa del IRPF (Impuesto sobre la Renta de
    /// las Personas Físicas).
    const IRPF: f32 = 0.30;

    /// Devuelve el nombre de la empresa.
    ///
    /// # Ejemplo
    ///
    /// ```
    /// let nombre_empresa = Empleado::nombre_empresa();
    /// assert_eq!(nombre_empresa, "Industrias Reynholm");
    /// ```
    fn nombre_empresa() -> String {
        String::from("Industrias Reynholm")
    }
```

```
/// Devuelve una referencia al nombre del empleado.
///
/// # Ejemplo
///
/// ```
/// let empleado = Empleado {
///   nombre: String::from("Roy"),
///   primer_apellido: String::from("Trenneman"),
///   sueldo_bruto_anual: 50000.0,
///   correo_electronico:
///                   String::from("r.trenneman@reynholm.com"),
/// };
/// assert_eq!(empleado.obtener_nombre(), "Roy");
/// ```
fn obtener_nombre(&self) -> &String {
    &self.nombre
}

/// Devuelve una referencia al primer apellido del empleado.
///
/// # Ejemplo
///
/// ```
/// let empleado = Empleado {
///   nombre: String::from("Roy"),
///   primer_apellido: String::from("Trenneman"),
///   sueldo_bruto_anual: 500_000.,
///   correo_electronico:
///                   String::from("r.trenneman@reynholm.com"),
/// };
/// assert_eq!(empleado.obtener_primer_apellido(), "Trenneman");
/// ```
fn obtener_primer_apellido(&self) -> &String {
    &self.primer_apellido
}

/// Devuelve el sueldo bruto anual del empleado.
///
/// # Ejemplo
///
/// ```
/// let empleado = Empleado {
///   nombre: String::from("Roy"),
///   primer_apellido: String::from("Trenneman"),
///   sueldo_bruto_anual: 500_000.,
///   correo_electronico:
///                   String::from("r.trenneman@reynholm.com"),
/// };
```
```
```

```rust
/// assert_eq!(empleado.obtener_sueldo_bruto_anual(), 500_000.);
/// ```
fn obtener_sueldo_bruto_anual(&self) -> f64 {
    self.sueldo_bruto_anual
}

/// Devuelve una referencia al correo electrónico del empleado.
///
/// # Ejemplo
///
/// ```
/// let empleado = Empleado {
///   nombre: String::from("Roy"),
///   primer_apellido: String::from("Trenneman"),
///   sueldo_bruto_anual: 500_000.,
///   correo_electronico:
///                   String::from("r.trenneman@reynholm.com"),
/// };
/// assert_eq!(empleado.obtener_correo_electronico(),
///         "r.trenneman@reynholm.com");
/// ```
fn obtener_correo_electronico(&self) -> &String {
    &self.correo_electronico
}

/// Comprueba si el sueldo bruto anual del empleado
/// es mayor que una cantidad dada.
///
/// # Ejemplo
///
/// ```
/// let empleado = Empleado {
///   nombre: String::from("Roy"),
///   primer_apellido: String::from("Trenneman"),
///   sueldo_bruto_anual: 500_000.,
///   correo_electronico:
///                   String::from("r.trenneman@reynholm.com"),
/// };
/// assert!(empleado.sueldo_mayor_que(40000.0));
/// assert!(!empleado.sueldo_mayor_que(60000.0));
/// ```
fn sueldo_mayor_que(&self, cantidad: f64) -> bool {
    self.sueldo_bruto_anual > cantidad
}
}
```

Este archivo no debe contener la función principal. Recuerda que main() es el punto de entrada del programa y solo debes incluir una única función main() en todo el proyecto.

Ya tenemos el módulo `empleado` definido y solo quedaría su declaración. Para indicar que el archivo empleado.rs es un módulo, debes escribir al comienzo del archivo main. rs la palabra reservada `mod`, seguida del nombre del archivo que quieres declarar como módulo. La línea de código termina en punto y coma `;`.

```
mod empleado;

fn main() {
    // Punto de entrada del programa
}
```

Visibilidad de los elementos en un módulo

En Rust, la visibilidad de los módulos es privada por defecto. Cualquier función, estructura o constante que se declare dentro del módulo no es accesible desde fuera del módulo a menos que se indique explícitamente.

Trata de instanciar una variable de tipo `Empleado` en la función principal `main()`.

```
mod empleado;

fn main() {
    let empleado = Empleado {
        nombre: String::from("Roy"),
        primer_apellido: String::from("Trenneman"),
        sueldo_bruto_anual: 500_000.,
        correo_electronico: String::from("r.trenneman@reynholm.com"),
    };
}
```

Compila el código y obtendrás un error de compilación que indica que el struct `Empleado` no es accesible:

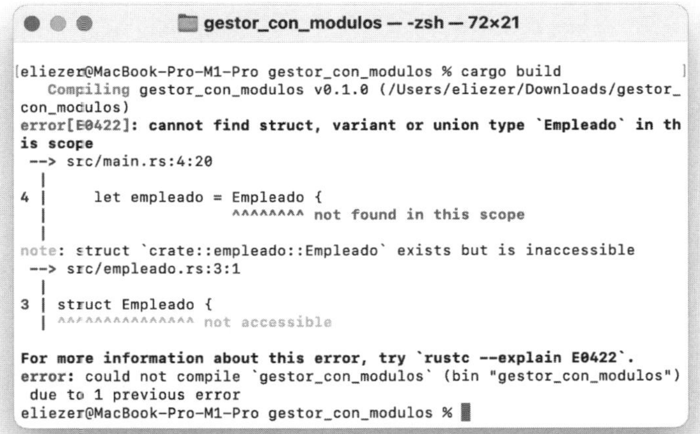

Figura 17.2. Error E0422 en consola.

En primer lugar debemos importar el módulo empleado en el archivo main.rs para poder utilizar el struct Empleado. Ya importaste módulos en el pasado con la palabra reservada use.

```
mod empleado;

use empleado::Empleado;

fn main() {
    let empleado = Empleado {
        nombre: String::from("Roy"),
        primer_apellido: String::from("Trenneman"),
        sueldo_bruto_anual: 500_000.,
        correo_electronico: String::from("r.trenneman@reynholm.com"),
    };
}
```

Ya has importado el módulo, pero la visibilidad de sus elementos sigue siendo privada. Para hacer que un ítem sea accesible desde fuera del módulo en el que se implementa, utilizamos la palabra reservada pub. Así que escribimos la palabra reservada pub delante de la definición del struct Empleado en el archivo empleado.rs.

```
/// Representa un empleado con nombre, primer apellido, sueldo bruto
anual y correo electrónico.
pub struct Empleado {
    /// Nombre del empleado.
    nombre: String,

    /// Primer apellido del empleado.
    primer_apellido: String,

    /// Sueldo bruto anual del empleado.
    sueldo_bruto_anual: f64,

    /// Correo electrónico del empleado.
    correo_electronico: String,
}
```

Vuelve a compilar. Ahora el struct Empleado es visible, pero sus atributos siguen siendo privados.

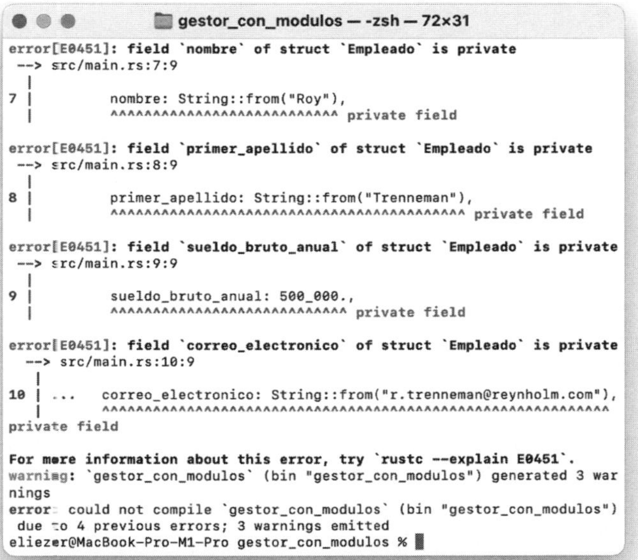

Figura 17.3. Error E0451 en consola.

Cada uno de los atributos deberán marcarse como públicos para que puedan ser utilizados fuera del módulo.

```
/// Representa un empleado con nombre, primer apellido, sueldo bruto
anual y correo electrónico.
pub struct Empleado {
    /// Nombre del empleado.
    pub nombre: String,

    /// Primer apellido del empleado.
    pub primer_apellido: String,

    /// Sueldo bruto anual del empleado.
    pub sueldo_bruto_anual: f64,

    /// Correo electrónico del empleado.
    pub correo_electronico: String,
}
```

Comprueba que puedes trabajar con los valores de la variable instanciada. Por ejemplo, para mostrar su contenido en pantalla.

```
mod empleado;

use empleado::Empleado;

fn main() {
```

```rust
    let empleado = Empleado {
        nombre: String::from("Roy"),
        primer_apellido: String::from("Trenneman"),
        sueldo_bruto_anual: 500_000.,
        correo_electronico: String::from("r.trenneman@reynholm.com"),
    };
    println!("");
    println!("----------------------------");
    println!("Nombre: {}", empleado.nombre);
    println!("Primer apellido: {}", empleado.primer_apellido);
    println!("Sueldo bruto anual: {}", empleado.sueldo_bruto_anual);
    println!("Correo electrónico: {}", empleado.correo_electronico);
    println!("----------------------------");
    println!("");
}
```

Sin embargo, ocurre que el acceso a los atributos del struct debería realizarse a través de los métodos observadores implementados, en lugar de acceder directamente a sus atributos. Asegúrate que el módulo empleado incluye estos métodos observadores y utilízalos para acceder a la información:

```rust
mod empleado;

use empleado::Empleado;

fn main() {
    let empleado = Empleado {
        nombre: String::from("Roy"),
        primer_apellido: String::from("Trenneman"),
        sueldo_bruto_anual: 500_000.,
        correo_electronico: String::from("r.trenneman@reynholm.com"),
    };

    println!("");
    println!("----------------------------");

    println!("Nombre: {}", empleado.obtener_nombre());

    println!("Primer apellido: {}",
            empleado.obtener_primer_apellido());

    println!("Sueldo bruto anual: {}",
            empleado.obtener_sueldo_bruto_anual());

    println!("Correo electrónico: {}",
            empleado.obtener_correo_electronico());

    println!("----------------------------");
    println!("");
}
```

Volverás a obtener un mensaje de error que indica que los métodos son privados.

```
● ● ●              📁 gestor_con_modulos — -zsh — 72×54
[eliezer@MacBook-Pro-M1-Pro gestor_con_modulos % cargo build        ]
    Compiling gestor_con_modulos v0.1.0 (/Users/eliezer/Downloads/gestor_
con_modulos)
error[E0624]: method `obtener_nombre` is private
  --> src/main.rs:16:37
   |
16 |       println!("Nombre: {}", empleado.obtener_nombre());
   |                                       ^^^^^^^^^^^^^^^ private method
   |
 ::: src/empleado.rs:49:5
   |
49 |       fn obtener_nombre(&self) -> &String {
   |       -------------------------------- private method defined here

error[E0624]: method `obtener_primer_apellido` is private
  --> src/main.rs:19:23
   |
19 |               empleado.obtener_primer_apellido());
   |                        ^^^^^^^^^^^^^^^^^^^^^^^ private method
   |
 ::: src/empleado.rs:67:5
   |
67 |       fn obtener_primer_apellido(&self) -> &String {
   |       --------------------------------------------- private method def
ined here

error[E0624]: method `obtener_sueldo_bruto_anual` is private
  --> src/main.rs:22:23
   |
22 |               empleado.obtener_sueldo_bruto_anual());
   |                        ^^^^^^^^^^^^^^^^^^^^^^^^^^ private method
   |
 ::: src/empleado.rs:85:5
   |
85 |       fn obtener_sueldo_bruto_anual(&self) -> f64 {
   |       ---------------------------------------------- private method defi
ned here

error[E0624]: method `obtener_correo_electronico` is private
   --> src/main.rs:25:23
   |
25 |               empleado.obtener_correo_electronico());
   |                        ^^^^^^^^^^^^^^^^^^^^^^^^^^ private method
   |
 ::: src/empleado.rs:104:5
   |
104 |      fn obtener_correo_electronico(&self) -> &String {
   |      ----------------------------------------------- private method
 defined here

For more information about this error, try `rustc --explain E0624`.
error: could not compile `gestor_con_modulos` (bin "gestor_con_modulos")
 due to 4 previous errors
eliezer@MacBook-Pro-M1-Pro gestor_con_modulos % ▊
```

Figura 17.4. Error E0624 en consola.

La solución pasa por volver al módulo `empleado` y hacer pública la visibilidad de estos métodos para poder llamarlos desde `main()`.

```
impl Empleado {

    /// Tasa del IRPF (Impuesto sobre la Renta de las Personas Físicas).
    const _IRPF: f32 = 0.30;
```

```rust
/// Devuelve el nombre de la empresa.
///
/// # Ejemplo
///
/// ```
/// let nombre_empresa = Empleado::nombre_empresa();
/// assert_eq!(nombre_empresa, "Industrias Reynholm");
/// ```
pub fn nombre_empresa() -> String {
    String::from("Industrias Reynholm")
}

/// Devuelve una referencia al nombre del empleado.
///
/// # Ejemplo
///
/// ```
/// let empleado = Empleado {
///   nombre: String::from("Roy"),
///   primer_apellido: String::from("Trenneman"),
///   sueldo_bruto_anual: 50000.0,
///   correo_electronico:
///                  String::from("r.trenneman@reynholm.com"),
/// };
/// assert_eq!(empleado.obtener_nombre(), "Roy");
/// ```
pub fn obtener_nombre(&self) -> &String {
    &self.nombre
}

/// Devuelve una referencia al primer apellido del empleado.
///
/// # Ejemplo
///
/// ```
/// let empleado = Empleado {
///   nombre: String::from("Roy"),
///   primer_apellido: String::from("Trenneman"),
///   sueldo_bruto_anual: 50000.0,
///   correo_electronico:
///                  String::from("r.trenneman@reynholm.com"),
/// };
/// assert_eq!(empleado.obtener_primer_apellido(), "Trenneman");
/// ```
pub fn obtener_primer_apellido(&self) -> &String {
    &self.primer_apellido
}
```

```rust
/// Devuelve el sueldo bruto anual del empleado.
///
/// # Ejemplo
///
/// ```
/// let empleado = Empleado {
///   nombre: String::from("Roy"),
///   primer_apellido: String::from("Trenneman"),
///   sueldo_bruto_anual: 50000.0,
///   correo_electronico:
///                    String::from("r.trenneman@reynholm.com"),
/// };
/// assert_eq!(empleado.obtener_sueldo_bruto_anual(), 500_000.);
/// ```
pub fn obtener_sueldo_bruto_anual(&self) -> f64 {
    self.sueldo_bruto_anual
}

/// Devuelve una referencia al correo electrónico del empleado.
///
/// # Ejemplo
///
/// ```
/// let empleado = Empleado {
///   nombre: String::from("Roy"),
///   primer_apellido: String::from("Trenneman"),
///   sueldo_bruto_anual: 50000.0,
///   correo_electronico:
///                    String::from("r.trenneman@reynholm.com"),
/// };
/// assert_eq!(empleado.obtener_correo_electronico(),
///         " r.trenneman@reynholm.com ");
/// ```
pub fn obtener_correo_electronico(&self) -> &String {
    &self.correo_electronico
}

/// Comprueba si el sueldo bruto anual del empleado
/// es mayor que una cantidad dada.
///
/// # Ejemplo
///
/// ```
/// let empleado = Empleado {
///   nombre: String::from("Roy"),
///   primer_apellido: String::from("Trenneman"),
///   sueldo_bruto_anual: 50000.0,
///   correo_electronico:
///                    String::from("r.trenneman@reynholm.com"),
```

```
/// };
/// assert!(empleado.sueldo_mayor_que(40000.0));
/// assert!(!empleado.sueldo_mayor_que(60000.0));
/// ```
fn sueldo_mayor_que(&self, cantidad: f64) -> bool {
    self.sueldo_bruto_anual > cantidad
}
}
```

Compila de nuevo el proyecto para confirmar que puedes mostrar la información de la estructura a partir de sus métodos observadores.

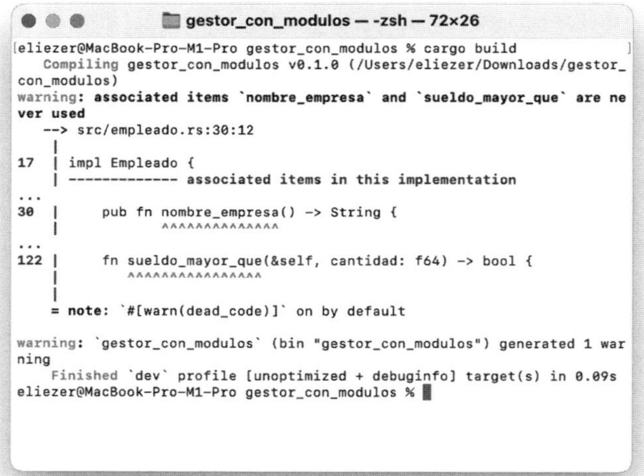

Figura 17.5. Llamada a métodos públicos del struct Empleado.

Si ya podemos acceder al contenido del struct `Empleado` a través de sus métodos observadores, ¿qué sentido tiene mantener públicos los atributos? Los atributos deberían permanecer privados, en cambio, debemos mantenerlos públicos para poder instanciar la estructura:

```
fn main(){

    // …

    let empleado = Empleado {
        nombre: String::from("Roy"),
        primer_apellido: String::from("Trenneman"),
        sueldo_bruto_anual: 500_000.,
        correo_electronico: String::from("r.trenneman@reynholm.com"),
    };

    // …

}
```

Para evitar esta situación, podemos implementar un método público que construya una nueva instancia de tipo
`Empleado`.

```
impl Empleado {

    // …

    /// Constructor para la estructura `Empleado`.
    ///
    /// # Parámetros
    ///
    /// - `nombre`: Nombre del empleado.
    /// - `primer_apellido`: Primer apellido del empleado.
    /// - `sueldo_bruto_anual`: Sueldo bruto anual del empleado.
    /// - `correo_electronico`: Correo electrónico del empleado.
    ///
    /// # Retorno
    ///
    /// - Una nueva instancia de `Empleado`.
    pub fn nuevo(nombre: String, primer_apellido: String,
                sueldo_bruto_anual: f64, correo_electronico: String)
                -> Empleado
{
        Empleado {
            nombre,
            primer_apellido,
            sueldo_bruto_anual,
            correo_electronico,
        }
    }

    // …
}
```

ADVERTENCIA:

Rust utiliza patrones y prácticas, como los métodos asociados, que permiten inicializar estructuras de datos de manera similar a los constructores en otros lenguajes. Sin embargo, estos no son constructores en el sentido tradicional. En Rust, el método que actúa como constructor no necesita llamarse new(), aunque suele llamarse así por convención. En estos ejemplos no usaremos el identificador new() para evitar confusiones.

Tras implementar este método, actualizamos la función principal:

```
mod empleado;
```

```rust
use empleado::Empleado;

fn main() {
    let empleado = Empleado::nuevo(
        String::from("Roy"),
        String::from("Trenneman"),
        500_000.0,
        String::from("r.trenneman@reynholm.com"),
    );

    println!("");
    println!("----------------------------");

    println!("Nombre: {}", empleado.obtener_nombre());

    println!("Primer apellido: {}",
            empleado.obtener_primer_apellido());

    println!("Sueldo bruto anual: {}",
            empleado.obtener_sueldo_bruto_anual());

    println!("Correo electrónico: {}",
            empleado.obtener_correo_electronico());

    println!("----------------------------");
    println!("");
}
```

Vuelve a compilar, y comprueba que tu programa se ejecuta correctamente.

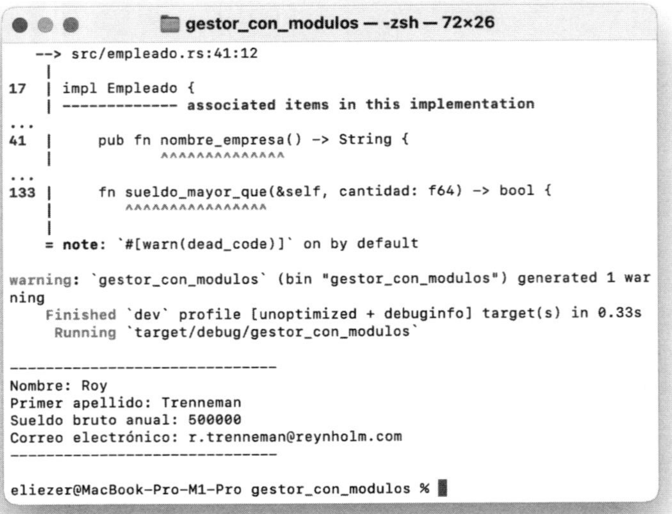

Figura 17.6. Salida esperada: información del empleado Roy Trenneman.

Gracias a la visibilidad privada que se aplica por defecto en los módulos, y a la posibilidad de marcar como público prácticamente cualquier tipo de ítem (structs, métodos, atributos, constantes, etc.), conseguimos un control mucho más granular sobre qué partes del código se exponen a otros módulos.

Ahora que ya sabes declarar módulos, implementarlos en archivos de código fuente, importarlos y utilizarlos con diferentes niveles de visibilidad, tiene sentido abordar la implementación del trait `Informe`.

Actualmente solo disponemos de un trait en nuestro código, pero podríamos tener muchos más. Así que se podría dedicar un módulo a encapsular el trait actual, y donde incluiremos a futuro nuevos trait cuando sean necesarios. Crea un nuevo archivo llamado traits.rs en la carpeta src de tu proyecto, e incluye en su interior el trait `Informe` que ya implementaste para definir el módulo.

```
pub trait Informe {
    fn exportar_datos(&self) -> String;
}
```

TRUCO:

No existe una regla estricta sobre si los nombres de los módulos deben escribirse en singular o en plural. La convención generalmente sigue la intuición y la claridad del nombre según su contexto y su propósito. Te recomiendo utilizar nombres en singular cuando el módulo representa un concepto singular o una entidad (por ejemplo, «empleado») y utilizar nombres en plural cuando el módulo representa una colección de cosas o una serie de funcionalidades similares (por ejemplo, «traits»).

Con el módulo definido, solo queda declararlo como tal en main.rs.

```
mod traits;
mod empleado;

use empleado::Empleado;

fn main(){

    // ...
}
```

El trait `Informe` debe ser importado en aquellos lugares donde va a ser implementado. El struct `Empleado` implementa este trait, así que debemos importar el módulo `traits` dentro del módulo `empleado`. A continuación, implementa dicho trait para el struct `Empleado` en el módulo `empleado` de la siguiente forma:

```
use crate::traits::Informe
```

Usar `crate::` es un patrón común en Rust para referirse a elementos definidos en el ámbito raíz del paquete. Este enfoque proporciona claridad y evita confusiones con otros elementos que podrían tener el mismo nombre en diferentes partes del código.

```
impl Informe for Empleado {
    fn exportar_datos(&self) -> String{
        format!("{} {}.", &self.nombre,
                self.primer_apellido.chars().next().unwrap_or(' '))
    }
}
```

El trait `Informe` va a ser usado desde la función, así que también debemos importarlo en `main.rs`.

```
mod traits;
mod empleado;

use empleado::Empleado;
use traits::Informe;

fn main(){

    // …
}
```

NOTA:

La declaración «mod nombre_del_modulo;» hace explícita la estructura del proyecto desde el punto de entrada, lo que facilita entender cómo está organizado el código, y permite que el módulo sea visible en el alcance del proyecto principal. Puedes declarar módulos en otros lugares del código, pero debes tener en cuenta que esto puede complicar su visibilidad.

Para comprobar que todo funciona correctamente, recuerda incluir al menos una llamada al método `exportar_datos()`.

```
mod traits;
mod empleado;

use empleado::Empleado;
use traits::Informe;

fn main() {
    let empleado = Empleado::nuevo(
        String::from("Roy"),
        String::from("Trenneman"),
        500_000.0,
        String::from("r.trenneman@reynholm.com"),
    );
```

```
    println!("");
    println!("-----------------------------");
    println!("Nombre: {}", empleado.obtener_nombre());
    println!("Primer apellido: {}",
            empleado.obtener_primer_apellido());
    println!("Sueldo bruto anual: {}",
            empleado.obtener_sueldo_bruto_anual());
    println!("Correo electrónico: {}",
            empleado.obtener_correo_electronico());
    println!("-----------------------------");
    println!("");

    println!("Informe:");
    println!("{}", empleado.exportar_datos());
    println!("-----------------------------");
    println!("");
}
```

Efectivamente, el programa compila y se ejecuta como se espera.

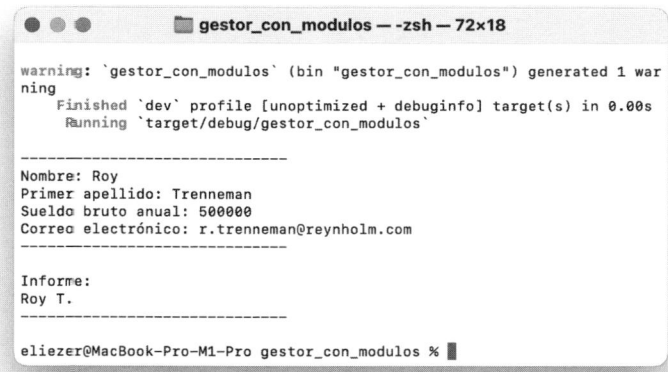

Figura 17.7. Llamada a la implementación del trait «exportar_datos()» para el tipo Empleado.

ADVERTENCIA:

Si has implementado todo el código que he compartido contigo y has hecho los ejercicios que te he planteado en capítulos anteriores, es muy probable que tu código sea diferente del mío. No te preocupes, lo importante es que entiendas los conceptos y sepas trabajar con ellos correctamente. En este capítulo estás viendo una implementación simplificada para evitar la inclusión de páginas y páginas de código, pero que aborda los aspectos más importantes.

NOTA:

Aprovecha que el código implementado ya incluye comentarios de documentación, y ejecuta el comando «cargo doc» para generar la documentación de tu proyecto.

Declaración y definición de módulos en un mismo archivo

Imagina ahora que el tipo `Accionista` parece que no crecerá demasiado, y el equipo de desarrollo decide no crear un archivo de código fuente independiente para almacenar este struct, sino que prefiere implementarlo por el momento en main.rs. Con la palabra reservada `mod` podemos crear un nuevo módulo dentro de un archivo existente, e incluir en su interior la definición del struct `Accionista`.

```rust
mod accionista {
    struct Accionista {
        nombre: String,
        primer_apellido: String,
        correo_electronico: String,
    }
}

mod traits;
mod empleado;

use empleado::Empleado;
use traits::Informe;

fn main() {
    let empleado = Empleado::nuevo(
        String::from("Richmond"),
        String::from("Avenal"),
        500_000.0,
        String::from("r.avenal@reynholm.com"),
    );

    println!("");
    println!("-----------------------------");
    println!("Nombre: {}", empleado.obtener_nombre());
    println!("Primer apellido: {}",
            empleado.obtener_primer_apellido());
    println!("Sueldo bruto anual: {}",
            empleado.obtener_sueldo_bruto_anual());
    println!("Correo electrónico: {}",
            empleado.obtener_correo_electronico());
    println!("-----------------------------");
    println!("");

    println!("Informe:");
    println!("{}", empleado.exportar_datos());
    println!("-----------------------------");
    println!("");
}
```

Al igual que ocurre con los archivos de código fuente que se declaran como módulos, el bloque mod también mantiene su contenido privado por defecto. Tanto el módulo como el struct y sus atributos deberían ser accesibles desde el exterior del bloque, así que marcamos ambos elementos con la palabra reservada pub.

```rust
pub mod accionista {
    pub struct Accionista {
        pub nombre: String,
        pub primer_apellido: String,
        pub correo_electronico: String,
    }
}

// Resto del código de main.rs...
```

Importa el struct Accionista para utilizarlo en main.rs.

```rust
mod accionista {
    pub struct Accionista {
        pub nombre: String,
        pub primer_apellido: String,
        pub correo_electronico: String,
    }
}

mod traits;
mod empleado;

use empleado::Empleado;
use traits::Informe;
use accionista::Accionista;

// ...
```

Y crea una variable de tipo Accionista para confirmar que tu programa funciona correctamente. El archivo main.rs quedaría del siguiente modo:

```rust
mod accionista {
    pub struct Accionista {
        pub nombre: String,
        pub primer_apellido: String,
        pub correo_electronico: String,
    }
}

mod traits;
mod empleado;
```

```rust
use empleado::Empleado;
use traits::Informe;
use accionista::Accionista;

fn main() {
    let empleado = Empleado::nuevo(
        String::from("Richmond"),
        String::from("Avenal"),
        500_000.0,
        String::from("r.avenal@reynholm.com"),
    );

    println!("");
    println!("----------------------------");
    println!("Nombre: {}", empleado.obtener_nombre());
    println!("Primer apellido: {}",
             empleado.obtener_primer_apellido());
    println!("Sueldo bruto anual: {}",
             empleado.obtener_sueldo_bruto_anual());
    println!("Correo electrónico: {}",
             empleado.obtener_correo_electronico());
    println!("----------------------------");
    println!("");

    println!("Informe:");
    println!("{}", empleado.exportar_datos());
    println!("----------------------------");
    println!("");

    let accionista = Accionista {
        nombre: String::from("Maurice"),
        primer_apellido: String::from("Moss"),
        correo_electronico: String::from("m.moss@reynholm.com"),
    };

    println!("Accionista:");
    println!("Nombre: {}", accionista.nombre);
    println!("Primer apellido: {}", accionista.primer_apellido);
    println!("Correo electrónico: {}", accionista.correo_electronico);
    println!("----------------------------");
}
```

Jerarquía y submódulos

Rust permite definir sus módulos a través de archivos de código fuente, así que la definición de nuevos módulos puede afectar directamente a la organización de los archivos de un proyecto.

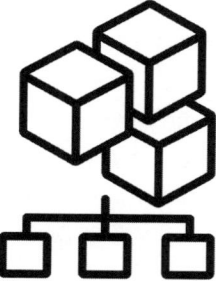

Figura 17.8. Jerarquía y submódulos.

La combinación de ambos mecanismos tolera la posibilidad de declarar submódulos de varias formas diferentes. Por ejemplo,

- Es posible crear un submódulo con la palabra reservada mod dentro del ámbito de un módulo ya existente. Supongamos que la creación de un submódulo dedicado a las transacciones que realiza un Accionista.

```
pub mod accionista {
    pub struct Accionista {
        pub nombre: String,
        pub primer_apellido: String,
        pub correo_electronico: String,
    }

    pub mod transacciones {
        pub struct Transaccion {
            pub cantidad: i32,
            pub fecha: String,
        }

        impl Transaccion {
            pub fn nueva(cantidad: i32, fecha: String) -> Self
{
                Self {cantidad, fecha }
            }
        }
    }
}
```

- También puedes crear un submódulo con la palabra reservada mod dentro de un archivo con extensión .rs declarado como módulo.

  Por ejemplo, imagina que defines un submódulo dentro de empleado.rs para manejar la información personal del empleado.

```
// empleado.rs
mod informacion_personal {
    // ... Definición del módulo
}

// Resto del código implementado en el archivo
```

- Incluso, es posible crear un nuevo directorio dentro de src e incluir en su interior archivos de código fuente declarados como módulos. Estos archivos se consideran submódulos.

Figura 17.9. Estructura de módulos y submódulos con «mod.rs».

Esta última opción es muy interesante, pues en main.rs indicaríamos que el módulo es la carpeta, no los submódulos. Por ejemplo, si la carpeta se llamada empleado, entonces la declaración del módulo se escribiría mod empleado; aunque se trate de una carpeta y no de un archivo de código fuente. Rust entenderá que esta carpeta contiene submódulos que debe tener en consideración.

Cabe destacar que el archivo mod.rs contiene la definición del módulo principal (el que estaría a la altura de la carpeta y del que deberían colgar sus submódulos), y puede declarar y contener otros submódulos. Utilizar mod.rs se considera una buena práctica, aunque puedes organizar tu proyecto sin utilizar este archivo (figura 17.10).

TRUCO:

Utiliza «mod.rs» en proyectos grandes con muchos submódulos y archivos relacionados para proporcionar una estructura clara y centralizada para cada módulo. Óbvialo para simplificar la estructura en proyectos más pequeños, o cuando tienes pocos submódulos.

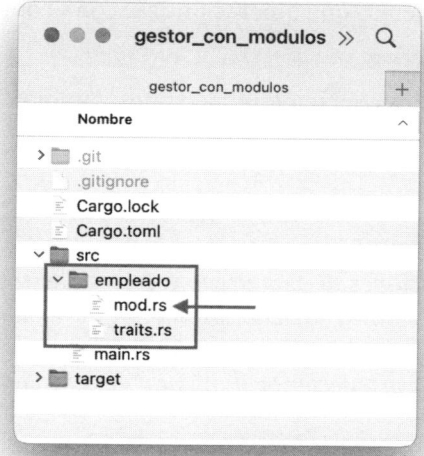

Figura 17.10. Archivo mod.rs.

Te muestro un ejemplo de organización de submódulos sin utilizar mod.rs:

Figura 17.11. Ejemplo de estructura de módulos y submódulos sin «mod.rs».

El uso de estructuras, funciones y otros elementos definidos en un submódulo es muy sencillo. Simplemente importa el código general para utilizar todo lo que incluye (submódulos y cualquier elemento):

```
use empleado;
```

Importa el submódulo concreto que quieras utilizar con el operador de ámbito (::):

```
use empleado::informacion_personal;
```

O bien importa la estructura concreta que necesites, también a través del operador de ámbito (::). Por ejemplo:

```
use empleado::informacion_personal::Direccion;
```

> **TRUCO:**
>
> *Si mantienes las convenciones de nombrado establecidas será muy fácil entender el código implementado. La línea «use empleado::informacion_personal::Direccion;» importa («use») un tipo de dato llamado «Direccion», definido en el submódulo «informacion_personal» perteneciente al módulo «empleado».*

Opciones de visibilidad

Los módulos son privados por defecto. Gracias a la palabra reservada pub podemos establecer varios criterios de acceso a los diferentes elementos definidos en su interior, de modo que algunos de ellos pueden continuar siendo privados, y otros ser configurados con visibilidad pública.

Este mecanismo permite personalizar la visibilidad de los elementos con alto nivel de detalle, y aunque la palabra reservada pub podría ser suficiente para una amplia variedad de casos, Rust proporciona otros modificadores para afinar aún más las opciones de visibilidad.

En total, tenemos 5 opciones de visibilidad con las que podemos trabajar.

- **Sin modificador**. Cuando no se especifica ningún modificador de visibilidad, el ítem es privado al módulo en el que se define. Esto significa que solo puede ser accedido desde dentro del mismo módulo.

- **pub**. Hace que el ítem sea accesible desde cualquier otro módulo, incluso fuera del crate. Esta visibilidad es útil para permitir que otros crates puedan utilizar funcionalidades que se desean compartir. Gracias a pub es posible construir una biblioteca de funcionalidades reutilizables y accesibles para otros proyectos.

- **pub(crate)**. Hace que el ítem sea visible en cualquier lugar dentro del mismo crate,[1] pero no fuera de él. Si vas a compartir código entre diferentes módulos dentro del mismo crate pero no tienes pensado exponerlo externamente, esta opción es la más adecuada. De hecho, los módulos empleado.rs y traits, así como el módulo accionista definido en main.rs, deberían utilizar esta opción de visibilidad. Por ejemplo, el struct Empleado se configuraría del siguiente modo:

---

[1]   Vuelve al capítulo 15 para recordar qué es un *crate*.

```
pub(crate) struct Empleado {
    nombre: String,
    primer_apellido: String,
    sueldo_bruto_anual: f64,
    correo_electronico: String,
}
```

- **pub(super)**. Si estás trabajando con submódulos, podrías necesitar que algún elemento dentro del submódulo exponga detalles de implementación a un módulo superior sin hacerlo visible a otros módulos. Gracias a esta opción, es posible compartir información desde un submódulo con su módulo superior mientras se mantiene el encapsulamiento para el resto de la jerarquía del módulo.

- **pub(in ruta_al_modulo)**. Este modificador permite especificar un camino particular para la visibilidad del elemento, y hace que esta sea visible solo dentro del módulo especificado en `ruta_al_modulo`. Por ejemplo, imagina que un método concreto que se utiliza para verificar si un número de DNI[2] es correcto debe ser visible también en el submódulo `informacion_personal`. Podríamos declarar esta función del siguiente modo.

```
pub(in empleado::informacion_personal) fn verificar_dni(dni: String)
                                                              -> bool
{
    // Implementación de la función.
}
```

Esta función será visible tanto en el ámbito en el que se define como en la ruta en la que se extiende su visibilidad (`empleado::informacion_personal`).

---

[2] En España, Documento Nacional de Identidad único para cada ciudadano.

Relación entre los módulos y la programación orientada a objetos

Los structs y los bloques `impl` en Rust proporcionan una base sólida para la implementación del paradigma de programación orientada a objetos. Sin embargo, la implementación de este paradigma no puede considerarse completa sin la implementación de los módulos.

En el paradigma de la programación orientada a objetos, la encapsulación es fundamental para proteger la información, ocultar sus detalles internos y limitar el acceso a la misma. Los módulos en Rust permiten controlar la visibilidad de sus elementos (structs, enumerados, funciones, constantes, etc.) mediante las diferentes opciones de visibilidad que el lenguaje proporciona. Gracias a estas opciones, es posible aplicar el principio de encapsulación de forma completa y prevenir cambios no autorizados, crucial para mantener la integridad y coherencia de la información contenida en los objetos.

Los módulos también presentan otras dos ventajas relacionadas con este paradigma. En primer lugar, facilitan la organización del código en partes manejables y comprensibles, y en segundo lugar promueven la reutilización del código al permitir separar las funcionalidades en componentes independientes.

Variables estáticas

A diferencia de otros lenguajes, Rust no cuenta con un ámbito global en el sentido tradicional, en el cual es posible declarar variables que sean accesibles desde cualquier parte del programa y sin restricción alguna. Todos los ámbitos son locales, y vienen delimitados por las llaves de apertura y de cierre.

El ámbito que más se asemeja a un ámbito global propiamente dicho es el de módulo, sin embargo, no deja de tratarse de un ámbito local delimitado por el ámbito del módulo.

Por otro lado, existe un tipo de variable especial que permite conseguir una funcionalidad similar a la de las variables globales en términos de duración y persistencia: las variables estáticas. El valor de una variable estática persiste a lo largo de la duración del programa, pero cuenta con un control mucho más estricto en cuanto a visibilidad y acceso, especialmente en entornos de concurrencia.

Una variable estática se define con como una variable cualquiera, pero anteponiendo la palabra reservada `static`.

```
static PI: f64 = 3.141594;
```

Si bien es cierto que una variable estática tiene un alcance global, este alcance varía en función del lugar donde se define. Se distinguen principalmente tres tipos de alcance: global, módulos y submódulos.

- **Alcance global**. Una variable estática que se declara en el ámbito raíz del programa (fuera de la función principal `main()`, al comienzo del archivo main.rs) es accesible desde cualquier módulo o submódulo usando la ruta completa desde la raíz del crate. Por ejemplo:

```
static PI: f64 = 3.141594;
mod operaciones_matematicas {
    pub fn calcular_circunferencia(radio:f64) -> f64 {
        // El acceso a PI en este caso se gestiona con super::
        2.0 * super::PI * radio
    }
}

fn main(){
    /*
        La variable estática PI está disponible tanto en este ámbito,
        como en operaciones_matematicas::calcular_circunferencia
    */
}
```

- **Alcance de módulo**. Una variable estática que se declara dentro de un módulo tiene alcance dentro de ese módulo, y puede ser accesible desde fuera del módulo solo si se declara como `pub` o con alguna de las otras opciones de visibilidad que proporciona el lenguaje.

```
mod operaciones_matematicas {

    pub static PI: f64 = 3.141594;

    pub fn calcular_circunferencia(radio:f64) -> f64 {
        2.0 * PI * radio
    }
}
```

NOTA:

Accede a las variables estáticas declaradas dentro de un módulo con el operador de ámbito: «operaciones_matematicas::PI».

- **Alcance de submódulo**. Una variable estática dentro de un submódulo tiene un alcance dentro del submódulo y puede ser accesible en módulos superiores y otros submódulos si se declara como pública a través de algún modificador de visibilidad, y se usa la ruta adecuada.

```
mod operaciones_matematicas {

    pub mod constantes {
        pub static PI: f64 = 3.141594;
```

```
    }

    pub fn calcular_circunferencia(radio:f64) -> f64 {
        2.0 * constantes::PI * radio
    }
}

fn main(){
    // Acceso a PI desde este ámbito
    println!("Valor de PI: {}",
                operaciones_matematicas::constantes::PI);
}
```

Variables estáticas mutables

Las variables estáticas son inmutables por defecto, y su comportamiento se asemeja a una constante global cuyo valor no puede cambiar una vez se inicializa. Puedes declararlas como mutables añadiéndole la palabra reservada mut entre static y el identificador, pero debes tener algunas consideraciones en cuenta.

```
static mut IDENTIFICADOR: u32 = 0;
```

La primera consideración es que las variables estáticas mutables pueden ser accedidas por múltiples hilos simultáneamente, así que existe el riesgo de que se produzcan condiciones de carrera en entornos de concurrencia si no se sincroniza adecuadamente el acceso a ellas.

La segunda consideración es que modificar variables estáticas mutables requiere de la implementación de bloques unsafe (que se escapa del alcance de este capítulo) lo que indica que el programador debe garantizar la seguridad del acceso a la variable.

ADVERTENCIA:

Utilizar variables estáticas mutables puede ocasionar graves problemas de seguridad. Evita su uso a toda costa.

Si ya tienes experiencia trabajando con entornos concurrentes, debes saber que existen alternativas como seguras (Mutex o RwLock) que evitan los problemas de seguridad asociados con static mut y proporcionan un acceso seguro a variables mutables entre múltiples hilos.

Genéricos

- Qué son los genéricos y para qué sirven.
- Cómo crear structs, enumerados, funciones y métodos que trabajen con diferentes tipos de datos.
- Cómo aplicar restricciones a los tipos genéricos que se implementan.
- Para qué sirve la cláusula where, cómo se implementa y qué ventajas ofrece.

Introducción

Un genérico es una característica que permite escribir código capaz de trabajar sobre diferentes tipos de datos en una misma implementación. Los genéricos son similares a las plantillas o templates en otros lenguajes de programación.

Imagina que tu gestor de empleados registra los movimientos de compra y venta de acciones por parte de los empleados a través de un tipo llamado `ActividadBursatil`. Un empleado puede comprar o vender un número concreto de acciones, así que inicialmente este tipo encapsula un valor de tipo i32 (que acepta valores tanto positivos como negativos).

```
/// Representa un movimiento de compra o venta
/// de acciones de la empresa.

/// Un valor positivo en `num_acciones` indica la compra de acciones.
/// Un valor negativo en `num_acciones` indica la venta de acciones.
struct ActividadBursatil {
    /// Número de acciones involucradas en la transacción.
    ///
    /// - Un valor positivo indica la compra de acciones.
    /// - Un valor negativo indica la venta de acciones.
    num_acciones: i32,
}
```

La empresa crece, y con ello, también el valor de sus acciones, por lo tanto, se plantea la posibilidad de comprar y vender fracciones de acciones. De modo que se decide crear un tipo llamado `ActividadBursatilFraccionada`.

```
/// Representa un movimiento de compra o venta
/// de una fracción de acción de la empresa.
///
/// Un valor positivo en `num_acciones` indica la compra
/// de una fracción de acción.
///
/// Un valor negativo en `num_acciones` indica la venta
/// de una fracción de acción.
///
struct ActividadBursatilFraccionada {
    /// Fracción de acción involucrada en la transacción.
    ///
    /// - Un valor positivo indica la compra de una
    /// fracción de acción.
    ///
    /// - Un valor positivo indica la venta de una fracción de acción.
    num_acciones: f64,
}
```

Sin embargo, disponer de dos tipos de datos para prácticamente el mismo propósito con pequeñas diferencias relativas al tipo de dato utilizado parece algo redundante, y si añadimos algún tipo de operación de suma o resta que involucre varios tipos de datos, el código resultante se complica aún más. En este tipo de situaciones conviene recurrir a los genéricos.

A lo largo de este capítulo aprenderemos a implementar genéricos como complemento a diferentes conceptos que ya conoces, en este orden: funciones, enumeraciones, structs y métodos.

Funciones genéricas

Empecemos por un ejemplo sencillo para explicar los conceptos básicos de un genérico. Imagina que tienes una función `identidad()` que recibe un valor entero y lo devuelve.

```
fn identidad_entero(valor: i32)->i32{

    valor

}
```

Ahora supongamos que también necesitamos trabajar con valores de tipo real, así que implementamos otra función, adaptada al tipo `f64`.

```
fn identidad_entero(valor: f64) -> f64{

    valor

}
```

Ambas funciones son muy parecidas y solo cambia el tipo de dato con el cual se trabaja. Un genérico permite que una implementación se enfoque en la funcionalidad que ofrece, sin preocuparse por el tipo de dato que recibe o devuelve. Para implementar una función genérica, definimos la firma de la función incluyendo los ángulos de apertura y de cierre `<>` entre el nombre de la función y el paréntesis de apertura.

```
fn identidad<>(valor: i32) -> i32 {

    valor

}
```

En el interior de los ángulos, indicamos el nombre del parámetro que usaremos como tipo genérico. Por convención, se utilizan letras mayúsculas cortas (como T, U, V, etc.) aunque puedes utilizar cualquier otro tipo de identificador.

```
fn identidad<T>(valor: i32) -> i32 {

    valor

}
```

A partir de ahora, nuestra función genérica se abstraerá para trabajar con el tipo genérico `T` en lugar de un tipo concreto (por ejemplo, `i32` o `f64`), así que terminamos de modificar la función para eliminar cualquier rastro de concreción y convertirla en una función más general.

```rust
fn identidad<T>(valor: T) -> T {

    valor

}
```

Gracias a esta función genérica, podrás llamar a la función `identidad()` pasándole valores tanto de tipo entero como de tipo real.

```rust
/// Devuelve el valor que recibe como parámetro.
///
/// # Parámetros de entrada
///
/// * `valor` - Un valor de cualquier tipo T.
///
/// # Ejemplos
///
/// ```
/// let x = identidad(5);
/// assert_eq!(x, 5);
///
/// let y = identidad("hola");
/// assert_eq!(y, "hola");
/// ```
fn identidad<T>(valor: T) -> T {

    valor

}

fn main(){

    let valor_entero = identidad(4);
    let valor_real = identidad(8.15);

    println!("Valor entero: {}", valor_entero);
    println!("Valor real: {}", valor_real);
}
```

NOTA:

En la llamada a la función no necesitas hacer referencia al tipo genérico T, gracias a la inferencia de tipos.

Compila y ejecuta el programa para comprobar que la función genérica procesa los valores correctamente.

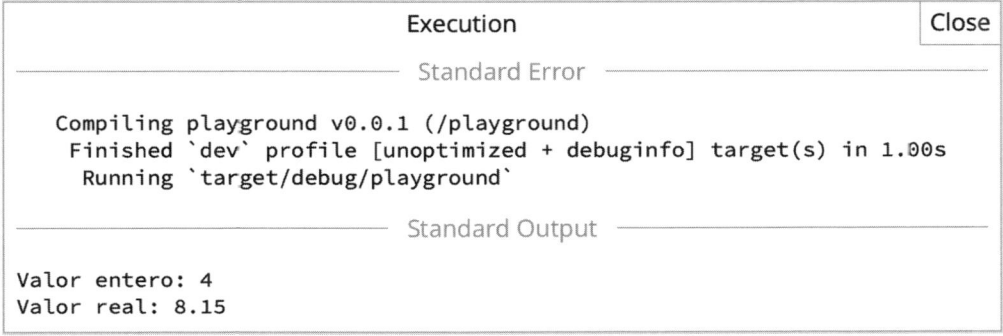

Figura 18.1. Llamada a una función genérica con dos tipos diferentes.

Si echas un vistazo a los comentarios de documentación proporcionados con el programa, apreciarás que uno de los ejemplos incluye una cadena de tipo &str como parámetro de entrada en la función genérica identidad().

Una función genérica puede aceptar cualquier tipo de dato mientras sea válido en el contexto en el cual se usa. Por ejemplo, esta función podrá aceptar enteros, números de punto flotante, cadenas de caracteres de forma nativa, enumerados y structs entre otros tipos de datos, porque todos son compatibles con la funcionalidad implementada.

Supongamos a continuación la implementación de una función parecida.

```
fn mostrar_en_pantalla<T>(valor: T){
    println!("Valor: {}", valor);
}
```

En esta ocasión, mostraremos en pantalla el valor recibido como parámetro de entrada

```
fn mostrar_en_pantalla<T>(valor: T){
    println!("Valor: {}", valor);
}

fn main() {

    let entero = 8;

    mostrar_en_pantalla(8);
}
```

Si ejecutamos esta función obtendremos el siguiente error de compilación:

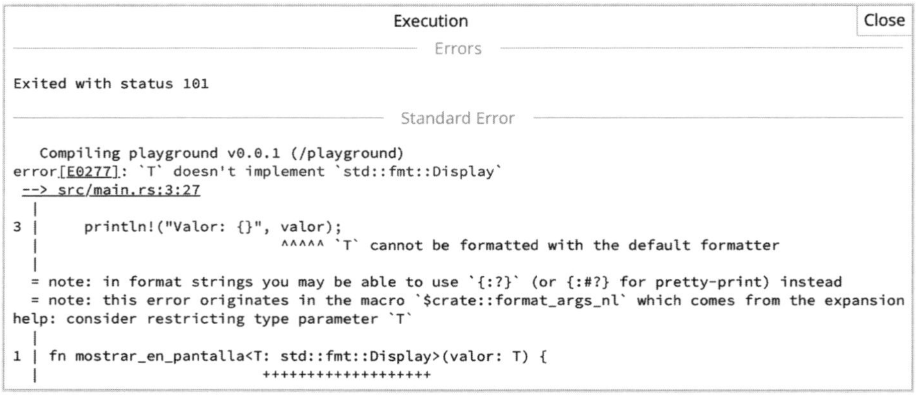

```
Execution                                                            Close
                                   Errors

Exited with status 101

                               Standard Error

   Compiling playground v0.0.1 (/playground)
error[E0277]: `T` doesn't implement `std::fmt::Display`
 --> src/main.rs:3:27
  |
3 |     println!("Valor: {}", valor);
  |                           ^^^^^ `T` cannot be formatted with the default formatter
  |
  = note: in format strings you may be able to use `{:?}` (or {:#?} for pretty-print) instead
  = note: this error originates in the macro `$crate::format_args_nl` which comes from the expansion
help: consider restricting type parameter `T`
  |
1 | fn mostrar_en_pantalla<T: std::fmt::Display>(valor: T) {
  |                       +++++++++++++++++++
```

Figura 18.2. Error E0277 en consola.

El error de compilación que recibes se debe a que el tipo genérico `T` utilizado en la función `mostrar_en_pantalla()` no garantiza que `T` implemente el trait `std::fmt::Display`, necesario para que `println!()` pueda formatear el valor y mostrarlo en pantalla.

Para que un tipo genérico pueda ser utilizado con `println!()` (o cualquier otra función que requiera de un comportamiento específico), debes asegurar que el tipo implemente el trait necesario. En este caso, `std::fmt::Display` es el trait que proporciona el comportamiento necesario para formatear el valor como una cadena de texto. Para corregir este error, debes restringir el tipo genérico `T` para que implemente `std::fmt::Display` en los ángulos de la apertura y de cierre localizados en la firma de la función, de la siguiente forma: `<T: std::fmt::Display>`. El código quedaría de la siguiente forma:

```
fn mostrar_en_pantalla<T: std::fmt::Display>(valor: T){
    println!("Valor: {}", valor);
}

fn main() {

    let entero = 8;

    mostrar_en_pantalla(entero);
}
```

En esta nueva versión de la función genérica, `T: std::fmt::Display` indica que el tipo genérico `T` debe implementar el trait `Display`. Cuando se llame a la función `mostrar_en_pantalla()`, el tipo del valor proporcionado debe implementar este trait para que la función genérica lo acepte, y el programa compile correctamente.

El tipo `i32` lo implementa, así que vuelve a compilar el programa y comprueba que se ejecuta correctamente.

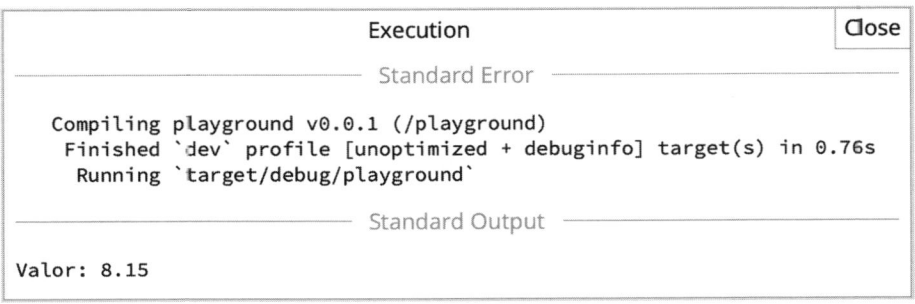

```
Execution                                                    Close
───────────────────────── Standard Error ─────────────────────────
  Compiling playground v0.0.1 (/playground)
   Finished `dev` profile [unoptimized + debuginfo] target(s) in 0.97s
    Running `target/debug/playground`
───────────────────────── Standard Output ────────────────────────
Valor: 8
```

Figura 18.3. Ejemplo de tipo genérico restringido a la implementación de un trait.

Modifica el código y prueba a continuación con un valor real:

```
fn mostrar_en_pantalla<T: std::fmt::Display>(valor: T){

    println!("Valor: {}", valor);

}

fn main(){

    let punto_flotante = 8.15;

    mostrar_en_pantalla(punto_flotante);
}
```

Vuelve a compilar y comprueba que el código sigue funcionando correctamente.

```
Execution                                                    Close
───────────────────────── Standard Error ─────────────────────────
  Compiling playground v0.0.1 (/playground)
   Finished `dev` profile [unoptimized + debuginfo] target(s) in 0.76s
    Running `target/debug/playground`
───────────────────────── Standard Output ────────────────────────
Valor: 8.15
```

Figura 18.4. Ejemplo de tipo genérico restringido a la implementación de un trait.

Todo parece ir sobre ruedas. Rescata el struct `Empleado` en su versión más reducida, instáncialo y trata de mostrar su contenido directamente en pantalla.

```
struct Empleado {
    nombre: String,
    primer_apellido: String,
    sueldo_bruto_anual: f64,
    correo_electronico: String,
}

fn mostrar_en_pantalla<T: std::fmt::Display>(valor: T){

    println!("Valor: {}", valor);

}

fn main() {
    let informatico = Empleado {
        nombre: String::from("Roy"),
        primer_apellido: String::from("Trenneman"),
        sueldo_bruto_anual: 50000.0,
        correo_electronico: String::from("r.trenneman@reynholm.com"),
    };

    mostrar_en_pantalla(informatico);
}
```

Como cabe esperar, obtienes un error de compilación que indica que el tipo `Empleado` no implementa el trait Display.

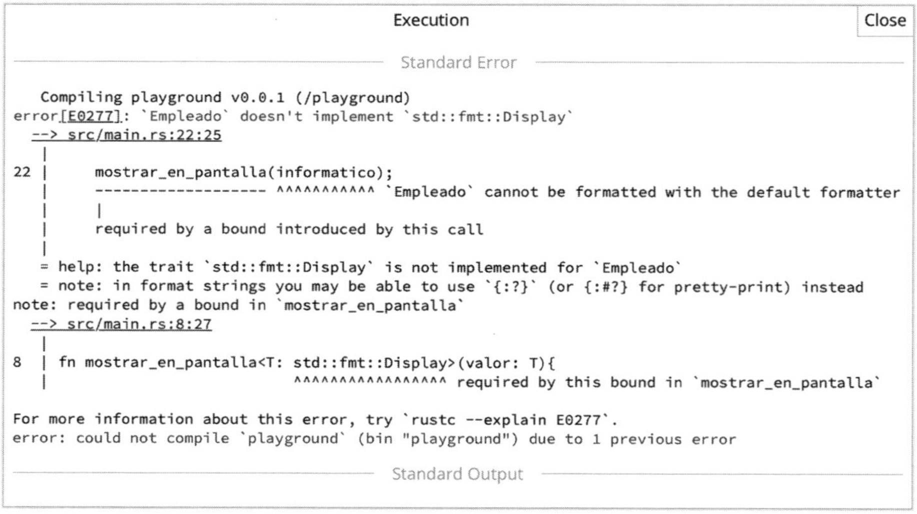

```
Execution                                                         Close
---------------------------- Standard Error ----------------------------
   Compiling playground v0.0.1 (/playground)
error[E0277]: `Empleado` doesn't implement `std::fmt::Display`
  --> src/main.rs:22:25
   |
22 |     mostrar_en_pantalla(informatico);
   |     ------------------- ^^^^^^^^^^^ `Empleado` cannot be formatted with the default formatter
   |     |
   |     required by a bound introduced by this call
   |
   = help: the trait `std::fmt::Display` is not implemented for `Empleado`
   = note: in format strings you may be able to use `{:?}` (or {:#?} for pretty-print) instead
note: required by a bound in `mostrar_en_pantalla`
  --> src/main.rs:8:27
   |
8  | fn mostrar_en_pantalla<T: std::fmt::Display>(valor: T){
   |                           ^^^^^^^^^^^^^^^^^ required by this bound in `mostrar_en_pantalla`

For more information about this error, try `rustc --explain E0277`.
error: could not compile `playground` (bin "playground") due to 1 previous error
---------------------------- Standard Output ----------------------------
```

Figura 18.5. Error E0277 en consola.

Implementa el trait `Display` para el struct `Empleado` y soluciona el error de compilación. Si no sabes cómo implementarlo, echa un vistazo a la documentación oficial del trait.[1] El código resultante quedaría similar al que te muestro a continuación.

```rust
use std::fmt;

struct Empleado {
    nombre: String,
    primer_apellido: String,
    sueldo_bruto_anual: f64,
    correo_electronico: String,
}

// Implementación del trait Display para Empleado
impl fmt::Display for Empleado {

    fn fmt(&self, f: &mut fmt::Formatter) -> fmt::Result {

        write!(
            f,
            "Nombre: {} {}\nSueldo Bruto Anual: {}€\n
             Correo Electrónico: {}",
            self.nombre, self.primer_apellido,
            self.sueldo_bruto_anual, self.correo_electronico
        )
    }
}

fn mostrar_en_pantalla<T: std::fmt::Display>(valor: T) {

    println!("Valor: {}", valor);

}

fn main() {

    let informatico = Empleado {
        nombre: String::from("Roy"),
        primer_apellido: String::from("Trenneman"),
        sueldo_bruto_anual: 50000.0,
        correo_electronico: String::from("r.trenneman@reynholm.com"),
    };

    mostrar_en_pantalla(informatico);
}
```

---

[1] Documentación oficial del trait `Display`: doc.rust-lang.org/std/fmt/trait.Display.html.

Vuelve a compilar y comprueba que la función genérica, ahora sí, muestra en pantalla la información correctamente.

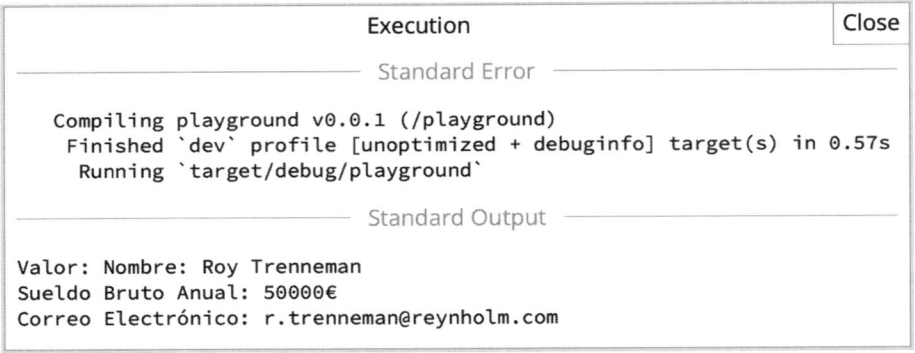

Figura 18.6. Ejemplo de tipo genérico restringido a la implementación de un trait.

En Rust, un tipo genérico T permite que una función acepte cualquier tipo de dato. La correcta ejecución de una función genérica dependerá del contexto en el que se utilice T y de los traits asociados que se especifiquen como restricciones.

Los genéricos permiten el uso de tantos tipos de datos genéricos como necesitemos. Imaginemos una función que compara dos sueldos y determina cuál es el mayor. Esta función debe ser lo suficientemente flexible como para aceptar diferentes tipos de datos para los valores (por ejemplo, debe ser capaz de comparar entre sí valores enteros y valores reales).

Existen muy pocas diferencias que tener en cuenta. Simplemente indica los tipos de datos genéricos que necesites (separados por comas) entre los ángulos de apertura y de cierre < > y utilízalos para implementar la función.

```
fn es_mayor<T, U>(sueldo1: T, sueldo2: U) -> bool {

    if sueldo1 > sueldo2 {
        true
    } else {
        false
    }

}
```

Si compilas obtendrás el error de compilación de la figura 18.7.

Este error indica que la comparación entre dos tipos debe garantizarse mediante la implementación del trait PartialOrd, que permite comparar valores a través de los operadores de comparación. Añadimos esta restricción a los tipos genéricos T y U.

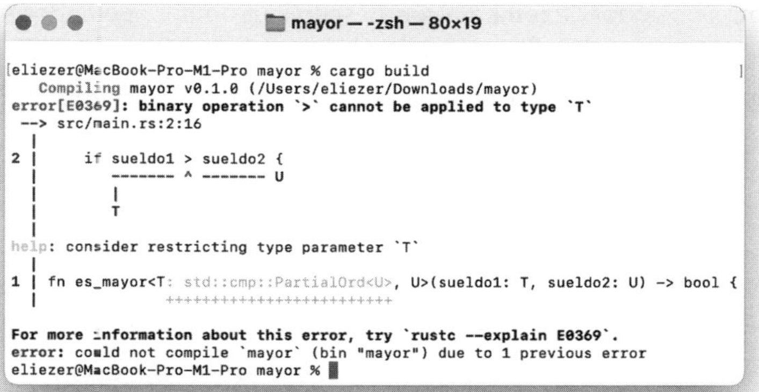

Figura 18.7. Error E0369 en consola.

```
use std::cmp::PartialOrd;

fn es_mayor<T: PartialOrd, U: PartialOrd>(sueldo1: T, sueldo2: U)
          -> bool
{
    if sueldo1 > sueldo2 {
        true
    } else {
        false
    }
}
```

Volvemos a compilar y obtenemos otro error:

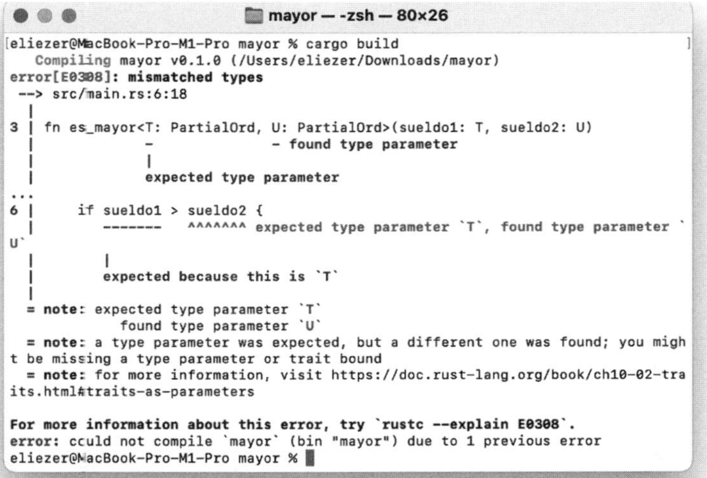

Figura 18.8. Error E0308 en consola.

En esta ocasión, el operador de comparación > espera que ambos operandos sean del mismo tipo. Existen varias formas de solucionar esta situación. A destacar:

- **Sobrecargar el operador >.** Podríamos permitir la comparación entre los tipos esperados sobrecargando el operador.

- **Añadir una restricción de tipo**: Solo aceptaremos tipos de datos que puedan compararse y que ya tengan implementada la conversión al tipo necesario. Optaremos por esta opción.

Las restricciones que estableceremos para los tipos de datos genéricos T y U son dos: contar con la implementación del trait PartialOrd y contar con la implementación del trait Into, que garantiza que la conversión de cualquier tipo que pasemos como T en un f64 (en este caso).

```
use std::cmp::PartialOrd;

fn es_mayor<T: PartialOrd + Into<f64>,
        U: PartialOrd + Into<f64>>(sueldo1: T, sueldo2: U)
        -> bool
{
    let sueldo1: f64 = sueldo1.into();
    let sueldo2: f64 = sueldo2.into();

    sueldo1 > sueldo2
}
```

Implementa un programa que utilice esta función genérica para confirmar que acepta los tipos i32 y f64 correctamente, y aprovecha la ocasión para incluir comentarios de documentación.

```
use std::cmp::PartialOrd;

/// Compara dos sueldos y determina si el primero es mayor que el segundo.
///
/// # Parámetros de entrada
///
/// * `sueldo1` - El primer sueldo, de un tipo que
/// implementa `PartialOrd` y se puede convertir a `f64`.
/// * `sueldo2` - El segundo sueldo, de un tipo que implementa
/// `PartialOrd` y se puede convertir a `f64`.
///
/// # Retorno
///
/// Un booleano que indica si `sueldo1` es mayor que `sueldo2`.
fn es_mayor<T: PartialOrd + Into<f64>,
        U: PartialOrd + Into<f64>>(sueldo1: T, sueldo2: U)
-> bool {

    let sueldo1: f64 = sueldo1.into();
    let sueldo2: f64 = sueldo2.into();
```

```
    sueldo1 > sueldo2
}

fn main() {

    let sueldo_empleado_1: i32 = 15;
    let sueldo_empleado_2: f64 = 16.23;

    if es_mayor(sueldo_empleado_1, sueldo_empleado_2) {
        println!("El sueldo del empleado 1 es mayor que
                el sueldo del empleado 2.");
    } else {
        println!("El sueldo del empleado 1 es menor o igual
                que el sueldo del empleado 2.");
    }
}
```

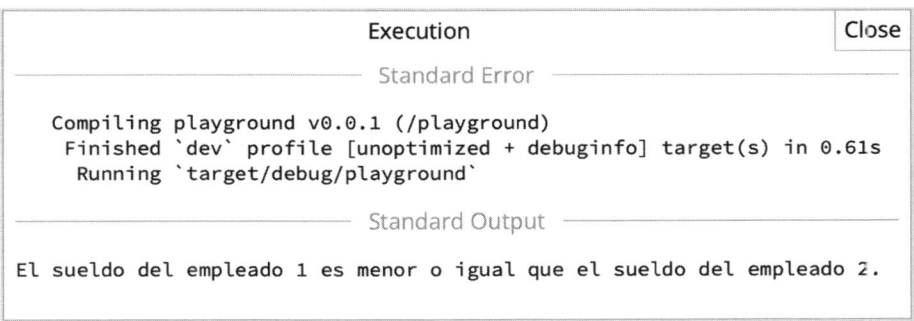

Figura 18.9. Ejemplo de tipo genérico restringido a la implementación de dos traits.

Enumerados genéricos

Si te gusta relacionar conceptos, debes saber que ya has utilizado numerados genéricos en capítulos anteriores. ¿Recuerdas los enumerados especiales Option y Result? Ambos son enumerados genéricos que incluyen tipos genéricos.

El enumerado Option trabaja con un tipo genérico T, donde T es el tipo del valor almacenado en el opcional, en caso de que exista. Tiene sentido, pues para distintos tipos queremos tener variables que, o bien no contengan ningún valor, o bien sepamos el valor que contienen.

```
pub enum Option<T> {
    None,
    Some(T),
}
```

El enumerado `Result` contiene dos tipos genéricos: `T` y `E`, donde `T` es el tipo de valor que se obtiene cuando la operación es exitosa y `E` representa el tipo del valor que se obtiene cuando la operación falla.

```
pub enum Result<T, E> {
    Ok(T),
    Err(E),
}
```

Ahora que ya te has familiarizado en unas pocas líneas con el uso de enumerados genéricos en Rust gracias al contenido ya aprendido en capítulos anteriores, crearemos un enumerado genérico desde cero a través de un ejemplo práctico sencillo.

Supongamos que estamos implementando un sistema básico de procesamiento de solicitudes que pueden tener diferentes tipos de datos asociados.

```
enum Solicitud {
    Get,
    Post,
    Delete,
}
```

Si queremos que el enumerado acepte cualquier tipo de dato, añadimos un tipo genérico junto al identificador del enumerado, tomando como ejemplo el enumerado opcional (enum Option<T>).

```
enum Solicitud<T> {
    Get(T),
    Post(T),
    Delete(T),
}
```

Y con el enumerado genérico implementado, ya solo quedaría utilizarlo en algún programa. ¿Te atreves?

Cuando decimos que `T` puede ser cualquier tipo de dato es porque realmente puede serlo, sin importar si el tipo de dato existe en el lenguaje o ha sido creado por nosotros.

Por ejemplo, supongamos el tipo `SolicitudHttp` para modelar una solicitud HTTP.

```
struct SolicitudHttp {
    url: String,
}
```

Crear una solicitud `GET` haciendo uso del enumerado genérico que acabamos de implementar es tan sencillo como instanciar la variable de tipo `Solicitud`, indicar la variante y definir el valor que almacenará de tipo `SolicitudHttp`.

```
enum Solicitud<T> {
    Get(T),
    Post(T),
    Delete(T),
}
```

```
struct SolicitudHttp {
    url: String,
}

fn main() {

    let _peticion_get = Solicitud::Get(SolicitudHttp {
        url: String::from("http://eliezerlopez.rs/get"),
    });

    let _peticion_post = Solicitud::Post(SolicitudHttp {
        url: String::from("http://eliezerlopez.rs/post"),
    });

    let _peticion_delete = Solicitud::Delete(SolicitudHttp {
        url: String::from("http://eliezerlopez.rs/delete"),
    });
}
```

Para extraer los valores de los enums podemos recurrir a mecanismos como match e if let.

```
use std::fmt::Display;

enum Solicitud<T: Display> {
    Get(T),
    Post(T),
    Delete(T),
}

struct SolicitudHttp {
    url: String,
}

impl Display for SolicitudHttp {
    fn fmt(&self, f: &mut std::fmt::Formatter<'_>) -> std::fmt::Result
{
        write!(f, "{}", self.url)
    }
}

fn main(){

    let peticion_get = Solicitud::Get(SolicitudHttp {
        url: String::from("http://eliezerlopez.rs/get"),
    });

    let peticion_post = Solicitud::Post(SolicitudHttp {
        url: String::from("http://eliezerlopez.rs/post"),
    });
```

```rust
    let _peticion_delete = Solicitud::Delete(SolicitudHttp {
        url: String::from("http://eliezerlopez.rs/delete"),
    });

    match peticion_get {
        Solicitud::Get(url) => {
            println!("La url es {}", url);
        }
        _ => (),
    }

    if let Solicitud::Post(url) = peticion_post {
        println!("La url es {}", url);
    }
}
```

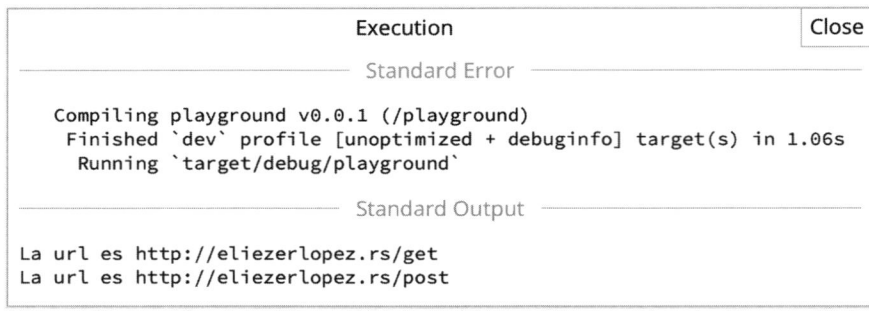

Figura 18.10. Programa de ejemplo con enumerados genéricos.

Structs genéricos

La forma más sencilla de entender los structs genéricos es pensar en ellos como un tipo personalizado que actúa como un recipiente que se adapta al tipo de dato que recibe. Un ejemplo muy sencillo que internamente se implementa como un `struct` es el vector de alto nivel: `Vec<T>`, utilizado para almacenar una colección dinámica de elementos del mismo tipo. La `T` dentro de `Vec<T>` representa el tipo de elementos almacenados en el vector. Una versión simplificada de la definición interna de un vector de alto nivel de la biblioteca estándar del lenguaje tiene una definición similar a esta:

```rust
pub struct Vec<T> {
    buf: RawVec<T>,
    len: usize,
}
```

ADVERTENCIA:

Esta definición de Vec<T> se encuentra simplificada para ilustrar el concepto.

Supongamos que queremos crear un tipo de dato que represente un par `clave-valor`, como el que encontramos en el archivo `Cargo.toml`, teniendo en cuenta que la clave y el valor pueden ser de cualquier tipo.

La definición de este nuevo tipo para por la implementación de un `struct` genérico que reciba dos valores, cada uno de ellos de un tipo genérico diferente. Su sintaxis es muy similar a la que hemos utilizado para la definición del `enum Result` en el apartado anterior.

```
struct ParClaveValor<C, V> {
    clave: C,
    valor: V,
}
```

Donde C es el tipo genérico que se utiliza para la clave, y V el tipo genérico que se utiliza para el valor.

Para instanciar una variable de tipo `ParClaveValor`, indicamos entre ángulos de apertura y de cierre los tipos de datos que almacenará este struct genérico.

```
struct ParClaveValor<C, V> {
    clave: C,
    valor: V,
}

fn main(){

    let nivel_de_optimizacion: ParClaveValor<&str, u8> = ParClaveValor
    {
        clave: "opt-level",
        valor: 2,
    };

}
```

Como ocurre con cualquier otro tipo de dato, en este caso los tipos de C y V también pueden ser inferidos:

```
struct ParClaveValor<C, V> {
    clave: C,
    valor: V,
}

fn main(){

    let nivel_de_optimizacion = ParClaveValor {
        clave: "opt-level",
        valor: 2,
    };

}
```

Aunque ya sabes que es una muy buena práctica indicar explícitamente los tipos que almacenarán las instancias declaradas.

Si el `struct` almacena algún tipo de contenedor en su interior, es importante hacer coincidir los tipos de datos genéricos que se implementen para que la instancia se construya de forma robusta. Por ejemplo, si creamos el tipo Contenedor y en su interior almacena un vector de alto nivel, tiene sentido que el tipo de dato con el que se crea una instancia de Contenedor sea el tipo de dato con el que se instancia el vector que encapsula.

```
struct Contenedor<T> {
    elementos: Vec<T>,
}
```

Este tipo personalizado permite trabajar con diferentes tipos de datos. Por ejemplo, podemos crear una variable de tipo `Contenedor` que almacene cadenas de caracteres de alto nivel:

```
struct Contenedor<T> {
    elementos: Vec<T>,
}

fn main() {
    let lenguajes_de_programacion: Contenedor<String> = Contenedor {
        elementos: vec!["C".to_string(),
                        "C++".to_string(),
                        "Rust".to_string()
                        ],
    };
}
```

O simplemente valores primitivos:

```
struct Contenedor<T>{
    elementos: Vec<T>,
}

fn main(){

    let secuencia_misteriosa: Contenedor<i32> = Contenedor {
        elementos: vec![4, 8, 15, 16, 23, 42],
    };

}
```

Como ya vimos con las funciones genéricas, es posible aplicar restricciones a los tipos genéricos para que solo acepten tipos que implementen ciertos comportamientos.

Por ejemplo, si queremos mostrar en pantalla el contenido que se almacene en las variables de tipo `Contenedor` con algún tipo de formato definido, necesitaremos recurrir al trait `Display`. Por tanto, conviene aplicar la restricción al tipo genérico T:

```
struct Contenedor<T: Display> {
    elementos: Vec<T>,
}
```

E implementar el trait Display para el tipo Contenedor tal y como se especifica en su documentación:[2]

```
1  impl<T: Display> Display for Contenedor<T> {
2      fn fmt(&self, f: &mut Formatter<'_>) -> fmt::Result {
3          for elemento in &self.elementos {
4              writeln!(f, "{}", elemento)?;
5          }
6          Ok(())
7      }
8  }
```

NOTA:

La macro «writeln!» se utiliza para escribir una línea de texto, añadiendo un salto de línea al final, en el destino especificado. En este caso, el destino es el formateador «f». Por el momento, ignora el símbolo de interrogación de cierre «?» que se incluye al final de la línea 4. Entenderás cuál es su propósito más adelante.

El programa completo debería quedar parecido al que te muestro a continuación.

```
use std::fmt::{self, Display, Formatter};

/// Estructura genérica que contiene un vector de elementos
/// de tipo `T`.
/// El tipo `T` debe implementar el trait `Display` para que
/// los elementos puedan ser formateados y mostrados.
struct Contenedor<T: Display> {
    elementos: Vec<T>,
}

/// Implementación del trait `Display` para
/// la estructura `Contenedor<T>`.
/// Esto permite que una instancia de `Contenedor` se formatee
/// y muestre su contenido en pantalla utilizando la macro `println!`
/// o cualquier otra función que utilice formateo de texto.
impl<T: Display> Display for Contenedor<T> {

    /// El método `fmt` se encarga de definir
    /// cómo se formatea la estructura.
    /// Recorre cada elemento del vector `elementos`
    /// y lo escribe en el formateador `f`, añadiendo un salto
    // de línea después de cada elemento.
    fn fmt(&self, f: &mut Formatter<'_>) -> fmt::Result {
        for elemento in &self.elementos {
            writeln!(f, "{}", elemento)?;
        }
```

---

[2] Documentación oficial del trait Display: doc.rust-lang.org/std/fmt/trait.Display.html

```
        Ok(())
    }
}

fn main() {

    let lenguajes_de_programacion: Contenedor<String> = Contenedor {
        elementos: vec![
            "C".to_string(),
            "C++".to_string(),
            "Rust".to_string(),
        ],
    };

    let secuencia_misteriosa: Contenedor<i32> = Contenedor {
        elementos: vec![4, 8, 15, 16, 23, 42],
    };

    println!("{}", lenguajes_de_programacion);
    println!("{}", secuencia_misteriosa);
}
```

Es un programa pequeño pero sustancioso.

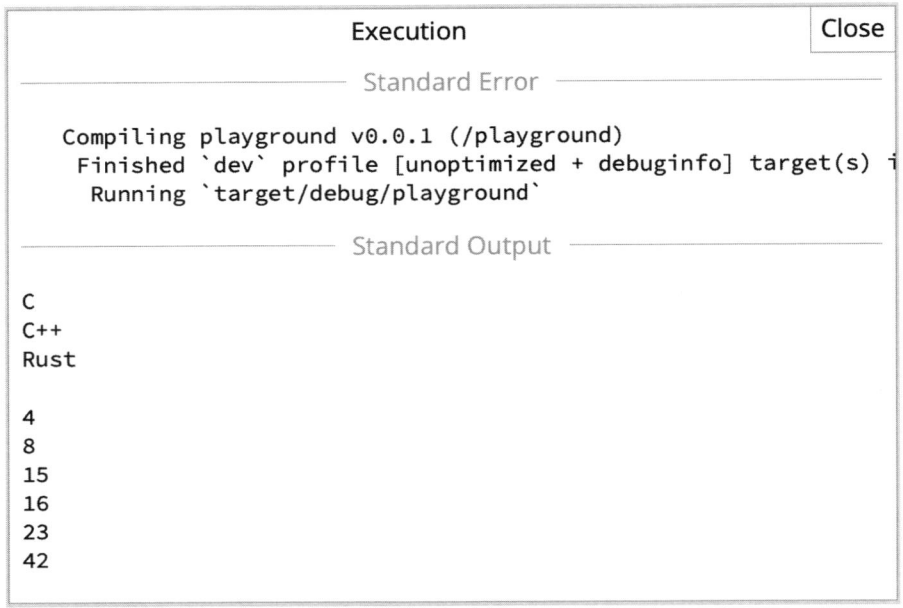

Figura 18.11. Programa de ejemplo con structs genéricos.

Te animo a copiar el código en tu equipo y generar la documentación para leer con calma las notas que he añadido.

Tuple structs genéricos

Podemos rizar el rizo todo lo que queramos. Si recuerdas, un tuple struct es un struct capaz de almacenar varios valores de tipos diferentes como si de una tupla se tratase. Al igual que los structs clásicos, pueden ser parametrizados con tipos genéricos. Por ejemplo, definamos el tipo `Punto` como un tuple struct.

```
struct Punto<T, U>(T, U);
```

La creación de variables de tipo `Punto` sigue el mismo patrón que aprendiste anteriormente, aunque se trate de un tuple struct genérico.

```
fn main(){

    // Punto<i32, f64>
    let origen = Punto(4, 8.15);

    // Punto<f64, i32>
    let destino = Punto(16.23, 42);

}
```

Métodos genéricos

Para implementar métodos genéricos rescataremos el struct `ParClaveValor<C, V>`.

```
struct ParClaveValor<C, V> {
    clave: C,
    valor: V,
}
```

Cualquier método se implementa a través de un bloque `impl` sin importar si el método se implementa para un enumerado o para un `struct`. Cuando hablamos de métodos genéricos debemos incluir en algún momento los tipos de datos genéricos que utilizaremos. Al implementar bloques `impl` estos tipos aparecen en varios lugares.

En primer lugar, debemos tener en cuenta que la implementación se realiza para un tipo concreto. En este caso el tipo es `ParClaveValor<C, V>`, así que el bloque `impl` debe asociarse exactamente con el identificador de este `struct`.

```
impl ParClaveValor<C, V> {

}
```

A continuación, debemos tener en cuenta que la implementación será también genérica, de modo que debemos indicar junto a la palabra reservada impl cuáles son los tipos de datos genéricos que se utilizarán dentro del ámbito del bloque.

```
impl<C, V> ParClaveValor<C, V> {

}
```

Y finalmente solo quedaría implementar los métodos para el tipo ParClaveValor<C, V>. Según las necesidades del método puede ser necesario o no hacer referencia a alguno de los tipos genéricos. Te pongo algunos ejemplos a continuación.

- Para instanciar la entidad, basta con indicar los tipos genéricos de los valores que se recibirán como parámetros de entrada.

```
fn new(clave: C, valor: V) -> Self {
    ParClaveValor { clave, valor }
}
```

- Para implementar un método observador que proporcione el valor contenido en el campo clave, conviene devolver una referencia inmutable el tipo genérico de clave (C).

```
fn obtener_clave(&self) -> &C {
    &self.clave
}
```

- Para implementar un método observador que proporcione el valor contenido en el campo valor, conviene devolver una referencia inmutable el tipo genérico de valor (V).

```
fn obtener_valor(&self) -> &V {
    &self.valor
}
```

Para hacer uso de estos métodos, simplemente invócalos en función de su naturaleza: método asociado o método de instancia.

```
fn main() {

    let nivel_de_optimizacion = ParClaveValor::new("opt-level", 2);

    println!("[profile.dev]");

    println!("{}: {}", nivel_de_optimizacion.obtener_clave(),
                       nivel_de_optimizacion.obtener_valor());

}
```

El código completo quedaría de la siguiente forma:

```
struct ParClaveValor<C, V> {
    clave: C,
```

```
        valor: V,
}

impl<C, V> ParClaveValor<C, V> {
    fn new(clave: C, valor: V) -> Self {
        ParClaveValor { clave, valor }
    }

    fn obtener_clave(&self) -> &C {
        &self.clave
    }

    fn obtener_valor(&self) -> &V {
        &self.valor
    }
}

fn main() {
    let nivel_de_optimizacion = ParClaveValor::new("opt-level", 2);

    println!("[profile.dev]");
    println!("{}: {}", nivel_de_optimizacion.obtener_clave(),
                       nivel_de_optimizacion.obtener_valor());
}
```

La salida esperada de este programa es la que te muestro en esta figura.

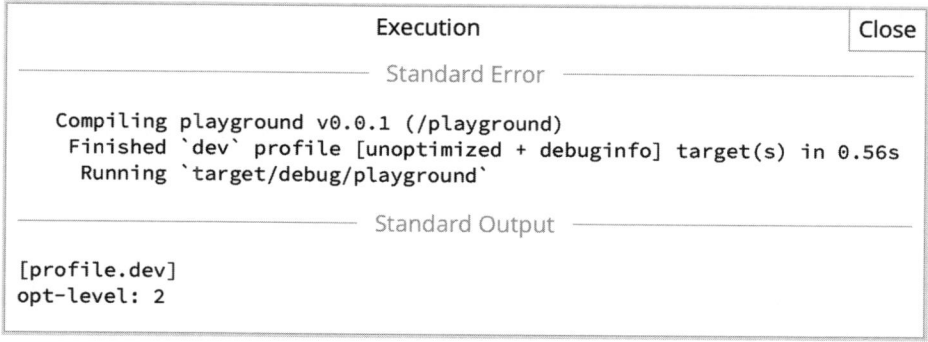

Figura 18.12. Programa de ejemplo con tuple structs genéricos.

Cláusula where

La cláusula where se utiliza para expresar restricciones y límites de forma flexible y legible a la hora de trabajar con tipos genéricos.

Rescata la función `es_mayor()` que ya has implementado al comienzo de este capítulo que compara si el primer sueldo proporcionado es mayor que el segundo.

```
use std::cmp::PartialOrd;

fn es_mayor<T: PartialOrd + Into<f64>,
          U: PartialOrd + Into<f64>>(sueldo1: T, sueldo2: U)
          -> bool
{
    let sueldo1: f64 = sueldo1.into();
    let sueldo2: f64 = sueldo2.into();

    sueldo1 > sueldo2
}
```

En esta función tuvimos que añadir a los tipos genéricos `T` y `U` un par de restricciones: ambos tipos deben implementar los traits `PartialOrd` e `Into` para que la función `es_mayor` sea capaz de comparar los tipos `i32` y `f64` entre sí.

La claúsula `where` permite separar las restricciones de la declaración de la función, de modo que podemos eliminar de la declaración la restricción de los traits.

```
std::cmp::PartialOrd;

fn es_mayor<T, U>(sueldo1: T, sueldo2: U) -> bool {
    // …
}
```

E indicar la palabra reservada `where` después del tipo de retorno de la función y antes de la apertura del ámbito del cuerpo.

```
std::cmp::PartialOrd;

fn es_mayor<T, U>(sueldo1: T, sueldo2: U) -> bool
where
{
    // …
}
```

En esta claúsula, incluimos el listado de tipos genéricos, con sus correspondientes restricciones.

```
std::cmp::PartialOrd;

fn es_mayor<T, U>(sueldo1: T, sueldo2: U) -> bool
where
    T: PartialOrd + Into<f64>,
    U: PartialOrd + Into<f64>,
```

```
{
    let sueldo1: f64 = sueldo1.into();
    let sueldo2: f64 = sueldo2.into();

    sueldo1 > sueldo2
}
```

El «prelude» en Rust es un conjunto de módulos y elementos que se importan automáticamente en cada programa de Rust. El prelude contiene elementos que son utilizado con frecuencia, como algunos traits básicos. El prelude incluye el trait «Into» pero no el trait «PartialOrd», motivo por el que importamos «PartialOrd» en nuestro programa pero no «Into».

La cláusula `where` presenta una serie de ventajas:

- Mejora la legibilidad y hace que sea más sencillo entender las restricciones que se aplican a cada tipo genérico, especialmente útil cuando las restricciones se vuelven complejas o numerosas.

- La separación de las restricciones en la cláusula `where` permite modificar las restricciones de forma aislada y clara, lo que facilita la mantenibilidad del código. Podrás añadir, eliminar o modificar restricciones de manera más organizada.

- Es fácilmente extensible porque permite añadir nuevas restricciones sin hacer que la línea de la declaración de la función se vuelva difícil de leer.

- Promueve un estilo de codificación más consistente a lo largo del proyecto.

Manejo de errores y pruebas unitarias

En este capítulo aprenderás:

- Qué mecanismos proporciona Rust para prevenir errores y manejarlos cuando ocurren.
- Cómo trabajar con errores recuperables y con errores no recuperables.
- Para qué sirve el operador.
- Qué es un test unitario, para qué sirve, cómo se implementa y cómo se ejecuta.
- Cuáles son las macros y anotaciones más útiles para manejar errores.

Introducción

La calidad del software no solo se mide por su funcionalidad y rendimiento, sino también por la robustez y la capacidad de los sistemas para manejar errores de manera efectiva.

A lo largo de este capítulo exploraremos dos pilares fundamentales que contribuyen a la construcción de sistemas robustos en este lenguaje: el manejo de errores y las pruebas unitarias. Ambos conceptos son clave para asegurar que nuestro código no solo cumpla con los requisitos esperados, sino que las funcionalidades implementadas también puedan enfrentar situaciones imprevistas de la mejor manera posible.

Manejo de errores

Rust proporciona dos tipos principales de errores: los errores recuperables y los errores no recuperables. Ambos tipos se gestionan de forma explícita y segura para garantizar la robustez del código y evitar fallos inesperados en tiempo de ejecución.

Errores no recuperables

Vamos a empezar con los errores más escandalosos: los errores no recuperables. Decimos que son escandalosos porque al producirse el programa no puede recuperarse, es decir, finaliza inmediatamente su ejecución. Rust gestiona este tipo de situaciones a través de la macro `panic!()`.

Para entender esta situación, vamos a recurrir a un ejemplo muy sencillo: una división entre dos valores enteros que se gestiona a través de una función.

```rust
fn calcular_cociente(dividendo: i32, divisor: i32) -> i32 {
    dividendo / divisor
}

fn main(){

    let cociente = calcular_cociente(12,4);

    println!("El cociente es {}.", cociente);

}
```

Esta función se ejecutará correctamente con valores enteros hasta que el usuario más espabilado (o el menos inteligente) proporcione el número 0 como valor para el divisor.

```rust
fn calcular_cociente(dividendo: i32, divisor: i32) -> i32 {
    dividendo / divisor
}
```

```
fn main(){

    let cociente = calcular_cociente(12,0);

    println!("El cociente es {}.", cociente);

}
```

Lo que provocará el siguiente error de ejecución, que indica que el programa ha entrado en estado de pánico.

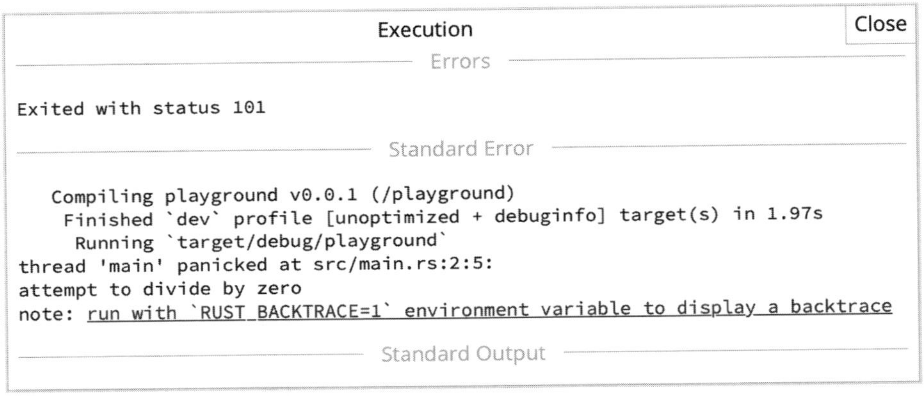

Figura 19.1. Erro de ejecución: «attempt to divide by zero».

Como puedes apreciar, el mensaje de error aparece en inglés y se diluye entre el resto de mensaje. Como el programa finaliza, sería adecuado proporcionar al menos un mensaje de error entendible y claro que indique qué está pasando.

Para manejar explícitamente las situaciones en las que el programa entra en estado de pánico recurrimos a la macro `panic!`. La función `calcular_cociente()` debería analizar el valor del parámetro de entrada divisor, y si es 0, entonces provocar que el programa entre explícitamente en estado de pánico y finalice la ejecución.

```
fn calcular_cociente(dividendo: i32, divisor: i32) -> i32 {

    if divisor == 0 {
        panic!();
    }
    else {
        dividendo / divisor
    }

}
```

```
fn main(){

    let cociente = calcular_cociente(12,0);

    println!("El cociente es {}.", cociente);

}
```

Si ejecutas esta nueva versión de la función observarás que ahora aparece en consola el mensaje explicit panic (pánico explícito).

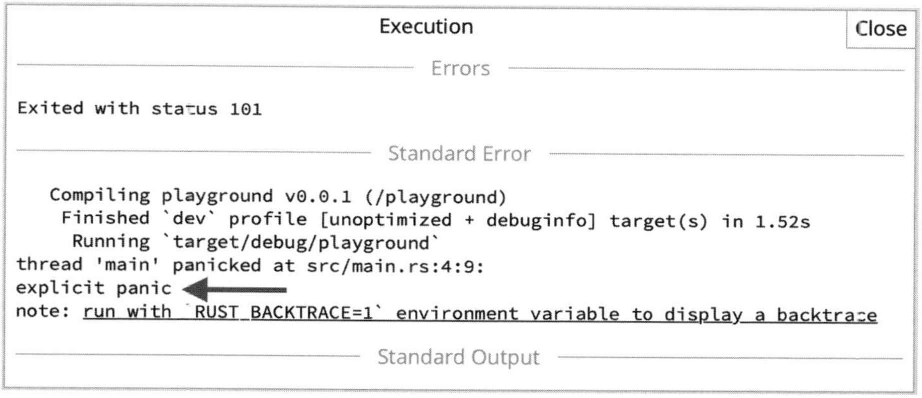

Figura 19.2. Salida esperada: «explicit panic».

Si este comportamiento se quedara aquí, aportaría poco valor, así que la macro `panic!` acepta como parámetro de entrada una cadena de caracteres que permite mostrar un mensaje de error en consola. En esta situación conviene mostrar un mensaje que indique el motivo por el que la operación no puede realizarse.

```
fn calcular_cociente(dividendo: i32, divisor: i32) -> i32 {

    if divisor == 0 {
        panic!("Indefinición: no es posible dividir
                un número entre cero.");
    }
    else {
        dividendo / divisor
    }

}

fn main(){

    let cociente = calcular_cociente(12,0);
```

```
    println!("El cociente es {}.", cociente);

}
```

Si vuelves a compilar, verás que el programa entra en estado de pánico y muestra en consola el mensaje de error que has proporcionado a `panic!`.

```
┌──────────────────────────────────────────────────────────────────────┬────────┐
│                            Execution                                   │ Close  │
│ ──────────────────────────────── Errors ───────────────────────────────        │
│                                                                                 │
│ Exited with status 101                                                          │
│ ──────────────────────────── Standard Error ────────────────────────────        │
│                                                                                 │
│    Compiling playground v0.0.1 (/playground)                                    │
│     Finished `dev` profile [unoptimized + debuginfo] target(s) in 2.49s         │
│      Running `target/debug/playground`                                          │
│ thread 'main' panicked at src/main.rs:4:9:                                      │
│ Indefinición: no es posible dividir un número entre cero. ◀──────                │
│ note: run with `RUST_BACKTRACE=1` environment variable to display a backtrace   │
│ ──────────────────────────── Standard Output ───────────────────────────        │
└─────────────────────────────────────────────────────────────────────────────────┘
```

Figura 19.003. Salida esperada: «Indefinición: no es posible dividir un número entre cero.».

La macro `panic!` se utiliza principalmente durante el proceso de desarrollo para detectar errores lógicos y condiciones de error que no se pueden manejar razonablemente porque permite a los equipos de desarrollo obtener el conjunto de pasos que han conducido al programa a este estado de pánico y diagnosticar problemas.

Si echas un vistazo de nuevo a la figura 19.3 (figura más arriba) verás una nota muy interesante: run with `RUST_BACKTRACE=1` environment variable to display a backtrace.

El *backtrace* en Rust es una herramienta útil para comprender cómo un programa llega a un estado de error específico. Muestra la secuencia de llamadas de funciones que llevaron a ese punto, y facilita así la identificación y solución del problema. Para activar el backtrace en tu entorno local debes establecer la variable de entorno `RUST_BACKTRACE` con uno de estos valores: 0, 1 y `full`.

El valor 0 desactiva el backtrace. Se trata de la opción que se aplica por defecto. Si el programa entra en estado de pánico y no has configurado explícitamente la variable de entorno `RUST_BACKTRACE` no obtendrás ninguna información adicional sobre la secuencia de llamadas que condujeron al programa al estado de error. Conviene desactivar el backtrace en entornos de producción donde no interesa mostrar información detallada de depuración.

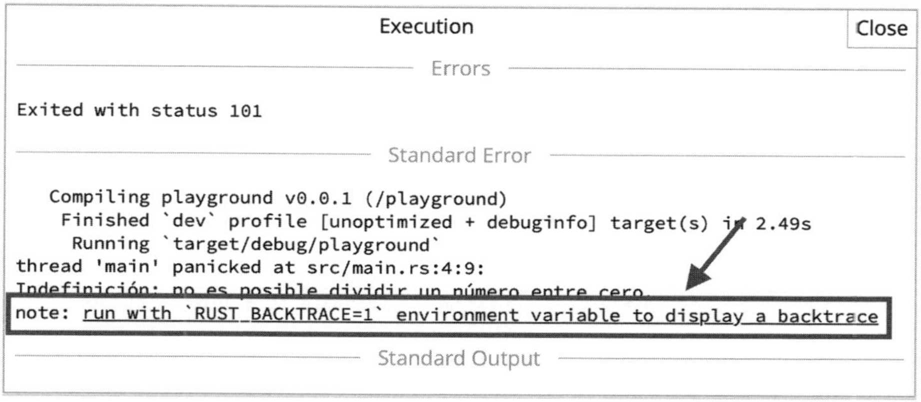

Figura 19.4. Nota: «run with 'RUST_BACKTRACE=1' environment variable to display a backtrace».

Ya sabes compilar un programa con el backtrace inactivo. Simplemente, lanza los comandos de compilación y ejecución como has hecho hasta ahora (por ejemplo, cargo run).

El valor 1 proporciona una lista simplificada de las funciones en la pila en el momento del error, y se ejecuta escribiendo RUST_BACKTRACE seguido del valor que se le asigna y el comando a ejecutar (por ejemplo, cargo run).

RUST_BACKTRACE=1 cargo run

Este comando es válido para Linux y macOS. Para ejecutar su equivalente en Windows puede usar:

- En la línea de comandos:
  ```
  set RUST_BACKTRACE=1
  cargo run
  ```

- En PowerShell:
  ```
  $env:RUST_BACKTRACE=1
  cargo run
  ```

También puedes hacer clic en la nota mostrada en consola para compilar el código con el backtrace básico activado (figura 19.5).

Si tomas como ejemplo el estado de pánico en el que nuestro reciente programa entra cuando se intenta calcular el cociente al dividir entre cero, obtendremos una traza similar a la que te muestro en la figura 19.6:

```
                                    Execution                        Close
─────────────────────────────── Errors ───────────────────────────────

Exited with status 101
─────────────────────────── Standard Error ───────────────────────────

   Compiling playground v0.0.1 (/playground)
    Finished `dev` profile [unoptimized + debuginfo] target(s) in 2.49s
     Running `target/debug/playground`
thread 'main' panicked at src/main.rs:4:9:
Indefinición: no es posible dividir un número entre cero.
note: run with `RUST_BACKTRACE=1` environment variable to display a backtrace
─────────────────────────── Standard Output ───────────────────────────
```

Figura 19.5. Mensaje cliqueable para ejecutar el backtrace en Rust Playground.

```
                                    Execution                        Close
─────────────────────────────── Errors ───────────────────────────────

Exited with status 101
─────────────────────────── Standard Error ───────────────────────────

   Compiling playground v0.0.1 (/playground)
    Finished `dev` profile [unoptimized + debuginfo] target(s) in 0.62s
     Running `target/debug/playground`
thread 'main' panicked at src/main.rs:4:9:
Indefinición: no es posible dividir un número entre cero.
stack backtrace:
   0: rust_begin_unwind
             at /rustc/129f3b9964af4d4a709d1383930ade12dfe7c081/library/std/src/panicking.rs:652:5
   1: core::panicking::panic_fmt
             at /rustc/129f3b9964af4d4a709d1383930ade12dfe7c081/library/core/src/panicking.rs:72:14
   2: playground::calcular_cociente
             at ./src/main.rs:4:9
   3: playground::main
             at ./src/main.rs:14:20
   4: core::ops::function::FnOnce::call_once
             at /rustc/129f3b9964af4d4a709d1383930ade12dfe7c081/library/core/src/ops/function.rs:250:5
note: Some details are omitted, run with `RUST_BACKTRACE=full` for a verbose backtrace.
─────────────────────────── Standard Output ───────────────────────────
```

Figura 19.6. Traza de ejemplo obtenida al ejecutar backtrace con el valor 1.

En este ejemplo puedes ver las funciones en la pila y las ubicaciones en el código fuente donde se llamaron.

Si ejecutas el comando cargo run con RUST_BACKTRACE configurado con el valor full:

RUST_BACKTRACE=full cargo run

Obtendrás una salida mucho más detallada sobre cada función en la pila y las rutas completas a los archivos de origen.

```
●  ●  ●                📁 calcular_cociente — -zsh — 77×37
[eliezer@MacBook-Pro-M1-Pro calcular_cociente % RUST_BACKTRACE=full cargo run ]
    Finished `dev` profile [unoptimized + debuginfo] target(s) in 0.03s
     Running `target/debug/calcular_cociente`
thread 'main' panicked at src/main.rs:4:9:
Indefinición: no es posible dividir
              un número entre cero.
stack backtrace:
   0:         0x1043df408 - <std::sys_common::backtrace::_print::DisplayBacktr
ace as core::fmt::Display>::fmt::h1f3776e0b5c7517d
   1:         0x1043f4318 - core::fmt::write::heedef092c8c0962e
   2:         0x1043dd700 - std::io::Write::write_fmt::h7178e8e2ea928914
   3:         0x1043df260 - std::sys_common::backtrace::print::h417292deb95532
ed
   4:         0x1043e032c - std::panicking::default_hook::{{closure}}::h0cb68f
1228c4613a
   5:         0x1043e0020 - std::panicking::default_hook::h24535936bc1f51de
   6:         0x1043e0be4 - std::panicking::rust_panic_with_hook::h5db4d2345b2
97bed
   7:         0x1043e05e8 - std::panicking::begin_panic_handler::{{closure}}::
h3fd558f09a0d5492
   8:         0x1043df890 - std::sys_common::backtrace::__rust_end_short_backt
race::hfc76eebe1ce501b2
   9:         0x1043e0384 - _rust_begin_unwind
  10:         0x1043fa1c0 - core::panicking::panic_fmt::hc2b459a5bd3dce66
  11:         0x1043c79b0 - calcular_cociente::calcular_cociente::h00819c3cf4b
53a18
  12:         0x1043c7a2c - calcular_cociente::main::h5f72ab3a1a476192
  13:         0x1043c7b08 - core::ops::function::FnOnce::call_once::h47de90f6f
bed2c51
  14:         0x1043c7954 - std::sys_common::backtrace::__rust_begin_short_bac
ktrace::h3af335ecff0d45bf
  15:         0x1043c7bf8 - std::rt::lang_start::{{closure}}::hcafeb9f0eba59b4
2
  16:         0x1043db5fc - std::rt::lang_start_internal::hecc68fef83c8f44d
  17:         0x1043c7bc4 - std::rt::lang_start::h13744e0b501e3f3a
  18:         0x1043c7ac4 - _main
eliezer@MacBook-Pro-M1-Pro calcular_cociente % ▮
```

Figura 19.7. Traza de ejemplo obtenida al ejecutar backtrace con el valor 'full'.

Podrás lanzar esta configuración detallada principalmente en local (actualmente Rust Playground no permite esta opción).

Para una depuración más avanzada, te recomiendo utilizar depuradores como gdb o lldb. Estas herramientas pueden proporcionar funcionalidades adicionales como puntos de interrupción, inspección de variables y seguimiento paso a paso.

Para finalizar, cabe destacar que existen escenarios (por ejemplo, al trabajar con sistemas operativos) en los que el manejo de errores a través del desenrollado de la pila[1] es demasiado costoso, o incluso, innecesario. En este tipo de contextos se recurre a `abort` para terminar inmediatamente el programa. A diferencia de `panic!` (que intenta limpiar los recursos antes de salir del programa) `abort` finaliza sin realizar el desenrollado de la pila.

Para configurar este comportamiento especial, establece el campo `panic` con el valor `'abort'` dentro del manifiesto del proyecto. En concreto, añádelo a la configuración del perfil de configuración deseado.

```
[profile.release]
panic = 'abort'
```

ADVERTENCIA:

Lanzar un comando con el RUST_BACKTRACE activo no tendrá ningún tipo de efecto si el campo «panic» está configurado para abortar en el manifiesto del proyecto para el perfil con el que se ejecuta el comando.

Errores recuperables

A diferencia de los errores no recuperables que hacen que el programa entre en estado de pánico y detienen –salvajemente– su ejecución, los errores recuperables son aquellos que pueden ser gestionados con mayor elegancia y permiten que el programa pueda continuar con su flujo normal de funcionamiento. Existen varios mecanismos que el lenguaje proporciona para manejar los errores recuperables, y prácticamente todos ellos se basan en el tipo `Result<T, E>`.

Ay, los enumerados… Ya te dije que están presentes en muchas partes del lenguaje. El tipo `Result<T, E>` es un enumerado genérico que representa el resultado de una operación que puede fallar. Sus dos variantes permiten representar un valor exitoso de tipo T (`Ok(T)`) y un error de tipo E (`Err(E)`).

Coincidencia de patrones

La expresión `match` permite manejar explícitamente los casos `Ok` y `Err`.

Rescata el programa implementado anteriormente para el cálculo del cociente.

```
fn calcular_cociente(dividendo: i32, divisor: i32) -> i32 {

    if divisor == 0 {
        panic!("Indefinición: no es posible dividir
```

---

[1] Proceso de deshacer las llamadas a funciones. Rust empieza a deshacer cada llamada a función en la pila para localizar el origen del error mientras limpia recursos.

```
                un número entre cero.");
    }
    else {
        dividendo / divisor
    }

}

fn main(){

    let cociente = calcular_cociente(12,0);

    println!("El cociente es {}.", cociente);

}
```

En realidad, no tiene sentido finalizar abruptamente este programa. Somos conscientes de que la división entre cero puede ocurrir, así que podemos anticiparnos para manejar el error con elegancia y dotar al programa de una salida que permita que su ejecución siga adelante. Para conseguirlo trabajaremos con el tipo Result<T, E>.

La función calcular_cociente() puede devolver un Result que encapsule el valor del cociente cuando este pueda calcularse o bien un mensaje de error cuando el divisor tome el valor 0.

```
fn calcular_cociente(dividendo: i32, divisor: i32)
                    -> Result<i32, String>
{
    if divisor == 0 {
        // …
    }
    else {
        // …
    }
}
```

Si el divisor es igual a 0, devolvemos un mensaje de error encapsulado en la variante Err. Por el contrario, si el cociente puede calcular, entonces devolvemos el resultado en una variante de tipo Ok.

```
fn calcular_cociente(dividendo: i32, divisor: i32)
                    -> Result<i32, String>
{
    if divisor == 0 {
        Err(String::from("Indefinición: no es posible dividir
                        un número entre cero."))
    }
    else {
```

```
        Ok( dividendo / divisor )
    }
}
```

Ahora esta función devuelve –en el mejor de los casos– el cociente encapsulado en la variante Ok de un enumerado de tipo Result.

```
fn main(){

    let cociente = calcular_cociente(12,0);

}
```

Debemos analizar el contenido de la variable cociente para actuar en consecuencia. Para comprobar este patrón, match será tu mejor aliado.

```
fn calcular_cociente(dividendo: i32, divisor: i32)
                        -> Result<i32, String>
{
    if divisor == 0 {
        Err(String::from("Indefinición: no es posible dividir
                    un número entre cero."))
    }
    else {
        Ok( dividendo / divisor )
    }
}

fn main(){

    let cociente = calcular_cociente(12,0);

    match cociente {
        Ok(cociente) => println!("Cociente: {}", cociente),
        Err(mensaje_de_error) => println!("{}", mensaje_de_error),
    }

    println!("----------------");
    println!("El programa continúa su ejecución...");
    println!("----------------");

}
```

Gracias a match y al tipo Result, el programa puede continuar con su ejecución independientemente de si la función calcular_cociente() calcula correctamente el cociente o produce algún tipo de error.

Te muestro la salida esperada en caso de éxito en la figura 19.8, y la salida esperada en caso de error en la figura 19.9.

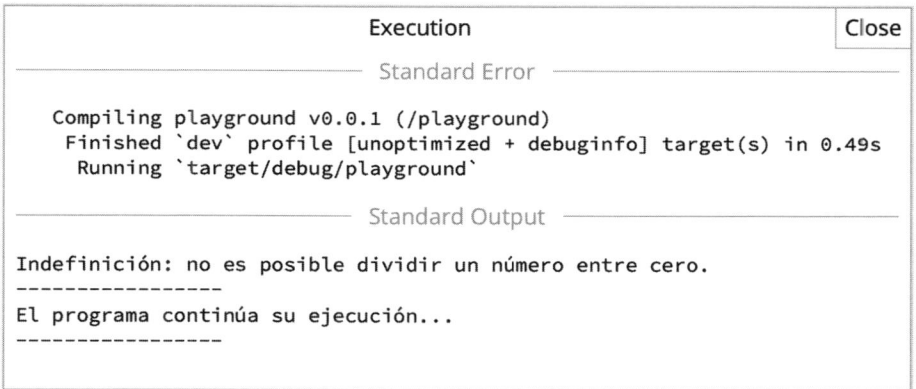

Figura 19.8. Salida esperada en caso de éxito.

Figura 19.9. Salida esperada en caso de error.

Métodos de conveniencia

Los métodos de conveniencia proporcionan soluciones rápidas para trabajar con tipos como `Result` y `Option`. Gracias a su manejo de valores como `Ok` y `Err` (en el caso de `Result`), y `Some` y `None` (en el caso de `Option`) consiguen simplificar el código y hacerlo más legible y conciso, sin la necesidad de escribir código adicional para manejar cada caso posible.

- **unwrap()**. Extrae el contenido en un `Result` si es `Ok`, pero hace que entre en pánico si es `Err`. Es útil en situaciones donde estás seguro de que la mayoría de las veces la variable de tipo `Result` contendrá `Ok`.

- **expect(mensaje)**. Parecido a `unwrap()`. Permite especificar un mensaje personalizado, lo que ayuda a proporcionar un mensaje más descriptivo en caso de error.

- **unwrap_or(valor_por_defecto)**. Devuelve el valor contenido en Ok, y un valor por defecto en caso de que la variante sea Err. Por ejemplo, de nada sirve mostrar un mensaje en pantalla si la función calcular_cociente() no es capaz de calcular el cociente, así que una alternativa puede ser asignar un valor especial por defecto cuando la operación no pueda realizar (por ejemplo, -1).

```rust
fn calcular_cociente(dividendo: i32, divisor: i32)
                                -> Result<i32, String>
{
    if divisor == 0 {
        Err(String::from("Indefinición: no es posible dividir
                                un número entre cero."))
    } else {
        Ok(dividendo / divisor)
    }
}

fn main() {

    let cociente = calcular_cociente(12, 0).unwrap_or(-1);

    println!("Cociente: {}", cociente);

}
```

```
                    Execution                          Close

——————————————— Standard Error ———————————————

   Compiling playground v0.0.1 (/playground)
    Finished `dev` profile [unoptimized + debuginfo] target(s) in 0.49s
     Running `target/debug/playground`

——————————————— Standard Output ———————————————

Cociente: -1
```

Figura 19.10. La función calcular_cociente() devuelve el valor -1.

- **unwrap_or_else(nombre_funcion)**. Ejecuta una función para manejar el error. Para ello conviene implementar una función que maneje explícitamente el error producido, y a la que se llamará solamente si la variable de tipo Result contiene la variante Err.

```rust
fn calcular_cociente(dividendo: i32, divisor: i32)
                                -> Result<i32, String>
{
    if divisor == 0 {
```

```
            Err(String::from("Indefinición: no es posible
                                dividir un número entre cero."))
    } else {
            Ok(dividendo / divisor)
    }
}

fn manejar_error(mensaje_de_error: String) -> i32 {

    println!("{}", mensaje_de_error);

    -1

}

fn main(){

    let cociente = calcular_cociente(12, 0)
                        .unwrap_or_else(manejar_error);

    println!("Cociente: {}", cociente);

}
```

En este caso, la función `manejar_error()` muestra el error en pantalla y devuelve por defecto el valor -1.

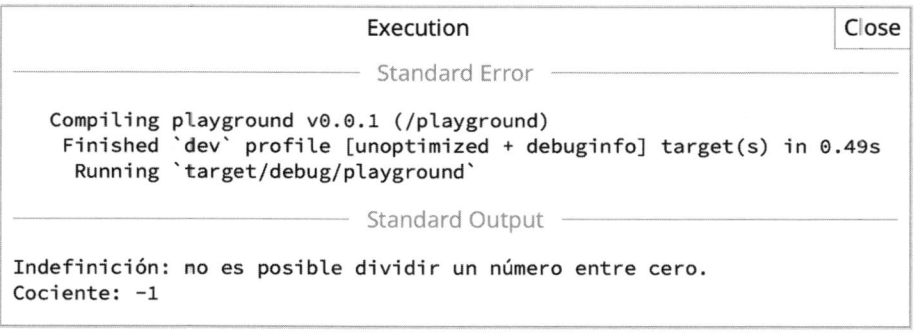

Figura 19.11. La función manejar_error() devuelve el valor -1 tras manejar el error.

Los métodos de conveniencia para `Option` son muy parecidos a los que ya hemos visto para `Result`, y solo cambia el tipo con el que estos métodos trabajan (`Option` en lugar de `Result`).

- **unwrap()**. Extrae el valor contenido en un `Option` si es `Some`, pero hace que el programa entre en estado de pánico si es `None`.

- **expect()**. Parecido a **unwrap()**, pero permite especificar un mensaje de error personalizado.
- unwrap_or(valor_por_defecto). Si el contenido de Option es None, proporciona un valor por defecto. En caso contrario, devuelve el contenido de Some.
- **unwrap_or_else(nombre_funcion)**. Ejecuta la función indicada para manejar el error si el opcional contiene None y devolver un valor por defecto. En cambio, si contiene Some, devuelve su contenido.

Operador ?

El operador ? tiene como función simplificar la propagación de errores en funciones que devuelven valores de tipo Option o Result. Por ejemplo, supongamos la implementación de una función que resta dos valores y verifica el rango.

```
fn restar(operando1: i32, operando2: i32) -> Result<i32, String> {

    let resultado = operando1 - operando2;

    if resultado < 0 {
        Err(String::from("Error: el resultado es negativo."))
    } else {
        Ok(resultado)
    }

}
```

Si el resultado de restar operando1 - operando2 es negativo, la función devuelve la variante Err con un mensaje de error. En cambio, si el resultado es cero o positivo, entonces devuelve un Ok que encapsula el resultado de la resta.

Por otro lado, supongamos que contamos con una función que realiza ciertas comprobaciones y llama a varias funciones en su interior, entre las que se encuentra la función restar(). Esta función también devuelve un valor de tipo Result.

```
fn comprobaciones(operando1: i32, operando2: i32)
                    -> Result<i32, String>
{
    // Comprobaciones previas...

    // restar(4,-8);

    // Resto de comprobaciones...
}
```

Como puedes imaginar, la llamada a la función restar() provocará un error al verificar el rango que deberíamos manejar. Este error debería ser propagado a través de las diferentes llamadas hasta llegar al lugar en el que pueda ser gestionado. En este caso, tiene sentido que el error se propague desde el cuerpo de la función restar() al cuerpo de la función comprobaciones(), y a su vez, que se propague al cuerpo de la función que llame a comprobaciones(). Esta propagación podemos gestionarla a través del operador ?.

Para propagar un error en caso de que ocurra, basta con llamar a la función que puede producir el error (en este caso, la función restar()) seguida del operador ? antes del punto y coma ;.

```
fn comprobaciones(operando1: i32, operando2: i32)
                    -> Result<i32, String>
{
    // Comprobaciones previas...

    let resultado = restar(4,-8)?;

    // Resto de comprobaciones...

    // Valor por defecto (1) para indicar que todas
    // las supuestas comprobaciones se han podido realizar con éxito.
    Ok(1)
}
```

El cuerpo de la función comprobaciones() intentará, con el operador ?, llamar a la función restar() de forma exitosa. Si devuelve Ok, el programa continuará realizando el resto de las comprobaciones según su implementación. En cambio, si restar() devuelve un error, entonces el programa propagará inmediatamente el error a la función superior, es decir, devolverá un Result con el error encapsulado en Err como resultado de la función comprobaciones().

Te invito a implementar una función main() que llame a comprobaciones() para verificar que los errores se propagan correctamente y solo cuando es necesario.

```
fn restar(operando1: i32, operando2: i32) -> Result<i32, String> {

    let resultado = operando1 - operando2;

    if resultado < 0 {
        Err(String::from("Error: el resultado es negativo."))
    } else {
        Ok(resultado)
    }

}

fn comprobaciones(operando1: i32, operando2: i32)
                    -> Result<i32, String>
{
    // Comprobaciones previas...
```

```rust
    let resultado = restar(operando1, operando2)?;

    // Resto de comprobaciones...

    // Valor por defecto (1) para indicar que todas
    // las comprobaciones se han podido realizar con éxito.
    Ok(1)
}

fn main() {

    match comprobaciones(10, 4) {
        Ok(valor) => println!("Comprobaciones realizadas con éxito.
                            Resultado: {}", valor),
        Err(e) => println!("Error en las comprobaciones: {}", e),
    }

    match comprobaciones(4, 8) {
        Ok(valor) => println!("Comprobaciones realizadas con éxito.
                            Resultado: {}", valor),
        Err(e) => println!("Error en las comprobaciones: {}", e),
    }

    match comprobaciones(15, 5) {
        Ok(valor) => println!("Comprobaciones realizadas con éxito.
                            Resultado: {}", valor),
        Err(e) => println!("Error en las comprobaciones: {}", e),
    }
}
```

Pruebas unitarias

Un test unitario es una técnica que se utiliza para validar que los diferentes componentes individuales de un sistema funcionan según se espera. Generalmente, estos componentes suelen implementarse como funciones o métodos de una entidad, así que los test unitarios suelen probar el correcto funcionamiento de estos elementos (funciones o métodos). Gracias a los test unitarios podemos identificar pronto problemas en el código, y facilitar la corrección antes de que se conviertan en problemas mayores o incluso afecten a entornos de producción.

Definición y ejecución

Los test unitarios se colocan en el mismo archivo donde se define el código que se está probando, generalmente dentro del módulo #[cfg(test)]. La anotación #[cfg(test)] es una directiva de compilación que indica que el bloque de código al que se adjunta (normalmente un módulo) debe ser compilado y ejecutado solo cuando se ejecutan los test. No forma parte del binario final que se ejecuta en producción.

- `cfg` es una macro de configuración de compilación en Rust que permite incluir o excluir partes del código en base a ciertas configuraciones. La sintaxis general es `#[cfg(condicion)]`.

- `test` es el nombre de una configuración predefinida que está activa cuando se ejecutan los test. rustc reconoce `test` como una condición especial que se cumple solo durante la ejecución de las pruebas.

Supongamos la implementación de una función que realiza una sencilla operación de suma entre dos valores enteros, localizada en el archivo operaciones.rs.

```
fn suma(a: i32, b: i32) -> i32 {
    a + b
}
```

Los test unitarios se colocan dentro de un módulo en el mismo archivo que el código que prueba. En algunos proyectos verás que se incluye al comienzo del archivo para darle un lugar preferente y notorio, y en otros, lo encontrarás al final del archivo para mantenerlo enfocado en la funcionalidad principal. No existe una regla estricta sobre si el módulo de test debe escribirse al comienzo o al final del archivo así que sitúalo donde quieras

Para definir el módulo de test unitarios escribe la notación `#[cfg(test)]` y crea a continuación un nuevo módulo llamado `tests`.

```
#[cfg(test)]
mod tests {
    // Implementación de los tests unitarios
}
```

En estos momentos debemos tener en cuenta que ya se está produciendo una jerarquía de módulos. Si la función `suma()` se encuentra localizada en el archivo operaciones.rs, probablemente este archivo esté declarado como módulo en main.rs, así que el módulo `tests` es un submódulo del módulo `operaciones`. Es importante tener en cuenta esta jerarquía, pues en el interior del módulo `tests` implementaremos los test unitarios para funciones que se encuentran en el módulo principal, así que deberemos importarlo.

```
fn suma(a: i32, b: i32) -> i32 {
    a + b
}

#[cfg(test)]
mod tests {
    // Importamos todo el contenido del módulo principal
    use super::*;

    // Implementación de los tests unitarios
}
```

La línea use super::* importa (use) todo el contenido (*) del módulo principal (super) para poder probar las funciones que se definen ahí.

Cada función de test está marcada con la anotación #[test], una anotación que indica al compilador que la función debe ser tratada como una prueba al ejecutar el comando cargo test.

El primer test que definiremos probará una suma entre dos valores enteros.

```
#[test]
fn suma_dos_valores_positivos() {
    // …
}
```

En el cuerpo del test llamaremos a la función suma() para comprobar si dos valores positivos proporcionados dan como resultado el valor esperado. Para ello utilizaremos assert_eq!(), una macro proporcionada por la biblioteca estándar del lenguaje y fundamental para escribir pruebas unitarias. assert_eq!() se utiliza para verificar que dos expresiones son iguales y permite validar que la salida de una función o el resultado de una expresión coincide con el valor esperado.

```
#[test]
fn suma_dos_valores_positivos() {
    assert_eq!(suma(8, 15), 23);
}
```

El código completo queda de la siguiente forma:

```
fn suma(a: i32, b: i32) -> i32 {
    a + b
}

#[cfg(test)]
mod tests {

    use super::*;

    #[test]
    fn suma_dos_valores_positivos() {
        assert_eq!(suma(8, 15), 23);
    }
}
```

Guarda los cambios y ejecuta el comando cargo test. Si ejecutas en local deberías obtener una salida como la que te muestro a continuación. Recuerda declarar el archivo operaciones.rs como módulo en main.rs.

```
● ● ●                    🗀 suma — -zsh — 80×12
[eliezer@MacBook-Pro-M1-Pro suma % cargo test
    Compiling suma v0.1.0 (/Users/eliezer/Downloads/suma)
     Finished `test` profile [unoptimized + debuginfo] target(s) in 0.14s
      Running unittests src/main.rs (target/debug/deps/suma-1768a2e5f625f7c3)

running 1 test
test operaciones::tests::suma_dos_valores_positivos ... ok

test result: ok. 1 passed; 0 failed; 0 ignored; 0 measured; 0 filtered out; fini
shed in 0.00s

eliezer@MacBook-Pro-M1-Pro suma % █
```

Figura 19.12. Ejecución del comando «cargo test» en local.

Si ejecutas en Rust Playgroyund, simplemente incluye el código de operaciones.rs en el área de código. Como curiosidad, observa que al incluir el módulo de test, el botón de BUILD pasa a llamarse TEST automáticamente (figura 19.13).

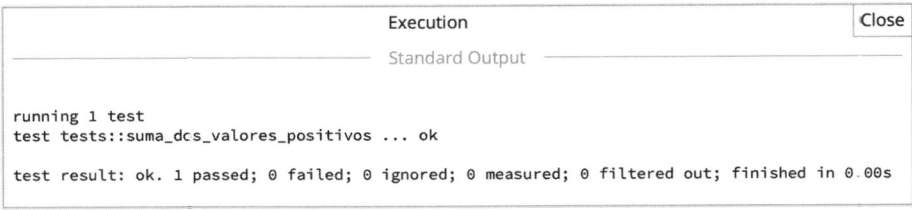

Figura 19.13. El botón «BUILD» se convierte en «TEST» al incluir el módulo para tests unitarios en Rust Playground.

Al hacer clic deberías obtener una salida similar a la que te muestro en la siguiente figura:

```
                        Execution                            Close
──────────────────────── Standard Output ────────────────────────

running 1 test
test tests::suma_dos_valores_positivos ... ok

test result: ok. 1 passed; 0 failed; 0 ignored; 0 measured; 0 filtered out; finished in 0.00s
```

Figura 19.14. Ejecución del comando «cargo test» en Rust Playground.

Esta prueba está bien para empezar, pero deberíamos cubrir un mayor abanico de opciones. Por ejemplo, la función trabaja con valores de tipo i32, por lo tanto, debería aceptar valores negativos. Vamos a comprobar si trabaja bien con ellos.

```
fn suma(a: i32, b: i32) -> i32 {
    a + b
}
```

```
#[cfg(test)]
mod tests {

    use super::*;

    #[test]
    fn suma_dos_valores_positivos() {
        assert_eq!(suma(8, 15), 23);
    }

    #[test]
    fn suma_dos_valores_negativos() {
        assert_eq!(suma(-4, -8), -12);
    }
}
```

Tras ejecutar cargo test, la consola nos indica que 2 pruebas se han ejecutado correctamente.

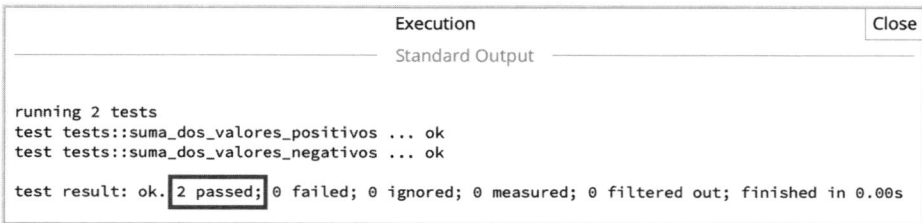

Figura 19.15. Ejecución exitosa de dos tests unitarios.

Observa cómo las pruebas unitarias se van listando.

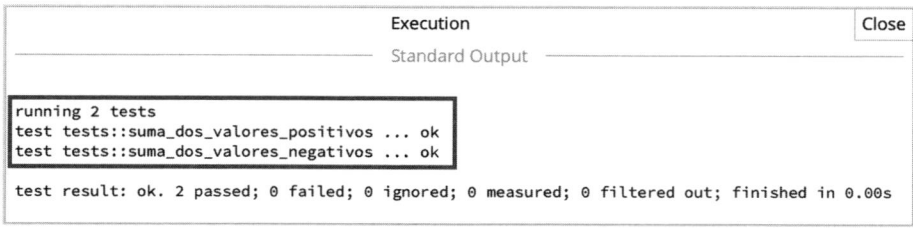

Figura 19.16. Listado de pruebas unitarias ejecutadas.

Esta lista se construye a partir de los nombres de las funciones incluidas en el módulo tests. Cuanto más explícito seas al nombrar la función, mejor será el informe que obtienes al ejecutar las pruebas.

Vamos a forzar que el segundo test implementado falle. Modifica la función suma para que solo acepte valores de tipo u32.

```rust
fn suma(a: u32, b: u32) -> u32 {
    a + b
}

#[cfg(test)]
mod tests {

    use super::*;

    #[test]
    fn suma_dos_valores_positivos() {
        assert_eq!(suma(8, 15), 23);
    }

    #[test]
    fn suma_dos_valores_negativos() {
        assert_eq!(suma(-4, -8), -12);
    }
}
```

Los test ni siquiera llegan a ejecutarse. El compilador del lenguaje detecta que existe un problema de compatibilidad al intentar llamar a la función suma con valores negativos cuando esta solo acepta valores positivos, y no deja continuar (figura 19.17).

Vamos a forzar que el test `suma_dos_valores_negativos()` falle de otro modo. Vuelve a dejar la función `suma()` como la implementaste originalmente (con el tipo `i32`) e incluye en el `assert` una suma que esté intencionalmente mal.

```rust
fn suma(a: i32, b: i32) -> i32 {
    a + b
}

#[cfg(test)]
mod tests {

    use super::*;

    #[test]
    fn suma_dos_valores_positivos() {
        assert_eq!(suma(8, 15), 23);
    }

    #[test]
    fn suma_dos_valores_negativos() {
        // Esta comprobación es intencionalmente incorrecta
        assert_eq!(suma(-4, -8), -16);
    }
}
```

```
                              Execution                            │ Close │

─────────────────────────────── Errors ───────────────────────────────

Exited with status 101

───────────────────────────── Standard Error ─────────────────────────────

    Compiling playground v0.0.1 (/playground)
error[E0600]: cannot apply unary operator `-` to type `u32`
  --> src/lib.rs:17:25
   |
17 |         assert_eq!(suma(-4, -8), -12);
   |                         ^^ cannot apply unary operator `-`
   |
   = note: unsigned values cannot be negated

error[E0600]: cannot apply unary operator `-` to type `u32`
  --> src/lib.rs:17:29
   |
17 |         assert_eq!(suma(-4, -8), -12);
   |                             ^^ cannot apply unary operator `-`
   |
   = note: unsigned values cannot be negated

warning: function `suma` is never used
 --> src/lib.rs:1:4
  |
1 | fn suma(a: u32, b: u32) -> u32 {
  |    ^^^^
  |
  = note: `#[warn(dead_code)]` on by default

error[E0277]: the trait bound `u32: Neg` is not satisfied
  --> src/lib.rs:17:34
   |
17 |         assert_eq!(suma(-4, -8), -12);
   |                                  ^^^ the trait `Neg` is not implemented for `u32`
   |
   = help: the following other types implement trait `Neg`:
             &f128
             &f16
             &f32
             &f64
             &i128
             &i16
             &i32
             &i64
           and 12 others

Some errors have detailed explanations: E0277, E0600.
For more information about an error, try `rustc --explain E0277`.
warning: `playground` (lib) generated 1 warning
error: could not compile `playground` (lib test) due to 3 previous errors

──────────────────────────── Standard Output ────────────────────────────
```

Figura 19.17. Problema de compatibilidad detectado antes de ejecutar los pruebas.

Observa que ahora el reporte cambia un poco (figura 19.18).

La consola nos indica expresamente qué prueba ha fallado, así como el total de pruebas fallidas. Restaura el código a su estado original para continuar con la siguiente prueba.

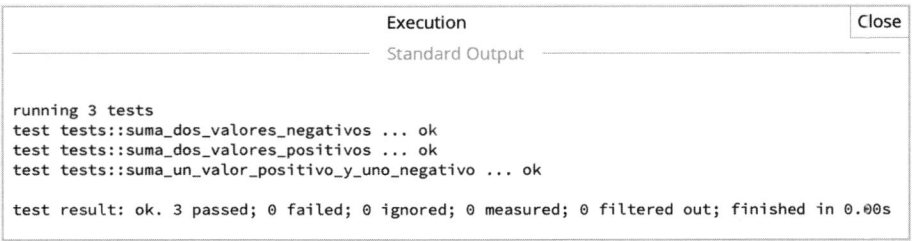

```
Execution                                                    Close
────────────────────── Standard Output ──────────────────────

running 2 tests
test tests::suma_dos_valores_positivos ... ok
test tests::suma_dos_valores_negativos ... FAILED

failures:

---- tests::suma_dos_valores_negativos stdout ----
thread 'tests::suma_dos_valores_negativos' panicked at src/lib.rs:18:9:
assertion `left == right` failed
  left: -12
 right: -16
note: run with `RUST_BACKTRACE=1` environment variable to display a backtrace


failures:
    tests::suma_dos_valores_negativos

test result: FAILED. 1 passed; 1 failed; 0 ignored; 0 measured; 0 filtered out; finished in 0.00s
```

Figura 19.18. Prueba de unidad fallida.

Otra prueba que deberíamos implementar es la comprobación de que la función es capaz de sumar un valor positivo con uno negativo.

```
#[test]
fn suma_un_valor_positivo_y_uno_negativo() {
    assert_eq!(suma(4, -8), -4);
}
```

La batería de pruebas continúa creciendo.

```
Execution                                                    Close
────────────────────── Standard Output ──────────────────────

running 3 tests
test tests::suma_dos_valores_negativos ... ok
test tests::suma_dos_valores_positivos ... ok
test tests::suma_un_valor_positivo_y_uno_negativo ... ok

test result: ok. 3 passed; 0 failed; 0 ignored; 0 measured; 0 filtered out; finished in 0.00s
```

Figura 19.19. Batería de pruebas unitarias en crecimiento.

El cero suele ser un valor crítico en los sistemas, así que deberíamos incluir test que den cobertura a este tipo de situaciones. Incluiremos uno solo para no extendernos mucho.

```
fn suma(a: i32, b: i32) -> i32 {
    a + b
}
```

```rust
#[cfg(test)]
mod tests {

    use super::*;

    #[test]
    fn suma_dos_valores_positivos() {
        assert_eq!(suma(8, 15), 23);
    }

    #[test]
    fn suma_dos_valores_negativos() {
        assert_eq!(suma(-4, -8), -12);
    }

    #[test]
    fn suma_un_valor_positivo_y_uno_negativo() {
        assert_eq!(suma(4, -8), -4);
    }

    #[test]
    fn suma_cero_mas_cero() {
        assert_eq!(suma(0, 0), 0);
    }
}
```

El resultado esperado ya imaginas cuál es:

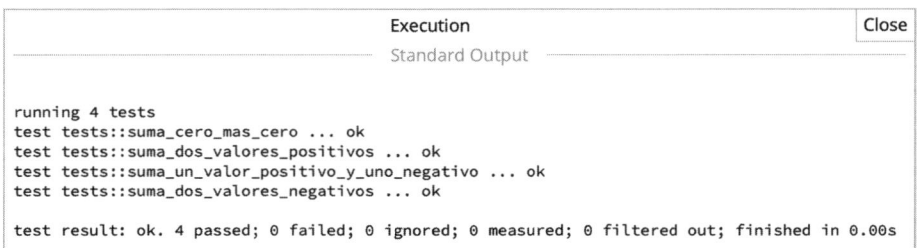

Figura 19.20. Ejecución de 4 pruebas de unidad.

Macros y anotaciones útiles

Existe una amplia variedad de macros y anotaciones útiles que Rust proporciona para verificar el comportamiento del código mediante la implementación de test unitarios. A continuación, veremos cuáles son las macros y anotaciones más comunes y cómo utilizarlas.

assert!

Esta macro verifica que una expresión es verdadera. Si la expresión es falsa, el programa entra en estado de pánico y provoca que el test falle. Por ejemplo, supongamos la implementación de una prueba que verifica que la suma de dos valores positivos dé como resultado un valor también positivo.

```
#[test]
fn suma_dos_valores_positivos_retorna_un_valor_positvo() {
    let resultado = suma(15, 16);
    assert!(resultado > 0);
}
```

Esta macro permite configurar un mensaje que se mostrará en la ejecución de las pruebas si esta condición no se cumple.

```
#[test]
fn suma_dos_valores_positivos_retorna_un_valor_positvo() {
    let resultado = suma(15, 16);
    assert!(resultado > 0,
            "La suma de dos valores positivos no da
              como resultado otro valor positivo");
}
```

assert_eq!

Ya sabes cómo funciona esta macro: compara si dos valores son iguales.

```
#[test]
fn suma_cero_mas_cero() {
    assert_eq!(suma(0, 0), 0);
}
```

Esta macro también permite mostrar un mensaje en la consola si el test falla.

```
#[test]
fn suma_cero_mas_cero() {
    assert_eq!(suma(0, 0), 0, "La suma de dos cero falla.");
}
```

assert_ne!

Esta macro comprueba que dos valores no sean iguales.

En la función `suma()` actual no tiene sentido realizar esta comprobación, así que imaginemos un situación ligeramente diferente. Imagina que la función `suma_depositos()` suma las cantidades de dinero disponibles en dos depósitos bancarios.[2] Supongamos que la suma de dos depósitos nunca puede ser exactamente 108 000 €.[3]

---

[2]   La función no se proporciona. Si quieres probar el código tendrás que implementarla.

[3]   Ya sabes: el 108 es un número especial en este libro y necesito inventarme un ejemplo para enseñarte a utilizar esta macro. No me juzgues jeje.

```
#[test]
fn importe_a_evitar() {
    let deposito1 = 100_000;
    let deposito2 = 150_000;
    let resultado = suma_depositos (deposito1, deposito2);
    assert_ne!(resultado, 108_000,
               "La suma de los depósitos no debería
               ser nunca 108.000€.");
}
```

ADVERTENCIA:

Ten cuidado, la función «suma_depositos()» que se utiliza en este ejemplo trabaja con valores reales.

debug_assert!

Esta macro es parecida a `assert!`, pero solo se verifica en modo `debug`. En modo `release`, la expresión no se verifica, lo que puede mejorar el rendimiento. Esto ocurre debido a que Rust permite que la ejecución de pruebas sea diferente según el perfil de compilación.

Si el manifiesto de tu proyecto cuenta con uno o varios perfiles de personalizados, puedes controlar la ejecución de estos test añadiendo a esos perfiles el parámetro debug-assertions.

```
[profile.entorno_de_pruebas]
opt-level = 1
debug = true
debug-assertions = true
```

ADVERTENCIA:

Recuerda añadir el campo «inherits» para que la herencia del perfil funcione correctamente.

El campo debug-assertions viene configurado por defecto con el valor `true` en el perfil de desarrollo (`dev`) y con el valor `false` en el perfil de `release`.

Para ejecutar los test con un perfil personalizado, utiliza el siguiente comando, donde `perfil_personalizado` es el nombre del perfil sobre el que quieras ejecutar la batería de test.

```
cargo test --profile perfil_personalizado
```

La implementación de un test con la macro `debug_assert!()` es casi idéntica que la implementación de un test con la macro `assert!()`, porque solo cambia el perfil de compilación en el que se ejecuta.

```
#[test]
fn suma_dos_valores_positivos_retorna_un_valor_positvo() {
    let resultado = suma(15, 16);
    debug_assert!(resultado > 0,
            "La suma de dos valores positivos no da
             como resultado otro valor positivo");
}
```

debug_assert_eq!

Esta macro es similar a `assert_eq!()` pero solo se verifica cuando los test se ejecutan en modo `debug`, o en aquellos perfiles de compilación personalizados cuya configuración en el manifiesto establecen el campo debug-assertions con el valor true.

```
#[test]
fn suma_dos_valores_positivos() {
    debug_assert_eq!(suma(8, 15), 23);
}
```

debug_assert_ne!

Esta macro se comporta igual que la macro `assert_ne!()` pero solo se ejecuta en modo debug, o en auqellos perfiles de compilación personalizados cuya configuración en el manifiesto establecen el campo debug-assertions con el valor true.

```
#[test]
fn importe_a_evitar() {

    let deposito1 = 100_000;
    let deposito2 = 150_000;

    let resultado = suma_depositos(deposito1, deposito2);

    debug_assert_ne!(resultado, 108_000,
            "La suma de los depósitos no debería
             ser nunca 108.000€.");
}
```

#[should_panic]

Esta anotación es muy interesante, pues puede emplearse para verificar que una función provoca que efectivamente el programa entre en estado de pánico cuando debe.

Por ejemplo, supongamos que la función calcular_cociente() debe provocar que el programa entre en estado de pánico cuando recibe el valor 0 como parámetro de entrada para el divisor.

```
fn calcular_cociente(dividendo: i32, divisor: i32) -> i32 {
```

```
    if divisor == 0 {
        panic!("División entre cero.");
    }

    dividendo / divisor

}
```

Se trata de un caso que debemos cubrir en nuestra batería de pruebas, pero si llamamos a la función `calcular_cociente()` y le proporcionamos el valor 0 a `divisor`, el programa entrará en estado de pánico y la ejecución de pruebas finalizará.

```
fn calcular_cociente(dividendo: i32, divisor: i32) -> i32 {

    if divisor == 0 {
        panic!("División entre cero.");
    }

    dividendo / divisor
}

#[cfg(test)]
mod tests {
    use super::*;

    #[test]
    fn division_entre_cero() {
        calcular_cociente(42, 0);
    }
}
```

Si intentas ejecutar esta prueba verás que falla.

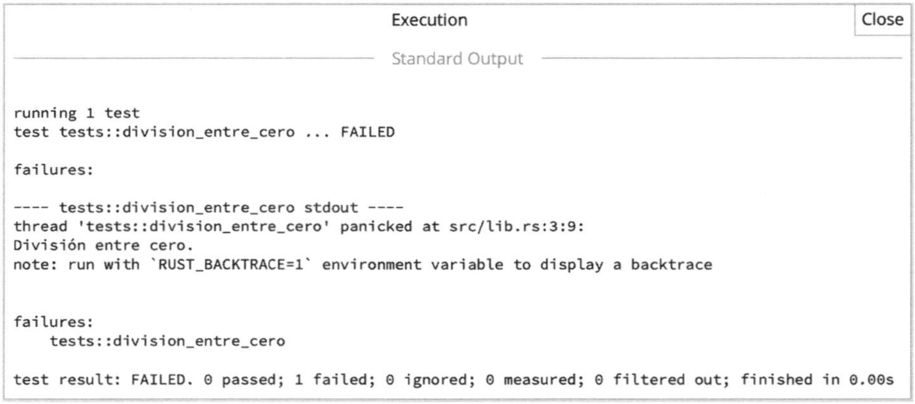

Figura 19.21. La prueba unitaria provoca que el programa entre en estado de pánico.

La solución pasa por añadir la anotación #[should_panic()] e incluir entre paréntesis el mensaje de error que se espera que devuelva la macro panic!. En este caso "División entre cero.".

```rust
fn calcular_cociente(dividendo: i32, divisor: i32) -> i32 {

    if divisor == 0 {
        panic!("División entre cero.");
    }

    dividendo / divisor
}

#[cfg(test)]
mod tests {
    use super::*;

    #[test]
    #[should_panic(expected = "División entre cero")]
    fn division_entre_cero() {
        calcular_cociente(42, 0);
    }
}
```

Ejecuta una vez más la prueba unitaria y verifica que, ahora sí, el test se ejecuta exitosamente.

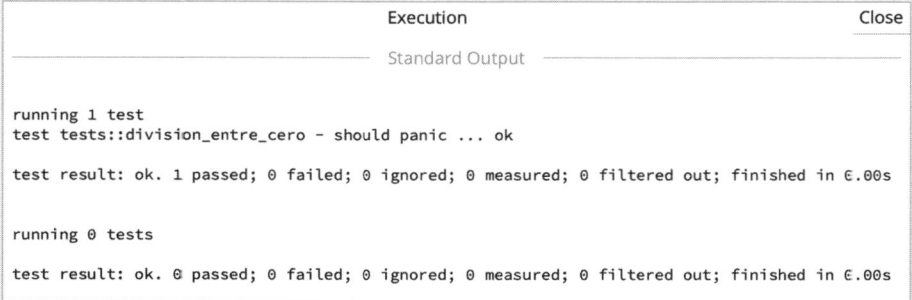

Figura 19.22. Comprobación de panic! a través de una prueba unitaria.

Algunas recomendaciones

Las pruebas unitarias permiten identificar problemas en el código de manera temprana, lo cual facilita su corrección antes de que estos problemas se propaguen. Además, actúan como documentación para los equipos de desarrollo, al mostrar cómo se espera que funcionen las diferentes funciones o métodos.

Al mejorar el código, las pruebas unitarias permiten realizar cambios con mayor confianza, porque los test pueden verificar si alguna funcionalidad se ha roto durante el proceso. También fomentan la escritura de código más limpio y modular: un código difícil de probar suele ser un indicio de mal diseño.

Sin embargo, alcanzar estos beneficios se vuelve una tarea compleja si no se tienen en cuenta algunas consideraciones. Toma nota, porque estos consejos te ahorrarán muchos problemas a futuro.

- Cada test unitario debe ejecutarse de manera independiente y no debería depender de otras pruebas unitarias.
- Enfócate en probar una sola función o método a la vez. Las pruebas unitarias deben ser específicas.
- Cuanto más pequeño sea el cuerpo del test, más rápido se ejecutará la batería de pruebas. Recuerda: el tiempo es oro.

20

Ciclos de vida de referencias y anotaciones

- Qué es un ciclo de vida y por qué es importante conocerlo.
- Cuáles son las reglas que el compilador aplica para inferir los ciclos de vida.
- Qué es un ciclo de vida estático, para qué sirve y cómo implementa-lo.
- Cómo implementar anotaciones de ciclo de vida explícitas.

Introducción

Toda referencia cuenta con un tiempo de vida determinado, vinculado al tiempo de vida del propietario del dato al que apuntan.

Partamos de una variable de tipo f64 que almacena el sueldo mensual neto de un empleado.

```
fn main(){

    let sueldo_mensual_neto = 3_500.;

}
```

Supongamos que por algún motivo necesitamos crear una referencia que apunte al valor almacenado en esta variable.

```
fn main(){

    let sueldo_mensual_neto = 3_500.;
    let ref_sueldo_mensual_neto = &sueldo_mensual_neto;
}
```

Cuando decimos que toda referencia cuenta con un tiempo de vida determinado, vinculado al tiempo de vida del propietario del dato al que apunta, nos referimos a que el tiempo de vida de la referencia `ref_sueldo_mensual_neto` viene marcado desde el momento de su declaración por el tiempo de vida de la variable `sueldo_mensual_neto`, la cual es la propietaria del valor al que se apunta (`3500.00`).

Figura 20.1. Tiempo de vida determinado.

El tiempo de vida de la variable `sueldo_mensual_neto` está determinado por el ámbito en el que la variable se crea (la función principal `main()`). Con esta premisa, el máximo tiempo que `ref_sueldo_mensual_neto` vivirá será, con total seguridad, el ámbito de la función `main()`.

La importancia de conocer el ciclo de vida de una referencia

El ciclo de vida de una referencia (también conocido como *lifetime*, por su término en inglés) define el periodo durante el cual una referencia es válida y puede ser utilizada. Dado el diseño del lenguaje, conocer la duración de una referencia es crucial para asegurar la seguridad y la gestión eficiente de la memoria, al evitar accesos indebidos a zonas de memoria liberadas y prevenir fugas de memoria.

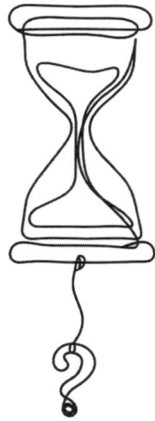

Figura 20.2. La importancia de conocer el ciclo de vida.

A continuación, te muestro algunas de las principales razones por las que saber cuál es el ciclo de vida de una referencia es tan importante.

- Permite al compilador realizar optimizaciones más eficientes, y elimina código innecesario y redundante.

- Las reglas de préstamos se basan en los ciclos de vida para determinar la validez de las referencias. Los ciclos de vida garantizan que las referencias sean válidas solo mientras el valor original está disponible.

- Asegura que no existen referencias colgantes sin recurrir a un recolector de basura. En otras palabras, consigue evitar referenciar zonas de memoria que han sido liberadas sin necesidad de recurrir a un mecanismo —el recolector— que puede afectar al rendimiento de un programa.

- En consecuencia, previene fugas de memoria. Cuando un valor sale de su ámbito, la memoria asociada es liberada correctamente siempre y cuando no haya referencias activas que lo apunten. El ciclo de vida proporciona soluciones para asegurar que no existan referencias colgantes.

Reglas de elisión

Las reglas de elisión son un conjunto de normas que el compilador aplica para inferir cuánto tiempo debe vivir una referencia según el contexto en el que se encuentra, y están estrechamente vinculadas con las firmas de las funciones y métodos.

Una referencia de entrada y una referencia de salida

Partamos de la definición de la función `obtener_prefijo()`, que toma como entradas una referencia a una cadena de texto (`&str`) y un entero que indica la longitud deseada del prefijo que deseamos obtener.

```
fn obtener_prefijo(palabra_original: &str, longitud_prefijo: usize)
                    -> &str
{
    &palabra_original[0..longitud_prefijo.min(palabra_original.len())]
}
```

Esta función devuelve una referencia la subcadena, que representa el prefijo de la longitud especificada. Te dejo un pequeño programa de ejemplo que la utiliza.

```
fn main(){

    let palabra = "Rustacean";
    let prefijo = obtener_prefijo(palabra, 4);

    println!("Prefijo de {}: {}.", palabra, prefijo);
}
```

Este programa proporciona esta salida:

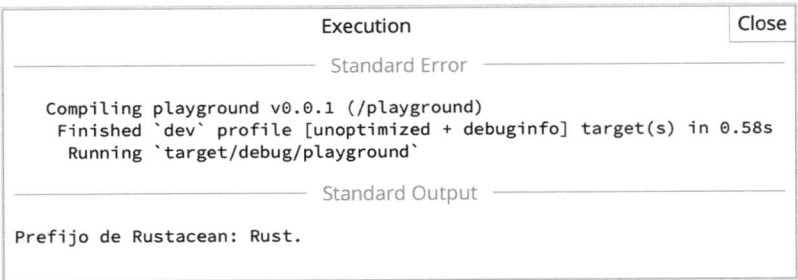

Figura 20.3. Salida esperada: «Prefijo de Rustacean: Rust».

La función `obtener_prefijo()` recibe una sola referencia en su lista de parámetros de entrada, y devuelve otra referencia como valor de retorno. En este contexto —cuando solo existe una referencia de entrada y una referencia de salida— el compilador infiere que la referencia de salida vivirá tanto tiempo como la referencia de entrada. En otros términos, el ciclo de vida de la referencia de salida será el mismo que el ciclo de vida de la referencia de entrada.

*La teoría de algoritmos puede considerar que una referencia mutable que se proporciona a una función como parámetro de entrada es una referencia de entrada y salida (a la vez). **En Rust no existen parámetros de entrada y salida**, solo de entrada (aquellos que se proporcionan en el listado de parámetros de entrada a la función) o de salida (aquél que se devuelve como retorno). Entender esta diferencia es importante para saber cómo el compilador asigna los tiempos de vida.*

Desglosemos los tiempos de vida del programa completo para entender qué ocurre.

- En primer lugar se crea la variable `palabra` en la función `main()` como propietaria del valor `Rustacean`.[1]
- A continuación se llama a la función `obtener_prefijo()`. Esta función toma como primer parámetro de entrada una referencia inmutable al valor proporcionado. Esto quiere decir que la variable `palabra_original` toma una referencia a la variable proporcionada. En consecuencia, el tiempo de vida de la referencia `palabra_original` se vincula al tiempo de vida del propietario del dato (`palabra`).
- La función `obtener_prefijo()` solo tiene una referencia de entrada y una referencia de salida. El compilador infiere que el ciclo de vida de la referencia devuelta será el mismo que el ciclo de vida de la referencia `palabra_original`.
- La referencia que se devuelve apunta a una porción de "Rustacean", así que tiene sentido que la referencia que apunta a una parte de esta palabra no viva más que el dato en sí mismo.

Múltiples referencias de entrada

Esta regla tiene dos ámbitos de actuación y una excepción importante, que establece cuándo se aplica esta regla: solo se activa si la lista de parámetros no incluye &self o &mut self (es decir, métodos de instancia). Si alguno de estos parámetros está presente en la lista de parámetros de entrada, la regla no se aplica.

Para la explicación de esta regla se parte de la base de que la lista de parámetros no incluye «&self» o «&mut self».

El tipo de retorno (valor o referencia) determina el ámbito de actuación, así como su potencial solución.

---

[1] Es un juego de palabras entre «Rust» y «Crustacean», pues la mascota del lenguaje es un cangrejo. Los programadores de Rust se llaman a sí mismo «Rustaceans».

Retorno por valor

Cuando el valor se devuelve por copia, la aplicación de esta regla es muy sencilla: el compilador infiere que cada referencia tendrá su propia duración. Tomemos como ejemplo la función `calcular_sueldo_neto()`.

```
fn calcular_sueldo_neto(sueldo_bruto: &f64,
                        porcentaje_deducciones: &f64) -> f64
{
    *sueldo_bruto - (*sueldo_bruto * (*porcentaje_deducciones / 100.0)
                    )
}
```

Esta función toma dos referencias inmutables como parámetros de entrada, y devuelve una copia del resultado obtenido tras calcular el sueldo neto.

Las referencias `sueldo_bruto` y `porcentaje_deduccciones` tendrá, cada una, su propio ciclo de vida. Este ciclo de vida se establecerá según el ámbito en el que cada referencia es declarada y el propietario del valor al que la referencia en cuestión apunta, pero esto es algo que ahora mismo no nos importa. En cuanto a la aplicación de la regla, cada referencia que se recibe en el listado de parámetros de entrada contará con su propia duración.

ADVERTENCIA:

La regla se aplica sin importar si los parámetros de entrada son referencias mutables o inmutables.

Retorno por referencia

En este contexto –en el que se reciben varias referencias (sin importar si son mutables o inmutables) como parámetros de entrada y también existe otra referencia de salida– el compilador no sabe qué hacer.

Rescata `obtener_prefijo()` y adapta la función para que `longitud_prefijo` para que su contenido sea pasado por referencia.

```
fn obtener_prefijo(palabra_original: &str, longitud_prefijo: &usize)
                -> &str
{
    &palabra_original[0..(*longitud_prefijo)
                                    .min(palabra_original.len())]
}

fn main(){

    let palabra = "Rustacean";
    let prefijo = obtener_prefijo(palabra, &4);
```

```
    println!("Prefijo de {}: {}.", palabra, prefijo);

}
```

Si tratas de compilar este código, la consola te mostrará el error E0106.

```
┌──────────────────────────────────────────────────────────────────────┐
│                         Execution                          │   Close  │
├──────────────────────────────────────────────────────────────────────┤
│ ───────────────────────── Standard Error ──────────────────────────   │
│                                                                        │
│    Compiling playground v0.0.1 (/playground)                           │
│ error[E0106]: missing lifetime specifier                               │
│  --> src/main.rs:2:23                                                  │
│   |                                                                    │
│ 1 | fn obtener_prefijo(palabra_original: &str, longitud_prefijo: &usize)│
│   |                                   ----                   ------     │
│ 2 |                      -> &str                                       │
│   |                         ^ expected named lifetime parameter        │
│   |                                                                    │
│   = help: this function's return type contains a borrowed value, but the signature does│
│ help: consider introducing a named lifetime parameter                  │
│   |                                                                    │
│ 1 ~ fn obtener_prefijo<'a>(palabra_original: &'a str, longitud_prefijo: &'a usize)│
│ 2 ~                      -> &'a str                                    │
│   |                                                                    │
│                                                                        │
│ For more information about this error, try `rustc --explain E0106`.    │
│ error: could not compile `playground` (bin "playground") due to 1 previous error│
│ ───────────────────────── Standard Output ─────────────────────────   │
└──────────────────────────────────────────────────────────────────────┘
```

Figura 20.4. Error E0106 en consola.

ADVERTENCIA:

Los compiladores de «rustc» en local y Rust Playground pueden detectar algunos errores diferentes.

Este error ocurre cuando el compilador no puede determinar cuánto tiempo debería vivir una referencia. Al existir varias referencias de entrada y solo una de salida, no sabe qué relación existen entre ellas. Desde el punto de vista conceptual lo vemos muy claro: el prefijo en sí (no la longitud) debería estar vinculado con `palabra_original` ya que `longitud_prefijo` es una información complementaria, pero el compilador esto no lo sabe. Más adelante veremos cómo solucionar este problema.

Múltiples referencias de entrada (con &self o &mut self)

Si existen múltiples referencias de entrada, pero una de ellas es `&self` o `&mut self`, y además existe una referencia de salida, el ciclo de vida de `&self` o `&mut self` se asigna a todas las referencias de salida.

Veamos cómo esta regla entra en funcionamiento con un caso práctico que parte de la definición `Comando`, una estructura que representa un comando y que contiene una lista de argumentos que se almacenan de tipo `CString`.

```
struct Comando {
    argumentos: Vec<CString>,
}
```

`CString` es una estructura en Rust (incluida en `std::ffi::CString;`) que representa una cadena de caracteres que termina en un carácter nulo (\0). Este es el formato de cadena de caracteres que se utiliza en el lenguaje C. En C, las cadenas de caracteres son arrays de caracteres que terminan con un byte nulo para indicar el final de la cadena.

```
use std::ffi::CString;
```

ADVERTENCIA:

Añade esta línea al comienzo del archivo, antes de la definición del struct «Comando».

La idea es poder crear comandos con ciertos argumentos, de la siguiente forma.

```
fn main() {
    let mut cmd = Comando::nuevo();

    let argumentos = vec!["cargo", "build", "-- release"];
    cmd.incorporar_argumentos(&argumentos);
}
```

Así que necesitaremos implementar un método que construya la instancia, y otro que incorpore los argumentos a la misma.

ADVERTENCIA:

Es una buena oportunidad para recordar que en Rust los «constructores» no existen como tal, y que «new» es una convención para denominar al método asociado que crea una nueva instancia. Aunque sería lo más adecuado, en este ejemplo se evita el uso de «new» para recordártelo.

```
impl Comando {
    fn nuevo() -> Comando {
        Comando { argumentos: Vec::new() }
    }

    fn incorporar_argumentos(&mut self, argumentos: &[&str])
                            -> &mut Comando
    {
        for &arg in argumentos {
            self.argumentos.push(CString::new(arg).unwrap());
        }

        self
    }
}
```

Te dejo el código completo para que puedas copiarlo en tu entorno de desarrollo favorito. Ejecuta el comando cargo doc para generar la documentación que he preparado para ti. Continúa cuando entiendas cómo funciona el programa.

```rust
/*
 * CString es una estructura en Rust que representa una cadena de caracteres
que termina en un carácter nulo (\0).
 * Este es el formato de cadena de caracteres que se utiliza en el lenguaje
C. En C, las cadenas de caracteres son
 * arrays de caracteres que terminan con un byte nulo para indicar el
final de la cadena.
 */
use std::ffi::CString;

/// Estructura que representa un Comando.
///
/// Un `Comando` contiene una lista de argumentos que
/// se almacenan como `CString`.
struct Comando {
    argumentos: Vec<CString>,
}

impl Comando {
    /// Constructor para crear un nuevo Comando.
    ///
    /// # Ejemplos
    ///
    /// ```
    /// let cmd = Comando::nuevo();
    /// ```
    fn nuevo() -> Comando {
        Comando { argumentos: Vec::new() }
    }

    /// Método para añadir argumentos al Comando.
    ///
    /// Este método toma una lista de cadenas y
    /// las convierte a `CString`, almacenándolas en el comando.
    ///
    /// # Argumentos
    ///
    /// * `argumentos` - Una referencia a un slice de cadenas
    /// de tipo `&str` que se añadirán como argumentos.
    ///
    /// # Ejemplos
    ///
    /// ```
    /// let mut cmd = Comando::nuevo();
```

```rust
/// let argumentos = vec!["argumento1",
/// "argumento2", "argumento3"];
///
/// cmd.incorporar_argumentos(&argumentos);
/// ```
fn incorporar_argumentos(&mut self, argumentos: &[&str])
                        -> &mut Comando
{

    for &arg in argumentos {
        self.argumentos.push(CString::new(arg).unwrap());
    }

    self
}
}


fn main() {

    let mut cmd = Comando::nuevo();

    {
        let argumentos = vec!["cargo", "build", "-- release"];

        cmd.incorporar_argumentos(&argumentos);
        // Los argumentos son prestados aquí y deben vivir
        // al menos tanto como 'cmd'
    }

    // Imprimimos los argumentos para comprobar
    // que se muestran correctamente
    for arg in &cmd.argumentos {
        println!("{:?}", arg);
    }
}
```

Ahora que ya conocemos cómo trabaja este programa, échale un vistazo al método incorporar_argumentos().

```rust
fn incorporar_argumentos(&mut self, argumentos: &[&str])
                        -> &mut Comando
{
    for &arg in argumentos {
        self.argumentos.push(CString::new(arg).unwrap());
    }
    self
}
```

Este método recibe una referencia mutable a la instancia (self) y una referencia inmutable a los argumentos que se incluirán en el comando. Además, también devuelve una referencia mutable a la propia instancia tras ser modificada.

Para averiguar los ciclos de vida de estas referencias, el compilador aplica las siguientes reglas:

- La función incorporar_argumentos() recibe varias referencias como parámetros de entrada. En principio, cada referencia debe tener su propio ciclo de vida asociado.

- Ocurre que el método devuelve un valor por referencia, y que una de estas referencias que se recibe como parámetro de entrada es &mut self, así que entra en juego la regla que involucra &self o mut self.

- En consecuencia, el compilador infiere que el ciclo de vida asociado a la referencia de salida es el mismo que el ciclo de vida de &mut self.

Ciclos de vida estáticos

En el capítulo 17, aprendiste que las variables estáticas son aquellas que tienen un ámbito de alcance que abarca todo el programa. Aunque esta afirmación presenta algunos matices,[2] cabe destacar que la palabra reservada static puede aplicarse también al tiempo de vida de las referencias.

El siguiente programa llama a la función amplia_tus_conocimientos() para crear una cadena de caracteres de alto nivel.

```
fn main() {

    let mensaje = amplia_tus_conocimientos();

    println!("{}", mensaje);

}

fn amplia_tus_conocimientos() -> &str {

    let mensaje = String::from("Visita eliezerlopez.rs y amplía
                tus conocimientos sobre C, C++ y Rust con
                nuevos cursos que año tras año preparo para ti.");

    &mensaje
}
```

Después de crear la variable de tipo String (mensaje), devuelve una referencia a este dato para almacenarlo en la variable mensaje. Finalmente, muestra el contenido de mensaje en pantalla.

En realidad, si tratas de compilar este programa obtendrás de nuevo el error E0106.

---

[2] Refresca el uso de static en el capítulo 17.

```
Exited with status 101
――――――――――――――――――――――― Standard Error ―――――――――――――――――

  Compiling playground v0.0.1 (/playground)
error[E0106]: missing lifetime specifier
 --> src/main.rs:9:34
  |
9 | fn amplia_tus_conocimientos() -> &str {
  |                                  ^ expected named lifetime parameter
  |
  = help: this function's return type contains a borrowed value, but there
help: consider using the `'static` lifetime, but this is uncommon unless yo
  |
9 | fn amplia_tus_conocimientos() -> &'static str {
  |                                   +++++++
help: instead, you are more likely to want to return an owned value
  |
9 | fn amplia_tus_conocimientos() -> String {
  |                                  ~~~~~~
```

Figura 20.5. Error E0106 en consola.

Si prestamos atención al mensaje, parece que el compilador espera algún tipo de anotación que le ayude a entender cuál es el tiempo de vida que debe asignar al valor de tipo &str que se retorna la función amplia_tus_conocimientos().

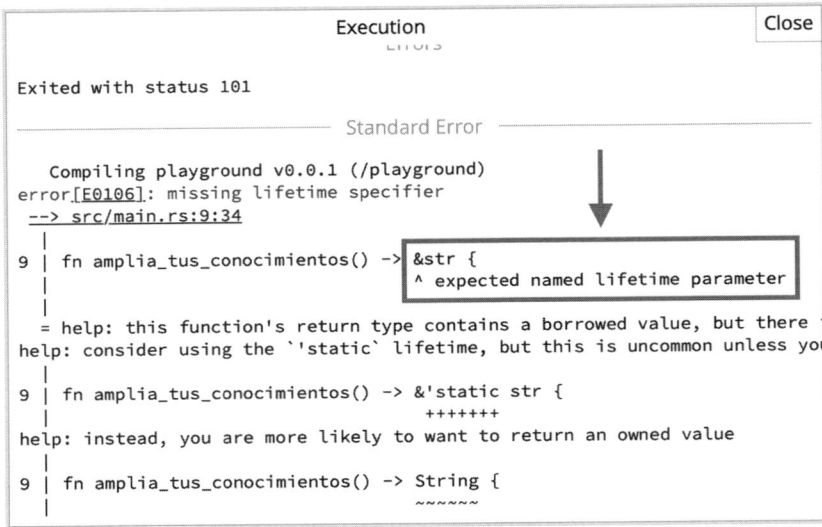

Figura 20.6. Ciclo de vida desconocido.

En concreto, uno de los consejos de ayuda que propone es el de incluir un apóstrofe y la palabra reservada static ('static) como parte del tipo de retorno.

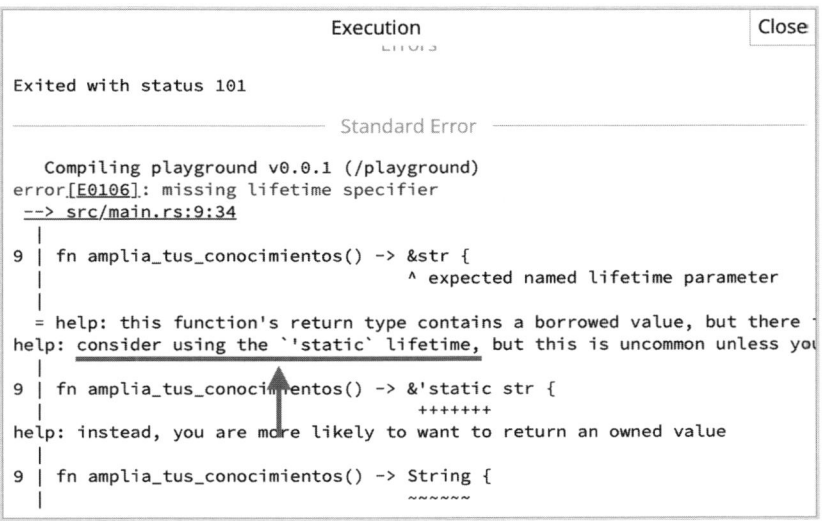

Figura 20.7. Solución propuesta por el compilador: ciclo de vida estático.

El apóstrofe ' indica que se trata de una notación de ciclo de vida, y la palabra reservada `static` señala al compilador que la referencia sobre la que se aplica debe vivir durante todo el ciclo de vida del programa. Si hacemos caso al compilador, y modificamos la firma de la función `amplia_tus_conocimientos()`:

```
fn amplia_tus_conocimientos() -> &'static str {

    let mensaje = String::from("Visita eliezerlopez.rs y amplía
                tus conocimientos sobre C, C++ y Rust con nuevos
                cursos que año tras año preparo para ti.");

    &mensaje
}
```

Estaremos indicando que la referencia a `mensaje` (desde el momento en el que la referencia se crea) debe existir tanto tiempo como dure el programa en funcionamiento.

Sin embargo, ocurre que el programa continúa sin funcionar. Trata de compilarlo… Continúa apareciendo un segundo mensaje de error (figura 20.8).

Si bien el problema de la referencia está solucionado, piensa lo siguiente: la variable mensaje es creada dentro del ámbito de la función `amplia_tus_conocimientos()`. Si devuelves una referencia estática (que vive durante todo el programa), y esta referencia apunta a un valor cuyo ámbito es local (`mensaje`), estarías permitiendo que una referencia sobreviva al dato al que apunta. Esto no es posible. Una referencia estática debe apuntar a un valor que también lo sea.

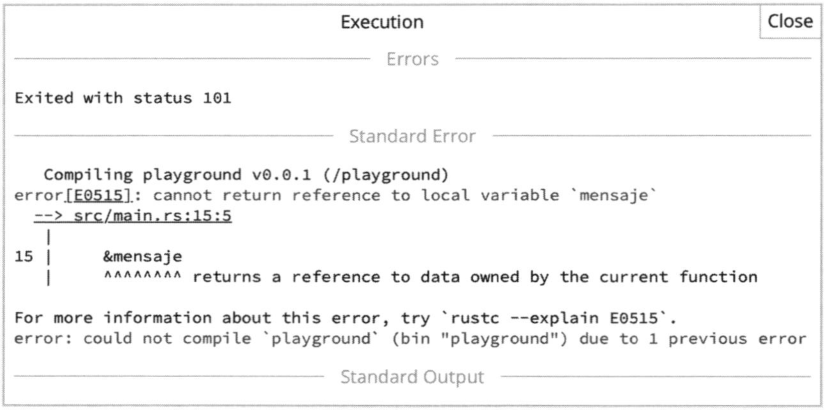

Figura 20.8. Error E0515 en consola.

```
fn main() {

    let mensaje = amplia_tus_conocimientos();

    println!("{}", mensaje);
}

fn amplia_tus_conocimientos() -> &'static str {

    let mensaje = "Visita eliezerlopez.rs y amplía tus conocimientos
                   de C, C++ y Rust con nuevos cursos que año tras año
                   preparo para ti.";

    &mensaje
}
```

La variable mensaje que se declara dentro de la función `amplia_tus_conocimientos()` no ha sido declarada expresamente como `static`, pero se trata de una cadena de caracteres de bajo nivel. En Rust, las cadenas de caracteres de bajo nivel son, por defecto, de duración estática. De hecho, el tipo inferido por el compilador para la variable mensaje declarada en el ámbito de la función `amplia_tus_conocimientos()` es de tipo `&'static str`.

Anotaciones de ciclo de vida

Hace muy poco hiciste un pequeño cambio en la función `obtener_prefijo()`.

```
fn obtener_prefijo(palabra_original: &str,
                   longitud_prefijo: &usize) -> &str
{
    &palabra_original[0..(*longitud_prefijo)
                                    .min(palabra_original.len())]
}
```

```
fn main() {

    let palabra = "Rustacean";
    let prefijo = obtener_prefijo(palabra, &4);

    println!("Prefijo de {}: {}.", palabra, prefijo);
}
```

Al disponer de dos referencias como parámetros de entrada y una referencia como parámetro de salida, el compilador no es capaz de inferir la duración de la referencia de salida.

Si hubiera una sola referencia como parámetro de entrada, y una de las referencias fuera `&self` o `&mut self`, tomaría el ciclo de vida de la instancia. Pero no nos encontramos en ninguna de estas dos situaciones. El compilador agota las posibilidades, así que solo queda una solución: pedir que se especifique explícitamente el ciclo de vida.

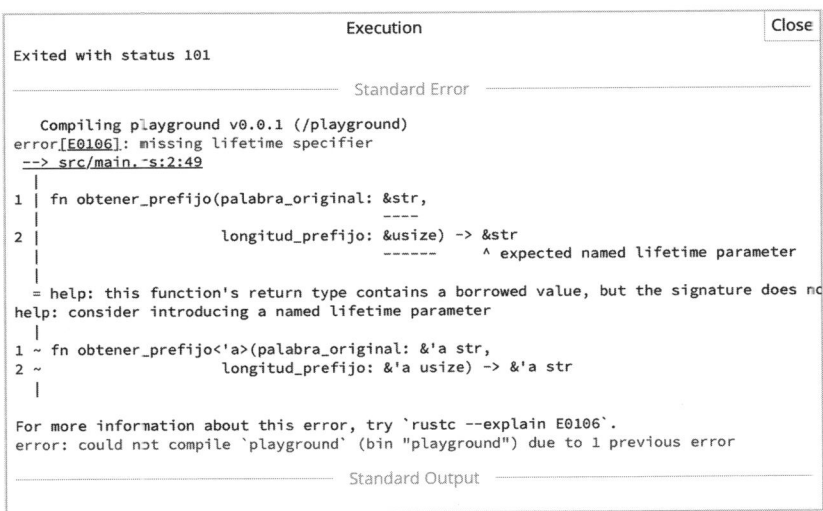

Figura 20.9. Error E0106 en consola.

Las anotaciones de ciclo de vida se indican con el apóstrofe `'`. Al igual que ocurre con los genéricos (en los que hay que indicar el identificador del tipo genérico entre ángulos de apertura y de cierre `<T>`), con las anotaciones de ciclo de vida también tenemos que indicar los ángulos de apertura y de cierre.

```
fn identificador<'anotacion>(lista_de_parametros_de_entrada)
    -> tipo_de_retorno
{
    // Cuerpo de la función o método
}
```

En Rust, las anotaciones de ciclo de vida suelen indicarse con letras. La convención más común es usar letras minúsculas, y la más frecuente es `'a`.

Para introducir una anotación de ciclo de vida en la función `obtener_prefijo()`, declaramos la anotación entre ángulos de apertura y de cierre.

```
fn obtener_prefijo<'a>(palabra_original: &str,
                       longitud_prefijo: &usize) -> &str
{
    &palabra_original[0..(*longitud_prefijo)
                                .min(palabra_original.len())]
}
```

A continuación, utilizamos la anotación en el parámetro de entrada cuyo ciclo de vida queramos tomar como referente. La anotación se utiliza añadiendo apóstrofe y letra entre el símbolo ampersand & y el tipo de dato.

```
fn obtener_prefijo<'a>(palabra_original: &'a str,
                       longitud_prefijo: &usize) -> &str
{
    &palabra_original[0..(*longitud_prefijo)
                                .min(palabra_original.len())]
```

Finalmente, utilizamos nuevamente la anotación `'a` para indicar que la referencia de salida debe vivir tanto tiempo como la referencia `palabra_original`.

```
fn obtener_prefijo<'a>(palabra_original: &'a str,
                       longitud_prefijo: &usize) -> &'a str
{
    &palabra_original[0..(*longitud_prefijo)
                                .min(palabra_original.len())]
}
```

De este modo, el compilador sabe que la referencia de salida debe vivir tanto como la referencia de entrada `palabra_original`, y que la referencia `longitud_prefijo` tendrá otro tiempo de vida diferente.

Te dejo el código completo con los cambios aplicados:

```
fn obtener_prefijo<'a>(palabra_original: &'a str,
                       longitud_prefijo: &usize) -> &'a str
{
    &palabra_original[0..(*longitud_prefijo)
                                .min(palabra_original.len())]
}

fn main() {

    let palabra = "Rustacean";
    let prefijo = obtener_prefijo(palabra, &4);

    println!("Prefijo de {}: {}.", palabra, prefijo);
}
```

Compila el programa y comprueba que la salida es similar a la que te muestro en la figura 20.3.

```
Execution                                              Close
──────────────────────── Standard Error ────────────────────────
  Compiling playground v0.0.1 (/playground)
   Finished `dev` profile [unoptimized + debuginfo] target(s) in 0.79s
    Running `target/debug/playground`
──────────────────────── Standard Output ───────────────────────
Prefijo de Rustacean: Rust.
```

Figura 20.10. Salida esperada: «Prefijo de Rustacean: Rust».

Como puedes observar, la referencia `longitud_prefijo` carece de notación explícita. Declarar y utilizar una anotación no implica que todas las referencias deban utilizarlas. Gracias a las anotaciones indicadas en el resto de las referencias (`palabra_original`: `&'a str` y `&'a str`), el compilador es capaz de inferir que el ciclo de vida del parámetro de entrada `longitud_prefijo` será diferente, porque carece de la anotación `'a`.

Existen ocasiones en las que conviene igualar los tiempos de vida de todas las referencias. Por ejemplo, imagina la función `elegir_usuario_con_menos_caracteres()` que averigua cuál es el nombre de usuario de entre dos proporcionados que tiene menos caracteres.

```
fn elegir_usuario_con_menos_caracteres<'a>(nombre1: &'a str, nombre2:
&'a str) -> &'a str {

    if nombre1.len() < nombre2.len() {
        nombre1
    } else {
        nombre2
    }

}
```

No sabemos cuál de los dos nombres de usuario se devolverá, por lo tanto, interesa que todas las referencias compartan el mismo ciclo de vida.

```
fn elegir_usuario_con_menos_caracteres<'a>(nombre1: &'a str, nombre2:
&'a str) -> &'a str {

    if nombre1.len() < nombre2.len() {
        nombre1
    } else {
        nombre2
    }
}
```

```
fn main() {
    let username1 = String::from("@EliezerLopez");
    let username2 = String::from("Eliezer777");

    let menos_caracteres = elegir_usuario_con_menos_caracteres
                             (&username1, &username2);

    println!("El nombre de usuario con menos caracteres es: {}",
             menos_caracteres);

}
```

Prueba a eliminar la notación de alguna de las referencias y obtendrás un error de compilación.

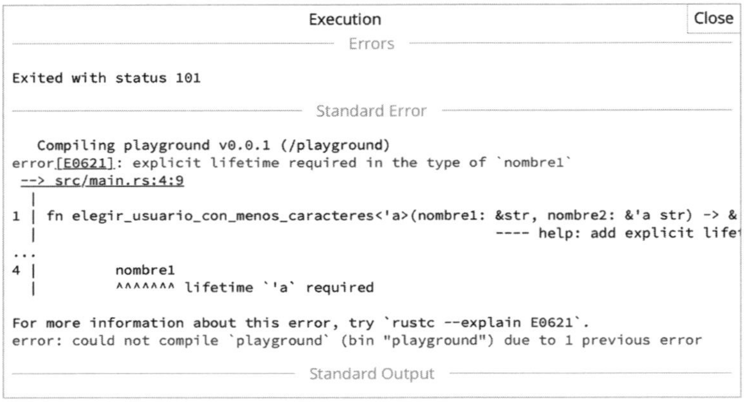

Figura 20.11. Error E0621 en consola.

Las anotaciones también pueden implementarse en structs y traits. Por ejemplo, supongamos la creación de un struct Empleado que almacena cuatro cadenas de bajo nivel en su interior, cuyos ciclos de vida deben ser los mismos.

```
struct Empleado<'a> {
    nombre: &'a str,
    puesto: &'a str,
    departamento: &'a str,
    descripcion: &'a str,
}
```

Supongamos también la definición del trait Resumen, con la firma del método resumir() en su interior.

```
trait Resumen<'a> {

    fn resumir(&'a self) -> String;

}
```

Y la implementación del trait `Resumen` **para el tipo** `Empleado`.

```
impl<'a> Resumen<'a> for Empleado<'a> {

    fn resumir(&'a self) -> String {
        format!("{} es {} en el departamento de {}.",
                self.nombre, self.puesto, self.departamento)
    }

}
```

Observa cómo los ciclos de vida son especificados en cada una de las situaciones, solo cuando es necesario y como si de un tipo genérico se tratase.

Finalmente, podemos hacer uso del código implementado (por ejemplo, desde la función principal `main()`). Las anotaciones implementadas en el struct, la definición del trait y su implementación para el tipo `Empleado` permanecen ocultas y son totalmente transparentes para el usuario del tipo `Empleado` y del trait `Resumen`.

```
trait Resumen<'a> {

    fn resumir(&'a self) -> String;

}

struct Empleado<'a> {
    nombre: &'a str,
    puesto: &'a str,
    departamento: &'a str,
    descripcion: &'a str,
}

impl<'a> Resumen< a> for Empleado<'a> {

    fn resumir(&'a self) -> String {
        format!("{} es {} en el departamento de {}.",
                self.nombre, self.puesto, self.departamento)
    }

}

fn main(){

    let empleado = Empleado {
        nombre: "Maurice Moss",
        puesto: "Técnico de Soporte",
        departamento: "IT",
        descripcion: "Maurice es un experto en tecnología con
                    amplio conocimiento y habilidades excepcionales.",
    };
```

```
    println!("{}", empleado.resumir());
}
```

Te muestro la salida esperada de este programa en la figura 20.12.

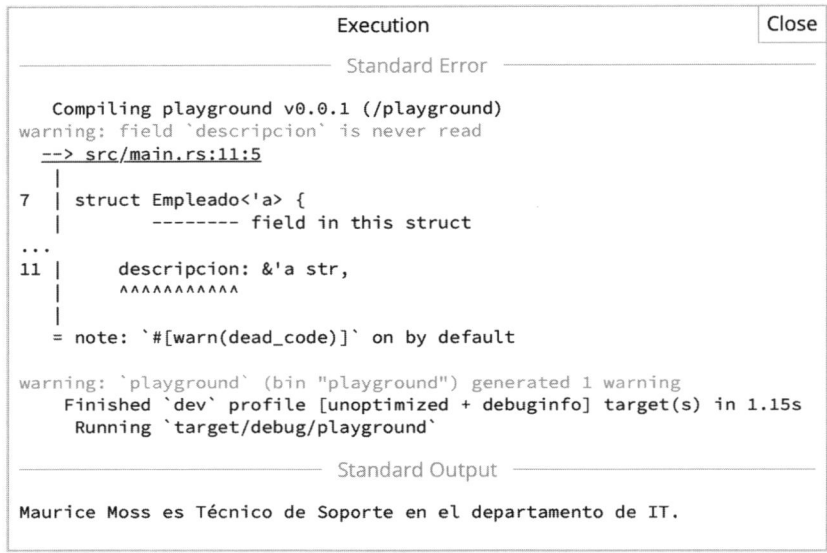

Figura 20.12. «Salida esperada: Maurice Moss es Técnico de Soporte en el departamento de IT. ».

Si el struct Empleado requiere más anotaciones, simplemente añade las letras necesarias entre los ángulos de apertura y cierre para su declaración (separadas por comas e incluyendo el apóstrofo). Luego, impleméntalas en los lugares correspondientes. Te muestro un ejemplo sencillo en el que los campos `puesto`, `departamento` y `descripcion` comparten ciclo de vida, y por otro lado el campo `nombre` cuenta con un tiempo de vida independiente.

```
struct Empleado<'a, 'b> {
    nombre: &'a str,
    puesto: &'b str,
    departamento: &'b str,
    descripcion: &'b str,
}
```

Comprender el funcionamiento de los ciclos de vida es esencial cuando trabajas con referencias en Rust, y las anotaciones de ciclos de vida son indispensables en aquellas situaciones donde el compilador las demanda. Te sugiero que sigas profundizando en el lenguaje; a medida que avances, el compilador te guiará sobre cuándo y dónde implementar estas anotaciones del modo más acertado.

Epílogo

A medida que llegamos al final de este viaje, es inevitable reflexionar sobre la magnitud del camino recorrido. A diferencia de otros lenguajes, en los cuales los conceptos pueden aprenderse de forma más independiente, en Rust existe una relación muy estrecha entre muchas de sus características. Por este motivo, puede parecer abrumador al principio, con su rica mezcla de conceptos y paradigmas. Sin embargo, cada capítulo de este libro ha sido diseñado para desentrañar este lenguaje paso a paso, y permitirte comprender sus conceptos de forma progresiva y sólida. Si vienes de programar en otros lenguajes compilados clásicos como C y C++, ya serás capaz de apreciar el diseño tan moderno y potente en el que Rust se basa y su gran potencial para solucionar algunos de los retos más complejos de la industria, sin sacrificar rendimiento ni control sobre la lógica de tu código.

En consecuencia, Rust presenta multitud de características y conceptos propios. Esto lo convierte en un lenguaje que requiere esfuerzo y dedicación para lograr un dominio sólido de todo su abanico de características, metodologías y capacidades. Desde su sistema de propiedad y control de memoria hasta sus capacidades de concurrencia y su enfoque en la seguridad, Rust exige un enfoque cuidadoso y deliberado. Pero al echar la vista atrás podemos ver cuánto has avanzado. Lo que al principio parecían conceptos abstractos y difíciles, se han convertido en herramientas prácticas y comprensibles que hemos ido reutilizando y aplicando progresivamente según avanzaban los capítulos. Cada sección ha sido una pieza del rompecabezas que, al ensamblarse, revela una imagen clara de cómo Rust te capacita para escribir código seguro, eficiente y robusto.

Aunque no lo sabías, los ejemplos y ejercicios cuentan con dos enfoques. Te invito a volver a comenzar el libro, revisar cada ejemplo, e implementar de nuevo cada ejercicio. Estos ejemplos y enunciados están pensados para una sencilla comprensión al principio, y para un profundo entendimiento cuando ya conoces otros conceptos avanzados. Es muy probable que en una segunda pasada por el libro te des cuenta de cómo se aplican muchos conceptos avanzados en los que no te fijaste en tu primera aproximación al lenguaje. Esta doble capa de aprendizaje te permitirá reforzar y expandir tus conocimientos, para descubrir nuevas perspectivas y aplicaciones de Rust que quizás no notaste en la primera lectura.

Mirando hacia adelante, es emocionante pensar en las posibilidades que nos abre Rust. Sus aplicaciones prácticas son extensas, desde el desarrollo de sistemas críticos hasta la creación de aplicaciones de alto rendimiento. La comunidad de Rust sigue creciendo y evolucionando, y hay siempre nuevas oportunidades para aprender y contribuir. Esta alta participación y creciente popularidad garantizan, además, la buena salud futura del lenguaje y de los crates que añadir a tu caja de herramientas como desarrollador.

Para continuar aprendiendo, has de profundizar en el funcionamiento del lenguaje y practicar mucho. Te animo a que sigas explorando Rust, a que te enfrentes a nuevos desafíos y a seguir construyendo tu pericia en el lenguaje a partir de los conocimientos adquiridos en este libro. Estos conocimientos te hacen suficientemente autónomo y productivo para comenzar a enfrentarte a diversos proyectos, pero queda mucho camino por recorrer. Pulgada a pulgada, con paciencia y perseverancia, cada línea de código te acercará a la competencia profesional en Rust, una habilidad de alto valor en tu perfil.

Las pulgadas que necesitas están a tu alrededor, existen multitud de recursos de diferentes niveles de completitud y complejidad con los que puedes continuar ganándole terreno a Rust. He recopilado aquí una lista para ti:

- Biblioteca estándar de Rust (guía completa de APIs): doc.rust-lang.org/std/
- Guía de la edición Rust: doc.rust-lang.org/edition-guide/
- El libro de rustc: doc.rust-lang.org/rustc/
- El libro de Cargo: doc.rust-lang.org/cargo/
- El libro de rustdoc: doc.rust-lang.org/rustdoc/
- Guía de errores: doc.rust-lang.org/error_codes/error-index.html

Si has disfrutado aprendiendo conmigo, te invito a explorar el resto de los recursos que publico y actualizo anualmente. En mi sitio web eliezerlopez.rs encontrarás todos mis cursos sobre C, C++ y Rust. Te animo a completarlos para conocer las bases de Rust (C/C++) y seguir profundizando en Rust a través de vídeos prácticos. También puedes suscribirte a mis diferentes newsletters para recibir contenido periódico directamente en tu bandeja de entrada.

Como te conté al principio de este libro, existe un repositorio de ejercicios y soluciones que irá siendo completado gracias a lectores como tú. Las soluciones, antes de publicarse, estarán revisadas por mí. Te animo a localizar el repositorio en eliezerlopez.rs y a enviar tus ejercicios resueltos.

A lo largo de esta lectura existe la posibilidad de que hayas encontrado algunos guiños o, como se suelen llamar ahora, *huevos de pascua*. Crear comunidad es una de mis pasiones y, si te has topado con alguno de estos *easter eggs*, te invito a compartirlo en tu red social favorita utilizando el hashtag #rust815 y mencionándome (@EliezerLopez).

Solo me queda darte la enhorabuena y agradecerte haberme acompañado en este viaje. Ha sido un placer y un reto, y he tratado de hacerlo lo más ameno y enriquecedor posible. Espero que este libro haya sido una guía útil y que sigas avanzando con Rust, aprendiendo y creciendo con cada nuevo proyecto.

Por supuesto, cualquier error, propuesta de mejora o comentario que quieras dar es siempre bienvenido y te estaré profundamente agradecido si me lo envías por correo a contacto@eliezerlopez.com.

¡Hasta pronto!

Índice alfabético